W9-CDI-578

# GRIJALBO

# DICCIONARIO BÁSICO

# GRIJALBO

# DICCIONARIO BÁSICO

**DICCIONARIO BASICO GRIJALBO**

© 1996, Editorial Grijalbo, S.A. de C.V.

D.R. 1996 por EDITORIAL GRIJALBO, S.A. DE C.V.
Calz. San Bartolo Naucalpan num. 282
Argentina Poniente 11230
Miguel Hidalgo, Mexico, D.F.

*Este libro no puede ser reproducido,
total o parcialmente,
sin autorizacion escrita del editor.*

ISBN 970-05-0680-0

IMPRESO EN MEXICO

# ABREVIATURAS USADAS

| | |
|---|---|
| adj. | adjetivo |
| adv. | adverbio, adverbial |
| amb. | ambiguo |
| com. | sustantivo común |
| conj. | conjunción |
| despect. | despectivo |
| dim. | diminutivo |
| EUA | Estados Unidos |
| f. | sustantivo femenino |
| fam. | familiar |
| fig. | figurativo |
| fr. | frase |
| impers. | impersonal |
| impr. | imprenta |
| indef. | indefinido |
| inform. | informática |
| interj. | interjección |
| intr. | verbo intransitivo |
| m. | sustantivo masculino |
| n. | neutro |
| núm. | número |
| p. ej. | por ejemplo |
| pl. | plural |
| prep. | preposición |
| pron. | pronombre |
| prnl. | verbo pronominal |
| s. | sustantivo |
| tb. | también |
| tr. | verbo transitivo |
| unipers. | unipersonal |

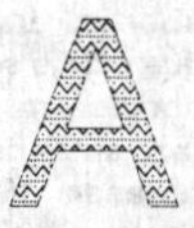

**a** f. Primera letra del abecedario castellano (A, a) y primera de sus vocales. || prep. Usada en los complementos del verbo, indica diversas relaciones.
**ábaco** m. Útil de cálculo aritmético.
**abad, esa** m. Superior de un monasterio.
**abadía** f. Dignidad del abad o abadesa.
**abajo** adv. Designa situación o dirección inferior con respecto a algo.
**abalanzar** prnl. Lanzarse enérgicamente sobre algo o alguien.
**abandonar** tr. Dejar a su suerte; desechar; desinteresarse de algo.
**abanicar** tr. y prnl. Agitar el abanico para producir aire.
**abanico** m. Útil para abanicarse. || Gama o serie de algo.
**abaratar** tr. y prnl. Rebajar el precio de algo.
**abarcar** tr. Rodear con los brazos o con las manos. || Comprender, incluir, llegar hasta.
**abastecer** tr. y prnl. Proporcionar lo necesario.
**abasto** m. Suministro de víveres.
**abatir** tr. y prnl. Tirar a tierra, demoler.
**abdomen** m. Porción del tronco comprendida entre el tórax y la pelvis.
**abecedario** m. Alfabeto.
**abeja** f. Nombre común de himenópteros adaptados a la recolección del polen y a la fabricación de miel.
**aberración** f. Equivocación grave; disparate.
**abertura** f. Agujero, hendidura, ranura, brecha, hueco.
**abierto, ta** adj. Amplio, sin limitación.
**abigarrado, da** adj. Multiforme, reunido sin orden ni criterio.
**abiótico, ca** adj. Medio natural que impide el desarrollo de la vida.

**abismo** m. Precipicio de gran profundidad.
**ablandar** tr. Dar blandura a algo. || Relajar.
**abnegación** f. Ponerse al servicio incondicional de una creencia, un colectivo o una persona.
**abofetear** tr. Dar bofetadas.
**abogado, da** m. y f. Persona con conocimientos y capacidad para ejercer en un juicio en nombre de las partes y para asesorar y dictaminar en cuestiones legales.
**abogar** intr. Ejercer la defensa en una causa judicial. || Interceder, defender.
**abolengo** m. Conjunto de antepasados. || Alcurnia, linaje e historia ilustres.
**abolir** tr. Revocar una ley, norma o costumbre.
**abolladura** f. Concavidad que resulta al ser golpeada una cosa.
**abollar** tr. y prnl. Hacer abolladuras.
**abonar** tr. Dar fiabilidad. || Avalar. || Extender abono sobre la tierra.
**abono** m. Sustancia orgánica o inorgánica usada en agricultura || m. Acción de abonar, pagar o suscribir. || Derecho del abonado y documento que lo reconoce.
**aborigen** adj. Propio de su tierra.
**aborrecer** tr. Experimentar hacia algo o alguien un sentimiento de odio y repugnancia.
**abortar** tr. e intr. Parir antes de que el feto sea viable.
**aborto** m. Interrupción del embarazo antes de que el feto sea viable.
**abrasar** tr. y prnl. Quemar algo hasta reducirlo a brasas.
**abrasión** f. Acción y efecto de desgastar algo raspándolo.
**abrasivo, va** adj. y m. Material de alta dureza usado para desgastar por fricción metales o rocas.
**abrazadera** f. Pieza que ciñe dos cosas para mantenerlas unidas.
**abrazar** tr. y prnl. Ceñir, rodear con los brazos, entre dos o más personas, en señal de afecto o regocijo.
**abrelatas** m. Útil con el que se abren latas o botes cerrados al vacío.
**abreviar** tr. Acortar, reducir algo en el espacio o el tiempo. || tr., intr. y prnl. Dar (o darse) prisa.
**abreviatura** f. Representación gráfica acortada de una palabra. || Compendio.
**abrigar** tr. y prnl. Cubrir o resguardar de las inclemencias del tiempo.
**abrigo** m. Protección contra el frío, y por extensión, contra las inclemencias del tiempo.
**abril** m. Cuarto mes del año (30 dias). || pl. fam. Primeros años de la juventud.
**abrir** tr. Dejar al descubierto algo.
**abrochar** tr. y prnl. Unir las dos partes de una prenda de vestir me-

diante botones, corchetes, cremallera, etcétera.

**abrumar** tr. Anonadar con un excesivo peso, físico o moral. || Confundir a alguien con una atención excesiva.

**abscisa** f. En unas coordenadas cartesianas, la primera de un punto o vector.

**absolución** f. Acción y efecto de absolver. || En derecho, implica la retirada de todos los cargos.

**absolutismo** m. Sistema político caracterizado por el poder preeminente del monarca, que encarna al Estado sobre otras instancias de poder. Propio de los siglos XVII y XVIII.

**absoluto, ta** adj. Exclusivo y excluyente. || Entero, total.

**absolver** tr. Declarar a alguien exento de una culpa o carga que se le imputaba.

**absorber** tr. Captar un gas un sólido o un líquido y retenerlo dentro de él. || Exigir dedicación total.

**absorción** f. Acción y efecto de absorber.

**abstemio, mia** adj. y s. Que no toma bebidas alcohólicas.

**abstenerse** prnl. Renunciar voluntariamente a algo.

**abstinencia** f. Acción de abstenerse. || Renuncia, temporal o definitiva, a un goce determinado. || Cese en el consumo de drogas.

**abstracción** f. Acción y efecto de abstraer. || Cualidad de abstracto.

**abstracto, ta** adj. No concreto. || De difícil comprensión.

**abstraer** tr. Definir algo por sus cualidades, sin referirse a las circunstancias en que se manifiesta.

**absurdo** m. Lo imposible, o que carece de significado.

**abuelo, la** m. y f. Cada uno de los progenitores del padre o de la madre de uno. || Persona anciana.

**abultar** tr. y prnl. Aumentar el volumen. || Engordar, exagerar.

**abundancia** f. Gran cantidad; prosperidad.

**abundar** intr. Ser copioso. || Sumarse a algo, insistir en ello.

**aburrimiento** m. Cansancio, tedio.

**aburrir** tr. y prnl. Causar hastío. || tr. Incordiar. || prnl. Cansarse de algo o de alguien.

**abusar** intr. Hacer uso excesivo, desproporcionado o injusto de algo o alguien; aprovecharse. || Violar a una mujer o a un menor.

**abuso** m. Acción y efecto de abusar.

**acá** adv. Aquí; admite grados de comparación.

**acabado, da** adj. Perfectamente realizado y completo en todas sus partes. || Fatigado, abatido.

**acabar** tr. y prnl. Poner término a algo o darle los últimos toques. || Agotar una cosa || intr. Finalizar. || Morir.

**academia** f. Institución oficial de carácter científico, histórico o lingüístico que promueve o avala estudios en su terreno. || Institución privada de enseñanza.
**académico, ca** adj. Relativo a la academia. || Se dice de los estudios o títulos universitarios y similares.
**acaecer** intr. Pasar, ocurrir.
**acalorar** tr. Producir calor. || Animar, provocar entusiasmo. || Promover, alterar. || Excitarse en una discusión.
**acallar** tr. Silenciar. || Calmar.
**acampar** tr. e intr. Establecer temporalmente un campamento.
**acanalado, da** adj. Que transcurre por un canal o desfiladero. || En forma de canal.
**acanalar** tr. Estriar. || Dar forma de estría o canal.
**acantilado, da** adj. Fondo marino cuando está escalonado.
**acaparar** tr. Comprar mercancías y retenerlas como prevención ante una catástrofe, real o figurada, o para especular con el alza de precios que provoca su escasez.
**acaramelar** tr. Endulzar a punto de caramelo.
**acariciar** tr. y prnl. Hacer caricias; mimar. || Recrearse en la esperanza de que algo suceda.
**acarrear** tr. Transportar una carga. || Traer consecuencias (en especial desgracias, males, etcétera).
**acarreo** m. Acción y efecto de acarrear.
**acaso** m. Azar. || adv. Quizá. || Casualmente.
**acatar** tr. Someterse a las órdenes y leyes de alguien o algo.
**acatarrar** tr. y prnl. Producir o contraer catarro.
**acaudalado, da** adj. Rico, adinerado.
**acaudillar** tr. Ser o actuar como caudillo.
**acceder** intr. Satisfacer una petición o deseo ajeno. || Inclinarse voluntariamente ante las opiniones de otro. || Llegar a ocupar un cargo.
**accesible** adj. Que se puede llegar a él o ella. || Fácil de abordar o entender.
**acceso** m. Acción de aproximarse o llegar. || Ataque, arrebato.
**accesorio, ria** adj. Que mantiene con lo principal relaciones casuales, de dependencia o coadyuvantes. || No esencial.
**accidente** m. Acontecimiento inesperado. || Morfema que expresa circunstancias o categorías gramaticales.
**acción** f. Ejercicio de la facultad de actuar. || Efecto de hacer.
**accionar** tr. Poner en funcionamiento una maquinaria.
**accionista** com. Quien posee acciones en una sociedad mercantil.
**acechar** tr. Vigilar escondido la llegada de una persona.

**acéfalo, la** adj. Sin cabeza, sin jefe.
**aceite** m. Líquido de alta viscosidad, insoluble en agua y de menor densidad que ella, combustible y que se imbrica fácilmente.
**aceitera** adj. Recipiente donde se guarda o con el que se aplica el aceite de uso diario.
**aceituna** f. Fruto del olivo.
**aceleración** f. Acción y efecto de acelerar.
**acelerar** tr. Imprimir mayor velocidad.
**acémila** f. Mula de carga.
**acento** m. Rasgo prosódico o fonológico que pone de relieve un sonido o grupo de sonidos.
**acentuar** tr. Usar el acento prosódico y/o el ortográfico. || tr. y prnl. Dar énfasis. || Incrementar.
**acepción** f. Cada significado de una palabra o frase.
**aceptable** adj. Digno de ser aceptado. || De mediana calidad.
**aceptar** tr. Tomar de buen grado lo que se ofrece. || Reconocer la validez de algo.
**acequia** f. Obra de conducción de aguas más pequeña que un canal.
**acera** f. Cada uno de los bordes, ligeramente más elevado, de la calzada.
**acerado, da** adj. De acero, o con sus cualidades. || fig. Duro e hiriente. || Fuerte.
**acerbo, ba** adj. De sabor áspero. || Cruel, muy doloroso.
**acerca de** adv. Sobre o en torno a la cosa de que se trata.
**acercar** tr. y prnl. Aproximar.
**acero** m. Hierro con una proporción baja de carbono
**acérrimo, ma** adj. Que defiende sus opiniones de forma vigorosa e insistente.
**acertado, da** adj. Atinado.
**acertar** tr. Dar en el blanco.
**acertijo** m. Adivinanza. || Cosa complicada.
**acervo** m. Conjunto de cosas pequeñas. || Patrimonio de una colectividad.
**aciago, ga** adj. Desdichado, de mala suerte.
**acíbar** m. Áloe. || Desdicha, disgusto.
**acicalar** tr. y prnl. Engalanar excesivamente.
**ácido, da** adj. De sabor agrio. || Mordaz, malhumorado.
**acierto** m. Maestría, exactitud. || Resultado atinado.
**aclamar** tr. Expresar aprobación colectivamente y a voces.
**aclarar** tr. y prnl. Quitar espesor, oscuridad o confusión a algo. || Explicar.
**aclimatar** tr. y prnl. Adaptar a un nuevo clima o ambiente.
**acné** f. Alteración de la piel caracterizada por presencia de pústulas.
**acogedor, ra** adj. Confortable; de trato agradable.

**acolchar** tr. Rellenar el espacio entre dos telas, unidas con costuras, para que queden mullidas y resulten aislantes.
**acometer** tr. Atacar impetuosamente. || Empezar a hacer algo.
**acometida** f. Acción y efecto de acometer.
**acomodar** tr. Poner una cosa en el sitio adecuado, ajustarla a otra.
**acompañamiento** m. Acción y efecto de acompañar. || Cortejo.
**acompañar** tr. y prnl. Ir o estar en compañía. || tr. Adjuntar.
**acondicionar** tr. y prnl. Adecuar a unas condiciones requeridas.
**aconsejar** tr. y prnl. Dar o pedir consejo.
**acontecer** intr. impers. Pasar, suceder.
**acontecimiento** m. Evento de gran entidad.
**acoplar** tr. y prnl. Ensamblar. || Combinar dos piezas, máquinas, sistemas, etc., para lograr un efecto determinado.
**acorazado, da** adj. Con coraza. || prnl. Protegerse con algo.
**acordar** tr. Llegar a una resolución común varias personas. || prnl. Recordar o tener en cuenta.
**acorde** adj. De acuerdo. || Armonioso.
**acordeón** m. Instrumento musical de viento. Se toca por medio de botones o teclado.
**acordonar** tr. Atar o sujetar con cordón.
**acorralar** tr. y prnl. Guardar en el corral el ganado. || tr. Cerrar las vías de escape de un animal o persona.
**acortar** tr. y prnl. Abreviar y recortar las dimensiones de algo. || Apocarse.
**acosar** tr. Perseguir de cerca y tenazmente.
**acostar** tr. y prnl. Tender a alguien para que repose.
**acostumbrar** tr. y prnl. Habituar. || intr. Soler.
**acotación** f. Nota al margen de un escrito.
**acre** adj. De olor o sabor picante y áspero. || De trato o lenguaje cortante y desagradable. || m. Medida de superficie equivalente a 40.46 áreas.
**acrecentar** tr. y prnl. Aumentar, agrandar.
**acreditar** tr. y prnl. Hacer que una cosa o persona tenga crédito.
**acreedor, ra** adj. y s. Merecedor. || Se dice de quien tiene derecho a exigir pagos a otro, y del monto exigible.
**acrobacia** f. Ejercicio gimnástico o deportivo de difícil ejecución.
**acróbata** com. Artista que realiza acrobacias.
**acromático, ca** adj. Se dice, en general, de aquello que no tiene color.

**acta** f. Escrito que da fe del desarrollo y conclusiones de una reunión.
**actitud** f. Gesto o postura corporal que refleja un estado de ánimo.
**actividad** f. Manifestación externa de lo que se hace. || Capacidad de hacer o de actuar sobre algo. || Conjunto de las acciones, tareas, etc., de un campo, entidad o persona.
**activo, va** adj. Que actúa o tiene cualidades para ello. || Que connota acción. || De efectos rápidos. || Se dice de la voz o de la forma de un verbo cuyo sujeto realiza la acción expresada. Se opone a *pasivo*.
**acto** m. Hecho o acción; hecho humano.
**actor, triz** m. y f. Persona que representa un papel en una obra teatral o cinematográfica. || fig. Protagonista de un hecho o un acontecimiento.
**actual** adj. Contemporáneo, del momento.
**actualizar** tr. y prnl. Poner al día.
**actuar** intr. Poner o ponerse en acción.
**acuario** m. Pecera de considerables dimensiones. || Instalación donde se conservan y exhiben animales y plantas acuáticos vivos.
**acuático, ca** adj. Relativo al agua. || Se dice de los animales o plantas cuyo hábitat natural es el agua.
**acudir** intr. Ir uno a donde le llamen o tiene que estar.
**acueducto** m. Cauce artificial que recoge y conduce el agua potable.
**acuerdo** m. Resolución tomada en común.
**acuífero, ra** adj. Que contiene agua.
**acullá** adv. En lugar opuesto al del observador.
**acumulador, ra** adj. y s. Que acumula. || Batería.
**acumular** tr. Amontonar.
**acuñar** tr. Fabricar moneda.
**acurrucarse** prnl. Hacerse un ovillo, encogerse.
**acusar** tr. y prnl. Culpar a alguien de una falta o delito. || tr. Delatar.
**acústico, ca** adj. Del oído.
**acutángulo** adj. Se dice del triángulo cuyos tres ángulos internos son agudos.
**achacar** tr. Imputar.
**achacoso, sa** adj. Senil, con achaques.
**achaque** m. Dolencia crónica que suele manifestarse en la vejez
**achicar** tr. prnl. Reducir las dimensiones de algo. || tr. Sacar el agua de una embarcación, mina etcétera.
**adaptación** f. Acción y efecto de adaptar o adaptarse.
**adaptar** tr. y prnl. Acomodar o ajustar dos cosas. || prnl. Amoldarse a una circunstancia.
**adecuar** tr. y prnl. Adaptar.
**adefesio** m. fam. Cosa fea y ridícula.

**adelantado, da** adj. Precoz. || Destacado. || Audaz, osado.
**adelantar** tr. y prnl. Hacer preceder a algo. || Avanzar, anticipar. || Apresurar. || intr. y prnl. Ir el reloj a más velocidad de la debida, o señalar una hora que no ha llegado.
**adelante** adv. Más allá. || De frente.
**adelanto** m. Anticipo. || Mejora, invento.
**adelgazar** tr., intr. y prnl. Enflaquecer, poner más delgado.
**ademán** m. Gesto o movimiento que indica un estado de ánimo. || pl. Maneras.
**además** adv. A más de; encima de. || También.
**adentrarse** prnl. Penetrar; meterse de lleno.
**adentro** adv. Hacia o en el interior. || m. pl. fig. Lo interior.
**aderezar** tr. y prnl. Acicalar, embellecer.
**aderezo** m. Acción y efecto de aderezar. || Juego de joyas.
**adeudar** tr. Deber algo.
**adherir** tr., intr. y prnl. Unir una cosa a otra. || tr. y prnl. Estar de acuerdo con una idea.
**adhesivo, va** adj. y s. Se dice de la sustancia con poder adherente.
**adicción** f. Dependencia, física o psíquica, que procede de un consumo habitual; se aplica especialmente a las drogas.
**adición** f. Acción o efecto de adicionar. || Suma.
**adicto, ta** adj. y s. Inclinado a algo. || Que tiene adicción.
**adiestrar** tr. y prnl. Aleccionar, adoctrinar.
**adinerado, da** adj. Rico en dinero.
**¡adiós!** Interjección de despedida o saludo.
**aditamento** m. Añadido, complemento.
**aditivo, va** adj. y m. Que se añade.
**adivinanza** f. Pasatiempo que consiste en adivinar algo.
**adivinar** tr. Presagiar. || Descifrar un enigma. || Vislumbrar.
**adjetivar** tr. Caracterizar, calificar.
**adjetivo, va** adj. Se dice de lo que no tiene valor en sí mismo o independencia, en oposición a sustantivo. Admite categorías (género y número).
**adjudicar** tr. y prnl. Atribuir o asignar una cosa a alguien.
**adjuntar** tr. Agregar una cosa a otra, generalmente a documentos, impresos, etcétera.
**administración** f. Acción de administrar.
**administrar** tr. Regir los intereses o bienes personales o comunales. || Dar, distribuir; ejercer, aplicar.
**admirador, ra** adj. y s. Que admira. || m. y f. Persona que manifiesta la especial atracción que otra ejerce sobre ella.

**admirar** tr. y prnl. Contemplar con sorpresa, agrado o entusiasmo.
**admitir** tr. Acoger algo o a alguien. || Recibir, consentir en tomar algo. || Transigir. || Aceptar, dar por bueno algo.
**adobe** m. Ladrillo de barro y paja, secado al aire.
**adolecer** intr. Enfermar, o sufrir una dolencia. || Padecer algún vicio o defecto.
**adolescencia** f. Periodo comprendido entre la infancia y la edad adulta (de los 12-13 años a los 18-20).
**adonde** adv. A la parte que, o a qué parte. Si es interrogativo lleva acento ortográfico.
**adondequiera** adv. A cualquier parte.
**adopción** f. Acto jurídico por el que una persona se integra en una familia distinta de la suya.
**adoptar** tr. Aceptar a alguien como hijo. || Tomar o adquirir alguna idea o doctrina como propia. || Aprobar o tomar resoluciones.
**adoración** f. Acción de adorar. || Amor apasionado.
**adorar** tr. Rendir culto a la divinidad. || Amar apasionadamente. || intr. Rezar.
**adormecer** tr. y prnl. Producir somnolencia. || Atenuar emociones o sufrimientos.
**adormilarse** prnl. Quedarse medio dormido.
**adornar** tr. y prnl. Ornamentar, poner adornos.
**adorno** m. Objeto o cualidad para realzar la belleza.
**adquirir** tr. Lograr algo, bueno o malo. || Comprar.
**adquisición** f. Acción y efecto de adquirir. || Cosa adquirida.
**adrede** adv. A propósito.
**adscribir** tr. Asignar, destinar a una persona o cosa para un fin determinado. || prnl. Afiliarse a algún colectivo.
**aduana** f. Oficina en los puntos fronterizos de un país, donde se revisan las mercancías que entran o salen de él y se cobran los derechos correspondientes (arancel).
**adueñarse** prnl. Apropiarse; apoderarse.
**adular** tr. Alabar servilmente; lisonjear.
**adulterar** tr. y prnl. Falsificar las cualidades originales de algo; degradar.
**adulto, ta** adj. y s. Se dice de la persona o animal que ha alcanzado la plenitud de su desarrollo; maduro.
**adventicio, cia** adj. Que ocurre por casualidad.
**adverbio** m. Palabra que califica o determina la significación de otras palabras. Según su sentido puede ser de modo, cantidad, tiempo, lugar, duda, etcétera.
**adversario, ria** m. y f. Persona o grupo que se opone a otro.

**adversidad** f. Desgracia, mala suerte.
**adverso, sa** adj. Desfavorable, no propicio.
**advertencia** f. Acción y efecto de advertir. || Introducción breve de carácter aclaratorio.
**advertir** tr. e intr. Notar, centrar la atención en algo. || tr. Avisar, hacer constar. || Recomendar, prevenir. || Darse cuenta de algo.
**adyacente** adj. Contiguo o próximo.
**aéreo, a** adj. Perteneciente o relativo al aire, la atmósfera o el viento.
**aerobio, bia** adj. y s. Se dice del organismo que requiere oxígeno molecular (atmosférico o disuelto en el agua) en los procesos respiratorios.
**aerodinámico, ca** adj. Relativo a la aerodinámica. || f. Parte de la mecánica que estudia las fuerzas ejercidas por el aire sobre los cuerpos en movimiento o en su seno.
**aeródromo** m. Terreno llano, habilitado para el tráfico de aviones, comerciales, deportivos o militares.
**aerolito** m. Meteorito compuesto de silicatos, sin minerales.
**aeromodelismo** m. Actividad recreativa que consiste en reproducir a escala modelos de aviones y hacerlos volar.
**aeronave** f. Nombre genérico de cualquier medio de navegación aérea.
**aeropuerto** m. Recinto e instalaciones al servicio del tráfico aéreo.
**aerosol** m. Dispersión coloidal de un sólido o líquido en un gas.
**afable** adj. Sociable, afectuoso en el trato.
**afán** m. Empeño con que se realiza alguna actividad o trabajo. || Deseo vehemente.
**afanar** intr. y prnl. Entregarse a una actividad con empeño. || Interesarse por conseguir algo.
**afear** tr. y prnl. Hacer o volver feo algo o a alguien.
**afección** f. Transformación o cambio que produce una cosa en otra.
**afectar** tr. Actuar sin naturalidad. || Simular. || Atañer, importar; sufrir. || Alterar.
**afectividad** f. Conjunto de sentimientos determinados. || Capacidad de una persona para sentir afecto.
**afecto, ta** adj. Aficionado a alguien o algo. || Cariño, estimación.
**afectuoso, sa** adj. Cariñoso.
**afeitar** tr. y prnl. Cortar con navaja o maquinilla el pelo, especialmente la barba o el bigote.
**afeminado, da** adj. Se dice del hombre que adopta características de mujer, o de estas mismas características.
**aféresis** f. Pérdida de un sonido o grupo de sonidos al inicio de una

palabra: *cera* por *acera*, *bus* por *autobús*.
**aferrar** tr. e intr. Agarrar, asir con fuerza. || intr. y prnl. Empeñarse u obstinarse en una idea.
**afición** f. Apego, inclinación a algo o alguien. || Afán.
**aficionado, da** adj. Que tiene afición por alguna cosa, generalmente por un deporte, arte, etcétera.
**aficionar** tr. y prnl. Tomar afición a algo o alguien.
**afijo, ja** adj. y m. Se dice del morfema que se une a la raíz o radical de una palabra para indicar una categoria gramatical o para formar una nueva palabra.
**afilador, ra** adj. Que afila. || m. y f. Persona que afila instrumentos cortantes. || f. Máquina de afilar.
**afilar** tr. Sacar filo o punta a un objeto.
**afiliado, da** m. y f. Miembro de una asociación, partido, sindicato, etcétera.
**afiliar** tr. y prnl. Hacer entrar a alguien o ingresar uno mismo como miembro en una asociación, partido, etcétera.
**afín** adj. Cercano, próximo.
**afinar** tr. y prnl. Suavizar. || Mejorar, perfeccionar algo. || Refinar a una persona. || Poner a tono un instrumento musical.
**afinidad** f. Similitud de una cosa con otra.|| Analogía de gustos, caracteres, opiniones, etcétera.
**afirmación** f. Enunciación positiva. || Gesto, signo, palabra o conjunto de ellos equivalentes a una aseveración.
**afirmar** tr. Aseverar. || Corroborar.
**aflicción** f. Dolor, pena.
**afligir** tr. y prnl. Dañar. || Entristecer.
**aflojar** tr. y prnl. Reducir la presión o la tirantez.
**aflorar** intr. Surgir a la superficie una capa o filón o el agua. || Aparecer una cualidad o estado de ánimo.
**afonía** f. Pérdida de la voz debida a lesiones orgánicas o funcionales de las cuerdas vocales.
**aforismo** m. Máxima o sentencia que se expresa con pocas palabras.
**afortunado, da** adj. Que goza de buena suerte o fortuna. || Dichoso. || Atinado.
**afrenta** f. Agravio o deshonor que se deriva de un dicho o hecho, o de alguna pena. || Deshonra, ultraje.
**afrontar** tr. e intr. Encarar o encararse a una persona, cosa o situación. || tr. Carear, confrontar.
**afuera** adv. Denota lugar, situación o procedencia exterior con respecto al que habla.
**agachar** tr. Bajar la cabeza.
**agarrar** tr. y prnl. Sujetar con fuerza. || Asir, coger.
**agasajar** tr. Expresar atención o afecto. || tr. y prnl. Obsequiar.
**agasajo** m. Obsequio. || Homenaje, fiesta.

**agencia** f. Delegación para tramitar ciertos servicios.

**agenda** f. Libro o cuaderno para notas y direcciones. || Lista de temas que se han de tratar en una junta o asamblea.

**agente** adj. Que opera o puede operar. || Se dice del elemento gramatical que realiza la acción del verbo.

**agigantar** tr. y prnl. Agrandar algo con desmesura.

**ágil** adj. Activo, diligente, desenvuelto. || Rápido, vivo.

**agitador, ra** adj. y s. Que agita. || m. Útil mecánico que sirve para mezclar líquidos.

**agitar** tr. y prnl. Mover con fuerza y de manera continua. || Alterar; excitar. || tr. Movilizar.

**aglomeración** f. Amontonamiento.

**aglutinar** tr. y prnl. Adherir, juntar, pegar.

**agobiar** tr. y prnl. Doblegar o inclinar el cuerpo hacia delante. || tr. Abrumar.

**agonía** f. En las enfermedades en que la vida se extingue lentamente, periodo que precede a la muerte. || Final o decadencia de algo.

**agonizar** intr. Estar en la agonía. || Experimentar ansia por algo.

**agosto** m. Octavo mes del año (31 días).

**agotamiento** m. Debilidad general cuando se han consumido las reservas nutritivas o reducido el tono de los nervios.

**agotar** tr. Consumir del todo. || Extenuar.

**agraciar** tr. Favorecer a una persona o cosa. || Otorgar algún don o premio.

**agradar** intr. Satisfacer, contentar, gustar.

**agradecer** tr. Experimentar gratitud. || Dar las gracias.

**agrado** m. Afabilidad. || Satisfacción, voluntad.

**agrandar** tr. y prnl. Aumentar el tamaño.

**agrario, ria** adj. Relativo al campo.

**agravar** tr. y prnl. Hacer más grave algo. || tr. Cargar con tributos.

**agraviar** tr. Hacer agravio. || prnl. Sentirse ofendido.

**agravio** m. Insulto, dicho o hecho ofensivo.

**agredir** tr. Atacar a alguien física o verbalmente.

**agregar** tr. Añadir. || prnl. Anexionarse.

**agresión** f. Acción y efecto de agredir. || Acto dirigido contra el derecho de otro. || Ataque inopinado.

**agresivo, va** adj. Que ataca. || Que provoca. || Pendenciero.

**agreste** adj. Del campo, silvestre. || Rústico. || Rudo.

**agriar** tr. y prnl. Poner agrio. || Volver hosco, insociable.

**agricultor, ra** m. y f. Quien trabaja el campo.
**agricultura** f. Conjunto de las actividades humanas que, basándose o influyendo en el medio natural, buscan la obtención de vegetales útiles para la subsistencia.
**agridulce** adj. De sabor agrio y dulce.
**agrietar** tr. y prnl. Resquebrajar.
**agrio, gria** adj. Que sabe a limón o a vinagre. || Dificultoso, agreste.
**agro** m. Campo.
**agronomía** f. Estudio de las prácticas agrícolas.
**agrupación** f. Grupo de personas que se unen para llevar a cabo una empresa.
**agrupar** tr. y prnl. Reunir.
**agrura** f. Sabor agrio. || pl. Acidez estomacal.
**agua** f. Compuesto formado por dos átomos de hidrógeno y uno de oxígeno.
**aguador, ra** m. y f. Persona que vende o transporta agua.
**aguantar** tr. Resistir, sobrellevar. || Soportar un peso material o espiritual.
**aguante** m. Paciencia. || Resistencia.
**aguardar** tr. e intr. Esperar. || tr. Dar un plazo a alguien. || prnl. Detenerse a esperar.
**aguarrás** m. Esencia de trementina que actúa como solvente de grasas y resinas.
**agudeza** f. Carácter agudo de un proceso patológico. || Capacidad sensorial de los sentidos, en especial de la vista, oído y olfato.
**agudo, da** adj. Afilado. || Incisivo, sutil. || Se dice de los sonidos de frecuencia elevada, y de los olores y sabores intensos.
**agüero** m. Augurio; por extensión, cualquier tipo de predicción.
**aguerrido, da** adj. Con experiencia en las artes de la guerra. || Esforzado.
**aguijón** m. Órgano dispuesto en la extremidad del abdomen en algunos grupos de insectos, de naturaleza quitinosa y conectado a una glándula de veneno.
**aguileño, ña** adj. Se dice de las facciones delgadas y afiladas, y especialmente de la nariz ganchuda.
**aguinaldo** m. Obsequio o gratificación que se da por Navidad.
**aguja** f. Varilla generalmente metálica, aguzada por un extremo y con un ojo en el opuesto, que se usa para labores de confección.
**agujerar** (o **agujerear**) tr. y prnl. Hacer agujeros, horadar.
**agujero** m. Abertura, generalmente redondeada, que perfora una cosa. || Alfiletero.
**agujeta** f. Cordón o cinta con herretes que se usa para sujetar ciertas prendas.

**agusanarse** prnl. Criar algo gusanos.
**aguzar** tr. Afilar algo o sacarle punta. || Avivar el entendimiento o los sentidos.
**¡ah!** interj. Expresa sorpresa, emoción, dolor, admiración, etcétera.
**ahí** adv. En o a ese lugar; en esto o eso.
**ahijado, da** m. y f. Cualquier persona en relación con sus padrinos. || Protegido.
**ahínco** m. Esfuerzo, constancia o diligencia en hacer algo.
**ahíto, ta** adj. Saciado de comer. || Repleto de riquezas, virtudes, etc. || Hastiado, harto.
**ahogar** tr. y prnl. Provocar la muerte de alguien cortándole la respiración. || Pudrirse las plantas por exceso de agua.
**ahogo** m. Dificultad para respirar. || Agobio, indigencia. || Conflicto, situación apurada.
**ahondar** tr. Hacer más profunda una cosa. || Cavar. || tr. e intr. Adentrarse en lo más hondo de un asunto.
**ahora** adv. En el momento presente, en el día de hoy.
**ahorcar** tr. y prnl. Estrangular a alguien suspendiéndolo del cuello.
**ahorrar** tr. Economizar. || Rehuir, eludir.
**ahuecar** tr. Poner hueco. || tr. y prnl. Esponjar. || intr. fam. Largarse, marcharse.
**ahumado, da** adj. Expuesto al humo y afectado por éste.
**ahumar** tr. Someter alimentos (carnes, embutidos, pescado) a los efectos del humo para lograr su deshidratación y facilitar su conserva. || Llenar de humo. || intr. Expulsar humo.
**ahuyentar** tr. Provocar la huida. || Alejar algo desagradable.
**aire** m. Mezcla gaseosa que forma la atmósfera. || Viento. || Aspecto.
**airear** tr. Orear, poner al aire. || Polemizar, discutir. || prnl. Tomar el fresco. || Resfriarse.
**airoso, sa** adj. Apuesto, arrogante. || Que realiza una cosa con éxito y dignidad.
**aislante** adj. Que aísla. || adj. y m. Se dice de la sustancia que dificulta o impide la transmisión de determinadas formas de energía (eléctrica, calorífica, etcétera).
**aislar** tr. Rodear de agua. || Sacar algo de su contexto para analizarlo. || tr. y prnl. Separar algo o a alguien de cualquier contacto; incomunicar.
**ajedrez** m. Juego que se practica entre dos contendientes sobre un tablero dividido en 64 casillas y con 16 fichas cada uno.
**ajeno, na** adj. Que es de otro. || De distinta calidad o naturaleza.
**ajuar** m. Muebles, ropa y joyas que aporta la mujer cuando se casa.

**ajustar** tr. y prnl. Trabajar, dar forma a una cosa para que case con otra. || Conformar una cosa a otra. || Reacomodar.

**ajuste** m. Acuerdo, avenencia.

**al** Contracción de la prep. *a* y el artículo *el*.

**ala** f. Miembro anterior de las aves, que a lo largo del proceso evolutivo se ha transformado en el órgano de vuelo.

**alabanza** f. Acción de alabar y palabras con que se alaba.

**alabar** tr. Elogiar verbalmente. || prnl. Preciarse.

**alacena** f. Hueco practicado en la pared, a modo de armario con estantes y puerta colocado en la cocina.

**alacrán** m. Escorpión. || Ganchito para sujetar botones metálicos.

**alado, da** adj. Que tiene alas. || En forma de ala. || Raudo, ligero.

**alambrada** f. Cerca de alambre.

**alambre** m. Hilo de metal.

**alameda** f. Paraje poblado de álamos. || Paseo público con árboles.

**alarde** m. Revista, inspección militar. || Ostentación.

**alargar** tr. y prnl. Aumentar la longitud, extensión, cantidad, duración de algo. ||Aguzar los sentidos. || Retirar, apartar.

**alarido** m. Grito desgarrado.

**alarma** f. Señal para aprestarse al combate y, por extensión, aviso de algún peligro. || Inquietud, susto.

**alazán, na** adj. y s. Se dice del caballo o yegua de color canela.

**alba** f. Amanecer; alborada, primera luz del día. || Alborada, composición poética y musical.

**albacea** com. Persona, designada por el testador o el juez, que se encarga de ejecutar las disposiciones testamentarias y administrar los bienes del finado hasta su asignación.

**albañil** m. Quien ejerce de oficial o maestro en la construcción de edificios.

**albatros** m. Nombre común a diversas aves de gran tamaño y envergadura, plumaje claro, patas palmeadas y vuelo planeado.

**albedrío** m. Facultad de actuar por propia voluntad.

**alberca** f. Depósito artificial de agua.

**albergar** tr. Alojar, hospedar.

**albergue** m. Sitio para hospedarse o cobijarse. || Cubil.

**albinismo** m. Anomalía hereditaria que se traduce en una falta de pigmentación en la piel, pelo y ojos.

**albo, ba** adj. Blanco.

**alborada** f. Primeras luces del día.

**alborotar** tr. e intr. Armar un alboroto. || tr. y prnl. Alterar, excitar. || intr. Desordenar.

**alboroto** m. Barahúnda. || Disturbio, motín. || Desorden, trifulca.

**alborozo** m. Gozo, algazara, alegría.

**albricias** f. pl. Obsequio que recibe el portador de una buena nueva.
**álbum** m. Tablón enyesado en que los romanos anunciaban asuntos de interés público y privado. || Libro en blanco para coleccionar sellos, fotos, cromos, firmas, etcétera.
**albur** m. Azar o riesgo que implica un negocio o una empresa.
**alcahuete, ta** m. y f. Tercero, persona que media en relaciones amorosas; por extensión, encubridor. || Chismoso, maledicente.
**alcalde, desa** m. y f. Presidente de un ayuntamiento.
**alcaldía** f. Función, despacho y territorio que forma parte de la jurisdicción del alcalde.
**alcance** m. Distancia en la que se nota la acción de cierta cosa. || Distancia a que se llega con el brazo. || Persecución.
**alcancía** f. Recipiente hermético para guardar monedas.
**alcantarilla** f. Paso para facilitar la circulación del agua por debajo de caminos o carreteras. || Cauce subterráneo donde desembocan las aguas residuales o de lluvia.
**alcantarillado** m. Complejo de obras hidráulicas para recoger y eliminar las aguas residuales.
**alcanzar** tr. Llegar a la altura de alguien o algo que va delante. || Coger algo alargando la mano. || Poner al alcance de otro. || Lograr percibir algo con la vista, oído u olfato.
**alcoba** f. Habitación para dormir. || Conjunto de muebles de dicha habitación.
**alcohol** m. Cada uno de los compuestos orgánicos derivados de los hidrocarburos por su sustitución de uno o varios átomos de hidrógeno.
**alcohólico, ca** adj. Que tiene alcohol. || Relativo al alcohol. || adj. y s. Se dice del individuo que muestra dependencia de las bebidas alcohólicas.
**alcoholismo** m. Intoxicación, aguda o crónica, debida al alcohol. || Estado del que tiene dependencia física o psicológica de la ingestión de alcohol.
**alcurnia** f. Estirpe, abolengo.
**alcuzcuz** m. Cuscús.
**aldea** f. Núcleo de población, especialmente rural.
**aleación** f. Mezcla metálica resultante de la fusión o aglutinación de dos o más metales a veces junto con otros elementos no metálicos, de cara a conseguir propiedades específicas, útiles a una aplicación determinada.
**aleatorio, ria** adj. Que depende del azar. || Se dice de los sucesos o resultados que se siguen de las leyes de probabilidad.
**aleccionar** tr. y prnl. Enseñar, adoctrinar. || tr. Castigar, enmendar.

**aledaño, ña** adj. Contiguo, limítrofe.

**alegar** tr. Aducir pruebas, hechos, méritos, etc., como fundamento de algo.

**alegato** m. Exposición o razonamiento de pruebas, méritos o causas para demostrar algo.

**alegoría** f. Imagen que representa o simboliza algo. || Obra artística o literaria que usa este método expresivo.

**alegrar** tr. Dar alegría a alguien. || Embellecer, dar vida a las cosas. || prnl. Solazarse; achisparse.

**alegre** adj. Que tiene, expresa o produce alegría. || Se dice del color vivo.

**alegría** f. Sentimiento de gozo que se expresa mediante signos externos. || Estado anímico de la persona que siempre está contenta.

**alejar** tr. y prnl. Colocar una persona o una cosa lejos o más lejos. || Rehuir alguien el trato de los demás. || prnl. Irse de un lugar.

**alemán, na** adj. y s. De Alemania.

**alentar** intr. Respirar. || tr. y prnl. Confortar, animar; promover.

**alergia** f. Hipersensibilidad inmunológica del organismo frente a los alérgenos, que pueden penetrar por vía parenteral, respiratoria o digestiva, y producen antígenos.

**alérgico, ca** adj. Relativo a la alergia. || Que sufre o tiene propensión a la alergia.

**alero** m. Borde del tejado que sobresale de la pared. || Perfil, orilla.

**alerón** m. En los aviones, pieza móvil del ala que actúa como timón.

**alerta** adj. Expectante, vigilante. || adv. A la expectativa. || interj. Voz de alarma.

**alertar** tr. y prnl. Poner sobre aviso.

**aleta** f. dim. de *ala*. || Apéndice típico de los peces.

**aletargar** tr. y prnl. Producir o sufrir letargo.

**aletear** intr. Menear un ave las alas sin levantar el vuelo. || Agitar los peces las aletas fuera del agua.

**alevosía** f. Traición, deslealtad.

**alfabetizar** tr. Colocar por orden del alfabeto. || Enseñar a leer y escribir

**alfabeto** m. Conjunto de signos gráficos (o letras) que permiten transcribir los sonidos del lenguaje articulado.

**alfanumérico, ca** adj. Se aplica al código que usa simultáneamente letras y números.

**alfarería** f. Arte de hacer vasijas de barro.

**alféizar** m. Superficie del muro que forma el reborde de una ventana o puerta.

**alfeñique** m. Pastelillo de azúcar, cocido en aceite de almendras dulces. || Persona de aspecto y carácter insignificantes.

**alfiler** m. Aguja con cabeza en uno de sus extremos, que sirve para unir entre sí prendas u otras cosas. || Joya que tiene esta forma.
**alfiletero** m. Tubito para guardar agujas y alfileres. || Almohadilla para prender agujas y alfileres.
**alfombra** f. Tejido que recubre los suelos, con fines aislantes u ornamentales.
**alforja** f. Banda de tela con dos bolsas en sus extremos que se lleva colgada al hombro o sobre el lomo de las caballerías.
**alga** f. Grupo de vegetales talófitos, sin categoría taxonómica, con diversas características comunes: poseen clorofila.
**algarabía** f. Jerigonza, lengua ininteligible. || Forma atropellada de hablar. || Escándalo, griterío.
**álgido, da** adj. Muy frío. || Impropiamente, culminante, decisivo.
**algo** pron. indef. Denota la existencia de una cosa en contraposición a nada. || Indica cantidad indeterminada. ||adv. Un poco.
**algodón** m. Fibra que recubre las semillas del algodonero, cuyas paredes están formadas de celulosa casi pura. || Fibra textil que se obtiene del algodón.
**alguacil** m. Funcionario judicial o municipal que ejecuta las órdenes del tribunal o del alcalde.
**alguien** pron. indef. Indica una persona indeterminada; a veces se usa impropiamente por 'alguno de'.
**alguno, na** adj. Al menos uno, entre varias personas o cosas. || En cantidad moderada.
**alhaja** f. Joya (adorno). || Mueble, adorno o cualquier otra cosa valiosa.
**alharaca** f. Manifestación exagerada de los sentimientos.
**alhóndiga** f. Local público destinado a la compraventa de trigo y otras mercancías.
**aliado, da** adj. y s. Ligado por una alianza.
**alianza** f. Acuerdo de 2 o más Estados, generalmente para acciones coordinadas en política internacional. || Pacto o acuerdo entre 2 o más individuos o grupos.
**aliar** tr. Unir. || prnl. Establecer un pacto 2 o más Estados; por extensión, asociarse, unirse 2 o más cosas.
**alias** m. Mote, sobrenombre.
**alicaído, da** ad. De alas caídas. || Deprimido, debilitado.
**aliciente** m. Incentivo, estímulo.
**alienación** f. Enajenación.
**alienar** tr. y prnl. Provocar efectos de alienación. || Volver loco.
**aliento** m. Respiración. || Espiración, y aire espirado. || Ánimo.
**aligerar** tr. y prnl. Disminuir el peso. || Suavizar.
**alimaña** f. Animal que perjudica el aprovechamiento que el hombre hace de otras especies. || Perso-

na de singular maldad y depravación.

**alimentar** tr. y prnl. Dar alimento. || tr. Proporcionar a una persona lo necesario para su sustento, o a una máquina la energía, la munición o las condiciones necesarias para que funcione.

**alimenticio, cia** adj. Alimentario. || Nutritivo.

**alimento** m. Sustancia nutriente. || Lo que sirve para que algo se mantenga vivo o activo.

**alinear** tr. y prnl. Colocar en línea recta. || tr. Seleccionar a los jugadores titulares de un partido.

**aliñar** tr. Sazonar, aderezar un alimento. || Adornar, arreglar. || tr. y prnl. Acicalar.

**alisar** tr. Poner lisa una superficie, eliminando rugosidades o evitando que sobresalgan pelos.

**alistar** tr. Anotar o inscribir a alguien en lista. || prnl. Enrolarse en el ejército.

**aliteración** f. Repetición de un sonido o una serie de sonidos acústicamente semejantes, en una palabra o en un enunciado, usado especialmente en el lenguaje poético.

**aliviadero** m. Desagüe de aguas sobrantes en canales y embalses.

**aliviar** tr. Aminorar; mitigar. || tr. y prnl. Calmar, moderar. || Aligerar.

**alma** f. En religión, y en ciertas filosofías, principio espiritual del ser, soporte de las manifestaciones más elevadas de su existencia. || Persona o cosa que anima y se convierte en el eje de una actividad, proceso, etcétera.

**almacén** m. Local donde se guardan mercancías o se venden al por mayor. || Sección de una fábrica donde están las herramientas, componentes, recambios, etcétera.

**almacenar** tr. Depositar en un almacén. || Introducir datos en la memoria de una computadora. || Acumular, guardar.

**almanaque** m. Calendario de hojas sueltas con pasatiempos e indicaciones meteorológicas, astronómicas, agrícolas, etcétera.

**almíbar** m. Líquido dulce, hecho con azúcar disuelto en agua y espesado al fuego.

**almidonado, da** adj. Tratado con almidón.

**almirante** m. Empleo de la armada, equivalente al de teniente general en el ejército de tierra.

**almohada** f. Cojín alargado para descansar la cabeza.

**almohadón** m. Almohada grande para recostarse.

**almoneda** f. Subasta pública con puja. || Saldo de géneros.

**almorzar** intr. Tomar el almuerzo. || tr. Comer determinada vianda durante el almuerzo.

**almuerzo** m. Comida de media mañana, y del mediodía.

**alocado, da** adj. Insensato, atropellado. || Poco juicioso.
**alojamiento** m. Sitio para alojarse.
**alón, na** adj. De alas grandes. || m. Ala de ave despojada de plumas.
**alpargata** f. Calzado de tejido o lona, con suela de cáñamo o esparto, que se sujeta con cintas por encima del tobillo.
**alpinismo** m. Deporte que consiste en escalar montañas.
**alpinista** com. Persona que escala montañas con fines deportivos, especialmente por su dificultad orográfica.
**alquilar** tr. Usar de una cosa, o prestarla, previo pago acordado y por el tiempo que se fije. || prnl. Prestarse a servir a cualquiera por una cantidad estipulada.
**alquiler** m. Cantidad que se fija cuando se alquila algo.
**alrededor** adv. En torno a. || Aproximadamente, más o menos.
**alta** f. Ingreso en cualquier asociación, grupo, etc. || Ingreso o reingreso de un militar en el servicio. || Comunicación en la que se hace constar que el enfermo ya está curado.
**altanería** f. Arrogancia, orgullo.
**altar** m. Piedra o ara para sacrificios y ofrendas.
**altavoz** m. Aparato que transforma impulsos eléctricos en movimiento vibratorio de un elemento y lo transmite a una membrana (diafragma), con lo que se generan ondas sonoras.
**alteración** f. Motín, desorden. || Pendencia, querella.
**alterar** tr. y prnl. Modificar la esencia o forma de algo. || Excitar, sofocar, encrespar. || Deteriorar, adulterar.
**altercado** m. Riña, pelea.
**alternancia** f. Cambio periódico.
**alternar** tr. Realizar diversas cosas de forma sucesiva y repetida. || intr. y prnl. Turnarse. || Sucederse cosas distintas de modo repetitivo.
**alternativo, va** adj. Que sucede o se hace de forma alterna. || f. Opción, disyuntiva.
**alterno, na** adj. Dadas dos posibilidades de situación, primero en una y luego en otra, y así sucesivamente. || Aplicado al tiempo, que se repite con periodicidad.
**alteza** f. Nobleza, excelencia.
**altibajo** m. Irregularidad de un terreno; se usa más en plural. || Alternancia de acontecimientos buenos y malos.
**altiplanicie** f. Altiplano.
**altiplano** m. Extensión de elevada altura, y relieve poco contrastado, formada por un proceso erosivo.
**altitud** Altura, especialmente la de un punto en relación con el nivel del mar.
**altivo, va** adj. Pagado de sí mismo. || Erguido.

**alto, ta** adj. Que se halla a distancia vertical considerable con respecto al plano del suelo o a algún nivel de referencia. || De estatura, excelencia o valor superiores a los medios. || m. Voz militar con que se ordena la detención o parada. || Parada, detención.

**altruismo** m. Interés por el bien ajeno aun a costa del propio.

**alucinar** tr., intr. y prnl. Sufrir alucinaciones. || Asombrar agradablemente.

**alucinógeno, na** adj. y m. Se dice de cualquier sustancia capaz de causar alucinaciones.

**alud** m. Masa de nieve, junto con rocas y hielo, que se precipita velozmente por la ladera de una montaña como consecuencia de la propia morfología de la pendiente y de la descompensación del volumen acumulado.

**aludir** tr. Tratar sobre una persona o cosa sin nombrarla. || Mencionar a personas o cosas de manera ocasional.

**alumbrado, da** adj. Iluminado.

**alumbramiento** m. Expulsión de la placenta y las membranas fetales después del parto. || Parto.

**alumbrar** tr. Dar luz. || Iluminar. || Asistir con luz a otro. || Esclarecer, explicar.

**alumno, na** m. y f. Sujeto que recibe enseñanza, respecto a su profesor o a su escuela.

**alunizar** intr. Posarse en la superficie de la Luna.

**aluvión** m. Depósito sedimentario formado por materiales detríticos transportados y depositados por aguas corrientes. || Crecida repentina y abundante de agua.

**alveolar** adj. De los alveolos.

**alveolo** (o **alvéolo**) m. Celdilla de un panal.

**alza** f. Aumento del precio de una cosa.

**alzado, da** adj. Se dice del empresario que quiebra con fraude. || Se dice de un precio fijo. || Orgulloso.

**alzamiento** m. Puja en una subasta. || Sublevación, generalmente militar.

**alzar** tr. Elevar, subir el nivel, intensidad, etc., de algo. || Edificar, construir. || prnl. Erguirse. || Sublevarse.

**allá** adv. Allí.

**allanar** tr. y prnl. Volver llana o lisa una cosa. || Triunfar sobre un obstáculo o dificultad. || Adoptar lenguaje y actitud llanos, pese a las diferencias sociales.

**allegado, da** adj. Vecino, próximo.

**allende** adv. De la parte de allá. || Además.

**allí** adv. Señala un lugar concreto, alejado del hablante. Toma sentido distributivo en correlación con "aquí".

**ama** f. Señora de la casa. || Dueña, poseedora.
**amable** adj. Que merece ser amado. || Agradable, atento.
**amado, da** m. y f. Persona querida.
**amaestrar** tr. Adiestrar; domar.
**amagar** tr. e intr. Hacer ademán de una acción que no se realiza. || intr. Dar algo los primeros indicios. || prnl. Refugiarse, esconderse.
**amainar** tr. Recoger las velas de una embarcación. || intr. Calmarse el viento o la lluvia.
**amamantar** tr. Dar de mamar.
**amanecer** m. Alba. || Comienzo, origen. || intr. Despuntar el día.
**amansar** tr. y prnl. Domesticar, desbravar a un animal. || Aplacar, tranquilizar. || Dominar el carácter de alguien.
**amante** adj. y s. Que ama.
**amanuense** com. Quien escribe al dictado. || Copista manual; recopilador de textos.
**amañar** tr. Arreglar con habilidad una cosa; por extensión, falsearla.
**amar** tr. Sentir amor o tener afición por alguien o por algo.
**amargar** tr. y prnl. Volver amargo. || Agriar el carácter. || intr. Tener sabor amargo.
**amargo, ga** adj. Del sabor de la hiel. || Aciago. || De carácter acre.
**amargura** f. Amargor.
**amarillo, lla** adj. y m. Se dice del tercer color del espectro solar.
**amarrar** tr. Asegurar mediante amarras los buques en el puerto y, por extensión, sujetar a un amarradero. || Atar. || prnl. fam. Afianzarse.
**amasar** tr. Hacer masa. || Reunir, acumular || Amalgamar. || Combinar. || Dar masajes.
**amateur** adj. y com. Aficionado; no profesional.
**amazona** f. Mujer guerrera, en la mitología griega. || Mujer que monta a caballo.
**ambages,** *sin* Directamente, sin circunloquios.
**ámbar** m. Resina fósil amarillo-anaranjada, a veces con insectos o plantas conservados en su interior. || adj. y m. De color amarillo anaranjado.
**ambición** f. Deseo vehemente de todo aquello que permite descollar: dinero, fama, poder, etcétera.
**ambicionar** tr. Tener ambición. || Desear, aspirar a.
**ambidextrismo** m. Grado intermedio de preferencia lateral, o capacidad de emplear con igual habilidad ambas manos.
**ambientar** tr. Crear un ambiente adecuado para algo. || tr. y prnl. Adaptar algo a un ambiente.
**ambiente** m. Conjunto de factores (materiales y/o de relación) que contribuyen (*buen a.*) o no (*mal a.*) al desarrollo de algo.
**ambiguo, gua** adj. Que se presta a varias interpretaciones o puede

tener varios valores. || Se dice de un género gramatical.
**ámbito** m. Delimitación de algo y espacio que comprende. || Círculo de relaciones y lugares en que alguien se desenvuelve.
**ambivalencia** f. Capacidad de algo de ser interpretado o usado de dos formas distintas.
**ambos, bas** adj. El uno y el otro, los dos.
**ambrosía** f. Alimento de los dioses en el Olimpo. || Alimento de sabor grato.
**ambulancia** f. Vehículo provisto de camilla e instrumental de primeros auxilios, para el traslado de heridos y enfermos.
**ambulante** adj. Que se traslada de un lado a otro sin establecerse en un punto fijo.
**ameba** f. Nombre común a diversas especies de protozoos de la clase Rizópodos, caracterizados por la emisión de seudópodos para la traslación de la célula.
**amedrentar** tr. y prnl. Provocar miedo.
**amenazar** tr. Advertir a alguien que se le ocasionará algún daño. || intr. Dar algún signo de peligro, desgracia o molestia.
**ameno, na** adj. Agradable. || Entretenido, divertido.
**americanismo** m. Rasgos característicos de lo americano. || Palabra, giro o rasgo lingüístico propio de los diversos países de la América hispanohablante.
**americano, na** adj. y s. De América.
**ametrallador, ra** adj. Que ametralla. || f. Arma automática, de gran velocidad de tiro, montada sobre un trípode.
**ametrallar** tr. Disparar metralla. || Disparar con ametralladora.
**amígdala** f. Órgano en forma de almendra, en especial los folículos linfáticos que existen en las vías digestivas y aéreas altas.
**amigo, ga** adj. y s. Que tiene amistad con alguien.
**aminorar** tr. Reducir.
**amistad** f. Relación afectiva y desinteresada entre dos o más personas. || Gracia, merced.
**amnesia** f. Pérdida, en sentido cuantitativo, de la memoria.
**amnios** m. Saco membranoso que rodea el embrión de los vertebrados superiores.
**amnistía** f. Acto, formalmente voluntario, del Poder Ejecutivo por el que se anula la aplicación de una pena legal; sus efectos son totales, y generalmente se aplica a delitos políticos.
**amo** m. Señor de la casa. || Dueño, poseedor.
**amodorrarse** prnl. Adormecerse.
**amoldar** tr. y prnl. Adaptar a un molde. || Adaptar a las circunstancias; se usa más como pronominal.

**amonestar** tr. Reprender a alguien para influir en su conducta.
**amoníaco** m. Gas incoloro, de olor picante, densidad inferior al aire, soluble en agua, alcohol etílico, alcohol metílico, cloroformo y éter.
**amontonar** tr. y prnl. Hacer un montón. || Apilar sin orden cosas de diversa índole.
**amor** m. Intensa inclinación afectiva hacia alguien, que lleva a quien lo siente a desear vivamente su felicidad y su presencia.
**amoral** adj. y com. Que no se guía por criterios morales.
**amoratarse** prnl. Ponerse lívida alguna parte del cuerpo.
**amordazar** tr. Colocar una mordaza.
**amorfo, fa** adj. Informe.
**amoroso, sa** adj. Relativo al amor. || Amable, tierno.
**amortajar** tr. Vestir con la mortaja a un difunto. || Tapar, ocultar.
**amortiguador, ra** adj. y s. Que amortigua.
**amortiguar** tr. y prnl. Templar, disminuir la intensidad.
**amortización** f. Reembolso o extinción de una deuda, especialmente la que realiza el Estado con la deuda pública.
**amortizar** tr. Hacer efectiva una amortización.
**amotinar** tr. Sublevar, incitar al motín. || prnl. Rebelarse, no acatar la autoridad. || tr. y prnl. Perturbar.
**amparar** tr. Socorrer, auxiliar, proteger.
**amparo** m. Acción y efecto de amparar o de ampararse. || Protección, refugio.
**ampliación** f. Positivo fotográfico aumentado.
**ampliar** tr. Hacer más grande algo: añadir, aumentar, prorrogar, desarrollar, etc. || Aumentar proporcionalmente el tamaño de una copia fotográfica.
**amplificador, ra** adj. y s. Que amplifica.
**amplificar** tr. Ampliar.
**amplio, plia** adj. Vasto; extenso. || Holgado, suelto.
**amplitud** f. Calidad de amplio. || Distancia entre 2 puntos o valores extremos.
**ampolla** f. Botella de vidrio de cuello largo y cuerpo abombado. || Burbuja de aire en el agua. || Abultamiento doloroso en la piel, causado por el roce.
**ampuloso, sa** adj. Pomposo y reiterativo. Se aplica generalmente al lenguaje o la actitud.
**amputar** tr. Practicar una amputación. || Suprimir una parte de algo.
**amueblar** tr. Acondicionar con muebles un espacio.
**amuleto** m. Talismán que se lleva consigo.

**anabolismo** m. Proceso por el cual las células transforman sustancias simples en otras más complejas.
**anacronismo** m. Hecho, objeto, personaje, texto, etc., discordante, a nivel cronológico, del contexto en que aparece.
**anal** adj. Relativo al ano.
**analfabetismo** m. Desconocimiento de la lectura y la escritura.
**analfabeto, ta** adj. y s. Que padece analfabetismo. || fam. Ignorante, tosco.
**analgesia** f. Abolición de la sensibilidad al dolor.
**analgésico, ca** adj. y m. Se dice de los fármacos o agentes físicos que alivian o suprimen el dolor.
**análisis** m. Individualización y estudio de las partes de un sistema con vistas a profundizar el conocimiento de éste y establecer la posición y las funciones de aquéllas en el mismo.
**analogía** f. Similitud de una cosa con otra distinta. || Procedimiento de creación de palabras basado en la similitud con otras, abundantes en la lengua.
**análogo, ga** adj. Semejante.
**anaquel** m. Estante.
**anaranjado, da** adj. y m. Se dice del color compuesto que resulta de las mezclas de rojos y amarillos.
**anarquía** f. Inexistente forma de organización social propugnada por el anarquismo, caracterizada por la ausencia de gobierno con facultades coactivas. || Desorganización, desorden.
**anarquismo** m. Conjunto de las teorías políticas que defienden la supresión del Estado.
**anatomía** f. Ciencia que estudia la estructura y morfología de los seres vivos basándose en la disección.
**anca** m. Parte superior de los cuartos traseros de un animal. || Grupa.
**ancestral** adj. De los antepasados remotos.
**anciano, na** adj. y s. Persona muy vieja y venerable.
**ancla** f. Útil de hierro que, pendiente de una cadena, sirve para fondear un buque.
**anclar** tr. Fondear una nave. || prnl. Aferrarse a una posición.
**anchura** f. Una de las 2 dimensiones de un plano, generalmente la menor, o una de las 3 de un cuerpo. || Amplitud, vastedad. || Laxitud moral.
**andamio** m. Estructura provisional que se coloca externa o internamente en un edifico para hacer accesibles las partes que hay que construir, reparar, pintar, etcétera.
**andanada** f. Disparo simultáneo de todas las baterías de un buque.
**andanza** f. Acontecimiento. || Viaje.

**andar** intr. Caminar. || Modo de andar o de proceder. || Ir, venir o moverse algo. || Funcionar un mecanismo. || Hablando del tiempo, transcurrir.
**andén** m. Acera elevada a lo largo de una calle, un muelle o las vías de tren. || Acera de un puente.
**andrajoso, sa** adj. Harapiento.
**andrógino, na** adj. y m. Se dice del individuo del sexo masculino que presenta caracteres sexuales externos de tipo feminoide.
**androide** m. Robot de forma humana.
**anécdota** f. Historieta sobre algún hecho o rasgo curioso.
**anecdótico, ca** adj. Con carácter de anécdota. || No esencial.
**anegar** tr. y prnl. Sumergir a uno en el agua hasta ahogarse. || Cubrir el agua algo totalmente. || Hundir en preocupaciones, sufrimientos, etc. || prnl. Naufragar.
**anemia** f. Disminución del número de hematíes de la sangre, o de su contenido en hemoglobina.
**anestesia** f. Abolición de la sensibilidad en cualquiera de sus formas (táctil, térmica o dolorosa); puede ser espontánea o inducida.
**anfibio, a** adj. Que puede vivir en el agua o fuera de ella.
**anfibología** f. Ambigüedad que resulta del uso de palabras o expresiones de doble sentido. || Figura retórica que produce dicha ambigüedad.
**anfiteatro** m. Edificio elíptico o circular con gradas en torno a un espacio central de arena, donde se celebran espectáculos públicos. || Disposición en semicírculo de los asientos de aulas, cines y teatros. || Parte alta de los teatros y cines, con gradas para espectadores.
**anfitrión, na** m. f. Persona que invita a otros a comer o a una fiesta en su casa.
**ánfora** f. Vaso de cerámica con dos asas y cuello estrecho y largo, usado por griegos y romanos como recipiente y para las inhumaciones. || Urna de votaciones.
**ángel** m. En ciertas religiones, espíritu celestial, creado por la divinidad para su servicio y para mediar entre ella y los mortales. || Encanto personal. || Persona, generalmente mujer o niño, dulce y bondadosa.
**angelical** adj. Relativo o semejante a los ángeles. || Dulce, candoroso.
**angina** f. Afección inflamatoria de las fauces, especialmente localizada en las amígdalas.
**angiospermas** f. pl. División del reino vegetal formado por plantas fanerógamas cuyos primordios seminales están protegidos por el ovario, por lo que la semilla queda encerrada dentro del fruto.
**anglosajón, na** adj. y s. Relativo al miembro de las tribus germáni-

cas (anglos, sajones y jutos) que invadieron Gran Bretaña.
**angosto, ta** adj. Muy estrecho.
**angular** adj. Relativo a un ángulo o que se expresa en función de él. || En forma de ángulo.
**ángulo** m. Porción de plano comprendida entre dos semirrectas (lados) de origen común (vértice).
**angustia** f. Estado emocional de extrema inquietud y ansia, de las que difiere sólo por revestir mayor intensidad.
**angustiado, da** adj. Apenado, apesadumbrado. || Pusilánime.
**angustiar** tr. Ocasionar angustia, atribular.
**anhelar** tr. e intr. Ambicionar algo.
**anhelo** m. Fuerte deseo de algo.
**anidar** intr. y prnl. Hacer nido las aves o vivir en un lugar. || Albergar. || tr. Amparar, guarecer a alguien.
**anillo** m. Aro o sortija que se pone en los dedos como adorno. || Aro pequeño.
**ánima** f. Alma humana. || Alma del purgatorio.
**animación** f. Actividad, movimiento. || Dinamismo en la expresión o en los hechos. || Alegría, bullicio.
**animado, da** adj. Que tiene alma. || Gracioso, entretenido.
**animador, ra** adj. Que anima o alienta. || m. y f. Artista o presentador que ameniza o dirige un espectáculo o fiesta.
**animal** adj. y m. Se dice de uno de los reinos en que se divide a los seres vivos, y de cada uno de los seres que lo integran. || adj. y com. Torpe, bruto. || Por contraposición al hombre, los demás animales.
**animar** tr. Dar vida, viveza, aliento, vigor, animación, etcétera.
**anímico, ca** adj. Relativo a la psique o al alma.
**ánimo** m. Alma, principio de la actividad humana. || Brío, ardor. || Voluntad, propósito.
**animoso, sa** adj. Con ánimo (brío).
**aniñado, da** adj. Que se parece a un niño o actúa como él.
**aniquilar** tr. Hacer desaparecer por completo. || tr. y prnl. Arrasar.
**aniversario, ria** adj. Anual. || m. Día en que se cumplen los años de un acontecimiento, y acto con que se conmemora.
**ano** m. Extremo inferior del tubo digestivo.
**anoche** adv. Ayer noche.
**anochecer** m. Tiempo en que acaba el día y empieza la noche.
**anodino, na** adj. Inofensivo, sin sustancia. || Insulso, sin gracia. || adj. y m. Que mitiga el dolor.
**anómalo, la** adj. Irregular, raro.
**anonadar** tr. y prnl. Aniquilar. || Desconcertar. || Asombrar; embobar.
**anónimo, ma** adj. y m. Se aplica a las obras artísticas o literarias en

las que no aparece el nombre del autor. || m. Escrito sin nombre en el que generalmente se amenaza, ofende o delata.
**anormal** adj. No acorde con la norma. || com. Deficiente físico o mental.
**anotación** f. Nota, apunte.
**anotar** tr. Poner notas en un escrito. || Tomar notas. || Inscribir en un registro público.
**ansia** f. Inquietud, malestar físico. || Congoja, pesadumbre. || Afán, anhelo.
**antagonismo** m. Disentimiento o contraposición en doctrinas e ideas. || Situación de rivalidad o contienda.
**antagonista** adj. Que actúa de mánera contraria a algo. ||adj. y com. Rival.
**antaño** adv. En el año pasado. || Antiguamente.
**antártico, ca** adj. Relativo al polo Sur y a su región.
**ante** prep. En presencia de, delante de. || Respecto de.
**antenoche** adv. Anteayer noche.
**anteayer** adv. El día de antes de ayer.
**antebrazo** m. Parte del brazo que comprende desde el codo hasta la muñeca.
**antecedente** adj. Que antecede. || m. Hecho, suceso o dicho precedente, con el que se juzgan acontecimientos posteriores. || Primer término gramatical de una proposición relativa.
**anteceder** tr. Preceder. || Adelantar, dar anticipo de algo. || intr. Ir delante.
**antecesor, ra** adj. Que antecede en el tiempo. || m. y f. Persona que antecedió a otra en un oficio o cargo. || Ascendiente (individuo); se usa más como m. plural.
**antediluviano, na** adj. Que sucedió antes del diluvio. || Pasado de moda; anacrónico.
**antelación** f. Anticipación temporal de una cosa con respecto a otra; suele precederle la prep. *con*.
**antemano,** *de* Co. antelación.
**antemeridiano, na** adj. Anterior al mediodía.
**antena** f. Dispositivo emisor o receptor de ondas de radio; sus diversos tipos corresponden a las distintas frecuencias y direcciones de los trenes de ondas que emiten o captan. || Formación anatómica de ciertos artrópodos, donde se asientan los órganos sensoriales.
**anteojo** m. Sistema óptico cuyo aumento angular permite observar con detalle y nitidez objetos lejanos.
**antepasado, da** adj. Se dice del tiempo ocurrido con anterioridad a otro ya pasado. || m. y f. Ascendiente (individuo). || pl. Los que vivieron antes que uno; generalmente alejados en el tiempo.

**antepenúltimo, ma** adj. Que precede inmediatamente al penúltimo.
**anteponer** tr. y prnl. Colocar una cosa antes o delante de otra. || Distinguir, dar preferencia.
**anteproyecto** m. Estudio previo a un trabajo técnico. || Proyecto de ley.
**anterior** adj. Que antecede en tiempo o lugar.
**antes** adv. Expresa prioridad o preferencia en el tiempo o en el espacio; a veces, en correlación con *que*. || En otro tiempo.
**antesala** f. Pieza o recibimiento de la sala principal o despacho.
**antiaéreo, a** adj. y m. Que tiene por finalidad la defensa contra los aviones.
**anticipar** tr. Hacer que acontezca algo antes del tiempo fijado. || Adelantar dinero a alguien. || Prevenir algún acontecimiento.
**anticipo** m. Dinero que se da por adelantado o a cuenta de una cantidad.
**anticonceptivo, va** adj. y m. Se dice del fármaco, dispositivo o método destinados a evitar el embarazo.
**anticuado, da** adj. Que está en desuso. || Que no está al día o a la moda.
**anticuario** m. Coleccionista o comerciante de cosas antiguas.
**anticuerpo** m. Sustancia inmunitaria elaborada por el organismo como respuesta a la presencia de un antígeno con el cual reacciona específicamente.
**antídoto** m. Contraveneno o antitóxico. || Cosa que evita o contrarresta los efectos nocivos de algo.
**antiestético, ca** adj. Contrario a la estética. || Feo.
**antifaz** m. Careta o velo para cubrir la cara.
**antigüedad** f. Calidad de antiguo. || Tiempo que una persona lleva desempeñando un trabajo. || En abstracto, tiempos viejos. || pl. Conjunto de objetos antiguos, de valor, que se coleccionan.
**antiguo, gua** adj. Que existió o aconteció en épocas pasadas. || Se aplica al que es veterano en su empleo. || adj. y s. fam. despect. Viejo, anciano.
**antimperialismo** m. Conjunto de teorías y movimientos que propugnan el derecho de todo país a una independencia real, sin injerencias de tipo político o económico.
**antimateria** f. Materia integrada por átomos de antipartículas.
**antioxidante** adj. y m. Que impide o retrasa la oxidación.
**antipatía** f. Rechazo hacia alguien o algo. || Oposición entre cosas.
**antirrobo** adj. y m. Se dice del dispositivo de seguridad para evitar sustracciones.
**antisemitismo** m. Racismo contra los judíos.

**antitoxina** f. Anticuerpo presente en el suero de individuos o animales inmunizados frente a una toxina a la que es capaz de neutralizar.
**antojo** m. Capricho, especialmente el que la imaginación popular atribuye a las embarazadas.
**antología** f. Selección de textos de una materia o autor. || *de a*. Fuera de lo común.
**antónimo, ma** adj. Se dice de los vocablos de significados opuestos *(bueno/malo)*.
**antonomasia** f. Sinécdoque que consiste en sustituir un nombre propio por una cualidad que lo define, o viceversa.
**antorcha** f. Tea, hachón.
**antro** m. Oquedad oscura y profunda. || Local de mala nota, por su aspecto o clientela.
**antropoide** adj. y m. De forma humana. Se aplica a primates que guardan un parecido con el hombre.
**antropología** f. Ciencia que estudia las respuestas del ser humano ante el medio, las interrelaciones entre ambos y el marco sociocultural en el que se desenvuelven.
**antropomorfismo** m. Doctrina o creenciá que se basa en la atribución de caracteres humanos a otros entes (Dios o dioses, el universo, etcétera).
**antropomorfo, fa** adj. De forma humana.
**anual** adj. Que dura un año, o se repite de año en año.
**anualidad** f. Ingreso o pago anual.
**anuario** m. Publicación anual que recoge, con carácter general o especializado, acontecimientos del año anterior.
**anudar** tr. Hacer nudos o atar con ellos.|| Juntar, unir. || Proseguir.
**anular** adj. Relativo al anillo. || adj. y m. Se dice del dedo contiguo al meñique. || tr. y prnl. Invalidar un compromiso, documento, etc. || Abolir, derogar.
**anunciar** tr. y prnl. Informar, avisar. || Comunicar la llegada de alguien. || Profetizar, prever. || Hacer publicidad.
**anuncio** m. Mensaje publicitario.
**anverso** m. Haz o cara de una moneda, donde generalmente figura el símbolo del Estado emisor. || Cara de una hoja por donde empieza la escritura.
**anzuelo** m. Gancho de punta aguzada que se usa para pesca. || Señuelo, aliciente.
**añadir** tr. Incorporar, sumar una cosa a otra. || Aumentar, acrecentar. || prnl. Adherirse a un acto.
**añejo, ja** adj. De uno o más años. || Viejo, antiguo.
**añicos** m. pl. Fragmentos pequeños que resultan de la rotura de algo.
**año** m. Unidad de tiempo determinada por una vuelta de la Tierra

alrededor del Sol. || Periodo de doce meses.

**añoranza** f. Nostalgia.

**añorar** tr. e intr. Sentir añoranza de alguien o algo.

**aorta** f. Principal arteria del organismo de los vertebrados. En el hombre tiene su origen en el ventrículo izquierdo.

**aovar** tr. y prnl. Dar o tomar forma de huevo. || intr. Poner huevos.

**apabullar** tr. Anonadar e intimidar a alguien; aplastarle.

**apacentar** tr. y prnl. Llevar a pastar al ganado y cuidarlo mientras pasta. || Pastar el ganado.

**apacible** adj. Afable en el trato, sosegado, plácido. || Referido al tiempo, estable, tranquilo.

**apaciguar** tr. y prnl. Aplacar, calmar, pacificar.

**apadrinar** tr. Ser padrino o actuar como tal. || Proteger, avalar. || prnl. Acogerse al favor o la protección de alguien.

**apagado, da** adj. De poca viveza, pusilánime. || Se aplica al color, brillo, etc., atenuado, débil.

**apagar** tr. y prnl. Extinguir el fuego o la luz. || Interrumpir el funcionamiento de un mecanismo, especialmente eléctrico.

**apagón** m. Cese repentino y momentáneo de la luz eléctrica.

**apaisado, da** adj. De más anchura que altura.

**apalabrar** tr. Convenir un trato de palabra.

**apalear** tr. Dar golpes con un palo o algo similar. || Golpear la ropa o varear los árboles.

**apañado, da** adj. Diestro, mañoso. || Apropiado para lo que se aplica.

**apañar** tr. Recoger una cosa. || Apropiarse de algo ajeno.

**aparador, ra** m. Mueble de comedor donde se guarda o expone el servicio de mesa.

**aparato** m. Artificio mecánico, eléctrico, etc., de múltiples piezas, cuyas acciones se combinan para conseguir un objeto (a. de radio, a. telefónico, etcétera)

**aparear** tr. Igualar dos cosas. || tr. y prnl. Formar pares o parejas. || Juntar las hembras con los machos para que copulen.

**aparecer** intr. y prnl. Mostrarse súbitamente. || Hallarse, encontrarse, especialmente lo que estaba perdido.

**aparejar** tr. Aprestar, disponer algo para un fin. || Unir en parejas.

**aparejo** m. Conjunto de lo que se precisa para determinada actividad.

**aparentar** tr. Fingir, simular lo que no se es o no se tiene. || Tener aspecto de.

**aparente** adj. Que parece algo sin serlo. || Visible. || Que tiene cierta apariencia.

**aparición** f. Visión de un ser irreal o sobrenatural.
**apariencia** f. Aspecto que ofrece una cosa. Suele usarse en oposición a ser verdadero, y también a esencia. || Aspecto externo de alguien. || Posibilidad, verosimilitud.
**apartado, da** adj. Distante, aislado. || Distinto, diverso.
**apartamento** m. Habitación o vivienda, generalmente pequeña.
**apartar** tr. y prnl. Separar una parte de un todo. || Dejar de lado, hacer de menos. || Distanciar. || Desviar. || Liberar, desembarazar. || prnl. Alejarse, recluirse.
**aparte** adv. En otro sitio. || Separado del lugar de la acción.
**apasionado, da** adj. Dominado por alguna pasión. || Entusiasta.
**apasionar** tr. Provocar pasión.
**apatía** f. Estado de ánimo caracterizado por indiferencia afectiva.
**apear** tr. y prnl. Descender de un vehículo o cabalgadura.
**apechugar** intr. Golpear con el pecho. || Pechar con algo desagradable.
**apedrear** tr. Arrojar piedras. || Lapidar.
**apelar** intr. Recurrir una sentencia a un tribunal superior. || Solicitar a una persona su ayuda o perdón; valerse de ella o de una cosa.
**apellido** m. Nombre de familia. || Mote.
**apenar** tr. y prnl. Provocar o sentir pena.
**apenas** adv. Casi no. || Inmediatamente.
**apéndice** m. Prolongación de una cosa, de la que es parte secundaria. || Conjunto de partes que se añaden a un libro, como bibliografía, notas, índices, etcétera.
**apendicitis** f. Proceso inflamatorio asentado en el apéndice cecal.
**apercibimiento** m. Requerimiento judicial para que alguien actúe conforme a la ley, bajo amenaza de sanción.
**apercibir** tr. y prnl. Disponer, prevenir lo necesario. || tr. Advertir.
**apero** m. Conjunto de útiles de un oficio. Se usa más en plural.
**apertura** f. Acto con que reanuda sus actividades una escuela o institución.
**apesadumbrar** tr. y prnl. Ocasionar aflicción.
**apestar** tr. y prnl. Contagiar la peste. || Corromper. || Aburrir. || intr. Heder.
**apetecer** tr. Desear algo. || intr. Gustar.
**apetito** m. Gana de comer. || Tendencia a la satisfacción de necesidades o anhelos. || Lo que provoca el deseo.
**apetitoso, sa** adj. Que provoca apetito. || Sabroso, de buen aspecto y olor.
**apiadar** tr. Causar piedad. || prnl. Compadecerse.

**apicultura** f. Cría de la abeja, parà el aprovechamiento de la miel y la cera.
**apilar** tr. Poner objetos uno encima de otro.
**apiñar** tr. y prnl. Apretujar.
**aplacar** tr. y prnl. Aliviar, tranquilizar.
**aplanar** tr. y prnl. Alisar. || tr. Aplastar.
**aplastar** tr. y prnl. Disminuir el grosor de algo, comprimiéndolo o golpeándolo. || Derrotar rotundamente.
**aplatanarse** prnl. fam. Atontarse; dejarse dominar por la pereza mental y física.
**aplaudir** tr. Dar palmadas de entusiasmo o aprobación. || Elogiar la conducta de alguien.
**aplauso** m. Ovación.
**aplazar** tr. Posponer, retardar. || Distribuir en plazos.
**aplicación** f. Adorno sobrepuesto.
**aplicado, da** adj. Se dice del que se aplica o se esmera, especialmente en los estudios. || Se dice de las partes de una ciencia que tiene carácter eminentemente práctico, y de las artes de carácter artesanal.
**aplicar** tr. Adosar una cosa a otra. || Usar como o para. || Achacar, imputar. || tr. y prnl. Asignar; destinar.
**aplomo** m. Firmeza y cordura en el obrar. || Verticalidad.
**apocado, da** adj. Pobre de espíritu.
**apocalíptico, ca** adj. Catastrófico. || Arcano, misterioso.
**apócope** m. Caída de una sílaba (o sílabas) o de un fonema al final de una palabra; tanto > *tan*; bueno > *buen*.
**apócrifo, fa** adj. Falsificado, fingido.
**apodar** tr. y prnl. Dar o darse motes.
**apoderar** tr. Delegar sus derechos una persona en otra para que los defienda. || prnl. Hacerse con el dominio o propiedad de algo.
**apodo** m. Mote, sobrenombre.
**apogeo** m. Punto de la órbita (real o aparente) de un astro, en el que su distancia a la Tierra es máxima. || Punto culminante o decisivo de un proceso.
**apolillar** tr. y prnl. Agujerear algo la polilla.
**apología** f. Elogio en defensa de personas o cosas. || Panegírico.
**apólogo** m. Relato alegórico, en prosa o verso, donde personajes animales, entes abstractos o cosas inanimadas presentan verdades de orden moral.
**aportación** f. Lo que se aporta.
**aportar** tr. Donar algo para la consecución de una empresa.
**aposentar** tr. y prnl. Hospedar, alojar.
**aposento** m. Habitación. || Alojamiento.

**aposición** f. Yuxtaposición de 2 palabras, de una palabra y una frase o de 2 frases, de idéntica categoría gramatical.
**apósito** m. Compresa.
**aposta** adv. A propósito.
**apostar** tr. Jugar a las apuestas (lotería, quinielas, etc.) || intr. Incitar a una persona a ganar o perder dinero u otra cosa según quién de los dos tenga razón en algo, y concertar este trato.
**apostilla** f. Añadido posterior a un texto.
**apóstrofo** m. Signo ortográfico (') que indica la elisión de una vocal.
**apostura** f. Planta, gallardía. || Maneras, ademanes.
**apotegma** m. Frase breve y sentenciosa, atribuida a un pensador o erudito famoso.
**apoteosis** f. Momento culminante de una obra, reunión, etc., o final festivo de la misma.
**apoyar** tr. y prnl. Hacer que una cosa repose sobre otra o la sustente. || Patrocinar, proteger || Fundamentar, basar.
**apoyo** m. Sostén, sustento. || Ayuda, amparo. || Argumento que corrobora a otro.
**apreciar** tr. Evaluar, tasar. || Estimar, querer.
**aprecio** m. Afecto, consideración.
**aprehender** tr. Atrapar, detener. || Percibir, captar mentalmente algo.
**apremiar** tr. Urgir, apurar. || Oprimir, constreñir.
**aprender** tr. y prnl. Comprender y recordar algo. || intr. Instruirse, educarse.
**aprendiz, za** m. y f. Principiante en algún oficio o actividad.
**aprendizaje** m. Tiempo que se tarda en aprender un oficio y prácticas necesarias para ello. || Tipo de comportamiento de los animales.
**aprensión** f. Hipersensibilidad, temor, cautela, especialmente sin fundamento.
**aprensivo, va** adj. y s. Que sufre alguna aprensión. || Hipocondriaco.
**apresar** tr. Cobrar alguna presa. || Hacer prisionero.
**aprestar** tr. y prnl. Proveer lo necesario para algo; preparar, disponer.
**apresurar** tr. y prnl. Dar prisa. || Adelantar, acelerar.
**apretar** tr. Oprimir, hacer presión sobre algo o alguien. || Estrechar (contra el pecho, entre los brazos, etc.) || Prensar, comprimir.
**apretujar** tr. Apretar fuerte y repetidamente. || prnl. Apretarse varias personas unas con otras en un lugar demasiado pequeño.
**apretura** f. Sensación de opresión causada por el hacinamiento de gente en un lugar.
**aprieto** m. Apretura. || Apuro, brete. || Necesidad, estrechez.
**a priori** adv. Anticipada o hipotéticamente. || adj. Previo a la ex-

periencia, o que no depende de ella.

**aprisa** adv. Rápidamente.

**aprisionar** tr. Encarcelar, encerrar. || Ligar, sujetar.

**aprobado, da** adj. Aceptado. || m. Calificación de examen, inferior al notable y superior al suspendido. || Visto bueno.

**aprobar** tr. Juzgar válido algo. || Coincidir con una opinión, doctrina, etc. || Considerar buena la conducta o aptitud de alguien. || Conseguir la calificación de apto en una asignatura o examen.

**apropiar** tr. Adecuar una cosa a otra. || prnl. Apoderarse de algo.

**aprovechar** tr. Usar algo con provecho. || intr. y prnl. Aplicarse, avanzar en algún estudio o materia. || prnl. Servirse de una cosa para el propio interés. || Abusar de la confianza de alguien.

**aprovisionar** tr. y prnl. Suministrar o acumular provisiones, especialmente víveres.

**aproximar** tr. y prnl. Situar cerca de. || tr. Realizar una aproximación.

**aptitud** f. Cualidad por la que algo es adecuado a un propósito. || Capacidad para desempeñar un trabajo u ocupar un cargo.

**apto, ta** adj. Apropiado, competente.

**apuesto, ta** adj. Referido a personas, de buena presencia y figura. || Arreglado, compuesto.

**apuntalar** tr. Sostener con puntales. || tr. y prnl. Reafirmar.

**apuntar** tr. Orientar un arma hacia el blanco. || Indicar, señalar con un gesto, con el dedo o con un objeto. || Tomar apuntes. || Anotar algo para recordarlo o para que conste.

**apunte** m. Apuntamiento. || Escrito corto, nota. || Boceto. || Traspunte. || Texto del apuntador.

**apuñalar** tr. Herir con puñal.

**apurado, da** adj. Necesitado. || Arriesgado, difícil. || Apresurado.

**apurar** tr. Agotar, concluir. || Limpiar, depurar. || tr. y prnl. Poner en apuros. || Acelerar, meter prisa.

**apuro** m. Aprieto, necesidad. || Ahogo, sofocón. || Prisa, urgencia. || Brete, compromiso; conflicto.

**aquel, lla, llo** m., f. y n. Partícula deíctica que funciona como adjetivo o como pronombre. Señala a la persona o cosa más alejada, tanto del que habla como del que escucha.

**aquí** adv. Señala el lugar preciso en que se encuentra el hablante, o un lugar próximo y determinado hacia el que se dirige.

**aquiescencia** f. Aprobación, conformidad.

**aquietar** tr. y prnl. Calmar, relajar.

**aquilatar** tr. Establecer los quilates. || Evaluar la calidad de una cosa o el mérito de una persona.

**ara** f. Altar para sacrificios.

**árabe** adj. Relativo a Arabia.

**arábico, ca** (o **arábigo, ga**) adj. Relativo a Arabia o a los árabes.
**arácnidos** m. pl. Clase de artrópodos.
**arado** m. Utensilio de agricultura con que se labra la tierra.
**arameo, a** adj. y s. Se dice del miembro de ciertas tribus semíticas.
**araña** f. Nombre común a las especies de la clase Arácnidos.
**arañar** tr. y prnl. Rasgar, herir superficialmente la piel. || Rayar una superficie.
**arar** tr. Trabajar la tierra con el arado. || Dibujar surcos en una superficie.
**arbitrar** tr. Decidir uno según su propio arbitrio. || Dar o proponer arbitrios. || Ser árbitro entre partes. || Hacer cumplir las reglas de un deporte o juego.
**arbitrariedad** f. Actuación contraria a la razón, la justicia o el derecho.
**arbitrio** m. Capacidad de decisión. || Cosa necesaria para la consecución de algún fin. || Voluntad que obedece al capricho.
**árbol** m. Vegetal que dispone de un tronco columnar de consistencia leñosa, del que parte una serie de ramificaciones que se apartan distintamente del suelo según las especies.
**arbusto** m. Planta leñosa, generalmente ramificada a partir de la base, que no suele superar los 5 m de altura.
**arca** f. Baúl de tapa plana. Caja fuerte. || Habitación donde guarda sus fondos una entidad.
**arcaico, ca** adj. y s. Primitivo. || Anticuado, en desuso.
**arcaísmo** m. Voz o frase que se usa aunque haya quedado anticuada, especialmente en zonas aisladas.
**arcilla** f. Roca sedimentaria de aspecto detrítico compuesta básicamente por silicato de aluminio hidratado. Al cocerse a elevada temperatura adquiere gran dureza.
**arcipreste** m. Presbítero a cuyo cargo están las iglesias de un territorio.
**arco** m. Porción de curva; en el caso de la circunferencia se puede medir como el ángulo central que lo abarca. || Arma formada por una vara de madera y otro material flexible, curvada por la tensión de una cuerda sujeta a sus extremos, que impulsa las flechas.
**archipiélago** m. Porción de mar cubierta de islas. || Conjunto de islas.
**archivar** tr. Guardar documentos o fichas en un archivo según un orden.
**archivo** m. Lugar donde se guardan documentos, cartas, mapas, material gráfico o sonoro, etc. || Conjunto de documentos o material que se guarda en estos lugares. || In-

form. Conjunto de información organizada en registros que se almacenan.

**arder** intr. Estar encendido o quemándose. || Resplandecer, lucir.

**ardid** m. Artimaña, treta.

**ardiente** adj. Que arde. || Que ocasiona ardor. || Fogoso, vehemente.

**ardilla** f. Nombre común a varias especies de roedores.

**ardor** m. Calor intenso. || Quemazón. || Luminosidad, brillo. || Fogosidad, arrojo, pasión.

**arduo, dua** adj. De gran dificultad.

**área** f. Medida de la superficie geométrica de una figura plana. || Unidad de superficie equivalente a 1 $Dm^2$.

**arena** f. Conjunto de partículas procedentes de la disgregación de las rocas, de naturaleza preferentemente cuarzosa.

**arenal** m. Gran extensión de arena. || Terreno arenoso y movedizo.

**arenga** f. Discurso que incita al valor o al entusiasmo, en especial el dirigido a los soldados. || Razonamiento prolijo y pesado.

**arete** m. Aro pequeño, en especial el que se lleva en las orejas.

**argénteo, a** adj. De Plata o semejante a ella.

**argentífero, ra** adj. Que tiene plata.

**argolla** f. Anillo metálico de grandes dimensiones que sirve para sujetar.

**argot** m. Lenguaje secreto que usan entre sí los maleantes. || Conjunto de palabras de origen muy diverso que se introducen en la conversación familiar con fines expresivos, irónicos o humorísticos; es un lenguaje especialmente urbano.

**argucia** f. Argumento falaz e ingenioso.

**argüir** tr. Inferir una cosa de otra. || Mostrar, poner en evidencia. || Denunciar, acusar. || Alegar. || intr. Refutar una opinión, o contradecirla.

**argumento** m. Prueba o razonamiento con que se defiende una acción o una afirmación. || Tema, contenido de una obra literaria, un filme, etc. || Pequeño resumen que antecede a una obra literaria o a cada uno de sus capítulos.

**árido, da** adj. Yermo, reseco. || Se dice del clima desértico.

**ario, ria** adj. y s. Se dice de los individuos de un pueblo de Asia central. Provenían de ellos los indoeuropeos de Irán y del N de la India.

**arisco, ca** adj. Que rechaza el trato o el contacto con los demás.

**arista** f. Línea en la que se cortan 2 planos o superficies.

**aristocracia** f. Conjunto de las personas con títulos de nobleza.

**aritmética** f. Parte de la matemática que estudia los números, sus propiedades y, fundamentalmente, las formas básicas de cálculo.

**arlequín** m. Personaje de la comedia del arte italiano.
**arma** f. Útil que se usa, en defensa o ataque, contra otras personas.
**armada** f. Conjunto de buques y hombres adscritos a la marina militar de un Estado. || Conjunto de personas que guían a los perros en la batida.
**armadura** f. Conjunto de piezas metálicas con que se preservaban los combatientes hasta el siglo XVIII. || Armazón. || Esqueleto.
**armar** tr. y prnl. Dotar de armas. || Vestir con la armadura. || tr. Ensamblar las piezas de un artefacto o mecanismo.
**armario** m. Mueble con puertas, generalmente provisto de cajones, estantes, etcétera.
**armatoste** m. Máquina o mueble voluminoso, pesado o inútil.
**armazón** amb. Entramado sobre el que se construye o basa algo, o con que se forma su estructura.
**armella** f. Aro metálico provisto de una espiga o tornillo con que se sujeta.
**armería** f. Fábrica de armas. || Tienda en que se venden. || Museo de armas.
**armisticio** m. Pacto de suspensión de hostilidades que no significa el final de la guerra.
**armonía** f. Parte de la técnica musical que trata de todo lo referente a la simultaneidad de los sonidos. || Proporción adecuada de varias cosas entre sí. || Simpatía, buena relación entre personas.
**armónico, ca** adj. De sonido grato. || Instrumento musical de viento compuesto por dos secciones de lengüetas, fijadas sobre una placa metálica, que vibran al soplar o aspirar.
**armonizar** tr. Concertar, poner en armonía personas o cosas. || Realizar los acordes que acompañan una melodía.
**aro** m. Objeto anular y rígido, especialmente el que usan los niños en sus juegos. || Anillo, sortija.
**aroma** m. Perfume, olor agradable.
**aromatizar** tr. Perfumar algo.
**arpa** f. Instrumento musical de cuerdas pinzadas, colocadas en posición vertical dentro de un marco triangular, un lado del cual actúa como caja de resonancia.
**arpía** f. Monstruo mitológico con cara de mujer y cuerpo de ave rapaz. || Persona avariciosa que usa de argucias para sus fines.
**arpón** m. Asta provista de una punta para hendir y dos para hacer presa, usada especialmente para pescar.
**arquear** tr. y prnl. Combar, curvar. || tr. Medir la capacidad de una embarcación.
**arqueología** f. Ciencia que estudia las civilizaciones antiguas a través del análisis de los restos conservados.

**arquitectura** f. Arte y técnica de diseñar y construir edificaciones.
**arrabal** m. Afueras de una población, barrio periférico.
**arraigar** intr. y prnl. Enraizarse. || Afianzarse un hábito.
**arrancar** tr. Sacar de raíz. || Quitar con violencia algo de su lugar habitual. || Arrebatar, conseguir algo por la fuerza o mediante artimañas. || intr. Iniciar el movimiento algo o alguien.
**arrasar** tr. Asolar. || Igualar la superficie de algo. || Rasar.
**arrastrar** tr. Trasladar algo o a alguien tirando de ello o de él, de forma que roce por el suelo. || Mover irresistiblemente hacia algo. || prnl. Caer bajo, humillarse.
**¡arre!** interj. Se usa para arrear a las caballerías.
**arrear** tr. Instigar a las caballerías. || Golpear.
**arrebatado, da** adj. Atolondrado, impetuoso. || Colérico, iracundo.
**arrebatar** tr. Apropiarse de algo por la fuerza. || Atraer irresistiblemente. || Seducir, cautivar. || prnl. Encolerizarse.
**arreciar** tr., intr. y prnl. Aumentar en fuerza, vigor, volumen o reciedumbre.
**arrecife** m. Bajío a flor de agua. || Camino empedrado.
**arredrar** tr. y prnl. Alejar, separar. || Hacer volver atrás; acobardar.
**arreglar** tr. y prnl. Reglamentar, regular. || Poner orden. || Hacer un trato, concertar algo. || Embellecer, adornar. || Enmendar, corregir.
**arreglo** m. Ajuste, regla. || Concordia.
**arremeter** intr. Abalanzarse contra algo o alguien. || Desagradar a la vista.
**arremolinarse** prnl. Apiñarse sin orden. || Formarse remolinos.
**arrendamiento** m. Contrato de arriendo. || Pago que se fija en el arriendo.
**arrendar** tr. Tomar o ceder en alquiler algo.
**arrepentimiento** m. Remordimiento, atribulación.
**arrepentirse** prnl. Lamentarse por haber obrado de un modo determinado. || Cambiar de opinión.
**arresto** m. Privación provisional de libertad. || Condena leve.
**arriar** tr. Recoger una vela o bandera que está izada.
**arriba** adv. En alto. || En dirección hacia lo más alto o lo anterior.
**arribar** intr. Llegar el buque a puerto. || Llegar a un lugar, poner fin a un viaje.
**arriendo** m. Alquiler, arrendamiento.
**arriero** m. El que trabaja con bestias de carga, generalmente como guía, transportista o comerciante.
**arriesgado, da** adj. Expuesto, peligroso. || Temerario.

**arriesgar** tr. y prnl. Exponer a un riesgo. || Aventurar, conjeturar.
**arrimar** tr. y prnl. Aproximar. || Asestar un golpe.
**arrinconar** tr. Dejar algo en un rincón. || Acosar.
**arritmia** f. Perturbación de cualquier ritmo, especialmente del cardiaco.
**arrobar** tr. y prnl. Encantar, extasiar.
**arrodillar** tr., intr. y prnl. Hacer poner de hinojos a alguien, o ponerse uno mismo. || prnl. Humillarse.
**arrogante** adj. Altanero, insolente. || Temerario, osado. || Bizarro, airoso.
**arrogar** tr. Asignarse o apropiarse de algo.
**arrojar** tr. Lanzar algo con violencia. || Expulsar a alguien de un lugar o cargo. || Vomitar.
**arrollar** tr. Disponer una cosa en forma de rollo. || Vencer en toda regla. || Atropellar. || Pasar por encima de leyes y normas.
**arropar** tr. y prnl. Envolver en ropa, abrigar. || Refugiar, amparar.
**arroyo** m. Pequeña corriente de agua. || Cauce de la misma.
**arruga** f. Surco o pliegue en la piel, en un tejido o en cualquier materia flexible.
**arrugar** tr. y prnl. Hacer arrugas.
**arruinar** tr. y prnl. Provocar la ruina de una persona o cosa. || Aniquilar, destruir.
**arrullar** tr. Hacer arrullos el palomа para atraer a la hembra. || Dormir a un niño con arrullos.
**arrumbar** tr. Arrinconar.
**arsenal** m. Almacén de armas, municiones y pertrechos bélicos. || Gran cantidad de algo.
**arte** amb. Obra o actividad humana capaz de generar emociones por medio de artificios.
**artefacto** m. Artilugio, aparato, mecanismo.
**arteria** f. Cada uno de los vasos sanguíneos que conducen la sangre desde el ventrículo izquierdo a la periferia y desde el derecho a los pulmones.
**artero, ra** adj. Taimado, ladino.
**artesanía** f. Modo de producción artesanal. || Trabajo realizado manualmente y con poca intervención de maquinaria, habitualmente de objetos decorativos o de uso común. || Por extensión, producción industrial de objetos de estilo tradicional.
**ártico, ca** adj. Se dice del polo N o de lo relativo a él.
**articular** tr. y prnl. Unir con articulaciones, ensamblar. || tr. Colocar correctamente los órganos de la fonación para hablar.
**artículo** m. Morfema libre, átono, de rango secundario, que se apoya en otras palabras (sustantivo, adjetivo, adverbio o preposición) para determinarlas.

**artífice** com. Persona que realiza una obra manual. || Artista, autor.
**artificial** adj. Ejecutado por el hombre. || Falso, ficticio.
**artificio** m. Destreza o abundancia de elementos artísticos con que se ha hecho una cosa. || Dispositivo, mecanismo. || Astucia, doblez.
**artillería** f. Ciencia de la construcción, mantenimiento y uso de las armas de guerra. || Conjunto de las armas que disparan proyectiles de alto calibre, así como de cohetes y misiles.
**artillero** m. Soldado de artillería.
**artimaña** f. Trampa para cazar. || Ardid, intriga para conseguir algo.
**artista** adj. Que tiene gustos artísticos. || Persona que realiza algo con perfección. || Persona que desarrolla una actividad teatral, cinematográfica, televisiva o radiofónica.
**artístico, ca** adj. Propio de las bellas artes. || Realizado con arte.
**artrópodos** m. pl. Tipo de animales invertebrados, de simetría bilateral, recubiertos por un exoesqueleto quitinoso. Disponen de órganos locomotores articulados.
**arzobispo** m. Obispo de una iglesia metropolitana.
**asa** f. Parte saliente de un objeto que sirve para asirlo.
**asado** m. Carne asada.
**asador** m. Pincho en que se clava la comida para asarla. || Útil para asar.
**asalariado, da** adj. y s. Que recibe salario. || Sometido, subordinado.
**asaltar** tr. Sitiar un lugar para someterlo. || Abordar a alguien por sorpresa para robarle. || Acaecer repentinamente algo.
**asamblea** f. Reunión de numerosas personas para deliberar sobre asuntos de interés común. || Órgano rector o consultivo de una organización, asociación, club, etc. (también junta).
**asar** tr. Cocinar un manjar sometiéndolo a la acción directa del fuego.
**ascender** intr. Subir. || Prosperar en un empleo o cargo. || tr. Otorgar un ascenso.
**ascendiente** adj. Que asciende. || com. Respecto de un individuo, cada uno de los de su línea familiar anterior a él. || m. Influencia moral.
**ascenso** m. Subida. || Mejora en una categoría o empleo.
**ascensor** m. Aparato para el transporte vertical de personas entre las diferentes plantas de un edificio. || Montacargas.
**asco** m. Sensación que provoca náuseas o vómitos. || Repulsión hacia alguna cosa. || Fatiga, hastío.
**aseado, da** adj. Limpio, pulcro.
**asear** tr. y prnl. Arreglar, adecentar; lavar.

**asechanza** f. Insidia para perjudicar a alguien.
**asediar** tr. Rodear un lugar aislando a los que están en su interior. || Molestar insistentemente a alguien con preguntas, ruegos, etcétera.
**asegurador, ra** adj. y s. Que asegura. || Se dice de la persona o entidad que cubre los riesgos de un seguro.
**asegurar** tr. Afianzar algo. || Garantizar el cumplimiento de una obligación.
**asemejar** tr. Hacer que una cosa sea semejante a otra. || intr. y prnl. Parecerse una cosa a otra.
**asentar** tr. y prnl. Sentar. || Fundar una población o establecerse en un lugar.
**asentir** intr. Mostrar acuerdo o conformidad con una cosa.
**aseo** m. Higiene, limpieza. || Pulcritud, esmero.
**asequible** adj. Que puede lograrse o alcanzarse. || Llano, tratable. || Comprensible, fácil.
**aserrar** tr. Serrar.
**asesinar** tr. Matar a alguien con alevosía, premeditación o por dinero.
**asesino, na** adj. y s. Que asesina.
**asesorar** tr. Aconsejar o dar informe. || prnl. Tomar informe o consejo de un experto.
**aseverar** tr. Afirmar o confirmar lo que se dice.
**asfalto** m. Conjunto de productos naturales y artificiales bituminosos, oscuros. Se usan en pavimentación y revestimiento.
**asfixia** f. Cuadro clínico grave causado por supresión de la función respiratoria, con lo cual el oxígeno no se suministra a los tejidos. || Fatiga o dificultad en la respiración, debida a cualquier causa.
**así** adv. De esta, o esa, manera.
**asidero** m. Parte de un objeto por donde se puede asir.
**asiduo, dua** adj. y s. Puntual; constante, frecuente; habitual.
**asiento** m. Cualquier cosa usada para sentarse.
**asignación** f. Sueldo, paga.
**asignar** tr. Fijar lo que le corresponde a una persona o entidad. || Nombrar o designar para un cargo, misión, etcétera.
**asignatura** f. Disciplina de estudio en un centro académico.
**asilo** m. Casa benéfica en que se da acogida a los necesitados. || Acción de albergar uno en su casa a otros. || Derecho de residencia que se concede a emigrados políticos. || Protección, refugio.
**asimilar** tr. y prnl. Hacer similar o semejante. || Aprender algo entendiéndolo. || intr. y prnl. Parecerse, ser semejante.
**asir** tr. Coger, agarrar con la mano. || prnl. Sujetarse o aferrarse a alguna cosa.

**asirio, ria** adj. y s. De Asiria.
**asistencia** f. Conjunto de individuos que concurren en un lugar.
**asistente, ta** adj. y s. Que asiste, concurre o auxilia.
**asma** amb. Síndrome respiratorio caracterizado por ataques de disnea espiratoria, con tos y sensación de ahogo.
**asociación** f. Grupo de personas que se unen para un mismo fin.
**asociar** tr. y prnl. Unir personas o cosas para lograr un fin común. || Poner en relación unas cosas con otras.
**asolar** tr. Echar al suelo, derribar, destruir. || tr. y prnl. Malograr el calor los frutos y las plantas.
**asomar** intr. Comenzar a aparecer. || tr. y prnl. Sobresalir o mostrarse parte de algo.
**asombrar** tr. Producir sombra algo. || tr. y prnl. Maravillar.
**asonancia** f. Repetición de los sonidos vocálicos de 2 o más versos desde la última vocal acentuada.
**aspa** f. Figura de X hecha con 2 maderos; por extensión, cualquier signo o figura de la misma forma.
**aspaviento** m. Manifestación exagerada de una emoción.
**aspecto** m. Imagen que ofrece una cosa a primera vista. || Apariencia externa.
**aspereza** f. Calidad de áspero. || Rugosidad del terreno.
**áspero, ra** adj. Rugoso al tacto, con granulaciones en la superficie.
**aspiración** f. Ruido sordo, producido al aspirar, que acompaña a determinados sonidos. || pl. Anhelos, pretensiones.
**aspirador, ra** adj. Que aspira. || m. Mecanismo para extraer fluidos de una cavidad.
**aspirar** tr. Introducir aire en los pulmones. || Absorber. || Pretender un cargo, posición, título, etcétera.
**asquear** tr., intr. y prnl. Experimentar o producir asco. || Hartar, fastidiar.
**asqueroso, sa** adj. Que da asco. || Muy sucio o repugnante.
**asta** f. Mástil de un arma blanca larga. || Palo de la bandera.
**asterisco** m. Signo ortográfico (*) de llamada, nota, remisión, etcétera.
**asteroide** m. Cada uno de los pequeños planetas cuya órbita se sitúa (99.8% de los casos) entre las de Marte y Júpiter.
**astilla** f. Trozo acicular de una pieza de madera u otro material.
**astillero** m. Industria donde se fabrican y reparan buques.
**astro** m. Término genérico que designa los cuerpos celestes (estrellas, planetas, satélites, asteroides, nebulosas y cometas, pero no los meteoritos).
**astronauta** com. Tripulante de una astronave.

**astronomía** f. Ciencia que estudia el universo y las leyes que lo gobiernan: movimiento y composición de los cuerpos celestes, su posición, radiaciones luminosas y electromagnéticas, temperatura, masa, densidad, etcétera.

**astucia** f. Estratagema.

**astuto, ta** adj. Diestro en amañar o esquivar engaños. || Hecho con astucia.

**asueto** m. Vacación corta; por extensión, descanso breve.

**asustar** tr. y prnl. Dar o producir susto.

**atacar** tr. Acometer, asaltar, agredir. || Oponerse con decisión. || Acorralar a alguien en una conversación.

**atadura** f. Lo que sirve para atar. || Alianza, unión. || Obstáculo, impedimento.

**atajar** intr. Ir o tomar por un atajo. || tr. Salir al paso de alguien por un atajo.

**atajo** m. Paso que acorta un camino. || Procedimiento rápido.

**ataque** m. Arrebato. || Debate, disputa. || Crisis violenta de una enfermedad.

**atar** tr. Liar o sujetar con ataduras. || Conciliar, asociar.

**atardecer** intr. Acabarse la tarde. || m. Transición de la tarde a la noche.

**atarear** tr. Dar tarea. || prnl. Ocuparse de algo intensamente.

**atascar** tr. y prnl. Taponar un conducto. || Quedar inmovilizado en terreno blando.

**ataúd** m. Cajón alargado para depositar un cadáver antes de enterrarlo.

**ataviar** tr. y prnl. Arreglar, acicalar.

**atavío** m. Conjunto de prendas de vestir y de adornos que lleva una persona. || Aspecto y ornato.

**atavismo** m. Cualidad hereditaria que resurge después de no darse en varias generaciones.

**ateísmo** m. Concepción según la cual Dios no existe.

**atemorizar** tr. y prnl. Causar miedo.

**atemperar** tr. y prnl. Mitigar, moderar. || Adecuar dos cosas.

**atenazar** tr. Torturar a alguien con tenazas.|| Inmovilizar. || Causar sufrimiento una emoción o un recuerdo.

**atención** f. Momento activo y selectivo de la percepción, caracterizado por una restricción del campo de la conciencia, la cual en su totalidad se concentra en un estímulo determinado.

**atenerse** prnl. Remitirse, adherirse. || Adecuar el comportamiento a algo.

**atentado** m. Acto de agresión física o moral contra una persona; por extensión, contra cualquier otro ente (cultura, naturaleza, etcétera).

**atentar** tr. Hacer algo ilícito. || intr. Cometer atentado.
**atento, ta** adj. Con la atención puesta en algo. || Educado, afable.
**atenuar** tr. Volver tenue. || tr. y prnl. Moderar, rebajar.
**ateo, a** adj. y s. Se dice de quien profesa el ateísmo.
**aterir** tr. y prnl. Estar o quedarse helado de frío.
**aterrar** tr. Producir terror. || Deprimir, desanimar.
**aterrizar** intr. Efectuar un aterrizaje. || Dejarse caer inopinadamente en un lugar.
**atesorar** tr. Acumular dinero, joyas, etcétera.
**atestiguar** tr. Testificar, actuar de testigo.
**atiborrar** tr. Llenar un recipiente, comprimiendo su contenido.
**atinar** intr. Acertar. || Dar con la opinión, solución, etc., oportuna o correcta.
**atisbar** tr. Observar con precaución. || Intuir; ver difusamente.
**atizar** tr. Avivar el fuego removiéndolo; por extensión, avivar pasiones, deseos, etc. ||Propinar, sacudir.
**atlántico, ca** adj. Del monte Atlas o del titán Atlante. || adj. y m. Relativo al océano Atlántico.
**atlas** m. Publicación que contiene mapas de uno o varios temas (geográficos, históricos, bíblicos, económicos, etc.). || Libro de láminas o diagramas sobre un tema.
**atleta** com. Quien practica el atletismo. || Persona fuerte y bien conformada.
**atletismo** m. Conjunto de prácticas deportivas basadas en la reproducción competitiva de movimientos básicos.
**atmósfera** f. Masa gaseosa estratificada que rodea la Tierra; por extensión, capa gaseosa que envuelve un cuerpo celeste. || Ambiente de un lugar o el que rodea a una persona, las circunstancias de un hecho, etcétera.
**atolondrar** tr. y prnl. Desconcertar, aturdir.
**atolladero** m. Lugar o situación de difícil salida.
**atómico, ca** adj. Relativo al átomo. || Relativo a la energía nuclear.
**átomo** m. Fracción más pequeña de un elemento que conserva sus propiedades químicas y que constituye la unidad última que toma parte en las reacciones químicas. || Cosa muy pequeña.
**atónito, ta** adj. Boquiabierto, estupefacto.
**átono, na** adj. Se dice de cualquier unidad lingüística no acentuada.
**atontar** tr. Asombrar, pasmar. || Entontecer.
**atormentar** tr. Dar tormento. || tr. y prnl. Hacer daño.
**atornillar** tr. Encajar un tornillo en su hueco girándolo sobre su eje. || Afianzar con tornillos.

**atractivo, va** adj. Que atrae. || Fascinante, que se gana el agrado de uno.
**atraer** tr. Generar fuerzas hacia sí o hacia otro. || tr. y prnl. Prendar a alguien.
**atrancar** tr. Bloquear la puerta con una tranca.
**atrapar** tr. Pillar a alguien. || Lograr algo. || Embaucar.
**atrás** adv. Detrás, a las espaldas. || Antes, hace tiempo.
**atrasar** tr. y prnl. Demorar. || tr. Datar un hecho en época anterior a cuando sucedió. || prnl. Retrasarse.
**atraso** m. Efecto de atrasar. || pl. Entrega o pago que debiera saldarse y no se ha hecho.
**atravesado, da** adj. Bisojo, bizco. || Avieso, ruin.
**atravesar** tr. Colocar en medio estorbando el paso. || Pasar un cuerpo sobre otro o ponérsele encima de través. || Cruzar de una a otra parte.
**atreverse** prnl. Aventurarse, resolverse. || Encararse con un superior.
**atrevido, da** adj. y s. Que se atreve. || Impetuoso. || Provocativo, indecente.
**atribución** f. Lo que es competencia de un cargo.
**atribuir** tr. y prnl. Asignar hechos o cualidades a una persona o cosa. || Dar facultad o competencia en algo.
**atributo** m. Cualidad. || Adjetivo o sustantivo que forma parte del predicado nominal.
**atril** m. Útil en que se apoyan libros abiertos o papeles, partituras, etc., para facilitar su lectura.
**atrincherar** tr. Cavar trincheras para defensa de una posición militar. || prnl. Resguardarse del enemigo en una trinchera.
**atrio** m. Patio interior, generalmente porticado. || Pórtico de entrada a algunos templos y palacios. || Zaguán.
**atrocidad** f. Abuso, demasía. || Sandez, acción disparatada.
**atrofiar** tr. Perder cualidades por falta de uso, o por uso inadecuado.
**atropellar** tr. Derribar a alguien pasándole por encima. || Despreciar las leyes o la moral. || Ultrajar mediante la fuerza o el abuso.
**atroz** adj. Bárbaro, inhumano. || Desmesurado, enorme. || Espantoso, horrendo.
**atuendo** m. Ropaje, vestimenta. || Pompa, ostentación.
**aturdir** tr. y prnl. Causar aturdimiento. || Asombrar, dejar perplejo.
**audacia** f. Valor, temeridad.
**audición** f. Percepción de los sonidos por el oído. || Concierto o recital.
**audiencia** f. Facultad para despertar interés y ser escuchado. || Conjunto de personas que escuchan algo o a alguien.

**audífono** m. Aparato que permite o mejora la audición a los sordos.
**audiovisual** adj. Relativo al oído y a la vista. || Se dice de los métodos de educación y enseñanza en los que actúa el oído y la vista.
**auditivo, va** adj. Relativo al oído. || m. Auricular.
**auditorio** m. Público que escucha algo. || Auditórium.
**auge** m. Cenit, apogeo. || Alza en fortuna o categoría.
**aula** f. Sala donde se imparten cursos o clases.
**aullido** (o **aúllo**) m. Sonido quejumbroso y continuo que emiten el perro, lobo, etcétera.
**aumentar** tr., intr. y prnl. Acrecentar en alguna medida una cosa.
**aumentativo, va** adj. Que aumenta. || Se dice del sufijo (*-on, -azo, -ote, -acho*) que añade idea de mayor intensidad o tamaño.
**aun** adv. Incluso, hasta, también, etc. || *cuando* Aunque.
**aún** adv. Todavía.
**aunque** conj. Pero, mas.
**áureo, a** adj. De oro, o parecido a él.
**aureola** (o **auréola**) f. Nimbo, círculo que envuelve algunas cosas, especialmente las cabezas de las imágenes religiosas. || Estima pública y generalmente que consigue una persona, fama.
**aurícula** f. Cavidad cardiaca situada sobre cada uno de los ventrículos, con los que comunica por el orificio aurículo-ventricular. || Pabellón de la oreja.
**auricular** adj. Relativo al oído. || m. En el teléfono y otros aparatos, altavoz que se aplica al oído.
**aurífero, ra** adj. Que contiene oro.
**aurora** f. Resplandor que antecede a la salida del sol.
**auscultar** tr. Pulsar una opinión, la marcha de un asunto, etcétera. || Explorar clínicamente los fenómenos acústicos que se producen en el organismo.
**ausencia** f. Tiempo en que uno está ausente. || Pérdida de conciencia, repentina y breve, propia de algunas formas de epilepsia.
**ausentar** tr. y prnl. Mantener alejado de un lugar, o marchar de él.
**ausente** adj. y com. No presente, o alejado de su residencia habitual.
**auspicio** m. Tipo de adivinación basado en la observación de las aves (vuelo, posición, situación, canto, etc.). || pl. Indicios del buen o mal término de un suceso.
**austral** adj. Relativo al sur (especialmente al hemisferio y al polo) y al austro.
**australiano, na** adj. y s. De Australia.
**auténtico, ca** adj. Cierto, verdadero. || Legalizado o autorizado. || Sincero, sin doblez.
**auto** m. Apócope de automóvil.

**autobiografía** f. Relato de la vida de una persona escrito por ella misma.
**autobús** m. Automóvil de gran capacidad, para el transporte colectivo y público de pasajeros; de recorrido fijo y generalmente urbano.
**autocracia** f. Forma de gobierno encarnada en una sola persona.
**autocrítica** f. Crítica que un autor hace de su obra. || Crítica que un individuo o una colectividad ejerce sobre su propia conducta.
**autóctono, na** adj. y s. Originario del lugar del que se habla.
**autógrafo, fa** adj. y s. Se dice del manuscrito redactado por el mismo autor. || m. Firma de un personaje famoso.
**autómata** com. Aparato automático, especialmente el que imita la figura y algunos movimientos de un ser vivo. || Persona que actúa de forma mecánica, maquinal.
**automático, ca** adj. Que se rige por automatismos. || Se aplica a los procesos que una máquina realiza sin intervención del hombre, y a las máquinas que los efectúan.
**automotor, ra** adj. y s. Se dice de la máquina dotada de motor para cumplir su cometido, especialmente de los vehículos de tracción mecánica.
**automóvil** adj. Que se mueve por sí mismo. || Vehículo sobre ruedas dotado de motor de combustión interna, especialmente el de pequeño tamaño para transporte de personas.
**autonomía** f. Facultad de las personas o las instituciones para actuar libremente y sin sujeción a una autoridad superior dentro de un marco de valores jurídico predeterminado.
**autopista** f. Carretera de circulación rápida, sin cruces a nivel, con pendientes limitadas y curvas de radio muy amplio.
**autopsia** f. Examen sistemático del cadáver para establecer la posible causa del fallecimiento.
**autor, ra** m. y f. Persona que ha hecho una obra científica, literaria o artística. || Inventor.
**autoridad** f. Potestad, inherente o concedida, que tienen algunas personas de hacerse obedecer.
**autoritario, ria** adj. y s. Que ejerce o impone su autoridad; que se basa en ella.
**autorizar** tr. Facultar para algo. || Dar fe. || Conceder, dar permiso.
**autorretrato** m. Retrato de sí mismo que hace un artista, muy común en la pintura especialmente a partir del renacimiento. || En literatura, conjunto de rasgos descriptivos de la autobiografía.
**autoservicio** m. Establecimiento comercial (especialmente de productos alimenticios o de consumo

diario) en el que el cliente se sirve él mismo, o restaurante de estas características. || m. Taller o comercio de automóviles.

**autosuficiencia** f. Cualidad de una persona o ente por la que no precisa de agentes externos para satisfacer alguna necesidad.

**auxiliar** adj. Que auxilia. || adj. y com. Que colabora en el cometido de otro desde una posición subordinada a éste. || tr., Socorrer, dar auxilio.

**auxilio** m. Ayuda que se da a quien está en peligro.

**aval** m. Documento por el que una persona (avalista) se responsabiliza subsidiariamente de las obligaciones contraídas por otra.

**avalar** tr. Dar aval. || Confirmar la veracidad de una opinión o un acto.

**avanzar** intr. y prnl. Ir hacia adelante. || Irse agotando el tiempo de algo. || intr. Hacer progresos. || Precipitar, apresurar.

**avaricia** f. Ansia de conseguir dinero u otras riquezas para guardarlo.

**avaro, ra** adj. y s. Dominado por la avaricia. || Tacaño; parco.

**avasallar** tr. Obligar, oprimir. || Dejarse dominar, de grado o por fuerza.

**ave** f. Clase del tipo Vertebrados que presenta el cuerpo cubierto de plumas, tiene las extremidades anteriores transformadas en alas y las posteriores adaptadas para la marcha por el suelo o la natación, carece de dientes y en cambio dispone de un pico de forma muy diversa según los grupos. Se reproduce mediante huevos.

**avenida** f. Crecida súbita y violenta de un curso de agua. || Confluencia de muchas personas o cosas. || Camino que conduce a un lugar.

**avenir** tr. y prnl. Concordar, reconciliarse. || prnl. Mantener buena relación.

**aventajado, da** adj. Que aventaja. || Que destaca; notable. || Ventajoso, adecuado.

**aventajar** tr. y prnl. Sobrepasar, conseguir ventaja. || Promover a alguien. || Dar prioridad, anteponer

**aventar** tr. Lanzar algo al viento. || Arrastrar el viento una cosa.

**aventura** f. Empresa arriesgada o de final imprevisible. || Hecho insólito. || Azar, vicisitud. || Lance o peripecia de una obra de acción. || Ligue, plan en sentido amoroso.

**aventurar** tr. y prnl. Arriesgar. || Conjeturar.

**avergonzar** tr. y prnl. Producir o sufrir vergüenza. || Dejar en ridículo.

**averiguar** tr. Tratar de encontrar una verdad o una solución.

**aversión** f. Repugnancia.

**aviación** f. Locomoción por el aire en vehículos más pesados que éste.

**aviador, ra** adj. y s. Piloto de un avión. || Soldado del arma de aviación.
**avicultura** f. Cría de aves domésticas para el aprovechamiento de sus productos.
**ávido, da** adj. Ansioso, avaricioso.
**avión** m. Vehículo aéreo.
**avioneta** f. Avión pequeño y de poca potencia.
**avisar** tr. Proporcionar noticias de algún suceso. || Prevenir, dar consejo. || Llamar o recurrir a alguien.
**aviso** m. Nota o escrito con que se avisa. || Indicio, signo. || Anuncio publicitario.
**avispado, da** adj. Listo, vivo.
**avistar** tr. Divisar, llegar con la vista. || prnl. Entrevistarse, reunirse.
**avitaminosis** f. Denominación genérica de las enfermedades causadas por carencia o déficit vitamínico.
**avivar** tr. Vivificar. || Estimular, animar. || Incrementar, poner algo más vivo. || Intensificar, acalorar. || intr. y prnl. Despertarse, adquirir vida.
**avizorar** tr. Escudriñar; vigilar. || Divisar.
**axial** adj. Relativo al eje.
**axila** f. Hendidura en la unión del brazo con la pared torácica.
**axolote** Anfibio caracterizado por su estado neoténico, con branquias externas.
**¡ay!** interj. Expresa dolor, amenaza, pena, etcétera.
**ayer** adv. En el día inmediatamente anterior al de hoy.
**ayo, ya** m. y f. Persona que cuida y educa a un niño.
**ayuda** f. Persona o cosa que ayuda.
**ayudante, ta** adj. Que ayuda. || adj. y s. Se dice del profesor universitario que colabora con el catedrático. || Se dice del maestro, militar o funcionario a las órdenes de un superior.
**ayudar** tr. Proporcionar cooperación; por extensión socorrer. || prnl. Servirse de una persona o cosa.
**ayunar** intr. Practicar el ayuno. || Privarse de algo.
**ayuno, na** adj. Que no ha comido. || Falto de algún placer o gusto. || Abstinencia de alimentarse por razones terapéuticas o religiosas.
**ayuntamiento** m. Unión. || Reunión, junta. || Corporación, formada por el alcalde y los concejales, que define la política municipal, administra los bienes del municipio y lo representa.
**ayuntar** tr. Unir, agrupar. || Agregar.
**azafata** f. Empleada que en los aviones cuida de los pasajeros.
**azar** m. Suceso que aparentemente no se debe a ninguna causa. || Casualidad, suerte. || Infortunio, percance imprevisto.
**azote** m. Conjunto de cuerdas anudadas o con puntas para azotar. || Golpe fuerte que se propina con el azote o con la mano abierta.

|| Catástrofe. || Persona que origina una calamidad.

**azotea** f. Cubierta de un edificio acondicionada para andar por ella.

**azteca** adj. y com. Se dice del pueblo amerindio de lengua náhuatl que en el siglo XIV se estableció en el altiplano mexicano.

**azúcar** amb. Hidrato de carbono (carbohidrato). Es soluble en agua y tiene sabor dulce.

**azucarado, da** adj. Dulce. || Con azúcar. || De trato suave y amable.

**azucarar** tr. Impregnar de azúcar o endulzar con él. || Dulcificar, suavizar algo.

**azul** adj. y m. Se dice del color básico que ocupa el quinto lugar en el espectro solar. || m. El cielo.

**azulejo** m. Baldosín vidriado de diversos colores.

**b** f. Segunda letra del abecedario castellano (B, b); su nombre es *be*.
**baba** f. Saliva espesa. || Líquido viscoso y pegajoso.
**babero** m. Prenda que se pone a los niños sobre el pecho para que no se manchen.
**babor** m. Lado izquierdo de la embarcación, mirando de popa a proa.
**bacilo** m. Forma morfológica de numerosas especies bacterianas en forma de bastón.
**bacteria** f. Microorganismo celular procariota, caracterizado por poseer una pared rígida.
**bactericida** adj. y m. Que destruye las bacterias.
**bache** m. Hoyo en un camino o carretera.
**bachear** tr. Rellenar baches.
**badajo** m. Pieza metálica que pende en el interior de las campanas para hacerlas sonar.
**bafle** m. Pantalla acústica; por extensión, altavoz de un equipo de alta fidelidad.
**bagaje** m. Impedimenta. || Bestia que la transporta. || Conjunto de conocimientos de una persona.
**bagatela** f. Nadería.
**bagazo** m. Cascarilla de la baga del lino. || Desechos de la caña de azúcar tras exprimirla.
**¡bah!** interj. Indica incredulidad o desdén.
**bahía** f. Entrante de mar en la costa, menor que un golfo.
**bailar** intr. y tr. Mover el cuerpo con cadencia, generalmente al compás de la música.
**baja** f. Descenso del precio o estimación de una cosa. || Cese de una persona física o jurídica en una sociedad, empresa, agrupación o registro.
**bajada** f. Camino por el que se baja.

**bajar** tr., intr. y prnl. Trasladar de arriba abajo. || Rebajar, disminuir. || Apear.

**bajeza** m. Vileza.

**bajo, ja** adj. De poca altura. || Tosco, vulgar. || Se dice de las clases sociales más empobrecidas.

**bala** f. Proyectil de determinadas armas de fuego.

**balance** m. Movimiento de un cuerpo al inclinarse alternativamente a ambos lados. || En contabilidad, operación por la que se compara el activo y el pasivo de una empresa en un momento dado.

**balancear** tr., intr. y prnl. Oscilar o hacer oscilar pendularmente un cuerpo. || tr. Igualar, equilibrar.

**balanza** f. Instrumento utilizado para la medición de masas y pesos.

**balazo** m. Impacto o herida de bala.

**balboa** m. Moneda de Panamá.

**balbucir** intr. Hablar o leer con pronunciación dificultosa y vacilante.

**balcón** m. Plataforma sobresaliente de la fachada, cerrada a media altura con una balaustrada o barandilla.

**baldar** tr. y prnl. Impedir o dificultar una enfermedad el uso de los miembros. || Dejar maltrecho.

**balde** m. Cubo para sacar y transportar agua.

**baldón** m. Deshonra, vergüenza.

**balear** tr. Herir con bala.

**balido** m. Voz del carnero, el cordero, la oveja, la cabra, el gamo y el ciervo.

**balín** m. Bala de fusil de menor calibre que la normal. Munición para escopetas de aire comprimido.

**balístico, ca** adj. De la balística. || Se dice del misil con una trayectoria similar a la de un proyectil. || f. Parte de la física que estudia el movimiento de los proyectiles.

**balneario** adj. Baños públicos, a veces con aguas medicinales naturales.

**balón** m. Pelota grande para jugar.

**baloncesto** m. Deporte que se juega entre dos equipos de 5 jugadores.

**balsa** f. Hoyo que se llena de agua. || Plataforma de maderos que se usa para navegar.

**bálsamo** m. Sustancia generalmente formada por una mezcla de resinas, aceites esenciales, alcoholes y ácidos aromáticos, que suelen exudar determinadas plantas.

**ballena** f. Nombre de diversas especies de mamíferos cetáceos.

**ballenato** m. Cría de ballena. || Denominación impropia del rocual menor.

**ballet** m. Representación escénica de danza y pantomima, con apoyo musical y que generalmente se desarrolla conforme a un tema.

**banal** adj. Trivial, intrascendente.

**banana** f. Plátano.

**banca** f. Conjunto de actividades financieras y crediticias. || Organismo bancario. || Asiento de madera sin respaldo.

**bancario, ria** adj. Relativo a la banca mercantil.

**bancarrota** f. Quiebra. || Desmoronamiento, desastre.

**banco** m. Asiento largo y estrecho en el que pueden acomodarse varias personas. || Empresa comercial cuyo fin es custodiar dinero y valores de particulares o entidades, realizar préstamos y, en general, servir de intermediaria en el mercado de capitales.

**banda** f. Faja o lista. || Paño litúrgico. || Tira continua de papel, usada en rotativas y teletipos. || f. Grupo de gente armada. || Pandilla de amigos.

**bandada** f. Grupo numeroso de aves que vuelvan juntas.

**bandeja** f. Fuente llana con bordes o algo cóncava, para ofrecer, mostrar o colocar algo.

**bandera** f. Pieza de tela que se asegura por uno de sus lados a un asta y que, diferenciada por sus colores o escudo, se emplea como insignia o señal de una nación o colectividad.

**bandido, da** adj. y s. Se dice del fugitivo de la justicia reclamado por bando. || m. Bandolero.

**bando** m. Facción, partido. || Banco de peces.

**banquero** m. Propietario de un banco o de un paquete de acciones del mismo.

**banqueta** f. Asiento sin respaldo. || Escabel || Andén de alcantarilla.

**banquete** m. Comida espléndida en la que participan muchas personas para celebrar algún acontecimiento. || Comilona, festín.

**bañar** tr. y prnl. Sumergir en un líquido. || Mojar con un líquido. || tr. Tocar el agua del mar, de un río, etc., algún lugar.

**bañista** m. y f. Persona que se baña en lugares públicos. || Persona que acude a los balnearios.

**baño** m. Pila para bañarse. || Cuarto de aseo. || Revestimiento de un objeto con una película de esmalte, barniz, laca, oro, etcétera.

**baptisterio** m. Pila bautismal.

**báquico, ca** adj. Del dios Baco. || Relativo a la embriaguez.

**bar** m. Local con mostrador o barra, en el que se sirven bebidas y alimentos ligeros.

**barahúnda** f. Alboroto, jaleo ruidoso.

**baraja** f. Conjunto de naipes para jugar.

**baratija** f. Cosa menuda y de escaso valor.

**barato, ta** adj. Que cuesta poco. || adv. Por poco precio.

**barba** f. Parte de la cara debajo de la boca. || Pelo que nace en esta parte del rostro y en las mejillas.

**barbaridad** f. Necedad, imprudencia. || Salvajada, exceso. || Gran cantidad.
**barbarismo** m. Falta de lenguaje consistente en el uso de vocablos o formas impropias del idioma: faltas de ortografía, formaciones incorrectas, extranjerismos, etcétera.
**bárbaro, ra** adj. Relativo a los bárbaros. || Fiero, cruel. || Tosco, vulgar. || Osado, temerario.
**barco** m. Embarcación que puede transportar personas o cosas por el agua.
**barniz** m. Líquido, transparente, de origen natural o sintético, usado para proteger contra la intemperie la superficie de materiales delicados y para dotarles de vistosidad por su color y brillo.
**barnizar** tr. Dar una capa de barniz a una cosa.
**barómetro** m. Instrumento que sirve para medir la presión atmosférica.
**barquillo** m. Hoja delgada en forma de canuto, preparada con harina, sin levadura y endulzada.
**barra** f. Pieza larga y estrecha hecha de cualquier material o sustancia. || Lingote largo. || Banco de arena que dificulta, especialmente en marea baja, el acceso a determinadas zonas del litoral. || f. Mostrador de un bar.
**barrendero, ra** m. y f. Persona cuyo oficio es barrer.
**barrer** tr. Arrastrar con la escoba la suciedad del suelo.
**barrera** f. Valla que obstaculiza o impide el paso. || fig. Obstáculo o impedimento.
**barreta** f. Barra pequeña que utilizan los mineros, albañiles, etcétera.
**barriada** f. Barrio o parte de él.
**barricada** f. Parapeto improvisado en una calle para estorbar el paso de los adversarios.
**barriga** f. Vientre. || Parte abultada de una vasija.
**barril** m. Tonel para guardar y transportar licores y otros géneros.
**barrio** m. Cada una de las zonas en que se divide una ciudad.
**barriobajero, ra** adj. y s. Relativo a los barrios bajos. || despect. Ordinario, vulgar, de mal gusto.
**barro** m. Mezcla de tierra y agua. || Lodo. || Arcilla de alfarero. || m. Grano de la cara.
**barroco,ca** adj. y m. Relativo al estilo artístico que se desarrolló durante los siglos XVI y XVII. || Excesivamente adornado, ampuloso o recargado.
**barrote** m. Barra gruesa de hierro.
**barullo** m. fam. Confusión,desorden.
**basar** tr. Asentar o establecer algo sobre una base. || tr. y prnl. Fundamentar, apoyar.

**báscula** f. Aparato para medir pesos. || Cosa que oscila sobre un eje horizontal.
**base** f. Fundamento, apoyo de algo. || Elemento principal de una cosa. || Parte inferior de un objeto.
**básico, ca** adj. Fundamental, esencial.
**bastante** adv. Suficiente. || En cantidad.
**bastar** intr. y prnl. Ser suficiente para algo (o ser autosuficiente).
**bastidor** m. Armazón usado para fijar lienzos, vidrieras, etc. || Armazón que soporta la caja de un vehículo.
**bastilla** f. Hilván con el que se impide el deshilachamiento de una tela.
**basto, ta** adj. Vulgar, tosco, grosero.
**bastón** m. Vara, con puño y contera, para apoyarse al andar. || Insignia de mando o autoridad. || Apoyo, sostén.
**basura** f. Desperdicios, desechos. || Persona despreciable.
**basurero, ra** m. y f. Persona que tiene por oficio la recogida de basuras. || m. Lugar donde se amontona la basura.
**bata** f. Prenda de vestir holgada y cómoda.
**batalla** f. Combate entre dos ejércitos. || Justa o torneo.
**batallón** m. Unidad táctica de una misma arma compuesta por varias compañías. || Por extensión, grupo numeroso de personas.
**batear** tr. e intr. Golpear la pelota con el bate.
**batería** f. Conjunto de piezas de artillería. || Serie de pruebas. || Sistema eléctrico que permite la acumulación de energía y su posterior suministro.
**batida** f. Reconocimiento del terreno, por varias personas, en busca de algo o alguien. || Cacería en la que se levantan previamente las piezas.
**batidor, ra** adj. Que bate. || m. o f. Instrumento para batir.
**batir** tr. Agitar algo con fuerza. || Revolver una sustancia para condensarla, disolverla o mezclarla.
**batracio** m. Denominación antigua de los Anfibios.
**batuta** f. Varita de madera que utilizan los directores de orquesta para indicar el ritmo, la dinámica y la expresión de la obra.
**baúl** m. Arca usada generalmente para guardar y transportar ropa.
**baya** f. Fruto carnoso, jugoso, indehiscente, epicarpo membranoso, mesocarpo y endocarpo carnosos.
**bayoneta** f. Arma blanca que se ajusta al fusil y sobresale de su boca. || Yuca.
**bazar** m. Mercado público oriental. || Tienda de productos muy dispares.

**bazo, za** m. Órgano impar de forma oval situado en la profundidad del hipocondrio izquierdo, a nivel de la décima costilla.
**be** f. Nombre de la letra *b*.
**bebé** m. Niño de pecho.
**bebedero** m. Recipiente para beber las aves domésticas.
**beber** tr. e intr. Ingerir un líquido por la boca. || intr. Brindar. || Abusar del alcohol.
**beca** f. Ayuda económica o exención de pago que recibe un estudiante para realizar estudios.
**becerro, rra** m. y f. Ternero o ternera hasta los dos años. || m. Piel de ternero curtida.
**beige** adj. y m. De color café con leche.
**béisbol** m. Deporte que se juega entre 2 equipos de 9 jugadores en un cuadrado de 27.43 m de lado, con una *base* en cada ángulo.
**bejuco** m. Planta trepadora.
**beldad** f. Belleza. || Mujer muy guapa.
**belfo, fa** adj. y s. Que tiene más grueso el labio inferior. || m. Labio del caballo y otros animales.
**belga** adj. y com. De Bélgica.
**bélico, ca** adj. Relativo a la guerra.
**belicoso, sa** adj. De actitud o inclinaciones guerreras. || fam. Pendenciero, agresivo.
**beligerante** adj. Cada uno de los Estados que intervienen en una guerra.
**bellaco, ca** adj. y s. Ruin, vil. || Sagaz.
**belleza** f. Armonía física o espiritual de las cosas y de las personas, que inspira placer.
**bello, lla** adj. Poseedor de belleza. || Excelente.
**bellota** f. Glande, fruto de la encina. || Adorno de madera recubierto de seda.
**benefactor, ra** adj. y s. Bienhechor.
**beneficencia** f. Virtud de ejercer la caridad. || Conjunto de instituciones de asistencia.
**beneficiar** tr. y prnl. Hacer bien. || Mejorar algo.
**beneficiario, ria** adj. y s. Relativo a quien se da o destina una ventaja. || m. y f. El heredero que acepta una herencia o el beneficio de inventario. || El destinatario de un contrato de seguro o una pensión.
**beneficio** m. Bien, hecho o recibido. || Derecho que alguien obtiene por ley o privilegio. || Acción de beneficiar empleos o créditos.
**benéfico, ca** adj. Que hace bien. || Relativo a la ayuda a los necesitados.
**benemérito, ta** adj. y s. Digno de honor.
**beneplácito** m. Aquiescencia.
**benevolencia** f. Buena voluntad, actitud favorable. || Tolerancia.
**benigno, na** adj. Afable y bondadoso. || Sereno.

**bermellón** m. Cinabrio en polvo; se usa para obtener pintura roja.
**bermudas** adj. y m. pl. Se dice de los pantalones cortos que casi llegan a la rodilla.
**berrear** intr. Mugir los becerros y otros animales. || Gritar o cantar destempladamente. || Llorar los niños.
**berrido** m. Voz propia del becerro y de otros animales. || Grito estridente.
**berrinche** m. fam. Rabieta, generalmente infantil.
**besar** tr. Aplicar los labios a algo o alguien en muestra de afecto, saludo o despedida.
**bestia** f. Animal, generalmente el mamífero cuadrúpedo. || Persona ignorante.
**bestial** adj. Brutal o irracional. || fam. Magnífico, desmesurado.
**best-seller** m. Libro que alcanza la mayor cifra de ventas en un periodo determinado.
**biberón** m. Botella provista de un pezón de goma, para la lactancia artificial. || Líquido que contiene.
**bibliografía** f. Repertorio ordenado de publicaciones.
**biblioteca** f. Lugar donde se conservan libros, ordenados para su lectura. || Conjunto de libros, manuscritos, etc. || Colección de libros o tratados análogos.
**bibliotecario, ria** m. y f. Persona que trabaja en una biblioteca.
**bibliotecología** f. Ciencia que estudia todo lo relacionado con el libro o la biblioteca.
**bicéfalo, la** adj. Con dos cabezas. || Se dice del organismo cuya jefatura es dual.
**bíceps** m. Cada uno de los músculos constituidos por 2 cabezas claramente diferenciadas.
**bicicleta** f. Vehículo de dos ruedas montadas sobre un bastidor.
**bicho** m. Animal pequeño.
**bien** m. Todo aquello que es útil o deseable. || Sensación de dicha o felicidad. || Cosa provechosa. || Lo que puede formar parte de un patrimonio.
**bienal** adj. Que se organiza o sucede cada 2 años.
**bienaventurado, da** adj. y s. Que goza de bienaventuranza. || Afortunado.
**bienaventuranza** f. Visión de Dios en el cielo. || Felicidad.
**bienestar** m. Goce de bienes de cualquier género.
**bienhechor, ra** adj. y s. Que hace el bien.
**bienio** m. Periodo de dos años.
**bienvenido, da** adj. Se dice de la persona o cosa acogida con agrado a su llegada. || f. Recibimiento agradable.
**bifocal** adj. Relativo a la lente que posee dos distancias focales distintas.
**bifurcación** f. Lugar donde se separa en dos vías un camino, ferrocarril, etcétera.

**bigamia** f. Estado de una persona casada que contrae nuevo matrimonio sin haber disuelto legítimamente el anterior.
**bigote** m. Pelo que nace sobre el labio superior.
**bikini** m. Traje de baño femenino compuesto de dos piezas.
**bilabial** adj. y f. Se dice del sonido cuyo punto de articulación es la unión de los dos labios: *p, b, m.*
**bilateral** adj. Relativo a ambos lados.
**biliar** adj. Relativo a la bilis.
**bilingüe** adj. y com. Que se expresa indistintamente en dos lenguas. || adj. Escrito en dos idiomas.
**bilis** f. Secreción digestiva del hígado. Es un líquido viscoso compuesto de agua, sales y pigmentos biliares, ácidos grasos, colesterol y lecitina.
**billar** m. Juego que consiste en golpear con una bola, que se impulsa con ayuda de un taco, a otras dos.
**billete** m. Papel moneda.
**billón** m. Millón de millones.
**bimestral** adj. Que sucede cada dos meses o que dura un bimestre.
**bimestre** m. Periodo de dos meses.
**bimotor** m. Avión de dos motores.
**binario, ria** adj. Compuesto de dos elementos.
**binocular** adj. Relativo a ambos ojos.
**binóculo** m. Anteojo con una lente para cada ojo.
**binomio** m. Polinomio de dos términos.
**biodegradable** adj. Se dice de la sustancia susceptible de ser metabolizada por los organismos transformándose en compuestos más sencillos.
**biografía** f. Historia de la vida de una persona. || Género literario que la narra.
**biología** f. Ciencia que estudia los seres vivos, tanto actuales como extintos.
**biombo** m. Mampara pegable compuesta por bastidores unidos entre sí mediante bisagras.
**biosfera** f. Parte de la Tierra y de la atmósfera en la que es posible la vida y, por extensión, el conjunto de todos los organismos animales y vegetales, actuales o extintos.
**bípedo, da** adj. y s. De dos pies o dos patas.
**birlar** tr. En el juego de bolos, tirar por segunda vez la bola desde donde se quedó la primera vez. || fam. Robar o quitar algo con astucia.
**birrete** m. Gorro con una borla de color, distintivo de catedráticos, jueces, magistrados, abogados, etc. || Gorro, bonete.
**bisabuelo, la** m. y f. Respecto de una persona, padre o madre de los abuelos.

**bisagra** f. Herraje de dos piezas unidas por un eje común y que, al fijarse a puertas, ventanas, tapas, etc., permite su giro.
**bisectriz** adj. y f. Se dice de la recta que divide un ángulo en otros dos iguales entre sí.
**bisexualidad** f. Presencia de caracteres masculinos y femeninos en un mismo sujeto.
**bisiesto** adj. y m. Se dice del año de 366 días.
**bisnieto, ta** m. y f. Hijo o hija del nieto.
**bisté (o bistec)** m. Filete de carne de bóvido; por extensión, lonja de carne de otros animales.
**bisturí** m. Instrumento quirúrgico que sirve para seccionar.
**bisutería** f. Joyería que no usa materiales preciosos, aunque a veces los imita. || Objetos así realizados. || Tienda que los vende.
**bizantino, na** adj. y s. De Bizancio. || adj. Del Imperio Romano de Oriente.
**bizarro, rra** adj. Valiente, generoso.
**bizco, ca** adj. y s. Que tuerce la vista.
**bizcocho** m. Pan sin levadura cocido dos veces para que dure más. || Masa horneada, de harina, huevos y azúcar.
**blanco, ca** adj. y m. Del color de la luz solar. || De color más desvaído que otras cosas de la misma especie. || Se dice de la raza humana europea o caucásica, y de sus individuos.
**blancura** f. Calidad de blanco.
**blancuzco, ca** adj. Blanquecino.
**blandengue** adj. y com. Se dice de la persona débil.
**blandir** tr. Enarbolar un arma u otro objeto.
**blando, da** adj. Tierno y suave al tacto. || Condescendiente.
**blanquear** tr. Poner blanco algo. || Encalar. || Blanquecer metales.
**blanquecino, na** adj. Se dice del color algo blanco.
**blindaje** m. Revestimiento de acero u otro material difícilmente penetrable, diseñado para proteger personas o cosas de proyectiles o armas de fuego.
**blindar** tr. Proteger con blindajes.
**bloc** m. Cuaderno cuyas hojas se pueden separar o arrancar fácilmente.
**bloque** m. Trozo de piedra sin labrar, de grandes dimensiones. || Conjunto compacto e informe de cosas. || Conjunto de informaciones que se almacenan como un todo en la memoria del ordenador.
**bloquear** tr. Sitiar. || Impr. Sustituir provisionalmente en una composición las letras que faltan por otras, que se ponen invertidas.
**blusa** f. Prenda de vestir, generalmente femenina y de tela fina,

que cubre desde los hombros hasta la cintura.

**boa** f. Nombre común de diversas serpientes.

**bobo, ba** adj. y s. De corta inteligencia.

**boca** f. Cavidad con abertura situada en la parte anterior de la cabeza del hombre y de muchos animales, por la cual se toma el alimento. || Orificio, abertura.

**bocadillo** m. Pan relleno con algún alimento. || Tentempié.

**bocado** m. Cantidad de alimento que se toma de una vez. || Un poco de comida. || Mordisco.

**boceto** m. Líneas y manchas de color que sirven de guía para la realización de una obra pictórica. || Modelado en tamaño reducido de un proyecto de composición escultórica.

**bocina** f. Cuerno o trompa, instrumento musical. || Pieza en forma de embudo con que se amplifica el sonido.

**bochorno** m. Aire muy cálido; calor sofocante, combinado con baja presión atmosférica. || Enrojecimiento momentáneo del rostro. || Vergüenza, sonrojo.

**boda** f. Casamiento, ceremonia y fiesta con que se solemniza.

**bodega** f. Lugar donde se guarda y cría el vino. || Vinatería. || Producción de vino en cierto lugar o tiempo. || Despensa. || En los puertos de mar, almacén de mercancías.

**bodeguero** m. y f. Propietario o encargado de una bodega.

**bofe** m. Pulmón, especialmente de las reses muertas para el consumo.

**bofetada** f. Golpe dado con la mano abierta en la mejilla. || Desdén, agravio.

**bogar** intr. Remar.

**bohemio,mia** adj. y s. De Bohemia. || Gitano. || Se dice de la persona cuya forma de vida es informal y poco organizada || m. Idioma checo.

**boicotear** tr. Presionar a una institución o persona por medio de la suspensión total de todo tipo de relaciones con ella o poniéndole dificultades.

**boina** f. Gorra plana y redonda, sin visera.

**bola** f. Cuerpo esférico. || En determinados deportes, pelota.

**bolear** intr. Competir en distancia en el lanzamiento de bolas. || En diversos juegos, lanzar la bola o pelota

**boleta** f. Cédula electoral.

**boletín** m. Publicación periódica especializada. || Papeleta de suscripción.

**boleto** m. Papeleta de rifa o sorteo. || Resguardado de una apuesta.

**boliche** m. Bola pequeña del juego de las bochas. || Juego de bolos.

**bólido** m. Masa mineral en ignición que atraviesa la atmósfera y, a veces, estalla y produce aerolitos. || fam. Cosa o persona que va a toda velocidad, especialmente el coche de carreras.

**bolígrafo** m. Instrumento para escribir, cuya punta, una bolita de acero que gira libremente, se impregna de una tinta grasa.

**bolillo** m. Palito torneado de madera de boj para hacer encajes y puntillas.

**bolívar** m. Unidad monetaria de Venezuela.

**bolsa** f. Saco pequeño. || Saco con asas que se utiliza para transportar cosas o productos ligeros.

**bolsada** f. Acumulación de un material en una roca de distinta naturaleza.

**bolsillo** m. Saquito cosido en los vestidos. || Bolsa para el dinero.

**bolso** m. Bolsa de mano, de piel u otros materiales. || Bolsillo.

**bollo** m. Panecillo muy esponjoso hecho con harina, azúcar, leche, huevos, etc. || Alboroto, jaleo.

**bombero** m. Miembro del cuerpo que se ocupa de la extinción de incendios y de auxilios en otros siniestros.

**bombilla** f. Globo de cristal que contiene una resistencia larga y fina que se pone al rojo blanco al paso de la corriente.

**bombón** m. Golosina de chocolate, a veces rellena de licor u otros ingredientes.

**bonachón, na** adj. y s. De buen carácter.

**bonanza** f. Tiempo bonancible, especialmente en el mar. || Prosperidad.

**bondad** f. Disposición a hacer el bien.

**bondadoso, sa** adj. Bonachón.

**bonificar** tr. Deducir una cantidad de otra.

**bonito, ta** adj. Bueno. || Bello, lindo, agradable.

**bono** m. Vale canjeable por determinados artículos comerciales o por dinero.

**boquete** m. Entrada o paso de escasa amplitud. || Brecha.

**boquiabierto, ta** adj. Que tiene la boca abierta. || Que permanece embobado observando algo.

**boquilla** f. Abertura inferior de la pernera del pantalón. || Ranura que se hace en una madera para ensamblarla con otra. || Parte de la pipa que se introduce en la boca.

**borde** m. Orilla o límite de algo. || Contorno de la boca de un vaso o vasija.

**bordear** tr. Viajar o caminar por el borde de algo. || Aproximarse mucho a algo. || Rodear o eludir un obstáculo o una dificultad.

**boreal** adj. Relativo al bóreas. || Septentrional.

**bóreas** m. Viento del N, que trae clima frío. Divinizado por los griegos.
**borla** f. Adorno colgante formado por un grupo de cordoncillos sujetos por un extremo. || Utensilio de cosmética usado para empolvarse.
**borona** f. Mijo. || Maíz. || Pan de maíz.
**borra** f. Parte más basta de la lana.
**borrachera** f. Efecto de emborracharse, y estado del que está ebrio.
**borracho, cha** adj. y s. Se dice de la persona que se embriaga con frecuencia. || Embriagado.
**borrador** m. Primer esquema de un escrito, en donde se efectúan correcciones. || Goma de borrar. || Util de fieltro para borrar pizarras.
**borrar** tr. Tachar lo escrito. || Hacer desaparecer lo escrito. || Por extensión, hacer desaparecer algo.
**borrasca** f. Tormenta marina.
**borrego, ga** m. y f. Cordero o cordera de uno a dos años.
**borrico, ca** m. y f. Asno. || m. Burro, caballete. || adj. y s. fam. Burro, estúpido; resistente; testarudo, terco.
**borroso, sa** adj. Confuso, impreciso, que no se distingue con claridad.
**boscoso, sa** adj. Con bosque espeso.
**bosque** m. Asociación vegetal caracterizada por la presencia de plantas leñosas, arbóreas o arbustivas.
**bosquejar** tr. Pintar o dibujar sin definir los contornos. || Indicar vagamente un plan. || Preparar una obra, sin llegar a realizarla.
**bostezar** intr. Abrir involuntariamente la boca, aspirando primero lentamente y espirando después prolongadamente.
**bota** f. Recipiente de cuero flexible para meter y beber vino. || Calzado que cubre el pie y parte de la pierna o su totalidad.
**botánica** f. Rama de las ciencias biológicas que se ocupa del estudio de los vegetales.
**botar** tr. Arrojar con violencia. || intr. Dar botes el caballo. || intr. y tr. Saltar la pelota, después de chocar contra el suelo u otro obstáculo.
**bote** m. Brinco que da el caballo. || Salto de una pelota. || m. Recipiente pequeño para conservas u otros usos. || m. Lancha pequeña.
**botella** f. Vasija de cuello largo y estrecho.
**botín** m. Calzado que cubre todo el pie y parte de la pierna. || m. Despojo que se repartía entre los soldados como premio por la conquista de posesiones enemigas. || Producto de un saqueo, robo, etcétera.
**botiquín** m. Habitación o mueble para guardar medicinas, o caja para transportarlas. || Conjunto de medicamentos.

**botón** m. Yema de las plantas. || Capullo de una flor. || Pieza pequeña de metal u otra materia para abrochar un vestido.
**botones** m. Empleado subalterno que hace recados y encargos.
**bovino, na** adj. Relativo al buey o a la vaca.
**boya** f. Cuerpo flotante amarrado al fondo de una masa acuática y colocado como baliza.
**boyada** f. Manada de bueyes.
**boyante** adj. Próspero.
**bozal** m. Utensilio de diversas formas y materiales que se coloca a los perros para que no muerdan, a las caballerías para que no se paren a comer y a los terneros para que no mamen.
**bracear** intr. Mover reiterada y exageradamente los brazos. || Nadar a braza.
**bragueta** f. Abertura delantera de los pantalones.
**brama** f. Celo de los ciervos y otros animales y tiempo en que sucede.
**bramar** intr. Dar bramidos o mugir. || Producir ruido estrepitoso el mar, el viento, etc. cuando están muy agitados.
**bramido** m. Mugido. || Grito colérico y furioso. || Ruido estrepitoso del mar, el viento, etcétera.
**branquia** f. Órgano que permite el proceso de intercambio de gases en el seno del agua.
**brasa** f. Ascua de leña o carbón.
**brasero** m. Recipiente circular de metal en el que se echan brasas para calentarse.
**bravata** f. Amenaza jactanciosa.
**bravío, a** adj. Violento, salvaje. || Tosco, sin educación.
**bravo, va** adj. Valeroso, decidido. || Indómito. || Tempestuoso, agitado. || Enfurecido.
**bravucón, na** adj. fam. Valiente sólo en apariencia, y matón.
**bravura** f. Valentía, arrojo. || Fanfarronada.
**brazalete** m. Aro que se lleva como adorno en el antebrazo. || Distintivo.
**brazo** m. Extremidad superior del cuerpo humano. || Dicha extremidad desde el hombro hasta el codo. || Soporte lateral de un sillón, donde se apoyan los brazos.
**brea** f. Líquido denso, viscoso, pardo negruzco, obtenido por destilación seca (al fuego) de la madera de varios árboles (haya, pino, abedul), del petróleo o del alquitrán.
**brear** tr. Golpear; fastidiar.
**brecha** f. Abertura informe en una pared. || Fractura que causan los ingenios bélicos en murallas o fortificaciones.
**brega** f. Acción de bregar. || Pelea.
**bregar** intr. Luchar entre varios. || Trabajar con afán o duramente. || fam. Enfrentarse con decisión a tareas difíciles.

**breve** adj. Que es de extensión o duración escasas. || Se dice de la palabra llana o grave, es decir, la que lleva el acento en la penúltima sílaba.

**brevedad** f. Poca extensión o duración de algo.

**breviario** m. Libro que contiene el rezo eclesiástico de todo el año. || Resumen, compendio.

**bribón, na** adj. y s. Pícaro, canalla. || Astuto.

**brida** f. Conjunto que forman el freno del caballo, las correas que lo sujetan y las riendas. || Filamentos membranosos que se forman en los labios de las heridas o de los abscesos.

**brillante** adj. Que brilla. || Se dice de la persona que sobresale por sus grandes cualidades.

**brillantez** f. Brillo.

**brillantina** f. Cosmético para dar brillo al cabello. || Percal lustroso para forros de prendas de vestir.

**brillar** intr. Despedir rayos de luz. || Sobresalir en algo.

**brillo** m. Resplandor. || Gloria, esplendor. || Propiedad que mide el grado en que la luz se refleja en un cristal.

**brincar** intr. Dar saltos.

**brinco** m. Salto hecho con ligereza.

**brindar** intr. Beber a la salud de alguien o algo. || prnl. Ofrecerse voluntariamente.

**brindis** m. Acción de brindar al beber. || Lo que se dice al brindar.

**brío** m. Energía, decisión. || Espíritu resolutivo. || Gallardía, altivez.

**brisa** f. Viento del NE, contrapuesto al vendaval. || Viento fresco y suave.

**británico, ca** adj. y s. De Gran Bretaña.

**brizna** f. Parte pequeña de una cosa.

**brocado** m. Tela de seda con dibujos que parecen bordados.

**brocha** f. Escobilla de cerdas, con mango, que sirve para extender un liquido sobre una superficie.

**brochazo** m. Cada pasada de la brocha.

**broche** m. Conjunto de dos piezas, una de las cuales engancha o encaja con la otra. || Aguja o alfiler en que se engarza una joya, esmalte, etcétera.

**broma** f. Chanza burla. || Suceso que parece inocente, pero que acarrea consecuencias negativas.

**bromear** intr. y prnl. Gastar bromas o chanzas.

**bromista** adj. y com. Aficionado a gastar bromas.

**bronca** f. Pelea, riña aparatosa. || Fuerte regañina. || Muestra ruidosa de desaprobación por parte de los asistentes a un espectáculo.

**bronce** m. Aleación de cobre (que predomina) con estaño, a la que, según las propiedades deseadas, se añaden otros metales.

**broncear** tr. Dar a una cosa el color del bronce o cubrirla de este material. || prnl. Ponerse moreno.

**bronco, ca** adj. Rudo, basto. || Se dice de los metales que tienen las características físicas del vidrio. || Se dice del sonido desagradable de la voz o los instrumentos musicales. || De mal carácter.

**bronconeumonía** f. Proceso inflamatorio que se origina en los bronquios y se extiende al parénquima pulmonar.

**bronquio** m. Cada uno de los conductores en que se bifurca la tráquea y que a su vez se ramifican, penetrando en los pulmones (respiración).

**bronquitis** f. Proceso patológico en que la mucosa bronquial está inflamada, ya sea de forma aguda o crónica.

**brontosaurio** m. Réptil fósil del orden Dinosaurios. Medían unos 20 m, poseían una gran cola y cuatro robustas patas.

**brotar** intr. Romper a ras de suelo la plántula, en su desarrollo a partir de la semilla. || Desarrollarse las yemas de una planta. || Salir flores en la planta. || Manar agua u otro líquido.

**brote** m. Tallos y hojas en fase de desarrollo a partir de una yema. || Primera manifestación de una cosa.

**bruces,** *de* Boca abajo.

**bruja** f. Mujer de la que se dice, o que ella cree, que tiene un pacto con el diablo, por el que éste le otorga poderes para hacer mal.

**brujería** f. Poder que ciertas personas, supuestamente relacionadas con espíritus malignos, tienen de causar daños a otras personas o cosas.

**brújula** f. Barrita imantada y en equilibrio sobre un pivote que señala el N magnético, e instrumento, de distintas formas y aplicaciones, que se basa en este fenómeno.

**bruma** f. Niebla ligera, que se forma generalmente sobre el mar. || pl. Desorientación espiritual.

**bruñir** tr. Pulimetar un objeto metálico, primero eliminando sus rugosidades y después, esmerilándolo para sacarle brillo. || En la cerámica, obtener brillo frotando.

**brusco, ca** adj. Áspero, indelicado. || Súbito. || Irreflexivo.

**brusquedad** f. Acto o comportamiento bruscos.

**brutal** adj. Violento y carente de escrúpulos. || Enorme, colosal.

**brutalidad** f. Calidad de bruto. || Irracionalidad. || Apasionamiento desmesurado. || Violencia innecesaria. || Enormidad.

**bruto, ta** adj. y s. De poca inteligencia y formación, y dado al abuso de la fuerza física; grosero, desconsiderado. || Tosco, sin elaborar.

**bucanero** m. Aventurero europeo que se instaló en las Antillas.

**buceador, ra** adj. y s. Que bucea.

**bucear** intr. Nadar o ejercer cualquier actividad bajo la superficie del agua. || Investigar en profundidad un tema o asunto.

**bucle** m. Rizo en el cabello; tirabuzón.

**bucólico, ca** adj. Se dice de la literatura inspirada en la vida agreste como prototipo de la feliz condición primitiva.

**buche** m. Dilatación del esófago, presente únicamente en algunos grupos de aves.

**budín** m. Dulce preparado con bizcocho, leche y frutas.

**buenaventura** f. Buena suerte. || Adivinación propia de gitanas, examinando las rayas de la mano.

**bueno, na** adj. Que se ajusta a las características que le son propias. || Que es provechoso para algo. || Sano.

**buey** m. Toro castrado.

**bufanda** f. Prenda de lana con que se envuelve y abriga el cuello e incluso la boca.

**bufar** intr. Resollar el toro, el gato u otros animales cuando se enfurecen.

**bufé (o bufet)** m. En las fiestas, mesa donde se dispone la comida y la bebida.

**bufete** m. Escritorio. || Despacho y clientela del abogado.

**bufo, fa** adj. Cómico, grotesco.

**bufón, na** adj. Burlón. || m. y f. Persona grotesca que divertía a la corte con su ingenio.

**bufonada** f. Comportamiento o palabras propias del bufón. || Burla.

**buhardilla** f. Ventana abierta en la vertiente de un tejado, proyectada hacia el exterior. || Habitación habilitada en el desván de una casa. || Desván.

**bulbo** m. Órgano o parte de él, de forma redondeada. || Órgano subterráneo de reserva, procedente de la transformación de un tallo hipogeo, destinado a proporcionar sustancias nutritivas a la planta en el momento de su germinación.

**bulevar** m. Avenida con paseo central arbolado.

**búlgaro,ra** adj. y s. De Bulgaria.

**bulto** m. Volumen, dimensiones de algo. || Objeto que, por las razones visuales que sean, sólo se distingue confusamente. || Estatua.

**bulla** f. Alboroto que arman una o más personas. || Gentío, afluencia numerosa. || Prisa.

**bullicio** m. Rumor que produce el gentío. || Alboroto, movimiento caótico de una multitud.

**bullir** intr. Hervir un líquido. || Agitarse algo de forma rápida y constante.

**bungalow** m. Vivienda de un solo piso, de madera.
**buñuelo** m. Pastelillo de masa de harina batida y frito en aceite.
**buque** m. Embarcación de una o varias cubiertas, con medios de propulsión propios.
**burbuja** f. Glóbulo de aire u otro gas que se forma en el interior de los líquidos.
**burdo, da** adj. Tosco, basto.
**buril** m. Instrumento punzante, de acero, empleado para grabar sobre metal.
**burla** f. Acción, gestos o palabras con las que se pretende ridiculizar a alguien en algo. || Engaño. || Broma.
**burlador, ra** adj. y s. Que burla. || m. Donjuán, seductor.
**burlar** tr. Engañar, falsear deliberadamente algo. || Destruir o desvanecer las aspiraciones o deseos de alguien. || tr. y prnl. Zaherir a alguien, ponerlo en ridículo.
**burlesco, ca** adj. Hilarante, de tono jocoso y crítico.|| Se dice del género artístico de dicho tono.
**burlón, na** adj. Se dice de aquel o aquello que implica chanza o burla. || m. y f. Persona dada a las burlas.
**buró** m. Escritorio con tapa corredera.
**burocracia** f. Conjunto de los funcionarios del Estado u otra institución; tiene un sentido sociológico.
**burócrata** com. Que trabaja en tareas burocráticas. || Por extensión, persona formalista y sin iniciativas en su trabajo, sobre todo si es de carácter administrativo.
**burro** m. Asno. || Caballete sobre el que se apoya una madera para aserrarla. || Aparato gimnástico para saltos.
**buscapleitos** com. fam. Persona pendenciera, camorrista.
**buscar** tr. Poner los medios para encontrar algo o a alguien. || tr. y prnl. Provocar.
**butaca** f. Asiento más bajo y cómodo que la silla, tapizado y generalmente mullido. || Localidad de teatro, cine u otro espectáculo.
**buzo** m. Persona que realiza trabajos subacuáticos. Se sumerge conteniendo la respiración, o con un equipo adecuado de inmersión.
**buzón** m. Ranura por la que se introducen las cartas para su envío, y receptáculo donde quedan depositadas.

**c** f. Tercera letra del abecedario castellano (C, c); su nombre es ce. || Símbolo químico del carbono (C). || Abreviatura de grado centígrado (ºC) y de cantidad de calor (C).
**cabal** adj. Justo en el precio, medida o peso. || Íntegro, completo.
**cabalgadura** f. Montura (animal).
**cabalgar** intr. Viajar en una caballería o montar en ella.
**caballeresco, ca** adj. Propio de caballero. || Se aplica a la literatura sobre temas de caballería.
**caballero, ra** adj. Que cabalga. || Cortés y noble en su comportamiento.
**cabaña** f. Vivienda tosca.
**cabecera** f. Extremo donde reposa la cabeza en una cama, y pieza sobresaliente que la remata.
**cabellera** f. Pelo de la cabeza, especialmente el muy largo. || Cola de un cometa.
**cabello** m. Cada pelo de la cabeza humana, o conjunto de ellos.
**caber** intr. Poder meter, encajar o contener una cosa en otra. || Tener acceso. || Ser posible, o capaz.
**cabeza** f. Parte superior del cuerpo del hombre que contiene el encéfalo y los principales órganos de los sentidos. || Comienzo o extremo de una cosa. || Inteligencia, sensatez.
**cabida** f. Capacidad de una cosa para contener otra.
**cabina** f. Departamento de pequeñas dimensiones, provisto de aparatos o dispositivos para diversos usos (c. telefónica, de avión, de camión, etcétera).
**cabizbajo, ja** adj. Con la cabeza gacha, por vergüenza o abatimiento.
**cable** m. Trenza larga, hecha con cuerdas o hilo metálico.
**cabo** m. Punta o extremidad de

una cosa. || Asidero. || Porción de tierra que penetra en el mar.
**cabotaje** m. Navegación costera con fines comerciales, especialmente por las costas de un mismo país.
**cabrero, ra** m. y f. Pastor de cabras.
**cabrío, a** adj. Relativo a las cabras.
**cabriola** f. Pirueta.
**cacarear** intr. Lanzar su grito característico el gallo o la gallina.
**cacería** f. Partida de caza.
**cacerola** f. Recipiente de metal para guisar, con dos asas.
**caciquismo** m. Forma extralegal de control de los resultados electorales, orientada desde el aparato central del Estado, y basada en la influencia y capacidad de presión de personalidades locales.
**cacofonía** f. Repetición de un mismo sonido, que produce un efecto desagradable al oído.
**cacumen** m. fam. Perspicacia, inteligencia.
**cacha** f. Cada una de las dos piezas del mango de los cuchillos, las navajas, etcétera.
**cacharro** m. Vasija basta. || Máquina o mecanismo viejo o averiado. || Cachivache.
**cachiporra** f. Palo abultado por uno de sus extremos.
**cachivache** m. Cacharro, chisme.
**cacho** m. Pedazo de cualquier cosa.
**cachorro, rra** m. y f. Cría de corta edad de diversas especies de mamíferos.
**cachucha** f. Bote o lancha pequeña. || Especie de gorra.
**cadáver** m. Cuerpo muerto, especialmente el de las personas.
**cadena** f. Serie articulada de eslabones, generalmente metálicos. || Sucesión de hechos o elementos de un proceso.
**cadencia** f. Conjunto de sonidos, pasos, movimientos, etc., que se repiten de forma regular.
**cadera** f. Región anatómica situada en la zona posterolateral de la pelvis.
**cadete** m. Alumno de una academia militar.
**caducar** intr. Perder vigencia un contrato, testamento, etcétera.
**caducidad** f. Extinción de la vigencia de una ley, derecho o acción por haber terminado el plazo fijado.
**caer** intr. y prnl. Desplazarse una cosa de arriba a abajo por su peso. || Desplomarse un cuerpo al perder el equilibrio.
**café** m. Semilla del cafeto. || Bebida preparada mediante infusión de semillas de c. molidas y tostadas.
**caída** f. Inclinación, declive del terreno. || Perdición, ruina.
**caja** f. Recipiente de forma geométrica regular, generalmente con tapa, que sirve para guardar o

transportar cosas. || Receptáculo de seguridad para guardar dinero, joyas, valores, etc. || Ataúd.

**cajero, ra** m. y f. Persona que efectúa los pagos y cobros de una entidad.

**cal** f. Sólido blanco, amorfo, útil en construcción. Óxido cálcico.

**calabozo** m. Celda para presos, por lo general subterránea.

**calado** m. Labor que consiste en entresacar y juntar hilos de una tela. || En un papel, madera, taladrado que forma un dibujo.

**calambre** m. Contractura involuntaria y dolorosa de un músculo o grupo muscular.

**calamidad** f. Desastre o grave suceso que afecta a muchos. || Infortunio. || Cosa mal realizada.

**cálamo** m. Tallo herbáceo y cilíndrico, carente de nudos. || En sentido poético, caña.

**calaña** f. Muestra, modelo. || Índole, laya.

**calar** tr. Introducirse un líquido en un cuerpo poroso. || Ensartar un cuerpo con un objeto punzante.

**calavera** f. Parte del esqueleto correspondiente a la cabeza. || fam. Individuo libertino.

**calcar** tr. Copiar un dibujo o un escrito colocando un papel transparente sobre el original o bien un instrumento calcador. || Imitar con la máxima fidelidad, plagiar.

**calceta** f. Media; por extensión, labor de punto hecha a mano.

**calcetín** m. Calceta o media que llega hasta la mitad de la pierna

**calcificación** f. Acumulación de sales cálcicas en otros tejidos diferentes del óseo, por causa patológica.

**calcificar** tr. Producir artificialmente carbonatos de cal. || tr. y prnl. Adherirse las sales cálcicas en el tejido orgánico.

**calcinar** tr. Eliminar por calentamiento los componentes volátiles orgánicos e inorgánicos de una sustancia sólida. || Abrasar.

**calcomanía** f. Imagen policroma prefabricada que se estampa en un objeto para decorarlo. || Papel que contiene la figura.

**calculador, ra** adj. y s. Que calcula. || Interesado, que prevé las consecuencias de sus acciones. || adj. y f. Máquina automática capaz de realizar con rapidez cálculos numéricos, de almacenar programas o datos y de modificar sus propios programas.

**calcular** tr. Efectuar operaciones de cálculo. || Estimar, valorar. || Suponer, pensar.

**cálculo** m. Serie de métodos y reglas capaces de reducir un problema o una gama de ellos a una serie de operaciones mecánicas o aritméticas.

**caldera** f. Recipiente de metal, generalmente redondo, para calentar o hervir algo. || Recipiente metálico, cerrado, donde se genera, por ebullición del agua que contiene, el vapor que mueve una máquina.

**caldo** m. Líquido nutritivo que resulta de la cocción de alimentos. || Jugo de los frutos, especialmente aceite, vino, etcétera.

**calefacción** f. Conjunto de instalaciones para mantener una temperatura más alta que la ambiental en las dependencias de un edificio.

**calefactor** m. El que fabrica o manipula aparatos de calefacción. || Calentador.

**calendario** m. Sistema de medición del tiempo según fenómenos astronómicos de carácter cíclico.

**calentador, ra** adj. Que calienta. || Utensilio o aparato que sirve para calentar o calentarse.

**calentar** tr. y prnl. Transmitir o absorber calor. || Avivar, enardecer los ánimos o el deseo sexual.

**calentura** f. Fiebre.

**calibrar** tr. Sopesar la importancia o cualidades de una persona o cosa.

**calibre** m. Tamaño, medida, grosor, dimensión, capacidad.

**calidad** f. Conjunto de propiedades o atributos que configuran la naturaleza de una persona o cosa.

**calidez** f. Calor, ardor.

**cálido, da** adj. Que da o produce calor. || Se dice de la gama de colores con predominio del rojo y el amarillo. || Agradable, cordial.

**calidoscopio** m. Juguete en forma de cilindro hueco, con espejos en sus laterales internos y papelitos de colores entre dos vidrios en una de sus aberturas, que ofrece variedad de imágenes simétricas a quien observa por el orificio opuesto.

**caliente** adj. Que tiene calor. || Acalorado, irritado.

**califa** m. Título dado al jefe supremo del islam.

**calificación** f. Nota, puntuación, clasificación.

**calificar** tr. Asignar a una persona o cosa ciertas cualidades, o valorarlas. || Dar puntuación, poner nota.

**calificativo, va** adj. Que califica. || adj. y s. Se dice de ciertos adjetivos y adverbios.

**caligrafía** f. Arte de escribir con letra pulcra y esmerada, en oposición al matiz personal de la escritura espontánea.

**cáliz** m. Copa. || Verticilo externo del perianto de la flor formado por hojas más o menos modificadas, llamadas sépalos.

**calizo, za** adj. Que contiene cal. || f. Roca sedimentaria, formada básicamente por carbonato cálcico.

**calma** f. Quietud, paz, sosiego.

**calmante** adj. Que calma. || adj. y m. Se aplica a los analgésicos.

**calmar** tr. y prnl. Apaciguar.

**caló** m. Argot de los maleantes.

**calor** m. Temperatura, ambiental o corporal, elevada.

**caloría** f. (cal) Unidad de calor.

**calumnia** f. Acusación falsa que atenta gravemente contra alguien.

**calumniar** tr. Levantar calumnias.

**caluroso, sa** adj. Que siente o da calor. || Entusiasta.

**calva** f. Zona de la cabeza que ha perdido el pelo.

**calvario** m. Padecimiento prolongado.

**calvicie** f. Carencia de pelo en la cabeza.

**calzada** f. Zona de una calle o carretera reservada al tránsito de vehículos.

**calzado** m. Nombre genérico del zapato.

**calzador** m. Utensilio acanalado que ayuda a introducir el pie en el zapato.

**calzar** tr. y prnl. Poner o llevar puestos el calzado, los guantes, las espuelas, etcétera.

**calzoncillos** m. pl. Prenda interior masculina.

**callado, da** adj. Que guarda silencio, taciturno. || No citado, tácito.

**callar** intr. y prnl. Guardar silencio; por extensión, cesar un sonido. || No replicar, aguantarse. || tr. y prnl. Ocultar algo, guardando el secreto.

**calle** f. Vía urbana. || Camino entre dos filas de árboles.

**callejón** m. Calle corta o paso angosto.

**callo** m. Hipertrofia circunscrita de la capa córnea de la piel, que se origina por la acción continuada de un estímulo mecánico, por ejemplo, el calzado inadecuado.

**cama** f. Mueble apropiado para dormir.

**camada** f. Crías de un mamífero nacidas en un mismo parto.

**cámara** f. Estancia, dependencia. || Consejo, reunión de notables. || Tubo circular de goma que forma la parte interior de un neumático y contiene el aire del mismo.

**camarada** com. Persona que convive con otra, o participa de la misma actividad (especialmente militar) o militancia política (en especial, comunista).

**camarero, ra** m. y f. Persona que sirve en un bar, café, restaurante, etcétera.

**camarote** m. En un barco, habitación de alojamiento para tripulación y pasajeros.

**camastro** m. Cama sencilla e incómoda.

**cambiar** tr. e intr. Canjear, reemplazar o poner una cosa por otra. || Modificar, trasformar. || tr. Comprar o vender moneda extranjera. || Poner en común ideas, pensamientos, etc., intercambiándolos.

**cambio** m. Moneda suelta. || La vuelta de lo pagado. || Cotización de valores mercantiles. || Precio relativo de las monedas de un mismo país o de las extranjeras. || Trueque, permuta.

**camerino** m. Lugar usado por el actor para maquillarse y vestirse.

**camilla** f. Especie de parihuela para el transporte de enfermos.

**caminar** intr. Viajar, trasladarse de un sitio a otro. || Avanzar dando pasos.

**camino** m. Lugar de paso. || Vía transitable. || Ruta, itinerario. || Viaje.

**camión** m. Automóvil resistente y de grandes dimensiones para transportar mercancías.

**camionero, ra** m. y f. Conductor de camiones.

**camisa** f. Prenda de vestir, generalmente con cuello y puños, que cubre la parte superior del cuerpo.

**camiseta** f. Especie de camisa sin cuello, con o sin mangas.

**camisón** m. Prenda de dormir femenina, a modo de camisa suelta y, a veces, larga.

**campamento** m. Sitio en que se instalan las tiendas y pertrechos de un ejercito. || Aposentamiento temporal en el campo, generalmente en tiendas de campaña.

**campana** f. Instrumento de percusión, de metal, de grandes proporciones, en forma de copa; suspendido boca abajo, suena cuando sus paredes son percutidas.

**campante** adj. Que campa o sobresale. || fam. Contento, despreocupado.

**campeón, na** m. y f. Ganador de una competición.

**campeonato** m. Torneo deportivo con varios participantes, y que generalmente se disputa durante más de un día.

**campesino, na** adj. Relativo al campo. || m. y f. Agricultor.

**campo** m. Zona rural. || Extensión amplia fuera de poblado. || Terreno cultivado o laborable. || Espacio que abarca una actividad, una disciplina, un asunto, etcétera.

**camposanto** m. Cementerio.

**camuflaje** m. Ocultación de tropas y material de guerra, haciéndolos asimilables al medio.

**camuflar** tr. y prnl. Esconder, disfrazar.

**cana** f. Cabello blanco.

**canadiense** adj. y com. De Canadá.

**canal** m. Paso natural o artificial que comunica dos mares entre sí. || amb. Cauce, excavado, de agua.

**canalizar** tr. Construir canales. || Orientar opiniones, actividades, etc., hacia un fin.

**canalla** f. Gente de baja calaña. || com. Persona ruin.

**canasta** f. Cesto de mimbre, con asas, de boca ancha.

**canasto** m. Cesta de mimbre, alta y de boca estrecha.

**cancelar** tr. Anular un documento público, una inscripción en el registro, una obligación, etcétera.

**cáncer** m. Tumoración maligna, en especial la derivada del tejido epitelial.

**canciller** m. Funcionario auxiliar del servicio exterior de un país.

**canción** f. Composición poética cuya unidad es la estancia, formada por versos heptasílabos y endecasílabos, combinados según el poeta. || Composición musical a una o varias voces, con o sin acompañamiento instrumental, por lo general con texto versificado.

**cancionero** m. Antología poética, en la que se recogía la producción de un autor o varios de una época. || Antología de canciones musicales.

**cancha** f. Local deportivo y en especial campo, terreno llano, libre de obstáculos y delimitado para la práctica deportiva.

**candado** m. Cerradura portátil que asegura puertas, baúles, armarios, etc., por medio de armellas.

**candelabro** m. Lámpara de varios brazos para sostener velas.

**candelero, ra** m. y f. Persona que fabrica o vende velas. || m. Objeto que sostiene una vela.

**candente** adj. Ardiente. || Que quema.

**candidato, ta** m. y f. Persona que aspira a un cargo, título, premio, etc., o que es propuesta para recibirlo.

**candidatura** f. Propuesta de ofrecimiento de uno o varios candidatos.

**cándido, da** adj. Ingenuo, sin malicia, fácil de engañar.

**candor** m. Ingenuidad, sencillez. || Blancura extrema.

**caníbal** adj. Antropófago. || Salvaje, feroz.

**canibalismo** m. Consumo de individuos pertenecientes a la propia especie; entre seres humanos se llama antropofagia.

**canica** f. Bolita de vidrio, barro o acero.

**canje** m. Intercambio, permuta.

**canoa** f. Bote de remos, sin quilla, ahusado y ligero.

**canoro, ra** adj. Se aplica a las aves que cantan armoniosamente y al sonido musical o grato.

**cansado, da** adj. En declive o decadencia. || Que cansa. Harto de repetir lo mismo.

**cansancio** m. Agotamiento, fatiga. || Hastío.

**cansar** tr. y prnl. Provocar cansancio. || tr. Desagradar, molestar.

**cantaleta** f. Algarabía con que se hace burla de alguien.

**cantante** adj. Que canta. || com. Persona que canta en un teatro, en un concierto, etcétera.

**cantar** m. Breve composición poética para ser cantada, propia de la lírica popular. || Emitir con la voz sonidos armoniosos. || Trinar o gorjear las aves.

**cántaro** m. Vasija de barro o metal de forma abombada.

**cantautor, ra** m. y f. Cantante de música ligera que interpreta las canciones que él compone.

**cantera** f. Lugar de donde se saca la piedra destinada a la construcción.

**cantidad** f. Propiedad de lo que puede medirse o numerarse, y aumentarse o disminuirse. || Parte, generalmente grande, de algo. || Porción de dinero.

**canto** m. Arte o actividad de cantar. || Cada una de las partes que componen un poema épico. || Poema lírico. || m. Borde o extremo que limita una cosa.

**caña** f. Tallo fistuloso y con nudos muy aparentes, como el de las gramíneas. || Utensilio usado para la pesca. Consta de una vara, un sedal del que pende un anzuelo y un carrete en el que se enrolla el sedal.

**cañada** f. Paso entre dos promontorios.

**cañaveral** m. Lugar sembrado de cañas. || Plantación de caña de azúcar.

**cañería** f. Tubo para la conducción de aguas, gas, etcétera.

**caño** m. Tubo corto, generalmente de metal, vidrio o barro. || Tubo por donde sale el agua de una fuente; por extensión, la fuente misma.

**cañón** m. Arma de artillería, capaz de lanzar proyectiles pesados.

**cañonazo** m. Tiro o detonación de cañón. || Estrago que produce. || Noticia imprevista.

**caos** m. Confusión, desbarajuste.

**capa** f. Vestimenta de abrigo suelta, sin mangas y abierta por delante.

**capacidad** f. Posibilidad de contener cantidad de una cosa. || Cabida. || Competencia, suficiencia.

**capacitar** tr. y prnl. Facultar, dar poder a alguien para hacer algo.

**caparazón** m. Cubierta endurecida y mineralizada que cubre parte del cuerpo en muchas especies de animales.

**capataz, za** m. y f. Persona que está al cargo de un grupo de obreros. || Caporal.

**capaz** adj. Que se basta para contener algo. || Competente, idóneo. || Conocedor, instruido. || Apto jurídicamente para hacer algo.

**capcioso, sa** adj. Falaz, artero.

**capilar** adj. Relativo al cabello. || adj. y m. Se dice en general de cualquier tubo de diámetro pequeño.

**capital** m. Conjunto de los bienes de una persona o sociedad, especialmente en dinero o valores. ||

Dinero de que se dispone en un momento determinado.

**capitalismo** m. Modo de producción caracterizado por la propiedad privada de los medios de producción y la existencia de un mercado de trabajo al que acuden los no propietarios a vender su fuerza de trabajo.

**capitán, na** m. y f. Jefe de un grupo de personas. || m. Oficial del ejército que tiene a su cargo una compañía, escuadrón o batería. || Jefe o caudillo militar.

**capitular** adj. y com. Se aplica a la letra mayúscula o a la que encabeza un capítulo. || intr. y tr. Llegar a un acuerdo o convenio.

**capítulo** m. Cada división importante de un libro, tratado, ley, etcétera.

**capricho** m. Propósito o idea que uno se forja sin fundamento y de manera repentina. || Empeño, antojo. || Inconstancia, arbitrariedad.

**cápsula** f. Pequeño estuche insípido y soluble que facilita la toma de ciertos medicamentos.

**captar** tr. y prnl. Ganar el afecto, la voluntad, el deseo, etc., de alguien. || Aprehender sensaciones, ideas, matices, o recoger imágenes, sonidos, ondas, etcétera.

**capturar** tr. Prender a un delincuente. || Cazar fieras.

**capuchón** m. Funda que cubre el extremo de una cosa.

**capullo** m. Envoltura de seda segregada por la larva de algunas especies de insectos.

**cara** f. Región anatómica correspondiente a la zona anterior e inferior de la cabeza. || Rostro, especialmente referido al estado físico o anímico que aparenta. || Superficie o parte frontal de una cosa. || Cada una de las superficies que delimita un poliedro.

**carabela** f. Antigua embarcación, de casco largo y fino, dos o tres palos y elevado castillo de popa.

**carácter** m. Cada uno de los rasgos morfológicos, fisiológicos y funcionales de cada individuo. || Firmeza moral, voluntad.

**característico, ca** adj. Que caracteriza, distingue.

**caracterizar** tr. Determinar las cualidades específicas de una persona o cosa. || tr. y prnl. Maquillarse, vestirse, etc., el intérprete para su papel.

**caramelo** m. Golosina hecha con esta pasta, más alguna esencia o producto dulce (chocolate, frutas, licor).

**carátula** f. Máscara, o cualquier otro artificio, para ocultar el rostro. || En los medios de comunicación, portada, presentación o sintonía; hace referencia a los aspectos gráficos o sonoros.

**caravana** f. Grupo de viajeros que van juntos para conjurar los

riesgos del camino; por extensión, grupo de gente que se reúne para ir juntos a algún sitio.
**carbohidratos** m. pl. Compuestos que incluyen los azúcares sencillos y sus derivados y polímeros.
**carbón** m. Combustible sólido, generalmente de color negro, originado por la carbonización de restos vegetales depositados en condiciones anóxicas.
**carbonización** f. Proceso de la transformación de un resto vegetal en carbón.
**carburar** tr. Mezclar adecuadamente los gases o el aire atmosférico con los vapores de carburantes líquidos o gaseosos para hacerlos combustibles o detonantes. || intr. fam. Funcionar bien algo o alguien.
**carcaj** m. Especie de vaina para guardar flechas.
**carcajada** m. Risa estridente.
**cárcel** f. Local habilitado para la reclusión de presos.
**carcelero, ra** m. y f. Persona encargada de la guardia y mantenimiento de una cárcel.
**carcomer** tr. y prnl. Ir agotando lentamente algo o a alguien.
**cardíaco, ca (o cardiaco, ca)** adj. Relativo al corazón.
**cardinal** adj. Principal, esencial.
**cardiovascular** adj. Relativo al aparato circulatorio.
**cardumen** (o **cardume**) m. Grupo social de peces (banco) dotados de una misma orientación en el movimiento. Incluye millares de individuos.
**carecer** intr. Tener carencia de algo.
**carencia** f. Ausencia o privación de alguna cosa. || Déficit de algún principio nutritivo generalmente vitamínico, que determina un proceso patológico.
**carestía** f. Privación o escasez de algo. || Subida del precio de los bienes de mayor consumo, debida a una devaluación de la moneda o a razones de mercado.
**careta** f. Máscara, generalmente de cartón, que oculta la cara o parte de ella.
**carga** f. Cosa transportada por una persona, animal o vehículo. || Peso ejercido por una cosa sobre otra.
**cargamento** m. Conjunto de mercancías que transporta una embarcación, un tren u otros vehículos.
**cargar** tr. Colocar una carga (mercancía, peso, etc.), introducirla (proyectil, explosivo, repuesto; energía eléctrica; hornada), inducirla (energía eléctrica), imponerla (gravamen) o agregarla (material).
**cargo** m. Carga o peso. || Obligación adquirida. || Oficio, dedicación, destino, y persona que lo desempeña.

**carguero, ra** adj. y s. Que lleva carga. || m. Buque de carga.

**cariar** tr. y prnl. Producir o sufrir caries.

**caricatura** f. Figura (especialmente dibujo) de persona cuyo aspecto aparece deformado y se exageran determinados rasgos para producir un efecto cómico o critico.

**caricia** f. Roce delicado con la mano, en señal de afecto.

**caries** f. Forma de necrosis que afecta a tejidos duros, como el óseo.

**cariño** m. Sentimiento de amor o aprecio hacia algo o alguien.

**carisma** m. Conjunto genérico de rasgos de carácter de alguien, que le dan una especial capacidad de convicción y dirección de gentes.

**cariz** m. Conjetura meteorológica. || Matiz que ofrece un asunto o negocio.

**carnada** f. Cebo de carne utilizado en la caza y la pesca.

**carnal** adj. Relativo a la carne. || Libidinoso, sensual. || Se dice del pariente por rama colateral.

**carne** f. Tejido muscular de los animales, de consistencia greneralmente blanda. Se suele aplicar a las utilizadas directamente para alimentación humana. || Parte comestible de la fruta.

**carnero** m. Macho adulto de la oveja, con grandes cuernos triangulares, apreciado por su carne y lana.

**carnicería** f. Establecimiento donde se vende carne. || Matanza a causa de una guerra o cataclismo.

**carnicero, ra** adj. y s. Se aplica al animal que mata a otros para su sustento. || Brutal, sanguinario. || m. y f. Persona que vende carne.

**carnívoro, ra** adj. Se dice de los animales que comen carne.

**caro, ra** adj. Que sobrepasa el valor ordinario. || De precio elevado. || adv. A un precio costoso, elevado.

**carpa** f. Gran toldo que cubre un circo o protege un amplio solar.

**carpeta** f. Util consistente en un cartón doblado, satinado o no, a veces forrado, con o sin departamentos en su interior, para escribir sobre él o guardar papeles o documentos.

**carpintería** f. Actividad del carpintero y taller donde trabaja.

**carpintero** m. Hombre que trabaja la madera.

**carpo** m. Formación esquelética de la muñeca, constituida por 8 huesos cortos en 2 filas transversales.

**carraspear** intr. Provocar una tosecilla para suavizar la garganta antes de hablar, o al remedar a alguien.

**carrera** f. Acción de desplazarse corriendo; por extensión, de apurarse en cualquier menester.

**carreta** f. Carro pequeño, de ruedas sin llanta, cuya plataforma se prolonga en una lanza a la que se acopla el yugo.

**carrete** m. Canuto con dos discos en los extremos, en el que se enrolla hilo, alambre, cinta, el sedal de la caña de pescar, la película fotográfica o cinematográfica, etc. || Bobina.

**carretera** f. Camino asfaltado, acondicionado para el tránsito de vehículos de motor.

**carretilla** f. Carrito de mano, con una sola rueda y dos ramales para conducirlo.

**carro** m. Vehículo de carga y tracción animal, generalmente de dos ruedas. || Elemento de desplazamiento horizontal de una máquina, que lleva el objeto que ésta debe trabajar y lo expone a su acción: de la máquina de escribir, del torno, de la cámara fotográfica, etcétera.

**carrocería** f. Parte de un vehículo, que cubre sus mecanismos y acoge a los viajeros o a la carga.

**carroña** f. Carne de un animal abandonado, ya en descomposición.

**carruaje** m. Vehículo de tracción animal de cuatro ruedas y adaptado para el transporte de personas.

**carrusel** m. Exhibición encuestre de varios jinetes que realizan evoluciones. || Tiovivo, caballitos.

**carta** f. Escrito cerrado que una persona o entidad dirige a otra. || Cada naipe de una baraja. || Lista de comidas y bebidas de que dispone un restaurante. || Mapa, especialmente el marítimo.

**cartear** intr. Jugar cartas sin valor para tantear el juego del contrario. || prnl. Intercambiarse cartas.

**cartel** m. Obra publicitaria ilustrada, por lo general en papel, empleada usualmente en la vía pública. || Escrito público de desafío.

**cartera** f. Especie de maletín o portafolios para llevar libros, papeles, etc. || Conjunto de valores, títulos de crédito, etc., en poder de una institución financiera.

**cartero, ra** m. y f. Funcionario de correos que reparte las cartas por las viviendas.

**cartesiano, na** adj. y s. Relativo al cartesianismo o a Descartes. || adj. Muy racional. || Se dice de un tipo determinado de coordenadas.

**cartílago** m. Tipo especial de tejido conectivo que ofrece una cierta resistencia a la tracción y presión, debida a la sustancia fundamental amorfa.

**cartografía** f. Arte de realizar un mapa en una superficie plana. || Ciencia que estudia los mapas geográficos.

**cartón** m. Lámina gruesa y dura de pasta de papel endurecida por compresión.

**cartucho** m. Cilindro de cartón o metal con carga explosiva en su interior.
**cartulina** f. Cartón delgado.
**casa** f. Construcción acomodada para vivienda. || Piso, vivienda.
**casamiento** m. Boda y documento legal que lo acredita.
**casar** intr. y prnl. Contraer matrimonio.
**cascabel** m. Bola hueca de metal, con agujeros y un asa para colgarla; contiene una piedrecita o un fragmento de metal, de modo que al agitarla suene.
**cascado, da** adj. Se aplica a la voz débil y enronquecida. || Gastado, en mal funcionamiento o estado. || f. Salto de agua, desnivel pronunciado en la corriente de un río.
**cascajo** m. Guijo, grava.
**cascanueces** m. Útil para partir nueces, avellanas, etcétera.
**cáscara** f. Superficie externa de algunas cosas, más dura que su interior.
**cascarón** m. Cáscara de un huevo.
**cascarrabias** com. Persona irritable, colérica.
**casco** m. Cráneo. || Pieza redondeada, generalmente de metal o plástico, que protege la cabeza.
**caserío** m. Conjunto de casas que no constituyen un pueblo.
**casi** adv. Cerca de, a punto de, por poco.
**casino** m. Casa de juego.
**caso** m. Eventualidad, suceso. || Ocasión, circunstancia. || Asunto o tema que se expone a consulta.
**casquillo** m. Pieza metálica cilíndrica que refuerza, protege o cubre el extremo de una cosa.
**casquivano, na** adj. y s. Aturdido, irreflexivo.
**cassette** amb. Caja que contiene una cinta magnética enrollada en dos bobinas, la cual puede ser grabada, leída o borrada por un magnetófono.
**casta** f. Grupo social, en especial de carácter profesional, que considera tener unos privilegios, no sancionados por la ley, y se une para defenderlos. || Linaje de un animal o persona.
**castaño, ña** adj. Se dice del color pardo oscuro.
**castañuela** f. Instrumento de percusión de sonido indeterminado; consta de dos piezas de madera unidas por dos cordoncillos.
**castellano, na** adj. y s. Relativo a o natural de Castilla.
**castigar** tr. Poner un castigo o llevarlo a cabo. || Mortificar, penitenciar.
**castigo** m. Pena que se impone.
**castillo** m. Construcción fortificada, de carácter militar, con ciertas aptitudes residenciales, propiedad y sede de un señor territorial.
**castizo, za** adj. De origen o casta puros.

**casto, ta** adj. Puro, inmaculado.

**casual** adj. Que ocurre de modo imprevisto.

**casualidad** f. Hecho producido por una confluencia de circunstancias que no pretendían provocarlo.

**cataclismo** m. Catástrofe de gran envergadura, producida por causas naturales.

**catalán, na** adj. y s. De Cataluña.

**catalejo** m. Anteojo consistente en un tubo extensible, que contiene los elementos ópticos.

**catalogar** tr. Clasificar, hacer el catálogo. || Introducir en catálogo.

**catálogo** m. Lista clasificada de los objetos de un fondo determinado, y folleto que lo contiene.

**catapulta** f. Antigua máquina de guerra para lanzar proyectiles colocados en la cuchara del extremo de su brazo.

**catarata** f. Salto grande de agua. || Enfermedad que consiste en la pérdida de la transparencia del cristalino.

**catarro** m. Proceso inflamatorio de una mucosa, que se acompaña de abundante secreción. || Resfriado.

**catástrofe** f. Hecho imprevisto y de graves consecuencias. || fam. Desastre, cosas o hecho de pésimo resultado.

**cátedra** f. Asiento elevado desde el que explicaba el profesor. || Aula. || Materia que imparte un catedrático.

**catedrático, ca** m. y f. Titular de una cátedra universitaria.

**categoría** f. Cada una de las clases generales y en que se distribuyen todos los elementos de un sistema lingüístico. || Rango profesional. || Cada una de las divisiones realizadas en una clasificación atendiendo a su importancia.

**catequizar** tr. Instruir a alguien en una religión, especialmente la cristiana. || Inducir a alguien para que realice algo que antes estaba en contra de sus opiniones.

**cateto** m. Cada uno de los lados de un triángulo rectángulo que delimitan su ángulo recto.

**catre** m. Cama simple individual.

**cauce** m. Álveo o lecho de un río o un arroyo. || Zanja por donde discurre el agua para el riego y otros menesteres.

**caucho** m. Sustancia compleja, elástica, tenaz, impermeable, resistente a la abrasión y a las corrientes eléctricas, que se obtiene del látex de numerosas variedades de plantas tropicales.

**caudal** adj. De abundante agua. || m. Cantidad de agua corriente. || Patrimonio, dinero.

**caudillo** m. El que dirigía a gentes de armas.

**causa** f. Todo lo que concurre a la producción de algo. || Empresa o doctrina de la que uno es partícipe o se siente próximo. || Juicio, pleito.

**causal** adj. Se aplica a la relación que establece la causa con respecto a su efecto. || adj. y f. Se aplica a la oración subordinada que indica una circunstancia de causa. || f. Razón o motivo de una cosa.

**causar** tr. y prnl. Provocar una causa su efecto. || Originar, motivar una cosa otra.

**cautela** f. Precaución y reserva con que se ejecuta algo. || Tacto. || Astucia, doblez.

**cautivar** tr. Apresar, capturar. || Captar, seducir, ganar la voluntad de alguien.

**cautivo, va** adj. y s. Se dice del preso retenido por la fuerza. || Seducido, esclavizado.

**cauto, ta** adj. Que actúa con prudencia o sagacidad.

**cavar** tr. Ahondar y remover la tierra. || Abrir un hoyo o zanja. || Reflexionar hondamente.

**caverna** f. Cueva. || Cavidad patológica que se forma en algún órgano, especialmente las lesiones pulmonares causadas por la tuberculosis.

**cavernícola** adj. y com. Que mora en cavernas, especialmente el hombre prehistórico.

**cavidad** f. Espacio hueco de un cuerpo o de algún órgano.

**cavilar** tr. Reflexionar profundamente sobre algo.

**caza** f. Conjunto de animales de monte o salvajes, antes o después de ser cazados.

**cazador, ra** adj. Se dice de los animales depredadores. || adj. y s. Que caza.

**cazar** tr. Localizar y acosar la caza para capturarla y matarla. || Dar alcance.

**cazo** m. Recipiente cilíndrico con mango.

**cazuela** f. Utensilio de cocina, ancho y poco profundo.

**ce** f. Nombre de la letra *c*.

**cebar** tr. Alimentar animales para engorde. || Poner un cebo o trampa de animales.

**cebo** m. Alimento que se da a los animales para cazarlos.

**ceder** tr. Dar, transferir, traspasar a otro una cosa, acción o derecho. || intr. Aminorar su intensidad ciertas cosas: el dolor, la fiebre, etc. || Relajarse o terminar la resistencia.

**cédula** f. Certificado. || Documento de identificación.

**céfiro** m. Viento suave del Oeste

**cegar** intr. Quedarse alguien totalmente sin visión. || tr. Quitar la vista.

**cegesimal** adj. Se dice del sistema absoluto de unidades, cuyas magnitudes fundamentales son centímetro, gramo y segundo.

**ceguera** f. Pérdida del sentido de la visión.

**ceja** f. Borde superior cubierto de pelo de la cuenca del ojo.

**celada** f. Emboscada. || Artimaña urdida con austucia.

**celador, ra** adj. Que vigila. || m. y f. Vigilante, especialmente de ciertas instituciones.
**celar** tr. Velar por el cumplimiento de las leyes, obligaciones, deberes, etc. || Cuidar de que los subordinados cumplan con sus obligaciones.
**celda** f. Habitación pequeña, en los conventos, prisiones, panales etcétera. || Cada uno de los alvéolos en los panales de abejas, avispas y otros insectos.
**celebración** f. Ovación, apoteosis.
**celebrar** tr. Elogiar, enaltecer o encomiar a alguien o algo.
**célebre** adj. Ilustre, renombrado.
**celebridad** f. Notoriedad popularidad. || Festejo para conmemorar algo. || Persona ilustre o famosa.
**celeridad** f. Diligencia, presteza, velocidad.
**celeste** adj. Relativo al cielo.
**celestina** f. Alcahueta.
**celo** m. Ardor, emulación, asiduidad con que se desempeña un trabajo, deber, etc. || Apetito sexual en los animales.
**celofán** m. Papel flexible y transparente hecho de viscosa, utilizado para envolver objetos o preservarlos de la humedad.
**celoso, sa** adj. Que tiene celo. || Que siente celos o es propenso a ellos. || Suspicaz.
**célula** f. Según la teoría celular, unidad fundamental, tanto morfológica como fisiológica, de los seres vivos.
**cementerio** m. Sitio donde se da sepultura a los cadáveres.
**cemento** m. Material pulvurento que, mezclado con un líquido, llega a ser adhesivo y capaz de unir fragmentos o masas sólidas.
**cena** f. Comida que se toma por la noche.
**cenar** intr. Tomar la cena. || tr. Comer algo en la cena.
**cencerro** m. Campana metálica que pende del cuello de ciertos animales, especialmente reses.
**cenit** m. Punto de intersección de la esfera celeste con la vertical trazada al punto en el que se encuentra un observador. || Momento cumbre en la vida de una persona.
**ceniza** f. Polvo grisáceo, resto de una combustión. || Restos de un cadáver; suele usarse en plural.
**cenozoico, ca** adj. y m. Terciario.
**censo** m. Cómputo y registro de los habitantes de una unidad poblacional, especialmente un Estado. || Cómputo y registro de otros factores (c. industrial o agrícola, ganadero, de viviendas).
**censura** f. Objeción, reparo. || Murmuración, vituperio.
**censurar** tr. Establecer un juicio sobre algo. || Examinar publicaciones, películas, obras teatrales, etc., con fines morales o políticos, antes

de su aparición o exhibición. || Criticar, vituperar.
**centauro** m. Ser mitológico griego, con torso y cabeza de hombre y cuerpo y extremidades de caballo. || Hombre montado a caballo.
**centavo, va** adj. y s. Centésimo. || Centésima parte de una unidad monetaria.
**centelleo** m. Fenómeno de brillo intermitente y luminosidad variable en las estrellas como consecuencia de que la atmósfera terrestre introduce modificaciones en las refracciones de la luz.
**centena** f. Conjunto de 100 unidades.
**centenario, ria** m. Periodo de 100 años.
**centígrado** m. (°C) Unidad de la escala termométrica centígrada.
**centinela** amb. Soldado que guarda un sitio.
**central** adj. Que se halla en el centro.
**centralizar** tr. prnl. Concentrar todo el poder de decisión en un solo órgano.
**centrar** tr. Hacer que el centro de una cosa coincida con el de otra.
**centro** m. Punto equidistante de todos los de una circunferencia o superficie esférica. || Objeto al que se dirige la atención o el interés de alguien.
**centuria** f. Periodo de 100 años.
**ceñir** tr. Amoldar o ajustar algo la cintura del cuerpo. || Abrazar, contornear.
**ceño** m. Gesto de preocupación o enfado que consiste en fruncir las cejas.
**cepillar** tr. Quitar el polvo con un cepillo.
**cepillo** m. Tablilla con cerdas en una de sus caras, que sirve para quitar el polvo de los tejidos.
**cera** f. Materia blanda y amarillenta que se vuelve dura y quebradiza por la acción del frío. Puede ser de origen animal, vegetal o mineral.
**cerámica** f. Arte de elaborar objetos de arcilla, loza, porcelana o azulejos.
**cerbatana** f. Arma consistente en un tubo por el que se arrojan soplando diversos proyectiles.
**cerca** f. Tapia o valla de una finca. || adv. Denota proximidad en el tiempo o en el espacio, en sentido absoluto.
**cercanía** f. Proximidad. || pl. Periferia de un lugar.
**cercano, na** adj. Próximo, inmediato.
**cercar** tr. Delimitar una finca con cercas. || Sitiar una plaza o fuerte. || Rodear a una o muchas personas, de modo que se les impida escapar.
**cerciorar** tr. y prnl. Comprobar o confirmar la veracidad de algo.
**cerda** f. Hembra del cerdo. || Cada uno de los pelos recios del cuer-

po del cerdo, o de la cola y crin de los caballos.

**cereal** adj. y m. Se dice de cada una de las diversas plantas herbáceas, generalmente gramíneas, cultivadas por la abundancia de almidón y sustancias proteicas de la semilla.

**cerebelo** m. Órgano del sistema nervioso central, situado en la parte posterior de la cavidad craneal.

**cerebro** m. Parte principal del encéfalo, contenido en la cavidad craneal; constituido por dos hemisferios cerebrales unidos por medio del cuerpo calloso.

**cerería** f. Taller o tienda de objetos de cera.

**cerilla** r. Palito de madera o papel encerado, con una cabeza de fósforo, que se prende por frotación.

**cerner** tr. Tamizar con cedazo. || Otear, avizorar.

**cero** m. Número con que se simboliza el cardinal del conjunto vacío. || Símbolo del elemento neutro de una operación que se anota aditivamente.

**cerrado, da** adj. Impracticable, no abierto. || Ininteligible, hermético.

**cerradura** f. Mecanismo metálico que se coloca en las dos hojas o partes de la puerta, caja, etc, y las mantiene unidas por medio de un pestillo.

**cerrar** tr. Incomunicar, tapar. || Echar el cerrojo. || Abrochar, abotonar. || Cicatrizar una herida.

**cerro** m. Montículo, elevación de terreno.

**cerrojo** m. Mecanismo consistente en una barrita de hierro sujeta a la hoja de una puerta, y que se desliza hasta la otra hoja o la jamba.

**certamen** m. Concurso de carácter científico o artístico. Debate literario.

**certero, ra** adj. De buena puntería. || Cierto, atinado. || Conocedor.

**certeza** f. Estado subjetivo de quien está absolutamente seguro de poseer algún conocimiento verdadero.

**certidumbre** f. Certeza.

**certificar** tr. y prnl. Reafirmar la veracidad de algo.

**cerveza** f. Bebida producida de la fermentación alcohólica de los granos de cebada u otros cereales.

**cervical** adj. Relativo al cuello. || Se dice de la región superior de la columna vertebral.

**cesar** intr. Terminar, interrumpirse algo.

**cesárea** f. Extracción quirúrgica del feto por vía abdominal.

**cese** m. Nota adjunta a la nómina o documento con el que termina la prestación de sueldo a un funcionario.

**cesión** f. Renuncia de una cosa, presión; acción o derecho a favor de otra persona.
**césped** m. Hierba de pequeño tamaño que cubre el suelo.
**cesta** f. Recipiente de mimbre, con asa, para transportar cosas; por extensión, bolsa de la compra.
**cetro** m. Vara de materiales nobles, símbolo de la dignidad real. || Superioridad, jerarquía.
**chalado, da** adj. Trastornado, chiflado. || Enamorado, prendado.
**chalán, na** Adj. y s. Que negocia, especialmente con ganado. || m. Domador de caballos.
**chaleco** m. Prenda de vestir sin mangas.
**chamán** m. Individuo que sirve de intermediario entre la divinidad y el pueblo.
**chambón, na** adj. y s. Poco habilidoso en el juego. || Desmañado, torpe.
**champán** m. Vino blanco espumoso que se produce en la región francesa de Champagne.
**champú** m. Jabón líquido para lavar el cabello.
**chamula** adj. y com. Se dice del grupo indígena tzotzil del estado de Chiapas (México).
**chamuscar** tr. y prnl. Quemar algo superficialmente.
**chance** m. Oportunidad, alternativa.
**chancla** f. Zapato roto y estropeado.
**chancro** m. Úlcera venérea, generalmente genital, acompañada de adenopatía inguinal.
**chantaje** m. Amenaza de pública difamación, o daño semejante, que se hace contra alguna persona a fin de obtener de ella dinero u otro provecho.
**chanza** f. Dicho acertado, gracioso. || Mofa, burla.
**chapa** f. Lámina de metal, madera o plástico usada en revestimientos y estructuras ligeras. || Mancha de colorete.
**chaparro, rra** adj. Achaparrado. || m. y f. Persona baja y rechoncha.
**chaparrón** m. Lluvia breve e intensa.
**chapotear** tr. Remojar, humedecer la superficie de algo. || intr. Salpicar agua con pies y manos, y ruido que se hace.
**chapucero, ra** adj. Basto, ordinario. || adj. y s. Se dice de la persona que trabaja mal. || Mentiroso.
**chapurrear** tr. Hablar un idioma extranjero con dificultad y mala pronunciación.
**chaqueta** f. Prenda de vestir que se abotona por delante y que cubre el tronco hasta debajo de la cintura.
**charco** m. Pequeña irregularidad del terreno que se ha llenado de agua.
**charlar** intr. Conversar ligeramente y sin intención definida. || Parlotear.

**charlatán, na** adj. y s. De verbo torrencial, inconsistente e indiscreto. || Engañabobos.
**charol** m. Barniz de alto brillo y duración, y de gran adherencia; uso en marroquinería y zapatería.
**chascarrillo** m. Anécdota graciosa y festiva, frase ocurrente.
**chasco** m. Burla, trampa. || Desilusión, desengaño.
**chasis** m. Bastidor que soporta una estructura o mecanismo. || Estuche que contiene la placa fotográfica para su exposición.
**chatarra** f. Escoria del mineral de hierro. || Cosas de hierro inservible.
**chato, ta** adj. y s. De nariz pequeña, aplastada o redondeada. Se usa también como expresión cariñosa.
**cheque** m. Documento de crédito por el que el titular de una cuenta bancaria da orden de pago al banco de la totalidad o parte de los fondos que tenga disponibles en la cuenta.
**chequeo** m. Reconocimiento médico muy exhaustivo al que se somete un individuo que carece de síntomas de enfermedad para el diagnóstico precoz.
**chicano, na** adj. y s. Se dice de las personas residentes en EUA de ascendencia o nacionalidad mexicana.
**chicle** m. Sustancia gomorresinosa que, endulzada y aromatizada, se usa como goma de mascar.
**chico, ca** adj. Pequeño, de poca altura. || adj. y s. Niño. || Muchacho.
**chícharo** m. Guisante, garbanzo o judía.
**chicharrón** m. Restos de las pellas de cerdo, una vez fritas.
**chichón** m. Protuberancia en la cabeza, a causa de un golpe.
**chiflar** intr. Silbar. || tr. y prnl. Hacer mofa.
**chile** m. Ají, pimiento.
**chillar** intr. Emitir chillidos. || Recriminar a alguien a gritos. || Lamentarse, protestar.
**chillido** m. Sonido agudo y destemplado.
**chimenea** f. Conducto por donde sale el humo.
**chino, na** adj. y s. De China.
**chirriar** intr. Emitir algo un sonido agudo y disonante, generalmente por estar mal engrasado. || Piar al unísono los pájaros, sin armonía.
**chispa** f. Descarga eléctrica entre dos conductores electrizados. || Partícula incandescente que despide un objeto al quemarse. || Lucecilla que surge de algunas cosas.
**chiste** m. Frase, relato o dibujo que provoca la risa. || Cosa que causa risa. || Chasco, burla.
**chivo, va** m. y f. Cría de la cabra, desde la edad del destete hasta la de procreación.
**chocante** adj. Que choca. || Inusitado, gracioso.

**chocar** intr. Topar dos cosas bruscamente. || Luchar, litigar. || Irritar, molestar.
**chocolate** m. Sustancia alimenticia de alto valor nutritivo, compuesta esencialmente de cacao, azúcar y otros ingredientes.
**chófer (o chofer)** com. Quien, por oficio, conduce automóviles.
**choque** m. Encuentro, disputa. || Fenómeno que se produce cuando dos cuerpos en movimiento entran brevemente en contacto y modifican la dirección e intensidad de su movimiento anterior.
**chorrear** intr. Salir un líquido a chorro. || Gotear. || Producirse una cosa poco a poco, con intermitencias.
**chorro** m. Cantidad de liquido o de gas que sale con impulso. || Descenso continuo de cosas pequeñas y uniformes. || Aluvión de cosas.
**choza** f. Vivienda construida con estacas y cubierta de hojarasca, paja o ramas. || Casa mísera.
**chubasco** m. Chaparrón de corta duración. || Nubarrón de lluvia o de viento en el mar. || Contratiempo.
**chuchería** f. Bagatela. || Dulce, golosina.
**chuleta** f. Costilla de carnero, cerdo, ternera.
**chupar** tr. e intr. Absorber con los labios. || Mover repetidamente, ayudándose con la lengua, algo que se tiene en la boca. || Lamer.
**chusco, ca** adj. y s. Gracioso, picaresco.
**chusma** f. Gente basta, ordinaria. || Gentío, multitud. || Alegría, jolgorio, diversión.
**cibernética** f. Estudio de los procesos de comunicación y control, tanto en los sistemas automáticos como en los seres vivos.
**cicatriz** f. Señal, generalmente cutánea, que permanece tras la curación de una lesión; por extensión, cualquier secuela.
**cicatrizar** tr. y prnl. Cerrarse una herida.
**ciclismo** m. Deporte que se basa en diversas modalidades de carreras en bicicleta.
**ciclo** m. Cada uno de los intervalos de tiempo que se suceden unos a otros, y que tienen las mismas características.
**ciclón** m. Perturbación atmosférica causada por la rotación de una masa de aire, impulsada por un frente frío, en torno a un área de bajas presiones; acompañada de descenso de barómetro, lluvias y fuertes vientos.
**cíclope** Gigante mitológico con un solo ojo.
**ciego, ga** adj. y s. Sin vista. || m. Porción inicial del intestino grueso donde aboca el íleon.
**cielo** m. Espacio exterior a la tierra, en el que se puede observar el movimiento de los astros.

|| Bóveda azul y diáfana que circunda la Tierra.

**ciénaga** f. Lodazal, terreno cubierto de barro.

**ciencia** f. Tipo de conocimiento lógicamente estructurado sobre un conjunto amplio de fenómenos que, enfocados bajo un determinado punto de vista, aparecen íntimamente relacionados.

**ciencia-ficción** f. Género narrativo o cinematográfico en el que la ciencia y la técnica desempeñan un papel fundamental, impulsadas por la imaginación.

**cieno** m. Lodo blando, de zonas con aguas estancadas. || Deshonra, descrédito.

**científico, ca** adj. Relativo a la ciencia. || adj. y s. Que posee ciencia y se dedica a ella.

**ciento** adj. Diez por diez. || Centésimo, ordinal. || m. Cada signo con que se representa esta cantidad. || Centenar.

**cierre** m. Lo que cierra.

**cierto, ta** adj. Seguro, verdadero. || Uno, alguno.

**cifra** f. Cada uno de los símbolos usados para representar un número.

**cifrar** tr. Representar con cifras. || Basar, recaer en una cosa otra que se propone como objetivo.

**cigarro** m. Hoja de tabaco arrollada para fumar. || Cigarrillo.

**cigoto** m. Óvulo fertilizado, resultante de la unión de dos gametos. Llamado también huevo.

**ciliar** adj. Relativo a las pestañas. || Se aplica a algunos órganos del ojo.

**cilindro** m. Cuerpo limitado por una superficie cilíndrica y dos planos (bases).

**cima** f. Parte más elevada de una montaña, un árbol, etc. || Término, remate de una cosa. || Cúspide, apogeo.

**cimentar** tr. Colocar los cimientos de un edificio. || Construir, fundar. || Sentar las bases de ciertos principios. || prnl. Afianzarse, consolidarse una persona o casa.

**cincel** m. Instrumento de acero con un extremo biselado que se emplea para esculpir o grabar.

**cincho** m. Faja o cinturón que usan los campesinos. || Aro metálico que afianza o refuerza algunas cosas.

**cine** m. Apócope de cinematografía. || Arte, industria o técnica de la cinematografía.

**cinematógrafo** m. Aparato grabador o de proyección de imágenes en movimiento.

**cinético, ca** adj. Relativo al movimiento.

**cínico, ca** adj. Se dice de quien carece de moral y presume de ello.

**cinta** f. Tira de tela, papel, etc., larga y estrecha. || Banda angosta de tela, que impregnada de una tinta grasa y arrollada en carretes, efectúa la impresión en máquinas de escribir, calculadoras, etc. || Película, filme.

**cintura** f. Zona del cuerpo humano comprendida entre el torso y las caderas.

**cinturón** m. Correa que ajusta algunas prendas de vestir a la cintura.

**circo** m. Espectáculo de acróbatas, animales amaestrados y humor. || Local para dicho espectáculo.

**circuito** m. Trazado, itinerario cerrado.

**circulación** f. Tráfico de vehículos. || Movimiento de transporte de calor producido en las envolturas fluidas (atmósfera y océanos) que rodean la Tierra.

**circular** adj. Relativo o semejante al círculo. || f. Cada una de las cartas o avisos iguales dirigidos a diversas personas para darles conocimiento de algo.

**circulatorio, ria** adj. Relativo a la circulación de la sangre.

**círculo** m. Porción del plano limitada por una circunferencia e incluida en su interior.

**circundar** tr. Rodear, envolver.

**circunferencia** f. Lugar geométrico de los puntos que equidistan de uno dado, el centro.

**circunscribir** tr. Reducir algo a ciertos límites o términos.

**circunspecto, ta** adj. Mesurado, cortés.

**circunstancia** f. Aspectos no esenciales que influyen o aparecen en un fenómeno, acontecimiento, etcétera.

**circunstancial** adj. Accesorio. || Se dice de un complemento gramatical.

**circunvecino, na** adj. Circundante, próximo.

**cirio** m. Vela de cera larga y gruesa.

**cisterna** f. Depósito subterráneo de agua de lluvia. || Depósito de agua del retrete.

**cisticercosis** f. Infestación por ingestión de formas larvales de tenia.

**cisura** f. Abertura, corte en cualquier cosa. || Incisión en una vena. || Cicatriz.

**cita** f. Acuerdo que establecen dos o más personas para verse y hablarse. || Cosa o fragmento a que se alude de forma oral o escrita.

**citar** tr. y prnl. Convocar a una persona en un determinado lugar para tratar algún asunto. || Mencionar lo dicho o escrito por otra persona.

**citoplasma** f. Parte fundamental de la célula, entre la membrana celular y el núcleo.

**cítrico, ca** adj. Relativo a los cítricos o al ácido c. || m. pl. Agrios.

**ciudad** f. Núcleo edificado de notable extensión, cuyos pobladores se dedican principalmente a tareas no agrícolas. || Por oposición a campo, cualquier núcleo de urbanización comparativamente intensiva.

**ciudadano, na** adj. y s. De la ciudad. || m. y f. Miembro de una comunidad que, por los derechos que ésta le concede, está obligado a cumplir con determinados deberes.

**ciudadela** f. Recinto fortificado dentro de una ciudad.

**cívico, ca** adj. Civil, de la ciudad. || Del civismo. || Patriótico.

**civil** adj. Ciudadano.

**civilización** f. Conjunto de ideas, artes, hábitos, etc., de un pueblo o raza.

**civismo** m. Observancia de los deberes del ciudadano. || Cualidad de civilizado, instruido.

**clamar** intr. y tr. Lamentarse, quejarse a voces en demanda de auxilio. || tr. Hablar con énfasis o gravedad.

**clamor** m. Grito o voz que se emite con vigor y vehemencia.

**clan** m. Tipo de organización social basada en el reconocimiento por parte de sus miembros de una ascendencia común.

**clandestinidad** f. Situación de aquellos grupos o personas que, por transgresiones a la ley común o por evitar la represión política, deciden vivir ocultos. || Actividad especialmente política, en oposición a la legalidad vigente en un Estado.

**clarear** tr. Dar claridad. || intr. Despuntar el día.

**claridad** f. Calidad de claro. || Lucidez mental para captar ideas, sensaciones, etcétera.

**claro, ra** adj. Con luz, con bastante luz. || Nítido, diáfano. || Se aplica al color suave.

**clase** f. Cada uno de los estratos en que se divide la sociedad capitalista según la posición de sus miembros ante los medios de producción. || Lección diaria del maestro. || Aula. || Refinamiento, distinción, categoría.

**clásico, ca** adj. y s. Se aplica al autor, o a la obra literaria o artística que puede tomarse como modelo.

**clasificar** tr. Catalogar, ordenar por clases. || Fijar la clase o grupo de una cosa.

**claudicar** Intr. Ceder, no ofrecer resistencia.

**claustrofobia** f. Temor patológico a los espacios cerrados, por la sensación de ahogo que producen.

**cláusula** f. Cada uno de los pactos de que consta un contrato, testamento o cualquier documento análogo. || Frase u oración.

**clavar** tr. Hincar un clavo o cualquier objeto puntiagudo en una superficie, mediante golpes. || Afianzar con clavos.

**clave** f. Desarrollo de los signos convencionales de una escritura cifrada. || Aclaración que requieren

algunos escritos para su adecuada comprensión.
**clavícula** f. Hueso par que forma, juntamente con la escápula, la cintura torácica o escapular.
**clavija** f. Espiga de madera, metal, plástico, etc., que se utiliza para tapar un orificio o sujetar algo.
**clavo** m. Pieza metálica larga y angosta, con cabeza en un extremo y puntiaguda en el otro, usada para asegurar, colgar o adornar cosas.
**claxon** m. Bocina de automóviles y de ciertos aparatos, que funciona con un sistema electromagnético.
**clemencia** f. Virtud que induce al perdón o a la comprensión.
**cliente, ta** m. y f. Persona que requiere o utiliza los servicios de un profesional. || Quien compra a un vendedor, en especial el que lo hace habitualmente.
**clientela** f. Los clientes de un establecimiento, de un profesional, etcétera.
**clima** m. Conjunto de los distintos estados atmosféricos que suelen producirse a lo largo del año en un territorio y que lo caracterizan. || Entorno, ambiente.
**clímax** m. Gradación. || En el curso de algún proceso, la fase de mayor intensidad. || En el acto sexual, el orgasmo.
**clínico, ca** f. Conjunto de conocimientos médicos adquiridos por la observación directa de los pacientes. || f. Institución donde se diagnostica y trata a los enfermos, principalmente si deben guardar cama.
**clip** m. Especie de pinza para sujetar papeles. || Pasador u horquilla para el pelo.
**cloaca** f. Conducto para las aguas residuales de una población, generalmente subterráneo.
**clorofila** f. Cada uno de los distintos pigmentos porfirínicos dispuestos en los cloroplastos de los órganos verdes de las plantas.
**clóset** m. Armario empotrado.
**club** m. Círculo, asociación, generalmente de fines recreativos o deportivos; por extensión, asociación deportiva de carácter profesional.
**coacción** f. Fuerza o violencia física, psíquica o moral ejercida sobre una persona para obligarla a decir o hacer una cosa.
**coadyuvar** tr. Cooperar en la consecución de algo.
**coagular** tr. y prnl. Hacer o hacerse coágulos.
**coágulo** m. Masa semisólida que resulta de la coagulación sanguínea una vez que se ha expulsado el suero.
**cobarde** adj. y com. Miedoso, carente de valor.
**cobertizo** m. Tejado saliente o techado tosco para protegerse del mal tiempo o del sol.

**cobertor** m. Colcha o manta para la cama.
**cobijar** tr. y prnl. Cubrir, abrigar. || Alojar o dar amparo a alguien. || Abrigar ciertos sentimientos.
**cobrar** tr. Recibir alguien dinero en pago o a cambio de algo.
**cobrizo, za** adj. Que tiene cobre. || De color semejante al cobre.
**cóccix** m. Hueso que forma el extremo inferior de la columna vertebral. Situado bajo el sacro, con el que se articula.
**cocer** tr. Hervir los alimentos crudos, o preparar un manjar para que resulte más comestible. || Ablandar en un líquido.
**cociente** m. Resultado de una división.
**cocimiento** m. Líquido resultante de cocer en él hierbas o sustancias medicinales.
**cocina** f. Dependencia de una casa donde se elaboran las comidas. ||Arte de hacer comidas.
**cocinar** tr. Guisar, elaborar los alimentos en el fuego.
**cocinero, ra** m. y f. Persona que prepara comidas.
**coco** m. Fruto del cocotero, || m. Célula bacteriana de forma esférica o elíptica.
**cóctel** m. Bebida compuesta de una mezcla de licores y otros ingredientes, alcohólicos o no.
**cochambre** amb. Porquería, mugre.
**coche** m. Carruaje con asiento y 4 ruedas para el transporte de pasajeros. || Automóvil.
**cochino, na** m. y f. Cerdo.
**codazo** m. Golpe que se pega con el codo.
**codear** intr. Mover los codos, o abrirse paso con ellos.
**códice** Manuscrito antiguo, encuadernado en forma de libro; la difusión del pergamino (siglo III) permitió su aparición.
**codicia** f. Ansia desmedida.
**codiciar** tr. Desear algo vivamente, especialmente dinero o riquezas.
**codificación** f. En informática, traslación de un programa al lenguaje simbólico del ordenador.
**codificar** tr. Agrupar leyes, estatutos, etc., en un cuerpo legislativo. || Transformar la formulación de un mensaje a través de un código.
**código** m. Recopilación sistemática de normas legislativas. || Sistema de signos convencionales para la comunicación, o la interpretación de un mensaje. || Códice. || En informática, conjunto convencional de señales que permite que la información que se introduce en el ordenador o computadora sea inteligible para éste.
**codo** m. Región anatómica correspondiente a la unión del brazo con el antebrazo.

**coetáneo, a** adj. y s. Que coincide en el tiempo con otra persona o cosa.
**cofre** m. Arcón de tapa convexa. || Joyero, caja para guardar joyas.
**coger** tr. Tomar, aprehender con las manos. || tr. y prnl. Recolectar, recoger los frutos. || Detener, apresar. || Dar alcance.
**cognoscible** adj. Que puede conocerse.
**cogote** m. Zona del cuello inferior a la nuca.
**coherencia** f. Adhesión de unas cosas con otras. || Actuación consecuente con el pensamiento.
**cohesión** m. Acción y efecto de enlazarse o de reunirse las cosas entre sí o la sustancia de que están constituidas.
**cohete** m. Artificio aerodinámico, relleno de una materia propulsante, que puede elevarse a una altura determinada. || Artificio pirotécnico que, al explotar, produce efectos luminosos.
**coincidir** intr. Estar de acuerdo dos o más personas. || Acoplarse, ajustarse dos o más personas o cosas. || Suceder simultáneamente.
**coito** m. Unión sexual del hombre con la mujer.
**cojear** intr. Caminar asentando mal una pierna o pata. || No asentarse un mueble.
**cojo, ja** adj. y s. Se dice de la persona que cojea o que le falta total o parcialmente una pierna.
**cola** f. Extremidad del cuerpo de los animales, de significado distinto según los grupos. Apéndice o prolongación delgada de algo, como la estela de un cometa o el alargamiento posterior de ciertas prendas. || Fila, columna de personas o automóviles que guardan turno. || f. Pasta gelatinosa que sirve para pegar.
**colaborador, ra** adj. y s. Que colabora. || Se dice del artista, periodista, científico, etc., que trabaja para una empresa en forma ocasional, sin formar parte de su plantilla.
**colaborar** intr. Cooperar en un trabajo, generalmente en forma secundaria. || Escribir habitualmente en una publicación periódica.
**colador** m. Útil, a modo de tamiz, para colar líquidos.
**colapso** m. Depresión de un órgano hueco (corazón, vasos sanguíneos, pulmón), que compromete seriamente su funcionalidad.
**colar** tr. Pasar un líquido por un colador o por otro líquido filtrante. || Vaciar.
**colateral** adj. Que está al lado de otra cosa.
**colcha** f. Cobertor de una cama, generalmente de adorno.

**colchón** m. Saco aplanado relleno de lana, pluma, miraguano, etc., para dormir.
**colchoneta** f. Colchón delgado que se usa como cojín. || Colchón neumático para la playa.
**colección** f. Conjunto de cosas, generalmente de una misma clase.
**colectividad** f. Agrupación de personas con un fin común.
**colectivo, va** adj. Relativo a la colectividad o a un conjunto de personas o cosas. || Que agrupa o reúne. || adj. y m. Se dice del sustantivo en singular que agrupa a personas o cosas de una misma especie.
**colega** com. Persona que, en relación con otra, desempeña la misma profesión.
**colegial, la** adj. Relativo al colegio. || m. y f. Alumno de un colegio.
**colegiatura** f. Beca o plaza de colegial.
**colegio** m. Institución de enseñanza.
**cólera** f. Irritación súbita, a veces incontrolable y de tipo agresivo, sobrevenida ante situaciones frustrantes. || m. Enfermedad infecciosa, endémica, causada por un bacilo en forma de coma llamado vibrión colérico. Clínicamente cursa con intensas diarreas y vómitos.
**colesterol** m. Esterol presente en todas las células de los vertebrados que especialmente se concentra en el tejido nervioso.
**colgar** tr. Pender una cosa de otra sin que toque el suelo.
**cólico, ca,** adj. Relativo al colon.
**coliche** m. fam. Fiesta a la que se puede asistir sin estar convidado.
**colilla** f. Parte final del cigarro, que se desecha.
**colina** f. Relieve orográfico de un máximo de 500 m de altura, de forma generalmente suave y ondulada.
**colindante** adj. Se dice de los terrenos, casas, términos municipales, etc., contiguos entre sí.
**coliseo** m. Teatro, y por extensión, cine.
**colisión** f. Choque. || Enfrentamiento violento entre personas o grupos de personas. || Pugna o conflicto de ideas, sentimientos, etc., o de las personas implicadas en ellos.
**colmar** tr. Llenar un recipiente hasta rebasar sus bordes. || Dar en gran cantidad.
**colmena** f. Caja o recipiente para albergar las abejas de una colonia y aprovechar su producción de miel. || Colonia de abejas.
**colmillo** m. Diente canino, situado detrás de los incisivos y delante del primer premolar.
**colocación** f. Disposición, instalación de personas o cosas. || Cargo, empleo.
**colocar** tr. y prnl. Acomodar en un lugar concreto o de manera de-

terminada a una persona o cosa. || Situar a alguien en un puesto o estado.

**colofón** m. Nota que se coloca al final de algunos libros, en que se consigna el nombre del impresor y la fecha de impresión. || Añadido o remate de un acto, fiesta, etcétera.

**colombino, na** adj. Relativo a Cristóbal Colón.

**colon** Porción intermedia del intestino grueso situada entre el ciego y el recto.

**colonia** f. Grupo de personas que se instalan en un país, para habitarlo o cultivarlo. || Gente que se desplaza a una zona de su propio país para poblarlo, y esa misma zona.

**colonial** adj. Relativo a la colonia.

**colonizar** tr. Fundar una colonia en un país.

**coloquial** adj. Relativo al coloquio. || Se dice del lenguaje llano y familiar.

**coloquio** m. Diálogo, plática.

**color** m. Sensación fisiológica provocada en la retina de los vertebrados, por reacción de unas células especializadas, al estímulo de radiaciones electromagnéticas de longitud de onda variable. || Materia colorante usada en pintura.

**colorear** Dar color, tintar. || intr. y prnl. Manifestar una cosa su color característico. || intr. Tender o asomar el color rojo.

**colosal** adj. Relativo al coloso. || De gran tamaño, enorme. || Magnífico, sobresaliente.

**coloso** m. Estatua de figura humana mayor que el natural. || Persona muy grande. || Persona o cosa relevantes.

**columna** f. Sostén, protección.

**columnista** com. Colaborador asiduo de una sección, en un periódico o revista.

**columpiar** tr. y prnl. Balancear en un columpio.

**columpio** m. Asiento que pende de un punto elevado mediante dos cuerdas o cadenas, y que sirve para mecerse.

**collage** m. Técnica artística que consiste en la aplicación de objetos y de materiales sobre la superficie del cuadro.

**collar** m. Objeto ornamental que se lleva alrededor del cuello. || Aro o correa que se pone en el cuello de ciertos animales.

**coma** f. Signo ortográfico (,) que señala una separación o pausa entre ciertos elementos oracionales.

**comadre** f. Comadrona. || Vecina o amiga de más confianza de una mujer.

**comadrón, na** m. f. Persona calificada que asiste un parto.

**comandancia** f. Cargo, despacho y territorio del comandante.

**comandante** m. Jefe militar, cuya categoría está entre capitán y teniente coronel.
**comarca** f. Demarcación territorial, con un alto grado de homogeneidad física y humana, y de menor tamaño que una región.
**combate** m. Lucha o riña entre personas o animales. || Conflicto, contradicción.
**combatir** intr. y prnl. Batallar, pelear. || tr. Agredir, acometer. || Refutar, contradecir.
**combinación** f. Maniobra, plan, maquinación. || Reunión de dos o más cosas para formar conjunto.
**combinar** tr. Reunir cosas de modo que formen un conjunto. || tr. y prnl. Concertar, acordar.
**combustible** adj. Que puede arder, o que lo hace con facilidad. || adj. y m. Sustancia capaz de arder, para producir energía.
**combustión** f. Oxidación de un combustible, con producción de calor y, a veces, con emisión de luz (fuego).
**comedia** f. Género teatral o cinematográfico que se caracteriza por la presentación de unos personajes humanos y realistas, el uso del verso o la prosa, y el final feliz.
**comediante, ta** m. y f. Actor o actriz de teatro. || El que finge sentimientos.
**comedido, da** adj. Atento, circunspecto.
**comedor** m. Habitación donde se come. || Establecimiento donde se sirven comidas.
**comensal** com. Cada uno de los que comen en la misma mesa.
**comentador, ra** m. y f. Persona que comenta una obra, espectáculo, deporte, etcétera.
**comentar** tr. Explicar el contenido de un escrito, etc. || Hacer comentarios.
**comentario** m. Cosa que se dice o escribe sobre algo, especialmente la que explica un texto, película, suceso, etc. || pl. Opinión sobre algún suceso de la vida cotidiana. || Murmuración, maledicencia.
**comentarista** com. Comentador, especialmente el de noticias y libros.
**comenzar** tr. Iniciar, emprender algo. || intr. Tener una cosa principio.
**comer** tr. e intr. Masticar y deglutir el alimento. || Tomar cualquier alimento. || Corroer, consumir.
**comerciar** intr. Realizar operaciones, generalmente de compra y venta, con fines lucrativos.
**comercio** m. Intercambio de unos bienes por otros, o por dinero.
**comestible** adj. Que se puede comer. || m. pl. Víveres.
**cometa** f. Astro del sistema solar formado por un núcleo y una cabellera o nube luminosa que lo rodea, producto de los gases liberados del núcleo.

**cometer** tr. Ejecutar, consumar faltas, agravios, etcétera.
**comezón** f. Picor, molestia que produce desasosiego.
**cómic** m. Género narrativo en viñetas, con base en texto e imagen, en el que los diálogos suelen ir en bocadillos.
**comicios** m. Reunión con fines electorales. || Elecciones.
**cómico, ca** adj. Relativo a la comedia. || Que provoca la risa. || adj. y s. Se dice del actor de comedias o que representa un papel jocoso.
**comida** f. Alimento. || Alimento principal del día, generalmente el de mediodía.
**comidilla** f. fam. Tema, motivo de una murmuración o rumor.
**comienzo** m. Inicio, origen de algo.
**comillas** f. pl. Signo ortográfico ("") que se coloca antes y después de palabras, frases o citas que, por un motivo u otro, quieren destacarse.
**comisaría** f. Cargo, oficina y demarcación del comisario.
**comisión** f. Misión que se encomienda a alguien. || Grupo de personas delegadas por otras para una gestión o representación.
**comisura** f. Punto de unión de ciertas estructuras anatómicas, p. ej., de los labios o los párpados.
**comité** m. Comisión delegada con funciones ejecutivas.
**como** adv. Del modo o de la manera que.
**cómoda** f. Mueble con cajones para la ropa; a veces, con tablero abatible que sirve de escritorio.
**comodidad** f. Facilidad, oportunidad. || Todo lo que ayuda al bienestar.
**cómodo, da** adj. Apropiado, de fácil manejo.
**comoquiera** adv. De cualquier manera.
**compadecer** tr. y prnl. Condolerse del mal ajeno, compartirlo.
**compañero, ra** m. y f. Persona que vive, trabaja, juega, etc., con otra. || Miembro del mismo partido o sindicato. || Colega.
**compañía** f. Persona o personas que acompañan a otra u otras.
**comparación** f. Expresión de igualdad o diferencia entre dos o más cosas. || En retórica, símil.
**comparar** tr. Establecer las diferencias o semejanzas existentes entre las cosas. || Cotejar.
**comparecer** intr. Personarse ante el juez, previo llamamiento, o ante notario, sin él.
**comparsa** com. Persona que interviene en un espectáculo teatral sin pronunciar palabra.
**compartir** tr. Dividir, distribuir las cosas en partes.
**compás** m. Útil de dibujo geométrico (circunferencias, etc.) o de toma de medidas, formado por dos brazos de origen común, en torno

al cual pueden girar determinando un ángulo (abertura).
**compasión** f. Sentimiento de conmiseración hacia el mal o desgracia que afecta a otras personas.
**compatriota** com. Persona nacida en el mismo país que otra.
**compendio** m. Extracto o resumen, oral o escrito, de una materia.
**compensación** f. Indemnización.
**compensar** tr., intr., y prnl. Contrarrestar el efecto de una cosa con el de otra. || tr. y prnl. Resarcir a alguien, o resarcirse, del daño o perjuicio ocasionados.
**competente** adj. Idóneo, proporcionado. || Se dice de la persona capacitada para solucionar un asunto.
**competir** intr. y prnl. Rivalizar por la consecución de una misma cosa.
**competitividad** f. Competencia intensa. || Calidad de una economía o de un producto, por la que éstos pueden establecer competencia con otros de su clase.
**compilar** tr. Reunir en una sola obra fragmentos de varios libros, documentos, etcétera.
**complacencia** f. Agrado o placer derivado de algo. || Tolerancia amplia.
**complacer** tr. Satisfacer uno los deseos de otro.
**complejo, ja** adj. Se aplica a lo que está formado por diversos elementos o partes. || Difícil, intrincado.
**complemento** m. Lo que hay que añadir a una cosa para acabarla o perfeccionarla. || En una oración, elemento lingüístico que amplía o completa el significado de otro.
**completar** tr. y prnl. Acabar, hacer completa una cosa. || Perfeccionarla.
**completo, ta** adj. Entero, cabal. || Lleno de todo. || Total, absoluto.
**complexión** f. Constitución física.
**complicación** f. Tropiezo, dificultad. || Problema que prolonga o agrava una enfermedad.
**complicado, da** adj. Confuso, enredado.
**cómplice** com. Persona que, sin ser autora material de un delito o falta, coopera a su realización mediante actos anteriores o simultáneos.
**complot** m. Conspiración de varias personas contra alguien o algo. || Intriga, maquinación.
**componer** tr. y prnl. Formar una cosa mediante otras. || Integrar, constituir. || Arreglar, ordenar.
**comportamiento** m. Conducta, manera de portarse una persona o un animal.
**composición** f. Obra musical, literaria, etc. || Arte y técnica de escribir obras musicales. || Disposición de los distintos elementos de una obra de arte.

**compositor, ra** adj. Que compone. || m. y f. Persona que crea obras musicales.
**compostura** f. Construcción, ensamblaje de las piezas que componen un objeto.
**comprar** tr. Posesionarse de algo a cambio de dinero. || Sobornar.
**compraventa** f. Operación comercial y contrato por los que un vendedor se obliga a transferir la propiedad de algo, y un comprador a pagar por ello un precio en dinero.
**comprender** tr. y prnl. Abarcar, tener dentro. || Captar, entender. || prnl. Avenirse o compenetrarse una persona con otra.
**comprensión** f. Capacidad o facilidad para entender. || Benevolencia, tolerancia.
**comprimir** tr. y prnl. Apretar o reducir el volumen de algo por presión en toda su superficie.
**comprobante** adj. y com. Que comprueba. || m. Recibo o documento que da constancia de algo, especialmente de un pago.
**comprobar** tr. Verificar la corrección de algo por medio de pruebas.
**comprometer** tr. y prnl. Asignar a alguien un arbitraje. || Arriesgar. || Apalabrar, reservar.
**compromiso** m. Acuerdo entre dos partes para resolver una diferencia mediante concesiones mutuas. || Obligación aceptada. || Desposorios, noviazgo formal.
**compuerta** f. Plancha deslizable de madera o metal que regula el paso del agua en pantanos, canales, etcétera.
**compuesto, ta** adj. Formado de varias partes o elementos. || Atildado. || Reparado.
**compungir** tr. Incitar compasión. || prnl. Entristecerse, compadecerse.
**computador, ra** adj. y s. Que computa. || m. y f. Ordenador (máquina).
**computar** tr. Usar el cálculo numérico para medir algo. || Determinar la cantidad o el tiempo necesario para obtener algo.
**comulgar** tr. Dar la comunión. || intr. Recibirla.
**común** adj. Que es poseído o utilizado por varios. || Corriente, ampliamente aceptado. || Del montón, vulgar, muy difundido.
**comuna** f. Organización social básica, caracterizada por la libre adhesión de sus componentes, la sustitución de la propiedad privada por la común de todos ellos.
**comunal** adj. De una comunidad.
**comunicar** tr. Poner en conocimiento, avisar de algo.
**comunicativo, va** adj. Dado a comunicarse con otros. || Tratable, abierto, extrovertido.

**comunidad** f. Cualidad de común, de no privado. || Vecindario.
**comunión** f. Participación en lo común, especialmente bienes espirituales. || Eucaristía, participación en ella.
**comunismo** m. Doctrina que propugna la desaparición de la propiedad privada y la posesión en común de la riqueza social.
**comunitario, ria** adj. De la comunidad.
**con** prep. Denota el medio o el modo de hacer algo. || En colaboración, en compañía.
**concatenar** tr. y prnl. Formar una cadena. || Vincular, hacer proceder una cosa de otra.
**concavidad** f. Cualidad de cóncavo. || Hueco, cavidad.
**cóncavo, va** adj. Se dice del cuerpo o superficie curvados hacia dentro, de modo que su espesor es mayor en los bordes.
**concebir** intr. y tr. Quedar embarazada. || Idear, formular mentalmente. || Expresar, redactar.
**conceder** tr. y prnl. Donar, otorgar. || tr. Abundar en la opinión de otro. || Asignar un valor o cualidad.
**concentración** f. Reunión masiva de personas para manifestarse o celebrar algo. || Densidad.
**concentrar** tr. y prnl. Agrupar en un punto. || Reforzar, incidir en un punto o aspecto.
**concepción** f. Inicio de un embarazo, que se produce cuando tiene lugar la fecundación de un óvulo.
**concepto** m. Representación intelectual de los caracteres comunes a un grupo de objetos.
**conceptuar** tr. Valorar, enjuiciar.
**concernir** intr. Atañer, hacer referencia.
**concertar** tr. y prnl. Ajustar, ponerse de acuerdo en un negocio. || Avenir, conciliar.
**concertista** com. Solista de un concierto musical.
**concesión** f. Cesión por parte del Estado a particulares de bienes o servicios de dominio público.
**conciencia** f. Facultad del ser por la que éste se reconoce a sí mismo y como distinto a los otros. || Comprensión cabal de una cosa. || Conocimiento que se tiene de uno mismo y del mundo exterior.
**concienzudo, da** adj. Que hace o está hecho a conciencia.
**concierto** m. Armonía, buena organización de las cosas. || Pacto, acuerdo.
**conciliar** tr. y prnl. Avenir, poner paz. || Venir al sueño.
**concisión** f. Precisión y brevedad en el estilo.
**conciudadano, na** m. y f. Miembro de una ciudad o país, con respecto a los otros.

**concluir** tr., intr. y prnl. Acabar, terminar. || tr. Llegar a un acuerdo o decisión. || Deducir, acabar demostrando.
**conclusión** f. Determinación a que se llega, después de reflexionar.
**concordancia** f. Afinidad de una cosa con otra. || Conexión, según las reglas sintácticas, de los distintos accidentes gramaticales de las palabras de un discurso en el interior de una proposición.
**concordar** tr. Armonizar, avenir. || Guardar concordancia gramatical.
**concordia** f. Acuerdo, identidad. || Relación fluida y agradable entre personas.
**concretar** tr. Volver concreto algo. || Condensar un discurso oral o escrito.
**concreto, ta** adj. Se dice de todo aquello que se considera en sí mismo, con exclusión de sus relaciones. || Singular, determinado.
**concubina** f. Mujer que convive con un hombre sin estar casada con él.
**concupiscencia** tr. Inclinación natural hacia los placeres sensibles, especialmente los sexuales.
**concurrencia** f. Asistencia de personas a un mismo lugar, fiesta, espectáculo, etcétera.
**concurrir** intr. Coincidir en un mismo sitio o tiempo personas, cosas, circunstancias. || Estar de acuerdo con la opinión o dictamen de otro.
**concursar** tr. Declarar la insolvencia de alguien, con varios acreedores. || intr. Participar en un concurso o una prueba.
**concurso** m. Afluencia de gente a un lugar. || Examen o prueba para acceder a un cargo o dignidad. || Certamen para alcanzar un premio.
**condecoración** f. Insignia o señal de distinción.
**condecorar** tr. Otorgar condecoraciones.
**condenar** tr. Pronunciar el juez sentencia, imponiendo al acusado la pena correspondiente. || Merecer la pena eterna.
**condensación** f. Paso del estado gaseoso al líquido, por enfriamiento o compresión.
**condescender** intr. Adaptarse a otro, o transigir en sus costumbres, gustos, etcétera.
**condición** f. Estado, naturaleza, índole de las cosas. || Modo de ser de una persona.
**condicionar** tr. Supeditar algo a determinadas circunstancias o condiciones.
**condimentar** tr. Aliñar o sazonar los alimentos.
**condimento** m. Conjunto de ingredientes con que se sazona una comida.
**condiscípulo, la** m. y f. Persona que ha asistido con otra u

otras a un mismo centro docente, o ha estudiado con un mismo maestro.
**condolencia** f. Pésame. || Participación en el dolor o sentimiento de otro.
**condolerse** prnl. Unirse al dolor o pesar de otro.
**condón** m. Preservativo en forma de vaina para el pene.
**condonar** tr. Perdonar una pena de muerte. || Renunciar gratuitamente de un crédilo.
**conducción** f. Contrato realizado por precio y salario.
**conducir** tr. Trasladar de un sitio a otro, o guiar hacia un lugar. || Dirigir un negocio. || prnl. Actuar de una determinada forma.
**conducta** f. Modo de comportarse o proceder una persona. || Mando, guía.
**conducto** m. Canal o tubo para el transporte de fluidos u otras materias. || Trámite para un negocio.
**conductor, ra** adj. y s. Que conduce. || m. y f. Persona que lleva un automóvil.
**conectar** tr. Poner en contacto dos dispositivos para que la corriente se reparta proporcionalmente entre ambos. || Enlazar, unir.
**conectivo, va** adj. Que conecta.
**conexión** f. Nexo, relación entre cosas, ideas o personas. || Unión entre distintos elementos de un circuito eléctrico.
**confabular** intr. Hablar, charlar. || prnl. Asociarse dos o más personas para conspirar contra alguien o algo.
**confeccionar** tr. Fabricar, preparar cosas.
**confederación** f. Organización política de varios Estados que, sin renunciar a su soberanía, actúan conjuntamente.
**conferencia** f. Reunión o conversación, que llevan a cabo varias personas, para discutir asuntos o negocios de diversa índole. || Discurso, hecho en público, sobre un tema literario, político, científico, etcétera.
**conferir** tr. Otorgar a alguien cargos, dignidades, etc. || Confrontar una cosa con otra.
**confesar** tr. y prnl. Expresar hechos o sentimientos ocultos. || tr. Declarar la verdad, espontáneamente o forzado por los hechos.
**confeti** m. Trocitos de papel, de diversos colores.
**confiado,da** adj. Crédulo, incauto. || Orgulloso, altivo. || Que tiene esperanza.
**confianza** f. Fe que se deposita en una persona o cosa.
**confiar** intr. Esperar o suponer que algo ocurrirá como se desea. || Comunicar un secreto.
**confidencia** f. Confianza. || Cosa íntima o secreta que se comunica.
**confidente, ta** adj. Digno de confianza. || m. y f. Persona en quien

alguien cifra su confianza, o le encomienda asuntos reservados.

**configurar** tr. y prnl. Proporcionar a algo una determinada forma.

**confín** adj. Confinante. || m. Límite entre poblaciones, países, etc. || Sitio más lejano al que se llega con la vista.

**confirmar** tr. y prnl. Ratificar la veracidad de algo. || Dar validez a lo ya aprobado.

**confiscar** tr. Hacerse cargo la policía de ciertos bienes de un particular.

**confitar** tr. Bañar ciertas frutas en azúcar.

**confitura** f. Fruta confitada.

**conflagración** f. Incendio. || Conflicto bélico entre dos o más países.

**conflicto** m. Momento más duro y difícil de un combate. || Antagonismo, discrepancia.

**confluencia** f. Lugar de enlace de ríos, carreteras, etcétera.

**conformación** f. Configuración de las partes de un conjunto.

**conformar** tr. Dar forma a algo. || tr., intr. y prnl. Acomodar, acoplar una cosa a otra.

**conformidad** f. Igualdad, analogía de una cosa con otra. || Avenencia, acuerdo entre dos o más personas. || Aceptación, resignación en las penalidades.

**conformismo** m. Adaptación a las costumbres, opiniones y poderes predominantes; por extensión, renuncia a luchar.

**confort** m. Bienestar, comodidad.

**confortar** tr. y prnl. Fortalecer al débil. || Consolar, animar en las adversidades.

**confrontar** tr. En un juicio, oponer dos personas para verificar sus respuestas. || Comparar dos o más cosas. || intr. y prnl. Enfrentarse, oponerse.

**confundir** tr. y prnl. Mezclar cosas de manera que no se distingan entre sí. || Cometer un equívoco, engañarse. || Abrumar a alguien, dejarle sin palabras.

**congelador** m. Compartimento para congelar, especialmente el de neveras o frigoríficos.

**congelar** tr. y prnl. Pasar un líquido a estado sólido mediante el frío. || Padecer mucho frío una persona.

**congénere** adj. y com. Que pertenece al mismo género o tiene el mismo origen.

**congeniar** intr. Avenirse dos o más personas.

**congénito,ta** adj. Innato, connatural. || Se dice del trastorno, lesión o malformación que existe desde el nacimiento o antes.

**congestión** f. Acúmulación anómala de sangre en algún órgano o parte del mismo.

**congestionar** tr. y prnl. Causar congestión. || Enrojecerse, sofocarse.

**conglomerar** tr. Aglomerar. || tr. y prnl. Incorporar en una misma masa fragmentos de una misma sustancia o de distintas.
**congoja** f. Pena, zozobra, angustia de ánimo.
**congratular** tr. y prnl. Complacerse en la satisfacción o alegría de otro.
**congregar** tr. y prnl. Agrupar, reunir gente.
**congreso** m. Conjunto de personas que se reúnen para discutir temas o asuntos de importancia, cuestiones de Estado, intereses profesionales, etcétera.
**congruencia** f. Conformidad, coherencia en las ideas.
**cónico, ca** adj. Relativo al cono. || En forma de cono.
**conífero, ra** adj. Planta cuyo fruto es un cono o piña.
**conjetura** f. Suposición o idea de algo a través de ciertos signos.
**conjugación** f. Paradigma de formas verbales, compuesto por una raíz y unas desinencias, que expresan el tiempo, el modo, la persona, etc., de un verbo.
**conjugar** tr. Ligar, coordinar cosas. || Formar el paradigma de un verbo.
**conjunción** f. Acción y efecto de unirse o juntarse dos o más cosas. || Parte invariable del discurso que une dos palabras o proposiciones.
**conjuntar** tr. Ordenar o unir con armonía, especialmente grupos de personas.
**conjunto, ta** adj. Ligado, adjunto a algo.
**conjurar** intr. y prnl. Asociarse con otro u otros, mediante juramento. || Ahuyentar un mal.
**conllevar** tr. Ayudar a atenuar las penas. || Soportar, tolerar el mal carácter de alguien.
**conmemorar** tr. Hacer memoria pública de un personaje o acontecimiento. || Celebrar el aniversario de algo.
**conmiseración** f. Compasión, lástima.
**conmoción** f. Perturbación física o anímica. || Disturbio, alteración.
**conmocionar** tr. y prnl. Ocasionar conmoción.
**conmover** tr. y prnl. Sacudir, alterar, estremecer. || Incitar a compasión, ablandar.
**connotar** tr. Establecer relación. || Contener una palabra o idea otras que la complementan.
**conocer** tr. Aprehender, distinguir la esencia y las relaciones entre las cosas. || Saber de algo sin profundizar en ello.
**conocido, da** adj. Muy difundido. || Afamado, acreditado.
**conocimiento** m. Entendimiento, facultad de discernir lo conveniente, y obrar en consecuencia. ||

Conjunto de saberes que se tienen sobre una ciencia o arte.

**conquista** f. Persona o cosa ganada.

**conquistar** tr. Tomar por las armas o por la fuerza un territorio. || Obtener una cosa con trabajo y empeño. || Atraerse la voluntad de alguien.

**consagrar** tr. Conferir carácter sagrado a una cosa o persona. || Pronunciar el sacerdote las palabras rituales de la consagración.

**consanguíneo, a** adj. y s. Que es pariente por consanguinidad. || Se dice de los hermanos de padre.

**consciente** adj. Que tiene conciencia de sí mismo, que siente o posee vida psíquica. || Reflexivo. || Que no ha perdido el conocimiento.

**consecuencia** f. Hecho resultante de otro.

**conseguir** tr. Adquirir, lograr lo que se desea.

**consejero, ra** m. y f. Persona que aconseja. || Persona que pertenece a un consejo. || Lo que sirve de aviso o pauta de vida.

**consejo** m. Opinión o dictamen que se da o se pide, para ejecutar o no algo. || Determinación que una persona toma.

**consenso** m. Consentimiento de todas las personas que componen una corporación. || Acuerdo de voluntad entre las partes de un contrato.

**consentido, da** adj. y s. Caprichoso.

**consentir** tr. e intr. Permitir una cosa, dejar que se lleve a cabo. || tr. Mimar, ser indulgente.

**conserje** com. Encargado de la limpieza y vigilancia de un edificio público o privado.

**conserva** f. Cualquier tipo de alimento que se guarda herméticamente, por lo general en lata, para su posterior consumo.

**conservar** tr. y prnl. Guardar una cosa, hacer que se mantenga. || Seguir una norma o costumbre. || Atesorar algo. || Elaborar conservas.

**conservatorio, ria** adj. Que conserva. || m. Escuela oficial, municipal o estatal, en donde se realizan los diversos estudios musicales.

**considerable** adj. Que merece consideración. || Grande, importante.

**consideración** f. Asunto sobre el que se ha de reflexionar.

**considerar** tr. Juzgar, examinar con atención una cosa. || Tratar a alguien con consideración. || tr. y prnl. Valorar, suponer.

**consigna** f. Orden breve y tajante dirigida al que tiene a su cargo algo.

**consignar** tr. Reservar el producto de algo para el pago de una renta o una deuda. || Enviar una mercancía a un destinatario. || intr. Poner a alguien en prisión.

**consiguiente** adj. Que depende o se infiere de otra cosa.
**consistencia** f. Firmeza, estabilidad.
**consolar** tr y prnl. Mitigar la pena o el dolor de alguien.
**consolidar** tr. Asegurar, fijar, reforzar una cosa. || Fortalecer un lazo de índole moral.
**consomé** m. Caldo de carne.
**consonante** adj. Que tiene consonancia.
**consorcio** m. Asociación entre personas para tutelar e incrementar intereses comunes.
**consorte** com. Persona que participa de la suerte de otra. || Cónyuge.
**conspirar** intr. Confabularse varios contra algo o alguien.
**constancia** f. Persistencia, firmeza del ánimo. || Prueba o certeza de un dicho o hecho.
**constantemente** adv. Con constancia. || Con frecuencia.
**constar** intr. Ser cierta y evidente una cosa. || Aparecer algo o alguien en un documento, registro, etcétera.
**constatar** tr. Comprobar, verificar, hacer constar.
**constelación** f. Agrupación convencional de estrellas fijas según un esquema.
**consternar** tr. y prnl. Abatir, entristecer.
**constipado, da** adj. Estreñido. || m. Catarro.
**constipar** tr. Constreñir los poros, impidiendo la transpiración. || tr. y prnl. Acatarrarse.
**constitución** f. Estructura de una cosa; conjunto de los elementos que la forman.
**constituir** tr. Integrar, formar. || Conferir a una persona o cosa determinada calidad o condición.
**construcción** f. Obra de albañilería ya construida. || Estructuración de los diferentes elementos lingüísticos de un discurso, atendiendo a las relaciones gramaticales propias de cada lengua.
**construir** tr. Realizar una cosa con los elementos adecuados; especialmente edificar. || Ordenar los términos léxicos o lingüísticos siguiendo unas normas. || Idear.
**consuelo** m. Lenitivo de las penas o los sinsabores. || Alegría, dicha.
**consuetudinario, ria** adj. Propio de la costumbre.
**cónsul** m. Dirigente de cualquier institución llamada consulado.
**consulado** m. Cargo, dependencias y demarcación territorial del cónsul de un país.
**consultar** tr. Tratar con una o varias personas sobre algo. || Pedir opinión, consejo o asesoramiento.
**consumación** f. Término, extinción. || Comisión plena de un delito.
**consumar** tr. y prnl. Realizar por completo una cosa. || tr. Dar cum-

plimiento a un contrato u otro acto jurídico.

**consumidor, ra** adj. y s. Que consume; especialmente, se dice de la persona genérica a quien se dirige una oferta.

**consumir** tr. y prnl. Extinguir, destruir algo. || Usar una persona o cosa de lo necesario para su mantenimiento. || Apurar, desazonar, roer la impaciencia.

**contabilidad** f. Calidad de contable. || Técnica para conocer la situación patrimonial de una empresa (ingresos y gastos) y fundamentar decisiones económicas.

**contabilizar** tr. Asentar o incluir en un cálculo contable. || Contar.

**contable** adj. Que puede contarse.

**contacto** m. Acción y efecto de tocarse dos o más cosas. || Relación, comunicación con la gente.

**contagiar** tr. y prnl. Propagar una enfermedad por contagio.

**contagio** m. Transmisión de una enfermedad infecciosa de un individuo enfermo a uno sano, mediante la difusión de gérmenes patógenos.

**contaminación** f. Acumulación en los distintos medios naturales (atmósfera, suelo, aguas continentales y marinas) de una serie de productos relacionados con la actividad humana y que alteran las características propias de estos medios, modificando gravemente el equilibrio general de la biosfera.

**contaminar** tr. y prnl. Producir contaminación. || Infectar. || Contagiar.

**contar** tr. Computar, numerar algo. || Considerar, tener presente. || Efectuar operaciones de acuerdo con la aritmética.

**contrapeso** m. Peso que se coloca en el extremo de otro para que ambos se equilibren.

**contraponer** tr. Comparar una cosa con otra para establecer sus diferencias.

**contraportada** f. Reverso de un libro o revista, opuesto a la portada.

**contrariar** tr. Estorbar, entorpecer los deseos de alguien.

**contrario, ria** adj. y s. Opuesto, antípoda, que no puede existir al mismo tiempo.

**contraseña** f. Señal o palabra para reconocerse las personas de un mismo grupo, asociación, etcétera.

**contrastar** tr. Diferenciarse considerablemente dos cosas cuando se comparan.

**contratar** tr. Emplear a alguien para un trabajo.

**contratiempo** m. Complicación, revés. || Alteración rítmica del compás.

**contrato** m. Convenio o pacto entre dos o más personas, por el que se obligan mutuamente a dar, hacer o no hacer una cosa determinada.

**contraveneno** m. Antídoto.

**contrayente** adj. y com. Se dice de cada una de las dos personas que se unen en matrimonio.

**contribuir** tr. e intr. Cotizar cada uno lo que le corresponde por un impuesto. || Participar con otros en la consecución de algo.

**contribuyente** adj. Que contribuye. || com. Persona, en cuanto sujeto pasivo de tributación.

**contrincante** com. Persona que compite con otra u otras en el logro de algo.

**control** m. Comprobación, verificación, vigilancia e inspección; lugar en que se realiza, y persona, mecanismo, etc., que lo ejecuta. || Autoridad, mando, manejo, dominio, etc., y persona o automatismo que lo ejerce. || Autodominio.

**controlar** tr. Ejercer control. || Dirigir. || prnl. Dominarse, no abandonarse a impulsos o arrebatos

**controversia** f. Debate o polémica sobre una materia de carácter doctrinal.

**contusión** f. Tipo de lesión traumática causada por el choque violento con un objeto obtuso.

**convalecencia** f. Acción y efecto de convalecer. || Periodo que dura. || Estado de convaleciente.

**convalecer** intr. Recuperarse de una enfermedad. || Salir de una situación peligrosa o conflictiva.

**convalidar** tr. Dar por válido algo, confirmarlo.

**convencer** tr y prnl. Inducir a alguien para que haga alguna cosa, tome partido por algo, etcétera.

**convención** f. Acción de convenir o pactar, especialmente en relación con instituciones del Estado o interestatales. || Norma de conducta o criterio que, por tradición, se acepta tácitamente.

**conveniencia** f. Correspondencia entre dos cosas. || Provecho, interés.

**convenio** m. Pacto, tratado.

**convenir** intr. y tr. Coincidir en un parecer o juicio. || Corresponder, pertenecer.

**convergencia** f. Punto en que coinciden dos cosas.

**conversar** intr. Hablar entre sí dos o más personas. || Convivir.

**convertir** tr. y prnl. Transformar una cosa en otra. || Hacer que alguien cambie sus creencias, ideas, etcétera.

**convexo, xa** adj. Se aplica a un tipo de ángulo. || Se dice de la curva y de la superficie abovedada hacia afuera.

**convicción** f. Creencias o principios religiosos, éticos o políticos.

**convicto, ta** adj. Se dice del reo al que legalmente se ha probado su delito.

**convidar** tr. y prnl. Invitar a una persona a algo grato. || Inducir.

**convivencia** f. Buena armonía entre los que conviven.

**convivir** intr. Vivir o habitar con otros.
**convulsión** f. Contracción involuntaria y violenta de parte o toda la musculatura esquelética.
**cónyuge** com. Marido respecto de la mujer, o mujer respecto del marido.
**cooperar** intr. Colaborar con otros.
**coordenado, da** adj. Se dice de cada uno de los elementos de un sistema de referencia (puntos, rectas, planos, círculos, etc...) con que se determinan unívocamente puntos de un espacio de dimensión uno, dos o tres.
**coordinación** f. Relación unitiva que se establece entre palabras, frases u oraciones con la misma categoría sintáctica e independencia entre sí.
**coordinar** tr. Colocar cosas diversas de modo que formen un todo ordenado. || Conjugar medios, acciones, etcétera, para un objetivo común.
**copa** f. Vaso para beber, provisto de pie. || Conjunto de ramas de un árbol. || Parte hueca del sombrero en que se encaja la cabeza.
**copia** f. Imitación o semejanza entre dos personas o cosas.
**copiar** tr. Reproducir fielmente un escrito, objeto de arte, etc. || Imitar a algo o a alguien.
**copiloto** com. Piloto que, en los aviones o ciertos automóviles de carrera, se encarga de apoyar y ayudar.
**cópula** f. Nexo entre dos cosas. || Acto sexual.
**copular** intr. Realizar el acto sexual.
**copulativo, va** adj. Que une o ata. || adj. y s. Se dice de las conjunciones (*y* e *ni*) que unen palabras, frases u oraciones. || Se dice de un tipo de oración coordinada cuyo nexo son las conjunciones anteriores.
**coquetear** intr. Actuar alguien de forma estudiada a fin de atraerse al sexo contrario. || Cortejar.
**coraje** m. Valentía, decisión. || Enfado.
**coraza** f. Armadura que cubría el tronco. || Blindaje de barcos, carros de combate, etcétera.
**corazón** m. Órgano muscular impar y hueco, situado en el mediastino, espacio del centro del tórax entre ambos pulmones.
**corbata** f. Accesorio de vestir, generalmente masculino, a modo de tira de tela o cuero, anudado bajo el cuello de la camisa.
**corcel** m. Caballo rápido y brioso.
**corchete** m. Cierre metálico formado por macho y hembra. || Signo gráfico equivalente al paréntesis:[].
**corcho** m. Tejido secundario de revestimiento del tallo y de la raíz, formado por pequeñas células muertas, con la membrana suberi-

ficada e impermeable al paso de líquidos y gases.

**cordero, ra** m. y f. Cría de la oveja de menos de un año. || Persona humilde y fácil de dominar.

**cordial** adj. Que fortalece o estimula el corazón.

**cordón** m. Cuerda fina y redonda, de seda u otro material, para atar cosas o utilizada como adorno. || Cable de los electrodomésticos. || Cada alambre de un cable metálico.

**coreografía** f. Arte de componer danzas. || Conjunto de pasos y figuras de una danza o ballet.

**córnea** f. Zona anterior transparente de la membrana exterior del globo ocular.

**córneo, a** adj. De cuerno o parecido a él.

**corneta** f. Instrumento musical de viento, de madera dura, embocadura de marfil abovedada, y perforación cónica, con agujeros.

**coro** m. Conjunto de cantores, agrupados según sus registros vocales, que interpretan simultáneamente una obra musical.

**corola** f. En las angiospermas, parte de la flor formada por el conjunto de los pétalos.

**corona** f. Ornamento en forma circular, de flores o de metal, que se coloca en la cabeza como símbolo de dignidad u honor. || Atributo real. || Aureola.

**coronar** tr. y prnl. Ceñir la corona a alguien como símbolo de honor o distinción, especialmente a un rey. || Premiar, recompensar.

**coronario, ria** adj. Relativo a la corona. || adj. Se dice de los vasos sanguíneos que irrigan el corazón.

**coronel** m. Jefe militar que tiene bajo su mandato un regimiento o una base aérea.

**coronilla** f. Zona superior y posterior de la cabeza.

**corpiño** m. Especie de chaleco femenino ajustado al cuerpo.

**corporación** f. Agrupación profesional o patrimonial (cámara de comercio, colegio profesional), con personalidad jurídica, para defensa de sus intereses.

**corporal** adj. Relativo al cuerpo.

**corpóreo, a** adj. Que tiene cuerpo. || Material.

**corpulento, ta** adj. Grande, vigoroso.

**corral** m. Lugar delimitado y descubierto, generalmente anexo a las casas, para animales.

**correa** f. Tira de cuero u otro material, para usos diversos; cinturón.

**corrección** f. Cambio introducido a fin de mejorar algo; especialmente en un texto escrito.

**correctivo, va** adj. Que corrige o sirve para ello. || m. Sanción leve.

**correcto, ta** adj. De acuerdo con las normas o reglas.

**corredor, ra** adj. y s. Que corre. || Persona que media en negocios de compra, venta, intercambios, etc. || Pasillo de una vivienda. || m. y f. Persona que corre en competiciones.

**corregir** tr. y prnl. Enmendar, subsanar un error, falta, etcétera.

**correlación** f. Relación mutua entre dos o más hechos, cosas, ideas, etcétera. || Interdependencia entre dos magnitudes.

**correligionario, ria** adj. y s. Que tiene la misma religión que otro.

**correo** m. Persona que se dedica a llevar correspondencia. || Correspondencia que se recibe o tramita. || Buzón para la correspondencia.

**correoso, sa** adj. Flexible, elástico. || Se aplica a lo que se mastica con esfuerzo.

**correr** intr. Ir con cierta velocidad, de modo que se levante un pie del suelo antes de apoyar el otro. || Desplazarse, por lo general con rapidez, un fluido; soplar el viento. || Discurrir el tiempo.

**correspondencia** f. Correo. || Comunicación o contacto entre habitaciones, pueblos, países, etc. || Significado de una palabra en otro idioma. || Acuerdo o equivalencia entre los elementos de diferentes grupos.

**corresponder** intr. y tr. Pagar, agradecer ciertos favores o beneficios. || intr. Atañer, incumbir. || Mantener simetría dos cosas.

**corriente** adj. Que corre. || Se aplica a la semana, mes, año, etc., actual o que transcurre. || Vigente. || Común, muy difundido.

**corrillo** m. Círculo de personas que se apartan de los demás, reunidos en un mismo grupo, para hablar, tramar algo, etcétera.

**corroborar** tr. y prnl. Fortalecer, animar. || Afirmar, ratificar una opinión o tesis.

**corromper** tr. y prnl. Deformar algo. || Averiar, malograr. || Depravar, seducir.

**corrosión** f. Alteración o deterioro de la superficie de un cuepo debida a agentes físicos, y especialmente a reactivos químicos.

**corrupción** f. Falsificación o alteración de un escrito.

**cortadura** f. Incisión hecha en un cuerpo al cortar. || Abertura angosta que permite el paso entre dos montañas. || Recorte.

**cortar** tr. Fragmentar o seccionar en partes una cosa con un útil afilado. || Disponer las diferentes partes de una prenda para su confección. || Interrumpir la continuidad de algo, separándolo en dos. || Recortar.

**corte** m. Filo, borde. || Sección. || f. En una monarquía, conjunto del rey, su familia, séquito y ayudantes, tanto privados como en el ejercicio del poder.

**cortejar** tr. Acompañar a alguien agasajándolo. || Requebrar a una mujer.

**cortejo** m. Acompañamiento de un rey o una autoridad. || Personas que participan en un desfile, ceremonia, etcétera.

**cortés** adj. Amable, correcto, fino.

**cortesía** f. Conjunto de normas propias del trato social. || Salutaciones en una carta. || Gracia, favor. || Presente, don.

**corteza** f. Parte externa en el tallo y raíces de las plantas. || Superficie, parte externa de algo.

**cortina** f. Tela colgante que se coloca en puertas, ventanas, doseles, etcétera.

**corto, ta** adj. De extensión breve en el tiempo o en el espacio.

**cortocircuito** m. Perturbación en un circuito eléctrico por la conexión directa entre dos conductores de distinta fase, con la producción de una corriente de gran intensidad.

**cosa** f. Todo ente; lo que tiene algún tipo de existencia. || Objeto inanimado, por oposición a sujeto.

**cosecha** f. Lo que se obtiene con el cultivo de la tierra. || Temporada en que se efectúa su recolección. || Lo que uno recoge, consigue u obtiene.

**cosechar** intr. y tr. Hacer la cosecha, la recolección. || tr. Conseguir éxitos, fracasos, etcétera.

**coser** tr. Unir dos pedazos de tela o materia similar utilizando aguja e hilo. || Realizar todo tipo de labores de costura.

**cosmético, ca** adj. y s. Se aplica al preparado químico destinado a la higiene, cuidado o belleza del cuerpo humano. || f. Arte de elaborar y emplear dichos productos.

**cósmico** adj. Relativo al cosmos.

**cosmopolita** adj. y com. Se aplica a la persona que ha viajado mucho, carece de residencia fija, etcétera.

**cosmos** m. El universo, entendido como conjunto de todo lo que existe.

**cosquillas** f. pl. Hormigueo nervioso y a veces risa que produce un contacto ligero sobre ciertas partes del cuerpo.

**costa** f. Parte de una masa de tierra que está en contacto con el mar.

**costado** m. Cada uno de los lados del cuerpo humano, situados debajo de los brazos. || Flanco de un ejército. || Lado.

**costar** intr. Valer una cosa al adquirirla un precio determinado.

**costilla** f. Hueso plano y arqueado que en número de doce pares constituyen la jaula torácica.

**costo** m. Coste (precio). || Costa (manutención). || Valor en dinero o en esfuerzo.

**costoso, sa** adj. De mucho precio o que cuesta obtener.

**costra** f. Corteza externa y endurecida de algo blando o húmedo. || Capa formada sobre la piel lesionada, por desecación de exudado, pus o sangre, durante el proceso de curación.
**costumbre** f. Uso, tradición. || Actuación individual o colectiva a la que se llega por repetición. || Regla de conducta observada de modo uniforme y constante, con la convicción de que atiende un imperativo jurídico.
**costura** f. Arte e industria de la confección de ropas. || Labor que se está cosiendo. || Línea de puntadas que une dos piezas.
**costurero, ra** m. y f. Persona cuya profesión es coser ropa. || m. Mueble pequeño o estuche donde se guardan los útiles de costura.
**cotejar** tr. Confrontar dos cosas a vista.
**cotidiano, na** adj. Diario, propio de cada día.
**cotización** f. Pago regular que se efectúa por pertenecer a una organización. || Valor porcentual que adquiere algo, especialmente activos financieros en el mercado bursátil.
**cotorrear** intr. Hablar sin ton ni son.
**covacha** f. Cueva o antro cochambroso.
**coxis** m. Cóccix.
**coyuntura** f. Articulación de un hueso. || Circunstancia óptima para algo.
**cráneo** m. Parte del esqueleto de la cabeza, formada por ocho huesos: frontal, dos parietales, dos temporales, occipital, etmoides y esfenoides. Protege el encéfalo.
**craso, sa** adj. Grasiento, gordo.
**cráter** m. Cavidad en forma de embudo.
**creador, ra** adj. y s. Que crea; se dice de artistas e investigadores. || Por antonomasia, Dios.
**crear** tr. Hacer que algo comience su existencia. || Instituir. || Inventar, hacer surgir. || prnl. Tomar idea en la mente una cosa.
**creatividad** f. Capacidad de crear; imaginación, práctica.
**crecer** intr. Desarrollarse, ganar tamaño o estatura progresivamente. || Elevarse, progresar. || Aumentar el nivel del mar, por efecto de las mareas.
**crecimiento** m. Cantidad que crece. || Proceso de desarrollo de un organismo u órgano, que en general se produce en varias fases y a distintas velocidades.
**credencial** adj. Que acredita. || f. Certificado imprescindible para la toma de posesión de un cargo.
**credibilidad** f. Cualidad de creíble.
**crédito** m. Confirmación de algo. || Fama, prestigio. || Solvencia de una persona. || Derecho que uno tiene a recibir de otro alguna cosa, normalmente dinero.

**crédulo, la** adj. Que se cree las cosas con facilidad.
**creencia** f. Cosa creída.
**creer** tr., intr. y prnl. Admitir una cosa sin necesidad de comprobación.
**creído, da** adj. Orgulloso, fatuo.
**crema** f. Elemento graso de la leche. || Nata de la leche. || f. Cosmético para el cutis. || Pasta dentífrica. || Betún para el calzado.
**cremación** f. Acción de quemar un cadáver, o los productos de desecho.
**cremallera** f. Sistema de cierre, generalmente de prendas de vestir, formado por dos tiras con dientes, que se engranan y se desengranan, según se cierre o se abra.
**crematorio, ria** adj. Relativo a la cremación. || m. Horno y local para incinerar cadáveres.
**crepitar** intr. Producir un ruido semejante al de las cosas que se queman.
**crepúsculo** m. Claridad que se observa al refractarse en la atmósfera los rayos de luz solar antes de la salida o después de la puesta del sol. || Declive.
**cresta** f. En sentido amplio, cualquier formación carnosa eréctil dispuesta generalmente en la cabeza de los machos de algunas especies de animales (aves, reptiles, etc.).
**cretino, na** adj. y s. Que tiene cretinismo. || Necio, torpe, corto.
**cría** f. Niño o animal durante la crianza. || Conjunto de animales de un mismo parto.
**criado, da** m. y f. Persona que realiza tareas domésticas a cambio de un salario.
**criar** tr. Sacar algo de la nada (sustituido hoy por *crear*). || Alimentar, mantener una persona o animal a sus crías. || tr. y prnl. Crear, originar.
**criatura** f. Cualquier cosa creada. || Niño de corta edad.
**criba** m. Útil consistente en un aro de madera con una tela metálica, usado para cribar. || Separación de los elementos esenciales de los que no lo son.
**crimen** m. Delito grave. || Falta, acción mala. || Impropiamente, asesinato.
**criminal** adj. Relativo al crimen. || adj. y com. Que ha cometido o ha intentado cometer un crimen.
**crin** f. Conjunto de pelos dispuestos en el cuello, o en la cola de algunas especies animales, generalmente de mayor longitud que los restantes.
**criollo, lla** adj. y s. Se dice del descendiente de europeos nacido en América.
**cripta** f. Capilla subterránea empleada como cámara sepulcral. || Santuario subterráneo en general.
**criptógamas** f. pl. Conjunto de plantas, sin categoría taxonómica,

que carecen de órganos de reproducción aparentes (flores).
**crisis** f. Cambio en el curso de un proceso patológico, que se presenta de modo rápido e independiente del sentido favorable o desfavorable del mismo. || Estado delicado y conflictivo en el desarrollo de una cuestión. || Carestía, penuria.
**crisol** m. Recipiente usado para fundir diversas materias a elevadas temperaturas.
**crispar** m. Contraer los músculos, nervios y miembros del cuerpo. || Exasperar, irritar.
**cristal** m. Cuerpo macroscópico de composición química homogénea, de naturaleza sólida, cuyas moléculas o átomos constitutivos repiten de forma ordenada una célula unitaria y característica.
**cristalizar** intr. y prnl. Adoptar forma cristalina. || Concretarse, aclararse las ideas. || tr. Hacer que algo se torne cristalino.
**criterio** m. Pauta o norma para discernir una cosa.
**crítica** f. Actividad que examina y juzga una obra artística, literaria, etc. || Juicio sobre algo. || Opinión sobre las acciones o la conducta de alguien.
**criticar** tr. Analizar algo de acuerdo con unas reglas. || Reprobar, motejar. || Desacreditar.
**criticón, na** adj. y s. Que todo lo tilda o vitupera.
**croar** intr. Cantar la rana.
**cromático, ca** adj. Relativo a los colores.
**cromosoma** m. Cada una de las subunidades estructurales presentes en el núcleo celular, portadoras del patrimonio genético del individuo.
**cronista** com. Periodista que redacta crónicas.
**cronología** f. Ciencia que estudia las fechas de los acontecimientos históricos.
**cronómetro** m. Reloj de alta precisión para fracciones de tiempo muy pequeñas, provisto de un certificado de homologación y control.
**cruce** m. Intersección de dos líneas, caminos, etc. || Franja en una vía urbana, para el paso de peatones. || Unión sexual de animales de raza distinta, para depurarla.
**crucero** m. Confluencia en un punto, de diferentes vías de comunicación. || Viaje de placer, a bordo de un barco, que toca puertos de interés turístico.
**crucial** adj. Se dice de lo que tiene forma de cruz. || Se aplica al momento decisivo o cumbre, en el desarrollo de un hecho.
**crucigrama** m. Juego enigmático que consiste en colocar letras o sílabas en casillas.
**crudeza** f. Dureza, desabrimiento.

**crudo, da** adj. Que no está cocido. || Se dice de la fruta no madura. || Cruel, destemplado.
**cruel** adj. Que hace, o le gusta, hacer sufrir a otros. || Duro, insoportable. || Inclemente, sangriento.
**crujir** intr. Producir ruido en cuerpo, al quebrarse, al rozar o al chocar.
**crustáceos** m. pl. Clase de Artrópodos caracterizados por cuerpo metamerizado con un número variable de segmentos, dividido en cefalotórax y abdomen, cubierto distintamente por el caparazón.
**cruz** f. Figura formada por la intersección de dos líneas perpendiculares.
**cruzamiento** m. Cruce. || Fecundación entre individuos pertenecientes a distintas variedades o categorías taxonómicas.
**cu** f. Nombre de la letra *q*.
**cuaderno** m. Unión de varios pliegos de papel, en forma de libro.
**cuadrado, da** m. Cuadrilátero paralelogramo que tiene iguales todos sus lados y ángulos.
**cuadrante** m. Reloj de sol. || Cada una de las cuatro partes en que puede dividirse un círculo.
**cuadrar** tr. Dar figura cuadrada. || Hallar el cuadrado de la superficie de una figura. || Cuadricular. || intr. Acoplarse una cosa a otra.
**cuadriga** f. Tiro de cuatro caballos de frente.
**cuadrilátero, ra** m. Polígono de cuatro lados. Se clasifican en paralelogramos (cuadrado, rectángulo, rombo y romboide) y no paralelogramos (trapecio y trapezoide).
**cuadrilla** f. Grupo de personas que realizan un trabajo común.
**cuadro, dra** adj. y s. Cuadrado. || m. Rectángulo. || Obra pintada no mural, especialmente la tela o tabla realizada al óleo. || Marco de una pintura. || En teatro, cada parte de un acto en que cambia la decoración.
**cuadrúpedo, da** adj. y s. Se dice de los animales de cuatro patas.
**cuajado, da** adj. Pasmado, asombrado. || Adormilado. || m. Guiso de carne picada, huevos y azúcar.
**cuajar** tr. y prnl. Hacer que un líquido, que contiene generalmente materia grasa, se torne sólido. || Asentarse, no licuarse la nieve sobre una superficie.
**cualidad** f. Cada característica que define a una persona o cosa. || En fonética, lo que determina el timbre de un sonido.
**cualquiera** adj. y pron. Es marca de indeterminación.
**cuan** adv. Apócope de cuanto. || Con acento ortográfico, se utiliza para enfatizar la exclamación.
**cuando** conj. En el momento, tiempo, ocasión en que. || Aunque. || Puesto que. || adv. Con acento, en

frases exclamativas o interrogativas toma el significado de *en qué tiempo.*

**cuantificar** tr. Expresar una magnitud en números. || Determinar la cantidad en un juicio lógico.

**cuantioso, sa** adj. De gran cantidad.

**cuantitativo, va** adj. De la cantidad.

**cuarentena** f. Conjunto de 40 unidades. || Aislamiento preventivo, por razones sanitarias, a que se somete por dicho lapso a personas o animales.

**cuartear** tr. Dividir en cuartos. || prnl. Resquebrajarse una pared.

**cuartel** m. Edificio donde se ubica permanentemente una unidad militar y su material.

**cuarteto** m. Estrofa de cuatro versos de arte mayor, con rima en consonante (generalmente en abba o abab).

**cuartilla** f. Hoja de papel, cuarta parte de un pliego.

**cuaternario, ria** adj. y m. Se dice de la era geológica actual de la Tierra, iniciada hace 1-2 millones de años con un empeoramiento del clima que condujo a alternancias de épocas frías y relativamente cálidas.

**cuatrimestre** adj. Que dura cuatro meses. || m. Periodo de esa duración.

**cuatrimotor** adj. y m. Se dice del avión de cuatro motores a hélice.

**cubeta** f. Herrada frágil. || Pequeña cuba de los aguadores.

**cúbico, ca** adj. De figura de cubo o semejante a él; la palabra cubo aparece en las unidades de volumen pospuesta a la longitud del lado del cubo que las define.

**cubierto, ta** m. Servicio completo de mesa. || Juego de cuchara, tenedor y cuchillo; suele usarse en pl. || f. Lo que cubre o sirve para cubrir. || Portada de una revista.

**cubil** m. Refugio, madriguera de las fieras. || Cauce de una corriente de agua.

**cúbito** m. Hueso de la parte interna del antebrazo.

**cubo** m. Hexaedro regular. || Número que se puede expresar como producto de tres factores idénticos. || Potencia tres

**cubrir** tr. y prnl. Tapar o resguardar una cosa con otra.

**cuclillas,** *en* Agachado de forma que el cuerpo reposa sobre las puntas de los pies.

**cuchara** f. Pieza ovalada y cóncava, con mango, empleada para comer, especialmente líquidos.

**cuchichear** intr. Hablar a alguien al oído o en voz baja para que no se enteren los demás.

**cuchillada** f. Golpe de arma blanca. || Herida que se ocasiona. || Altercado, reyerta.

**cuchillo** m. Útil compuesto de una hoja de un solo filo y un mango.

**cuchitril** m. Pocilga. || Habitáculo pequeño y desaseado.
**cuello** m. Segmento del tronco situado entre la cabeza y el tórax, formado por la zona cervical.
**cuenca** f. Vasija cóncava de barro, madera, etc., que llevaban los peregrinos y mendigos. || Cavidad craneal en que se alojan cada uno de los ojos. || Concavidad.
**cuenta** f. Cálculo aritmético.
**cuento** m. Relato breve que desarrolla un argumento o acción. || Chiste, historieta.
**cuerda** f. Conjunto de hilos o fibras, de materiales diversos que, una vez torcidos juntos, se usa para atar o suspender cosas.
**cuerdo, da** adj. y s. En plenas facultades mentales. || Reflexivo, sensato, formal.
**cuerno** m. Formación cefálica típica de numerosas especies de mamíferos, generalmente presente en ambos sexos.
**cuero** m. Piel curtida de algunos animales.
**cuerpo** m. Toda cosa material. || Constitución física de una persona.
**cuestión** f. Pregunta, inquisición. || Controversia, disputa. || Asunto que requiere atención. || Cosa, tema, asunto. || Problema.
**cuestionario** m. Batería de preguntas. || Temario de un examen u oposición.
**cueva** f. Cavidad de desarrollo predominantemente horizontal, de dimensiones muy variables, originadas por fenómenos naturales (disolución de rocas calcáreas, erosión marina o vulcanismo). Se sitúan generalmente en las laderas de las montañas.
**cuidado** m. Esmero y atención en la realización de algo.
**cuidar** tr. e intr. Vigilar, atender. || prnl. Atender a la propia salud.
**culinario, ria** adj. Relativo a la cocina o al arte de cocinar.
**culminar** tr. e intr. Alcanzar una cosa su realización o máxima altura. || Pasar un astro por el meridiano del observador.
**culpa** f. Conducta negligente, sin intención directa de perjudicar, que lesiona un derecho ajeno o infringe un precepto penal.
**culpable** adj. y com. Que ha provocado consecuencias negativas o es responsable de un delito.
**culpar** tr. y prnl. Echar la culpa.
**cultismo** m. Voz procedente de una lengua clásica que penetra en otra tardíamente, cuando ya las voces populares han sufrido las transformaciones fonéticas.
**cultivar** tr. Efectuar un cultivo. || Afanarse por desarrollar un vínculo, una cualidad, etcétera.
**cultivo** m. Conjunto de técnicas de control del crecimiento y desarrollo de un organismo.

**culto, ta** adj. Que tiene formación cultural. || Cultivado.
**cultura** f. Conjunto de valores, creencias, tradiciones, instituciones, lenguaje, etc., que elabora y trasmite una sociedad.
**cumbre** f. Cima. || Culminación || Reunión de alto nivel.
**cumpleaños** m. Aniversario de nacimiento.
**cumplido, da** adj. Entero, lleno. || Atento, educado. || m. Manifestación de cortesía.
**cumplir** tr. Ejecutar, realizar algo previsto. || Ayudar a alguien en sus necesidades. || Ser cortés con alguien.
**cúmulo** m. Pila de cosas. || Reunión de cosas materiales o inmateriales.
**cuneiforme** adj. De forma de cuña. || Se dice de la escritura empleada antiguamente en el Asia Occidental cuyos caracteres son mezcla de agujeros y pequeñas cuñas.
**cuñado, da** m. y f. Hermano o hermana de uno de los esposos con respecto al otro.
**cuota** f. Cantidad o porción fija o proporcionada. || En una lista de cobro, cantidad señalada a cada contribuyente.
**cupón** m. Cada parte de un título de deuda o de crédito, que su tenedor corta y presenta a la entidad emisora para demostrar su derecho a cobrar un interés o cualquier otra ventaja.
**cúpula** f. Bóveda semiesférica levantada sobre una base cuadrada, poligonal, circular o elíptica.
**cura** m. Sacerdote encargado de una parroquia.
**curandero, ra** m. y f. Persona que, sin título profesional, cura mediante procedimientos naturales (hierbas, masajes, etc.), y en algunos casos con métodos supersticiosos.
**curar** intr. y prnl. Sanar. || tr. y prnl. Tratar a los enfermos.
**curiosear** intr. Tratar de averiguar una persona lo que no es de su incumbencia. || intr. y tr. Husmear.
**curiosidad** f. Cosa extraña o rara.
**cursar** tr. Frecuentar un sitio. || Realizar estudios en un centro docente.
**cursi** adj. y com. Se aplica a la persona que se cree elegante o fina y no lo es.
**cursillo** m. Curso corto sobre una determinada materia. || Breve serie de conferencias sobre algún tema.
**cursivo, va** adj. y s. Se dice de la escritura muy ligada, a causa de la rapidez con que se ejecuta. || f. En imprenta, tipo de letra inclinada.
**curso** m. Dirección o rumbo que sigue una cosa al moverse. || Transcurso del tiempo. || Año esco-

lar. || Lecciones que se imparten de una materia determinada. || Tratado o materia. || Sucesión, serie. || Divulgación.

**curtir** tr. Tratar las pieles para uso. || tr. y prnl. Tostar la piel el sol o la intemperie. || Habituar a alguien un a trabajo duro, penalidad, etcétera.

**curva** f. Línea del plano (c. *plana*) o del espacio (c. *alabeada*). || Esquema gráfico de las etapas sucesivas de un fenómeno.

**curvo, va** adj. y s. Que se aleja de la dirección recta sin formar ángulos. || Combado.

**cúspide** f. Cima puntiaguda de una montaña. || Parte más alta de cualquier cosa. || Cumbre, pináculo.

**custodiar** tr. Vigilar, proteger.

**cutáneo, a** adj. Del cutis.

**cutícula** f. Película, capa.

**cutis** m. Piel de las personas, especialmente la de la cara.

**d** f. Quinta letra del abecedario castellano (D, d); su nombre es *de*. || En la numeración romana, 500.

**dactilar** adj. Relativo al dedo.

**dádiva** f. Regalo que se hace de forma gratuita.

**dado** m. Pequeño cubo de seis caras con diversas figuras o puntos utilizado en juegos de azar. || adj. Otorgado, concedido.

**daga** f. Espada pequeña y de hoja corta.

**daltonismo** m. Dificultad para discernir ciertos colores (especialmente rojo y verde).

**dama** f. Mujer de clase elevada o buena educación.

**damnificar** tr. Perjudicar.

**danés, sa** adj. y s. De Dinamarca.

**danza** f. Connotación de baile sujeto a normas muy rígidas, como los bailes populares o el ballet. || Conjunto de bailarines y cuadro que componen.

**danzar** tr. e intr. Bailar. || intr. Bailotear, moverse algo.

**dañar** tr. y prnl. Herir, arruinar o perjudicar. || Estropear, especialmente un fruto.

**daño** m. Dolor por una contusión.

**dar** tr. Regalar, donar. || Poner al alcance. || Otorgar.

**dardo** m. Arma arrojadiza parecida al venablo.

**dato** m. Hecho o noticia previos que permiten conocer o deducir algo. || Documento, prueba.

**de** f. Nombre de la letra *d*. || prep. Expresa posesión o pertenencia.

**deambular** intr. Andar sin rumbo fijo.

**debajo** adv. En una posición inferior o más baja que otra.

**debate** m. Discusión, polémica. || Contienda, litigio.

**debatir** tr. y prnl. Disputar, polemizar sobre algo. || Pelear, contender.

**deber** m. Obligación que tiene el hombre de atenerse a unas normas religiosas, éticas, políticas, etc. || tr. y prnl. Tener la obligación de seguir unas determinadas normas o leyes.

**débil** adj. y com. Que tiene escasa fuerza.

**debilitar** tr. y prnl. Volver débil, o decaer la fuerza, resistencia, etc., de algo.

**debut** m. Primera intervención pública de un actor, cantante, compañía, etcétera.

**década** f. Periodo de tiempo que abarca diez años, días, etcétera.

**decadencia** f. Acción de decaer. || Periodo en que acontece. || Debilidad, decaimiento.

**decaedro** m. Sólido de diez caras.

**decaer** intr. Declinar, degradarse o debilitarse una persona o cosa.

**decágono** m. Polígono de diez lados.

**decaído, da** adj. Que se encuentra en decadencia. || Abatido, desanimado.

**decapitar** tr. Cortar la cabeza.

**decena** f. Conjunto de diez unidades.

**decenio** m. Periodo de diez años.

**decente** adj. Que actúa con decoro. || Adecuado, conveniente.

**decepción** f. Engaño, mentira. || Desilusión.

**deceso** m. Muerte, fallecimiento.

**decididamente** adv. Con decisión. || Definitivamente.

**decidir** tr. Acabar con un problema, llegar a una opinión sobre algo controvertido. || tr. y prnl. Escoger, resolver.

**decimal** adj. Se aplica al sistema de numeración que usa 10 signos, al número representado mediante él, y a los sistemas de medidas cuyas unidades son múltiplos o divisores de 10 con respecto a la unidad principal.

**decir** m. Frase o dicho de carácter sentencioso. || tr. y prnl. Exponer con la palabra o la escritura un pensamiento. || Repetir o leer en voz alta. || tr. Mencionar, llamar.

**decisión** f. Opción que se toma o da ante un problema.

**decisivo, va** adj. Que decide o resuelve. || Determinante, que sucede en un momento crítico.

**declamación** f. Arte o técnica de declamar. || Discurso enfático.

**declamar** intr. Hablar en público. || Poner en práctica las reglas de la oratoria. || tr. e intr. Recitar siguiendo unas normas de entonación y pronunciación.

**declaración** f. Confesión. || Manifestación, comunicación de lo que uno se propone o de sus ideas.

**declarar** tr. Expresar o comunicar algo reservado. || Dar a conocer lo relativo al pago de impuestos. ||

tr., intr. y prnl. Exponer ante el juez o tribunal la verdad de unos hechos.

**declive** m. Desnivel de un terreno o de la superficie de algo. || Decadencia, caida.

**decolorar** tr. Disminuir o suavizar la viveza de los colores merced a la acción física o química.

**decomisar** tr. Apropiarse el fisco del producto de un contrabando.

**decoro** m. Honor, consideración hacia una persona. || Seriedad, educación. || Recato, decencia.

**decrecer** intr. Disminuir.

**decrépito, ta** adj. Se aplica a la edad avanzada y a la persona de muchos años y de facultades debilitadas.

**decretar** intr. Decidir por decreto quien está capacitado para ello. || Señalar al margen de un escrito el trámite que ha de seguir.

**decreto** m. Decisión que tiene fuerza de ley.

**dedicar** tr. y prnl. Consagrar algo al culto. || Asignar algo a una determinada función u objetivo. || Entregarse con afán a algo.

**dedicatoria** f. Envío manuscrito o impreso con que se dirige una obra, fotografía, etc., a alguien.

**dedo** m. Cada una de las cinco partes distintas y articuladas en que termina la mano y el pie.

**deducción** f. Resta, descuento que se hace en una cantidad.

**deducir** tr. y prnl. Inferir, extraer consecuencias. || Rebajar, sustraer un importe de una cantidad.

**defecación** f. Expulsión de las materias fecales por el ano.

**defecto** f. Imperfección natural o moral. || Fallo de fabricación.

**defender** tr. y prnl. Preservar, resguardar contra algo nocivo. || Auxiliar a alguien o proteger algo que está en peligro. || Mantener una opinión, causa, etc., contra el dictamen ajeno.

**defensa** f. Cosa que sirve para defender algo o para defenderse, como arma, instrumentos, fortificaciones, etc. || Protección, refugio.

**deferencia** f. Apoyo a la actuación o parecer ajeno. || Respeto, consideración.

**deficiente** adj. Insuficiente, incompleto. || Que no llega al nivel requerido. || Que tiene defecto.

**definición** f. Palabras con que se define. || Explicación de cada una de las voces en un diccionario.

**definir** tr. Precisar el significado de una palabra. || tr. y prnl. Determinar la esencia, el carácter, la actitud, etc., de una persona o cosa.

**definitivo, va** adj. Que determina o pone fin a un asunto. || Conveniente, adecuado. || En conclusión.

**deforestación** f. Proceso de destrucción de bosques.

**deformación** f. Efecto de deformar. || Anomalía de una parte del organismo.

**deformar** tr. y prnl. Desfigurar, modificar la naturaleza de una cosa o persona.

**defraudar** tr. Perder algo o alguien parte de la estimación o confianza que se le tenía.

**defunción** f. Muerte, fallecimiento de alguien.

**degeneración** f. Pérdida de los caracteres distintivos de un órgano o tejido.

**degenerar** intr. Declinar, perder las cualidades primigenias. || Degradar, empeorar la especie.

**degradación** f. Pérdida de la viveza, la fuerza, la fertilidad, el grado, etc., de algo.

**degradar** tr. Desposeer a alguien de honores, méritos, etc., o rebajarlo. || tr. y prnl. Ofender, someter.

**deidad** f. Esencia divina. || Cada uno de los dioses paganos.

**dejado, da** adj. Descuidado, abandonado para consigo mismo. || Debilitado, abúlico. || Alumbrado (hereje).

**dejar** tr. Colocar en un sitio algo que se lleva asido o puesto. || Olvidar, descuidar. || prnl. Abandonarse por causas morales o por desgana.

**delante** adv. En primer lugar, en la parte anterior, o de cara a algo o alguien. || Enfrente.

**delatar** tr. Denunciar a la autoridad competente al autor de un delito. || Descubrir, o sacar a la luz algo, generalmente censurable.

**delegar** tr. e intr. Ceder la autoridad que uno posee a otra persona.

**deletrear** intr. y tr. Nombrar cada una de las letras de una palabra. || Descifrar las letras de un texto oscuro y difícil.

**delgadez** f. Proceso opuesto a la obesidad y que se debe a la pérdida anormal de peso corporal.

**deliberado, da** adj. Hecho con intención.

**deliberar** intr. Considerar un hecho, analizando todos los detalles. || tr. Debatir varios un asunto.

**delicadeza** f. Finura. || Exquisitez en el trato. || Escrupulosidad.

**delicado, da** adj. Suave, fino. || Frágil, que se puede romper con facilidad.

**delicia** f. Goce del ánimo o de los sentidos. || Aquello que lo origina.

**delictivo, va** adj. Relativo al delito. || Que es causa de delito.

**delimitar** tr. Poner límites a algo.

**delincuencia** f. Perpetración de delitos; es consecuencia de la inadaptación o del desequilibrio social.

**delinear** tr. Dibujar los contornos o líneas de una figura. || prnl. Destacarse el perfil de una cosa.

**delinquir** intr. Cometer un delito.

**delito** m. Infracción penal dolosa o culposa, sancionada por la ley con pena grave; puede ser cometido mediante acción u omisión.

**demagogia** f. Manipulación de los sentimientos de las clases populares para obtener su apoyo político.

**demás** adj. y pron. Lo otro, lo que queda, los otros, los restantes. || adv. Además.

**demasía** f. Abundancia, exceso. || Osadía. || Desconsideración, insolencia. || Delito, atropello.

**demasiado, da** adj. Que supera lo normal. || adv. En demasía.

**demencia** f. Estado de debilidad adquirida de la capacidad intelectual, generalmente de carácter progresivo e irreversible, lo que la diferencia del retraso mental.

**demente** adj. y com. Que sufre demencia. || Loco.

**democracia** f. Sistema de organización político-social, basado en la participación de todos los miembros de una sociedad.

**demoler** tr. Deshacer, desmantelar algo.

**demora** f. Retraso, dilación, tardanza en el cumplimiento de una obligación.

**demorar** tr. y prnl. Atrasar.

**demostración** f. Exteriorización de actos o emociones. || Muestra jactanciosa de fuerza, lujo, ingenio, etc. || Verificación, mediante el raciocinio, de un hecho.

**demostrar** tr. Evidenciar algo mediante argumentos. || Probar un hecho por la experiencia.

**denigrar** tr. Desprestigiar algo o a alguien. || Insultar, humillar.

**denominador, ra** adj. y s. Que denomina. || m. Segundo término de una fracción.

**denominar** tr. Dar nombre, designar de una forma determinada.

**denotación** f. En lingüística, cualquier término, usado en su sentido genérico y propio; se opone a connotación.

**denotar** tr. Señalar, singularizar algo mediante signos.

**dentadura** f. Conjunto de las piezas dentales implantadas en los alveolos de los maxilares.

**dental** adj. Relativo a los dientes.

**dentífrico, ca** adj. y m. Se dice de los preparados líquidos (elixir d.), pastosos (pasta d.) o pulvirulentos (perborato sódico) usados en la higiene de dientes y encías.

**dentista** com. Odontólogo.

**dentro** adv. En el interior de algo. || Incluido en.

**denunciar** tr. Notificar, avisar. || Comunicar a la autoridad la irregularidad o ilegalidad de un acto designando o no al culpable. || Delatar.

**depender** intr. Estar bajo el dominio o la protección de algo o alguien.

**depilar** tr. y prnl. Eliminar el pelo o vello de algunas partes del cuerpo, generalmente por motivos estéticos.

**deplorable** adj. Digno de lástima.

**deponer** tr. Dejar de lado, renunciar al uso de. || Destituir. || Bajar una cosa de su lugar preeminente.

**deporte** m. Actividad en la que el ejercicio físico y el intelectual, en distintas proporciones, se realizan de modo competitivo y reglamentado, con fines de mejoramiento individual o diversión.

**deportista** adj. y com. Quien practica algún deporte de forma habitual, sea o no profesional.

**depositar** tr. Colocar en depósito. || Encomendar a alguien una cosa, fiándose de su palabra.

**depósito** m. Cosa depositada. || Contrato por el que una persona recibe una cosa con la obligación de guardarla y restituirla cuando le sea pedida. || Cantidad de dinero colocada en una cuenta bancaria por cualquier individuo, empresa o institución. ||

**depredador, ra** adj. y s. Se dice de la especie animal que usa para su alimentación a otras, a las que captura vivas.

**depresión** f. Estado de tristeza de ánimo con disminución del tono y de la actividad intelectual y física.

**deprimir** tr. Reducir el volumen de un cuerpo. || tr. y prnl. Padecer depresión psíquica o física.

**deprisa** adv. Con rapidez.

**depurar** tr. y prnl. Eliminar las impurezas, limpiar.

**derecho, cha** adj. Recto, erguido. || Legítimo, razonable.

**derechohabiente** adj. y com. Se aplica a la persona cuyo derecho procede de otra.

**derivación** f. Mecanismo de formación de palabras por la adición de afijos a un radical o tema.

**derivar** intr. y prnl. Seguirse una cosa de otra. || Formar palabras por derivación. || Proceder.

**dermis** f. Capa de la piel situada entre la epidermis (la más superficial) y la hipodermis (la más profunda), constituida por tejido conectivo.

**derramar** tr. y prnl. Volcar o verter, generalmente involuntariamente, un líquido o una sustancia disgregada.

**derrapar** intr. Patinar un vehículo.

**derredor** m. Circuito, contorno de una cosa. || En torno, alrededor.

**derretir** tr. y prnl. Licuar por medio del calor una cosa sólida o semisólida.

**derribar** tr. Derruir, abatir algo, generalmente una construcción. || Tumbar a un adversario. || Postrar, debilitar. || Abatir el ánimo de alguien.

**derrota** f. Destrucción que sufre una tropa, que se ve obligada a rendir la plaza o abandonar el campo.

**derrotar** tr. Vencer al enemigo o contrincante en una guerra, competición, etcétera.
**derrumbar** tr. y prnl. Arrojar, hacer caer, despeñar, derribar.
**desabrido, da** adj. De escaso sabor, o sin él. || Adusto, áspero.
**desabrochar** tr. y prnl. Abrir cualquier tipo de cierre de una prenda de vestir.
**desacostumbrado, da** adj. Raro, inusitado.
**desacreditar** tr. Rebajar la fama o el crédito de algo o alguien.
**desacuerdo** m. Discrepancia en las opiniones, ideas, etc. || Fallo. || Enajenación mental. || Olvido. || Desmayo.
**desafiar** tr. Incitar a alguien a luchar o combatir. || Competir en habilidad o fuerza con alguien. || Oponerse. || Enfrentarse a las ideas de alguien. || Hacer frente a algo. || Arrostrar una dificultad.
**desafinar** intr. y prnl. No dar la voz, o un instrumento musical el tono justo.
**desafío** m. Competencia, duelo.
**desafortunado, da** adj. Que no tiene fortuna, desdichado. || Inoportuno, desacertado.
**desagrado** m. Descontento, fastidio. || Actitud con que se manifiesta la falta de gusto o amabilidad en el cometido de algo.
**desaguar** tr. Sacar el agua de un sitio o lugar. || intr. Verter las aguas los ríos.
**desagüe** m. Conducto o canal por donde sale el agua.
**desahogar** tr. Calmar a uno, aliviarle de trabajo. || tr. y prnl. Expresar clara y rotundamente una emoción o satisfacer una pasión. || prnl. Confiarse a otro.
**desalentar** tr. Dejar sin aliento. || prnl. Desanimarse.
**desaliento** m. Falta de aliento. || Desánimo.
**desalinización** f. Procedimiento para separar las sales disueltas en el agua de mar, para obtener agua potable, de riego o para la industria.
**desalmado, da** adj. Sin moral ni conciencia. || Sádico, sin entrañas.
**desalojar** tr. Extraer algo o a alguien de un lugar. || Provocar el abandono de un lugar, especialmente en acciones de guerra o de orden público.
**desamparar** tr. Abandonar, no auxiliar. || Salir de un lugar, alejarse de él.
**desangrar** tr. y prnl. Extraer o perder sangre en abundancia.
**desanimado, da** adj. Descorazonado. || Hablando de un festejo o acto público, desangelado y de poca concurrencia.
**desanimar** intr. y prnl. Quitar o perder la ilusión, esperanza, ganas, etc., de conseguir algo.
**desanudar** tr. Soltar un nudo. || Desenredar, desenmarañar.

**desaparecer** tr. y prnl. Ocultar una cosa, quitarla de la vista. || intr. Esconderse, perderse algo de vista.

**desaparecido, da** adj. y s. Que no puede ser encontrado.

**desapego** m. Indiferencia, desinterés.

**desaprovechar** tr. Aprovechar poco o nada una cosa. || Echar a perder, descomponer. || intr. Perder un fondo o adelanto.

**desarmar** tr. Arrebatar el armamento a una persona o fuerza, u obligarla a rendirlo. || Desmontar un mecanismo. || Apaciguar, calmar a uno.

**desarme** m. Posición o acuerdo internacional que busca la limitación o supresión de armamentos.

**desarraigar** tr. y prnl. Arrancar una planta con su raíz. || Extirpar, anular un sentimiento o tendencia.

**desarrollar** tr. y prnl. Extender lo arrollado. || Aumentar, ampliar. || Explicar una teoría, tesis, etc., o ponerlas en práctica. || prnl. Acontecer, desenvolverse una cosa del modo que se expresa.

**desarrollo** m. Proceso que sigue un ser vivo desde su origen hasta alcanzar una fase de madurez.

**desarticular** tr. y prnl. Desencajar dos o más huesos de su articulación. || Separar las piezas de un artefacto.

**desastre** m. Catástrofe, adversidad.

**desatar** tr. y prnl. Soltar una atadura. || Desencadenar, provocar.

**desatender** tr. No hacer caso a lo que se dice o hace. || Descuidar algo o a alguien.

**desatento, ta** adj. Que no presta atención. || adj. y s. Poco amable, mal educado.

**desayunar** tr. y prnl. Tomar el desayuno. || prnl. Enterarse por vez primera de algo que es de dominio público.

**desayuno** m. Primera comida del día que se efectúa por la mañana.

**desazón** m. Falta de sabor en las comidas. || Congoja, inquietud, malestar.

**desbancar** tr. Quitar los bancos de un sitio. || Suplantar a alguien en una posición, cargo, afecto, etcétera.

**desbarajuste** m. Caos, barullo, falta de orden.

**desbaratar** tr. Trastornar, alterar el orden de una cosa. || Malgastar, arruinar.

**desbordar** tr. Rebasar, superar. || intr. y prnl. Rebosar un líquido, salirse por los bordes.

**descabellado, da** adj. Absurdo, desatinado, ilógico.

**descalabrar** tr. y prnl. Herir en la cabeza.

**descalabro** m. Desastre, adversidad, contratiempo.

**descalzo, za** adj. Con los pies desnudos.

**descansado, da** adj. Que ocasiona sosiego y tranquilidad. || Que no fatiga.

**descansar** intr. Parar el trabajo, recuperar fuerzas; estar ocioso. || Dormir. || Confiar a alguien una pesadumbre. || Reposar.

**descanso** m. Reposo. || Pausa en el trabajo. || Soporte.

**descarado, da** m. y f. Desvergonzado; respondón.

**descaro** m. Insolencia, desfachatez, descoco, desvergüenza.

**descarriar** tr. y prnl. Desviar a uno del camino o conducta que ha de seguir.

**descarrilar** tr. y prnl. Salir del carril.

**descartar** tr. Eliminar, excluir algo. || prnl. Desechar ciertas cartas un jugador.

**descendencia** f. Serie de personas que provienen de un mismo tronco. || Raza, linaje, estirpe.

**descender** intr. Desplazarse a un sitio más bajo. || Menguar el nivel de una cosa. || Originarse de un mismo linaje, país, pueblo, etcétera.

**descendiente** com. Persona que proviene de otra.

**descenso** m. Declive, decadencia.

**descifrar** tr. Leer un documento cifrado recurriendo a la clave. || Desentrañar el sentido oculto de algo.

**desclavar** tr. y prnl. Sacar o aflojar un clavo de su sitio, o quitar el clavo o clavos que sujetan una cosa.

**descolgar** tr. Bajar lo que está colgado. || tr. y prnl. Bajar algo o alguien lentamente por el aire o por una pendiente mediante cuerdas, cadenas, cables, etcétera.

**descomponer** tr. y prnl. Trastocar, desunir. || Disociar los elementos de un todo. || Turbar la armonía, la paz, etc. || Deteriorar un mecanismo.

**descomunal** adj. Desmesurado, gigantesco.

**desconcertar** tr. y prnl. Alterar el orden, disposición, etc., de personas o cosas. || Confundir a alguien.

**desconcierto** m. Desorganización. || Desbarajuste, confusión. || Perturbación del ánimo por algo imprevisto.

**desconfiar** intr. No confiar; recelar. || Tener poca esperanza.

**desconocer** tr. No conocer. || Ignorar una cosa, o simularlo. || tr. y prnl. No reconocer algo o a alguien, por haber cambiado mucho, o por no corresponder a la idea que uno tenía.

**desconsuelo** m. Pesar, tristeza, aflicción.

**descontento, ta** adj. Contrariado, disgustado. || m. Insatisfacción, enojo.

**descortés** adj. y com. Desatento, insolente.

**describir** tr. Explicar, reseñar las características de una persona o cosa. || Definir algo a grandes rasgos. || Hablando de un objeto que siga una trayectoria, definir la forma de ésta.

**descripción** f. Acción y efecto de describir, enumerar los rasgos, características, detalles, etc., de un objeto, concepto, situación, etcétera.

**descubierto, ta** adj. Que lleva la cabeza sin cubrir. || Destapado. || Se aplica al lugar amplio o despejado.

**descubrimiento** m. Acción y efecto de descubrir, especialmente países, mares, adelantos científicos, nuevos inventos, etc. || Cosa descubierta.

**descubrir** tr. Poner de manifiesto. || Destapar lo cubierto u oculto. || Saber algo que se ignoraba.

**descuento** m. Deducción que se efectúa de una cuenta o cargo, especialmente en concepto de pronto pago.

**descuidado, da** adj. y s. Abandonado, desidioso. || Desaseado. || Desprevenido.

**descuidar** tr. y prnl. Abandonar, desatender a alguien o algo.

**descuido** m. Distracción, incuria, abandono.

**desde** prep. Indica el tiempo o lugar en que da comienzo la acción que se comenta. || Después de.

**desdén** m. Menosprecio, indiferencia.

**desdicha** f. Desventura, infortunio. || Pobreza, necesidad.

**desdoblar** tr. y prnl. Desenrollar lo que estaba plegado. || Descomponer las partes de un compuesto.

**desear** tr. Anhelar el conocimiento, dominio o goce de alguien o algo. || Ansiar que ocurra o no un hecho.

**desechar** tr. Alejar de sí, excluir. || Tirar, echar.

**desecho** m. Lo que sobra de un conjunto de cosas después de seleccionar las mejores. || Lo que se desprecia por inútil.

**desembarcar** tr. Descargar un barco. || intr. y prnl. Descender de él.

**desembocadura** f. Lugar donde una masa de agua confluye en otra.

**desempacar** tr. Quitar o desligar los envoltorios de una mercancía. || Deshacer la maleta.

**desempeñar** tr. Rescatar mediante pago algo empeñado. || Ejecutar un oficio, cargo o representación artística.

**desempleo** m. Falta de trabajo, paro.

**desencadenar** tr. y prnl. Librar de cadenas. || prnl. Originarse un proceso violento, físico o moral.

**desencantar** tr. y prnl. Deshacer un encantamiento. || Decepcionar.

**desenlace** m. Fin, conclusión. || Resolución de la trama de una obra literaria.

**desenmarañar** tr. Ordenar un embrollo o enredo. || Aclarar una cuestión oscura.

**desenmascarar** tr. y prnl. Quitar la máscara. || Denunciar, poner en evidencia.

**desenredar** tr. y prnl. Desenmarañar.

**desentenderse** prnl. Hacerse el loco, fingir no comprender. || Separarse de un asunto o no querer saber nada de él.

**desenterrar** tr. y prnl. Sacar o aflorar lo que está enterrado. || Volver a afectar algo ya olvidado.

**desentonar** tr. Rebajar el orgullo de uno. || intr. Desafinar. || Estar fuera de lugar, llamar la atención.

**desentrañar** tr. Extraer las entrañas. || Llegar al fondo de un asunto o materia; descifrar.

**deseo** m. Desazón que provoca la no posesión o disfrute de una cosa. || Cosa deseada. || Apetito sexual.

**desequilibrar** tr. y prnl. Perder o hacer perder el equilibrio.

**desertar** intr. Dejar el soldado su puesto o ausentarse sin permiso por más de tres días. || Desamparar uno sus negocios, ideología, deber, etcétera.

**desértico, ca** adj. Desierto, o relativo a él. || De naturaleza o clima similares a los del desierto.

**desesperación** f. Carencia absoluta de esperanza. || Turbación extrema del ánimo provocada por la impotencia ante un hecho.

**desesperar** tr., intr. y prnl. Desesperanzar. || tr. y prnl. Hacer perder la paciencia a uno.

**desfachatez** f. Desvergüenza, caradura.

**desfalco** m. Malversación de fondos.

**desfilar** intr. Andar en fila. || Salir o pasar en hilera.

**desflemar** tr. Destilar la flema en un líquido alcohólico.

**desgarrar** tr. y prnl. Rasgar. || Producir un vivo dolor o lástima.

**desgastar** tr. y prnl. Reducir o gastar por el roce. || Agotar, debilitar.

**desgaste** m. Daño que sufren los materiales de construcción por la acción de agentes climatológicos.

**desglosar** tr. Dividir en partes un tema para analizarlo mejor.

**desgracia** f. Desastre (adversidad). || Mal, daño. || Carencia de gracia.

**deshabitar** tr. Abandonar una vivienda o un lugar. || tr. y prnl. Vaciar de habitantes una zona, población, etcétera.

**deshacer** tr. y prnl. Desbaratar o destruir algo ya hecho. || Desarticular una cosa, hacer que pierda su forma.

**desharrapado, da** adj. y s. Desastrado, con harapos.

**deshidratación** f. Pérdida patológica de agua del organismo, por vómitos, diarreas, sudoración profusa o falta de ingesta de líquidos.

**deshilar** tr. y prnl. Sacar los hilos de una tela, especialmente por los bordes.

**deshonor** m. Pérdida del honor. || Injuria, ofensa.

**deshonrar** tr. y prnl. Privar de la honra. || Insultar, difamar, desprestigiar. || tr. Violar a una mujer.

**desidia** f. Dejadez.

**desierto, ta** adj. Deshabitado, sin concurrencia. || Lugar desprovisto de vegetación, poco fértil.

**designar** tr. Señalar, denominar, nombrar.

**desigual** adj. No igual, falto de equidad. || Vasto, difícil. || Variable, diverso, irregular.

**desilusión** f. Falta o pérdida de ilusión. || Decepción.

**desinfectante** adj. y m. Se dice de la sustancia que destruye los microorganismos y los parásitos e inhibe su crecimiento.

**desinfectar** tr. y prnl. Eliminar gérmenes con sustancias patógenas.

**desinflar** tr. y prnl. Deshinchar. || Desanimar.

**desintegración** f. Fragmentación de una roca por acción de agentes externos.

**desintegrar** tr. y prnl. Disgregar, desmenuzar.

**desinterés** m. Falta de interés. || Generosidad.

**desintoxicación** f. Proceso fisiológico o terapéutico por el cual se intenta que un tóxico pierda tal carácter.

**desleal** adj. y com. Sin lealtad.

**deslenguado, da** adj. Mal hablado, descarado.

**deslindar** tr. Delimitar claramente las lindes de un terreno o asunto.

**deslizamiento** m. Movimiento, por gravedad de grandes masas rocosas.

**deslizar** tr. Colocar, meter algo al desgaire. || intr. y prnl. Resbalar. || Moverse sobre el agua, fluir.

**deslumbrar** tr. Ofuscar. || Asombrar. || Perder la visión por el excesivo brillo de algo.

**desmán** m. Atropello, desbarajuste, exceso. || Calamidad.

**desmantelar** tr. Abatir una fortificación. || Desvalijar, privar de enseres y aparejos algo.

**desmayar** tr. Producir desmayo. || intr. Arredrarse, intimidarse. || prnl. Sufrir un desvanecimiento.

**desmedido, da** adj. Desmesurado, sin fin.

**desmembrar** tr. Arrancar de cuajo los miembros del cuerpo. || Disgregar, desunir.

**desmentir** tr. Contradecir uno lo que otro afirma. || Evidenciar que algo es falso.

**desmenuzar** tr. Triturar, disgregar. || Analizar minuciosamente algo.

**desmesurado, da** adj. Desproporcionado, enorme. || adj. y s. Mal educado, descarado.
**desmontar** tr. Descomponer algo en sus elementos. || Anular la artillería enemiga inutilizando las montajes de sus piezas. || tr. Rebajar un montón de paja, tierra, broza, etc.; aplanar una superficie.
**desmoronar** tr. y prnl. Disgregar, deshacer poco a poco.
**desnivel** m. Inclinación. || Diferencia de altura entre distintos puntos.
**desnudar** tr. y prnl. Despojar del vestido o de alguna prenda. || tr. Dejar una cosa sin sus ornamentos o cubierta. || Desprenderse.
**desnudo, da** adj. Sin ropa. || Sin revestimiento, adorno o complemento. || Despojado. || m. Representación de una figura desnuda.
**desnutrición** f. Estado del organismo, consecuencia de un insuficiente aporte de sustancias nutritivas, sales minerales o elementos vitamínicos.
**desobedecer** tr. Hacer caso omiso de una orden.
**desocupado, da** adj. y s. Exento de ocupaciones, inactivo.
**desocupar** tr. Vaciar un lugar, local, etc. || prnl. Liberarse de una ocupación.
**desodorante** adj. y com. Que elimina o atenúa los malos olores.
**desolar** tr. Devastar, asolar. || prnl. Apenarse, angustiarse en grado sumo.
**desollar** tr. Despellejar.
**desorden** m. Falta de orden, desbarajuste.
**desorientar** tr. y prnl. Hacer perder la orientación o el rumbo. || Trastornar, desconcertar.
**despacio** adv. Lentamente. || Durante mucho tiempo. || En silencio.
**despachar** tr. Resolver o zanjar un asunto.
**despacho** m. Habitación para tratar asuntos o negocios.
**desparpajo** m. Desenvoltura, desenfado en la forma de hablar y actuar.
**desparramar** tr. y prnl. Dispersar, diseminar.
**despectivo, va** adj. Que actúa con desprecio. || adj. y s. Se aplica a las palabras que conllevan un matiz peyorativo o de desprecio: *casucha, perrucho.*
**despedazar** tr. y prnl. Desmembrar, descomponer un cuerpo en partes irregulares.
**despedir** tr. Lanzar, disparar una cosa. || Desprender algo (luz, olor, vapor, etc.). || Quitarse de encima a una persona molesta. || Dejar a alguien sin oficio o cargo.
**despegar** tr. y prnl. Soltar o quitar una cosa de otra a la que estaba junta o adherida.

**despeinar** tr. y prnl. Estropear o descomponer el peinado. || Enredar el pelo.
**despejado, da** adj. Amplio, espacioso. || Claro, sin nubes. || Desenvuelto en el trato. || De mente aguda y despabilada.
**despejar** tr. Desalojar, vaciar un lugar. || Poner en claro, disipar la duda o confusión de algo.
**despeñadero, ra** adj. Que es propicio para despeñar o despeñarse. || m. Sima, tajo.
**desperdiciar** tr. y prnl. Malgastar o desaprovechar una cosa.
**desperdicio** m. Dispendio, disipación de los bienes. || Resto que no se utiliza o aprovecha.
**desperfecto** m. Defecto superficial.
**despertador, ra** adj. y s. Que despierta. || m. Reloj con alarma.
**despiadado, da** adj. Duro, desalmado.
**despido** m. Ruptura unilateral de un contrato de trabajo antes del tiempo previsto.
**despilfarrar** tr. Dilapidar, gastar el caudal inadecuada o exageradamente.
**despilfarro** m. Gasto excesivo o superfluo.
**despintar** tr. y prnl. Borrar o raspar lo pintado. || prnl. Decolorarse, desteñirse algo.
**despistar** tr. y prnl. Desconcertar, hacer perder una pista. || prnl. Desviarse, salirse uno o un vehículo de su camino.
**desplante** m. Corte, chasco. || Postura o frase insolentes.
**desplazar** tr. Mover una cosa de un lugar a otro.
**desplegar** tr. y prnl. Extender, desenrollar. || Mostrar una aptitud o cualidad.
**desplomar** tr. y prnl. Hacer que algo pierda su verticalidad.
**despoblado, da** adj. y m. Se dice del lugar no habitado, especialmente el que sí lo estuvo.
**despojo** m. Botín que toma el vencedor. || Restos, sobras. || Restos mortales, cadáver.
**desposeído, da** adj. y s. Que carece de lo más indispensable; paria, marginado.
**déspota** m. Título de algunos soberanos absolutos. || Quien ejerce el poder de forma arbitraria y absoluta. || Persona excesivamente rigurosa con sus subordinados.
**despotismo** m. Ejercicio del poder de modo arbitrario y sin sujeción a ley alguna. || Rigor innecesario o abuso de la autoridad que se tiene.
**despotricar** intr. y prnl. Hablar mal y sin contención contra algo o alguien.
**despreciar** tr. Hacer de menos, rechazar. || prnl. Menospreciarse.
**desprecio** m. Falta de aprecio, rechazo. || Desdén, descortesía.

**desprender** tr. Desasir, separar. || tr. y prnl. Renunciar a algo, rechazarlo. || Despojarse, desposeerse. || Prescindir de algo por decisión propia.
**despreocupación** f. Desatención, negligencia. || Falta de interés.
**desprestigiar** tr. y prnl. Desacreditar.
**después** adj. Siguiente, posterior. || adv. Detrás de.
**desquiciar** tr. y prnl. Sacar algo de su quicio. || Exasperar.
**desquitar** tr. y prnl. Resarcir una pérdida. || Vengar.
**destacamento** m. Porción de tropa que se destaca para una misión.
**destacar** tr. Distinguir; realzar. || intr. y prnl. Descollar, sobresalir.
**destajo** m. Trabajo que se paga según obra realizada. || Muy de prisa.
**destapar** tr. y prnl. Privar de lo que cubre, tapa o abriga a algo o alguien.
**destemplar** tr. Descomponer el orden o la armonía de algo. || Quitar el temple a un metal o perderlo éste. || Irritarse, perder la templanza.
**desteñir** tr. y prnl. Eliminar o perder el tinte; atenuar o difuminar los colores.
**desterrar** tr. Expulsar a alguien de un país, generalmente por motivos políticos. || Alejar, descartar de sí. || prnl. Exiliarse.
**destierro** m. Pena consistente en expulsar a alguien de un territorio.
**destilar** tr. Efectuar una destilación. || tr. y prnl. Filtrar. || tr. e intr. Escurrir un líquido gota a gota.
**destinar** tr. Reservar algo o a alguien para un determinado fin.
**destinatario, ria** m. y f. Persona a quien se envía o destina algo; especialmente un efecto postal.
**destino** m. Encadenamiento de los hechos considerados inalterables, por influjo de fuerzas divinas o sobrenaturales. || Trayectoria vital elegida por el individuo. || Sino, suerte, fatalidad.
**destituir** tr. Deponer a alguien de un cargo.
**destrabar** tr. Sacar o apartar las trabas. || Desunir dos o más cosas trabadas.
**destreza** f. Maña, pericia.
**destrozar** tr. y prnl. Romper en trozos. || Ocasionar un gran pesar. || Vencer, aniquilar.
**destrucción** f. Devastación, calamidad.
**destruir** tr. y prnl. Demoler, desbaratar, malograr. || Arruinar.
**desvalido, da** adj. y s. Sin protección o recursos.
**desvalijar** tr. Robar o saquear el contenido de una maleta, vivienda, etcétera.
**desván** m. Parte de una casa que está inmediatamente debajo del tejado.

**desvanecer** tr. y prnl. Perder el conocimiento, desmayarse.
**desvariado, da** adj. Incoherente, delirante. || Desordenado, fuera de lo normal.
**desvariar** intr. Delirar, decir insensateces.
**desvelar** tr. y prnl. Dejar de tener sueño, hacer que alguien no duerma. || tr. Poner al descubierto.
**desventaja** f. Inferioridad comparativa.
**desventura** f. Infortunio.
**desvergüenza** f. Falta de vergüenza, descaro. || Indecencia, insolencia.
**desviar** tr.y prnl. Separar del rumbo.
**desvirtuar** tr. y prnl. Hacer que una cosa pierda sus características.
**desvivirse** prnl. Preocuparse intensamente por el bien de algo o alguien.
**detallar** tr. Contar o estudiar minuciosamente algo.
**detalle** m. Aspecto, enumeración o lista pormenorizados.
**detectar** tr. Descubrir los síntomas o indicios de algo tras un proceso de búsqueda.
**detective** com. Persona que se dedica a la investigación de hechos privados por cuenta de un afectado.
**detención** f. Freno, dilación, demora. || Privación de libertad por causa de un delito.
**detener** tr. y prnl. Parar. || tr. Obstaculizar la marcha. || Arrestar, encarcelar. || Retener algo.
**detergente** m. Sustancia limpiadora de acción enérgica.
**deteriorar** tr. y prnl. Estropear o degradar algo.
**determinación** f. Energía y resolución en el cometido de un propósito.
**detestable** adj. Odioso en grado sumo.
**detonación** f. Ruido que acompaña una explosión.
**detrás** adv. En la parte posterior.
**detrimento** m. Menoscabo, perjuicio material o moral.
**deuda** f. Obligación de pagar una cantidad de dinero a otra persona o institución. || Cosa o cantidad debida.
**deudor, ra** adj. y s. Que debe.
**devaluación** f. Reducción, por parte del gobierno del valor de una unidad monetaria respecto a las de los demás estados.
**devastar** tr. Arrasar un territorio.
**devolver** tr. Restituir a una persona algo que era suyo. || Corresponder a una ofensa, cortesía, etcétera.
**devorar** tr. Comer un animal a otro. || Arrasar, especialmente el fuego.
**día** m. Intervalo de tiempo definido como una rotación de la Tierra sobre sí misma. || Cada uno de los espacios sucesivos de 24 horas en

que se divide convencionalmente el año.

**diacrítico, ca** adj. Se dice de los signos gráficos que añaden a una letra un valor o unas características especiales, como la tilde, diéresis, circunflejo, etcétera.

**diáfano, na** adj. Que deja pasar la luz. || Nítido.

**diafragma** m. Tabique muscular y tendinoso dispuesto en forma de cúpula que separa el tórax del abdomen. || Membrana que transmite las vibraciones de sonido al amplificador. || Anticonceptivo consistente en un disco de caucho que, introducido en la vagina, obstruye el cuello del útero.

**diagnóstico** (o **diagnosis**) m. Conocimiento de una enfermedad por sus signos y síntomas.

**diagonal** adj. y f. Se dice de la línea recta que en un polígono une dos vértices no consecutivos.

**dialecto** m. Variedad que adopta una lengua dentro de una zona geográfica determinada.

**dialogar** intr. Conversar. || tr. Escribir diálogos.

**diálogo** m. Charla entre dos o más personas. || Género literario en el cual se establece una conversación imaginaria entre varios personajes.

**diámetro** m. Cada eje de la esfera. || Segmento que pasa por el centro del círculo y tiene sus extremos en la circunferencia.

**diana** f. Toque que sirve para despertar a la tropa. || Centro de un blanco de tiro.

**diario, ria** adj. De todos los días. || m. Crónica día a día, especialmente la escrita por el propio interesado, y cuaderno en que se escribe. || Periódico que sale diariamente.

**diarrea** f. Trastorno de la función intestinal que se caracteriza por la profusa emisión de heces, muy pastosas o líquidas.

**dibujar** tr. y prnl. Hacer un dibujo.

**dibujo** m. Representación gráfica basada en líneas, trazos y sombras.

**dicción** f. Palabra. || Modo de hablar o escribir. || Pronunciación.

**diccionario** m. Libro que recoge las palabras y locuciones de un idioma, generalmente sistematizadas en orden alfabético, con la definición del significado, o con su equivalencia en otro idioma.

**diciembre** m. Duodécimo y último mes del año (31 días).

**dictado** m. Acción de dictar. || Lo que se dicta o escribe al dictado.

**dictador, ra** adj. Que dicta, manda u ordena. || Mandón, autoritario.

**dictamen** m. Informe, opinión, sentencia.

**dictar** tr. Escribir algo a medida que otro lo dice o lo lee. || Promulgar, expedir sentencias, leyes, etcétera.

**dicha** f. Felicidad, goce.

**dicho** m. Frase ocurrente, agudeza, refrán.

**didáctico, ca** adj. Relativo a la enseñanza. || f. Parte de la pedagogía que se ocupa de los métodos y técnicas de la docencia.

**diente** m. Cada una de las piezas blancas y duras implantadas en los alveolos de los maxilares y cuya función es la masticación.

**diéresis** f. Signo diacrítico (ü) que colocado sobre la *u* en la sílaba *gue* fuerza la pronunciación de aquélla (*cigüeña*).

**diestro, tra** adj. De la derecha. || f. Mano derecha.

**dieta** f. Tipo o régimen alimenticio adaptado a las necesidades específicas de un paciente, suprimiendo unos alimentos o incluyendo otros.

**diezmar** tr. Sacar o separar el 10%.

**difamar** tr. Propalar noticias que atentan contra la buena forma de algo o alguien.

**diferenciar** tr. y prnl. Distinguir. || Crear diferencias.

**diferente** adj. Distinto. || Original, singular.

**diferir** tr. Aplazar, demorar.

**difícil** adj. Arduo, que requiere mucha atención y trabajo.

**dificultar** tr. Hacer o poner difícil algo. || tr. e intr. Creer de algo que resulta difícil.

**difundir** tr. y prnl. Expandir, especialmente un fluido; propagar. || Propalar, divulgar.

**difunto, ta** adj. y s. Muerto.

**difuso, sa** adj. Extenso. || Impreciso.

**digerir** tr. Efectuar la digestión. || Asumir o asimilar algún acontecimiento o noticia.

**digestión** f. Conjunto de modificaciones fisicoquímicas que experimentan los alimentos después de su ingestión, para ser transformados en sustancias asimilables.

**digital** adj. Relativo a los dedos. || Sistema de codificación numérica usada en informática.

**dígito** m. Cifra.

**dignarse** prnl. Condescender en algo.

**digno, na** adj. Merecedor; apropiado. || Encomiable, meritorio, honesto.

**dilapidar** tr. Derrochar.

**dilatar** tr. y prnl. Aumentar las dimensiones de algo. || Aumentar el volumen de un cuerpo sin alterar su masa. || Prolongar.

**diligencia** f. Trámite, recado, gestión. || Coche de caballos que transportaba pasajeros y correo.

**diligente** adj. Rápido, concienzudo y minucioso en el obrar.

**dilucidar** tr. Esclarecer una cuestión.

**diluir** tr. Disminuir la concentración de una disolución; por extensión, restar concentración a algo. || Disolver.

**diluvio** m. Inundación originada por abundantes lluvias. || Lluvia cuantiosa.

**dimensión** f. Extensión de un segmento (longitud), figura plana (longitud, anchura), o cuerpo (longitud, anchura, altura). || pl. Aspecto, relieve que alcanza una cosa.

**diminutivo, va** adj. Que disminuye o aminora. || adj. y m. Se aplica a la palabra a cuya base léxica se añade un sufijo que presenta al ser, objeto o cualidad como pequeños.

**diminuto, ta** adj. Disminuido, muy pequeño o falto de alguna cosa.

**dinámico, ca** adj. Presuroso, activo, vivaz.

**dinamismo** m. Energía, capacidad para afrontar problemas sin desfallecer.

**dinamita** f. Explosivo a base de trinitroglicerina absorbida en tierra de infusorios o en carbón, nitrato sódico, etcétera.

**dinamitar** tr. Destruir algo con dinamita.

**dinastía** f. Sucesión de monarcas de una misma estirpe.

**dinero** m. Moneda corriente. || Caudal, fortuna.

**dios** m. Ser eterno, omnisciente, omnipotente y omnipresente, creador del universo. || El sumo bien, la máxima aspiración.

**diosa** f. Deidad femenina.

**diploma** m. Documento oficial que establece la posesión de un privilegio, rango o título.

**diplomacia** f. Estudio y práctica de las relaciones internacionales. || Tacto (habilidad).

**diplomático, ca** adj. y s. Funcionario de un Estado especializado en las relaciones de éste con otro Estado o un organismo internacional.

**diptongo** m. Combinación de dos vocales que forman un solo grupo fonético (sílaba) en una palabra.

**diputado, da** m. y f. Quien ha sido elegido para representar a una institución o grupo social.

**dique** m. Muro para contención del agua.

**dirección** f. Conjunto de orientaciones que mueven hacia determinada línea de conducta. || Conjunto de personas o cargos rectores de una empresa o sociedad.

**directo, ta** adj. En línea recta. || Sin paradas ni escalas. || Sin ambages ni rodeos.

**director, ra** adj. y s. Que dirige. || m. y f. Persona que dirige una entidad o actividad.

**dirigente** adj. y com. Que dirige. || com. Responsable conocido de un partido o asociación.

**dirigir** tr. y prnl. Orientar, ir o llevar algo hacia un lugar. || Interpelar oralmente o por escrito. || tr. Conducir. || Mandar, disponer. || Orientar, asesorar.

**disciplina** f. Pautas de conducta que ordenan la actividad de alguien dentro de un grupo. || Cada asignatura de unos estudios. || Cada una de las modalidades de un deporte, especialmente el atletismo.

**disciplinar** tr. Enseñar, educar. || tr. y prnl. Imponer la disciplina.

**discípulo, la** m. y f. Seguidor de las doctrinas de alguien.

**disco** m. Cilindro recto, de altura mínima en relación con el diámetro.

**discordia** f. Desacuerdo, falta de avenencia. || Enemistad. || Pelea.

**discoteca** f. Local donde se baila música de discos. || Colección de discos. || Mueble donde se guardan.

**discreción** f. Prudencia y parquedad de opinión y conducta. || Tino, mesura, tacto.

**discreto, ta** adj. y s. Que tiene o manifiesta discreción. || adj. Moderado.

**discriminar** tr. Separar, discernir, distinguir. || Segregar alegando diferencias raciales, sociales, sexuales, etcétera.

**disculpa** f. Excusa.

**disculpar** tr. y prnl. Alegar pruebas o motivos exculpatorios. || tr. Perdonar, excusar.

**discurso** m. Argumentación, comunicación lógica de ideas; facultad de pensar lógicamente. || Razonamiento, reflexión.

**discutir** tr. Analizar un problema, cuestión, tema, etc., manteniendo cada cual su punto de vista.

**disecar** tr. Seccionar un cadáver, animal o humano, o un vegetal, con objeto de estudiarlo.

**disección** f. Técnica de estudio anatómico que consiste en la separación metódica de tejidos y órganos del cuerpo, con el auxilio de instrumentos cortantes.

**disentir** intr. Discrepar del parecer u opinión de otro.

**diseño** m. Esbozo de un edificio, vestido, etc. || Descripción somera de algo.

**disertar** intr. Hablar ampliamente y con autoridad sobre algo.

**disfraz** m. Artificio con que se encubre algo. || Vestido de máscara utilizado en fiestas y carnavales.

**disfrazar** tr. y prnl. Modificar el aspecto habitual de algo o alguien para que no se le reconozca. || tr. Velar, encubrir los sentimientos.

**disfrutar** intr. y tr. Gozar, experimentar complacencia

**disgustar** tr. y prnl. Desazonar, incomodar. || tr. Provocar mal sabor. || prnl. Enemistarse.

**disgusto** m. Pesadumbre. || Enfado, fastidio. || Desazón, mal sabor.

**disimular** tr. Enmascarar la intención con habilidad. || Aparentar alguien que no se entera de lo que ocurre a su alrededor. || Encubrir lo que se siente.

**dislexia** f. Alteración de la capacidad de reconocer el lenguaje escrito.

**dislocar** tr. y prnl. Sacar algo de su sitio, desquiciar, especialmente un hueso.

**disolvente** adj. y m. Se dice de la sustancia líquida que disuelve a otra.

**disolver** tr. y prnl. Diluir, anular, desbaratar.

**disparar** tr. Hacer que un artefacto o un arma lance un proyectil.

**disparatado, da** adj. Absurdo, desatinado. || Tremendo, desproporcionado.

**disparate** m. Hecho o dicho disparatado. || Barbaridad, dislate.

**disparejo, ja** adj. Dispar, desigual.

**dispendio** m. Gasto desmesurado. || Derroche.

**dispensar** tr. Dar, otorgar, suministrar.

**dispersar** tr. y prnl. Esparcir o desparramar lo que estaba unido. || Romper las filas del enemigo. || tr. Disgregar la atención, el esfuerzo, etcétera.

**displicente** adj. y com. Con arrogante desinterés. || Agrio, malhumorado.

**disponer** tr. y prnl. Concertar, poner en orden. || Decidir o determinar lo que se ha de realizar. || Arreglar, prever. || intr. Tener derecho a usar de los bienes.

**disponible** adj. Que se puede utilizar con prontitud y libremente.

**disposición** f. Capacidad para efectuar algo.

**dispositivo, va** adj. Que dispone. || m. Mecanismo.

**disputar** tr. Polemizar, litigar. || tr. e intr. Competir para conseguir algo.

**distancia** f. Espacio temporal o de lugar entre dos cosas o hechos. || Disparidad entre las cosas.

**distanciar** tr. y prnl. Separar, alejar. || Enemistar a las personas.

**distar** intr. Estar separada una cosa de otra temporal o espacialmente. || Distinguirse en extremo una cosa de otra.

**distinción** f. Cualidad de distinguido. || Privilegio, honra. || Deferencia hacia alguien.

**distinguir** tr. Ver la diferencia existente entre cosas o personas.

**distintivo, va** adj. Que distingue. || adj. y s. Se aplica a la particularidad, a lo que es motivo de distinción. || m. Insignia, señal.

**distorsión** f. Torsión corporal. || Alteración, tergiversación de un hecho o imagen.

**distracción** f. Esparcimiento, diversión.

**distraer** tr. y prnl. Desviar la atención de alguien hacia cosas intrascendentes, divertidas, etcétera.

**distribuidor, ra** adj. y s. Que distribuye.
**distribuir** tr. y prnl. Repartir o disponer de acuerdo con ciertos criterios.
**distrito** m. Subdivisión de una mitad territorial.
**disturbio** m. Alteración de la paz o el orden, especialmente público.
**disuadir** tr. Hacer que alguien deponga una actitud u opinión.
**disyunción** f. Relación entre dos o más cosas, cada una de las cuales excluye a las demás.
**disyuntivo, va** adj. Que desune o separa. || adj. y f. Se dice de las conjunciones que sirven de nexo gramatical en las oraciones disyuntivas.
**diurno, na** adj. Relativo al día.
**divagar** intr. Perderse en digresiones insulsas. || Vagar, deambular.
**divergir** intr. Separarse progresivamente dos o más líneas, superficies o cosas. || Disentir.
**diversidad** f. Variedad, disparidad. || Conjunto, gama de cosas distintas.
**diversificar** tr. Diferenciar para adaptar a distintos usos o funciones.
**diversión** f. Cualquier acto o acontecimiento que divierte. || pl. Conjunto de actividades recreativas o de entretenimiento de una localidad.
**diverso, sa** adj. Distinto, vario.
**divertir** tr. y prnl. Amenizar, distraer, regocijar.
**dividir** tr. y prnl. Hacer partes o porciones de algo. || Repartir algo entre varios. || Clasificar. || Desavenir. || tr. Delimitar, fraccionar. || Efectuar una división.
**divinidad** f. Naturaleza divina; ser divino.
**divinizar** tr. y prnl. Atribuir personalidad divina. || Sacralizar.
**divisar** tr. Atisbar, vislumbrar algo.
**división** f. Cada una de las partes que resultan de dividir algo. || Desunión, desavenencia.
**divo, va** adj. En poesía, divino. || Persona engreída.
**divorciar** tr. y prnl. Llevar a cabo un divorcio. || Desunir.
**divorcio** m. Disolución del matrimonio por ruptura del vínculo y suspensión de la vida en común de los cónyuges, con libertad para contraer nuevo matrimonio. || Separación, divergencia.
**divulgar** tr. Difundir algo al máximo.
**doblado, da** adj. Plegado. || Encorvado.
**doblar** tr. Duplicar la magnitud de algo. || Plegar algo de modo que los pliegues queden igualados. || Bordear, torcer una esquina, un accidente geográfico.
**doble** adj. Que está compuesto por dos cosas iguales o similares.

**doblemente** adv. Por duplicado. || Con mala fe.
**doblez** m. Parte que se dobla de algo, y marca que queda.
**docencia** f. Oficio de enseñar.
**docente** adj. Relativo a la enseñanza. || com. Persona que se dedica a la enseñanza.
**dócil** adj. Flexible, fácil de educar. || Obediente. || Maleable.
**doctor, ra** m. y f. Individuo que ha recibido el máximo grado académico. || Médico.
**doctrina** f. Cuerpo coherente de conocimientos o ideas sobre una materia.
**documentación** f. Serie de material documental recopilado para utilización informativa o investigación.
**documento** m. Escrito con que se fundamenta, avala o acredita algo.
**dodecaedro** m. Poliedro de doce caras.
**dodecasílabo, ba** adj. Con doce sílabas.
**dogma** m. Proposición que es o se presenta como irrecusable.
**dólar** Unidad monetaria de varios países.
**dolencia** f. Enfermedad duradera, achaque.
**doler** intr. Causar dolor, disgusto, etcetera.
**doliente** adj. Enfermizo. || Dolido.
**dolo** m. Engaño premeditado. || Voluntad consciente de producir un acto injusto, sea o no delictivo.
**dolor** m. Sensación penosa y desagradable, de intensidad variable.
**domar** tr. Hacer dócil a un animal salvaje. || Dominar, moderar.
**domesticar** tr. Hacer que un animal se adapte a la compañía del hombre.
**doméstico, ca** adj. Relativo a la casa u hogar. || Se aplica al animal que vive con el hombre. || m. y f. Sirviente.
**domicilio** m. Residencia, vivienda habitual.
**dominar** tr. Someter, domeñar, sojuzgar. || Abarcar. || Ser experto en algo.
**domingo** m. Primer día de la semana, tras el sábado y anterior al lunes.
**dominio** m. Plenitud de facultades que las leyes reconocen al propietario para usar y disponer de una cosa. || Saber amplio sobre una materia.
**don** m. Dádiva, obsequio. || Maña, destreza.
**donación** f. Transferencia de bienes sin contrapartidas para el receptor.
**donde** adv. En un sitio, en el sitio en que, o en el que; en qué sitio o a qué sitio; en función interrogativa, se acentúa: *dónde*.
**doquier** (o **doquiera**) adv. Dondequiera.
**dorado, da** adj. De color de oro o parecido a él.

**dormir** tr. y intr., prnl. Reposar con el sueño, deteniendo toda actividad consciente. || intr. Pernoctar.
**dormitar** intr. Cabecear, adormecerse.
**dormitorio** m. Habitación para dormir.
**dorsal** adj. Del dorso. || Relativo a la espalda.
**dorso** m. Revés de una cosa. || Espalda.
**dosificar** tr. Repartir en dosis un medicamento, o repartir en porciones otra cosa.
**dosis** f. Cantidad preestablecida de un fármaco para lograr el efecto terapéutico.
**dotación** f. Lo que sirve para dotar. || Cantidad de dinero que se asigna a un servicio.
**dragón** m. Animal fabuloso, de cabeza y cuerpo de serpiente, patas con garras y alas.
**drama** m. Representación escénica de un conflicto humano, entre la comedia y la tragedia.
**dramático, ca** adj. Relativo al drama. || Se dice de lo referente al teatro. || f. Arte de componer obras dramáticas, y género de dichas obras.
**drástico, ca** adj. Radical, riguroso.
**drenaje** m. Operación de evacuar las aguas superfluas o perjudiciales de un terreno, y conjunto de las obras que lo posibilitan.
**droga** f. Sustancia, natural o sintética, usada en medicina por sus efectos estimulantes, depresores u obnubiladores. || Sustancia de efectos estimulantes o alucinógenos que crea dependencia (toxicomanía).
**dual** adj. Compuesto por dos partes. || adj. y m. Se dice del número gramatical que expresa la noción de dos.
**dualidad** f. Reunión de dos caracteres opuestos en una persona o cosa. || Circunstancia de existir simultáneamente dos cosas de la misma clase.
**dubitación** f. Duda.
**dúctil** adj. Que presenta ductilidad. || Maleable.
**ducha** f. Chorro de agua, a modo de aspersión, para higiene corporal.
**ducho, cha** adj. Entendido, hábil.
**duda** f. Incertidumbre, suspensión del juicio, sea definitiva o provisional y crítica.
**dudar** intr. Vacilar, no estar seguro de una cosa. || tr. No creer algo.
**duelo** m. Combate entre dos personas, previo desafío. || m. Desconsuelo, tristeza, especialmente por la muerte de una persona.
**duende** m. Espíritu que, según la superstición, vive en ciertos lugares, causando ruidos y trastornos. || Ser fantástico que aparece especialmente en los cuentos de hadas.
**dueño, ña** m. y f. Persona con dominio sobre algo o alguien. || Propietario.

**dulce** adj. De sabor agradable, como el de la miel, el azúcar, etc. || m. Golosina.

**dúo** m. Composición vocal o instrumental para dos intérpretes, y conjunto que la ejecuta.

**duplicado** m. Copia fiel de un original.

**duplicar** tr., y prnl. Doblar, obtener el doble de una cantidad. || Hacer el duplicado de algo.

**duplicidad** f. Doblez, hipocresía. || Calidad de doble.

**duplo, pla** adj. y m. Que contiene una cantidad dos veces.

**duración** f. Intervalo de tiempo entre el inicio y el final de un proceso, fenómeno, etcétera.

**durante** prep. Tiene carácter adverbial; mientras, entretanto.

**durar** intr. Existir un ser como tal durante un cierto tiempo.

**durmiente** adj. y com. Que duerme. || m. Viga horizontal que sirve de sostén a postes o puntales.

**duro, ra** adj. De escasa elasticidad y difícil de deformar. || Estricto, severo. || De poca sensibilidad, impasible. || Resistente, tenaz.

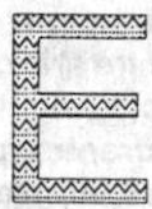

**e** f. Sexta letra del abecedario castellano (E, e) y segunda de sus vocales. || conj. Sustituye a *y* ante palabras que empiezan con el fonema vocálico *i*.

**ebanista** com. Persona que elabora maderas de calidad. || Constructor de muebles.

**ebrio, bria** adj. y s. Embriagado.

**ebullición** f. Hervor.

**eclipse** m. Ocultación transitoria, parcial o total, de un astro, o pérdida de la luz que recibe o refleja, por interposición de otro cuerpo celeste.

**eco** m. Fenómeno debido a la reflexión de las ondas sonoras sobre una superficie; consiste en la repetición reiterada del sonido.

**ecología** f. Ciencia que estudia las relaciones de los organismos con su ambiente orgánico o inorgánico, en un nivel nuevo de integración no contemplado en otras ciencias naturales.

**económico, ca** adj. Barato.

**economizar** tr. Reservar parte del dinero de que se dispone; gastar menos de lo que se puede.

**ecosistema** m. Sistema formado por un conjunto de individuos pertenecientes a distintas especies, que viven en un fragmento de la biosfera definido por una serie de características ambientales.

**ecuación** f. Igualdad entre dos expresiones matemáticas.

**ecuador** m. Círculo imaginario equidistante de los polos que divide la Tierra en dos hemisferios.

**ecuánime** adj. Sereno, inalterable. || Justo, equitativo.

**ecuestre** adj. Relativo al caballero, al caballo, o a la equitación.

**echar,** tr. Lanzar, enviar algo hacia un lugar. || Expulsar de un sitio. || Privar a alguien de un oficio o cargo.

**edad** f. Tiempo que lleva viviendo una persona o animal desde que nació. || Cada etapa de la vida humana. || Época, tiempo.

**edecán** m. Acompañante, persona que trae y lleva cosas.

**edén** m. Paraje grato.

**edición** f. Impresión de una obra o preparación de un escrito para su publicación.

**edificar** tr. Levantar un edificio. || Poner en marcha, fundar.

**edificio** m. Obra de construcción para vivienda, o para fines industriales, culturales o recreativos, etcétera.

**editar** tr. Publicar y difundir libros, folletos, periódicos, discos, etcétera.

**editorial** m. En una publicación, artículo de fondo que aparece sin firma por asumir los editores su contenido. || f. Sociedad mercantil dedicada a la industria del libro.

**educación** f. Modo en que se ha educado una persona.

**educar** tr. Enseñar, instruir. || Formar intelectual y moralmente a una persona.

**efectivo, va** adj. Seguro, real. || m. Dinero en moneda nacional inmediatamente disponible.

**efecto** m. Consecuencia de una causa. || Sensación producida en el ánimo por un hecho, noticia, etc., especialmente si es inesperado.

**efectuar** tr. Realizar, llevar a cabo algo.

**efeméride** f. Conmemoración de un acontecimiento. || Hecho conmemorado; suele usarse en plural.

**eficacia** f. Facultad para realizar algo. || Hecho de ser eficaz una cosa.

**eficaz** adj. Eficiente, idóneo para obrar. || Que consigue lo que se pretendía.

**efímero, ra** adj. De un solo día. || Breve, fugaz.

**egipcio, cia** adj. y s. Relativo a Egipto.

**egoísmo** m. Actitud y sentimiento intensos de preocupación por uno mismo y sus intereses, con minusvaloración de los ajenos.

**egolatría** f. Admiración excesiva hacia uno mismo.

**egresar** tr. Salir de algún sitio.

**eje** m. Pieza cilíndrica, que pasa por el centro de un cuerpo giratorio y le sirve de sostén y guía en el movimiento.

**ejecución** f. Modo de hacer algo.

**ejecutar** tr. Llevar a cabo una tarea. || Ajusticiar. || Desenvolverse bien en algo. || Interpretar una pieza musical.

**ejemplificar** tr. Poner ejemplos para demostrar lo que se dice.

**ejemplo** m. Persona o cosa que sirve de patrón, en sentido positivo o negativo. || Cualquier cosa que se aduce para demostrar algo.

**ejercer** tr. e intr. Realizar lo propio de un oficio, virtud, etcétera.

**ejercicio** m. Práctica para conservar o aumentar alguna facultad, especialmente física.

**ejercitar** tr. Ejercer un arte, oficio, etcétera.
**ejército** m. Conjunto de las fuerzas armadas, especialmente las de tierra y aire de un Estado.
**ejido** m. Terreno comunal de un pueblo, que se usa para reunir el ganado o establecer las eras.
**elaborar** tr. Dar cuerpo a una cosa mediante sucesivas transformaciones.
**elasticidad** f. Propiedad de algunos cuerpos de recobrar su forma primitiva, una vez han sido sometidos a fuerzas comprensivas o tractoras que los deforman.
**elástico, ca** adj. Que tiene elasticidad.
**ele** f. Nombre de la letra *l*.
**elección** f. Opción, libertad de decidirse entre varias alternativas.
**elector, ra** m. y f. Persona con derecho a elegir, y especialmente a votar en unas elecciones políticas.
**electricidad** f. Conjunto de fenómenos derivados del efecto producido por la separación o movimiento de los electrones. || Corriente eléctrica.
**eléctrico, ca** adj. Relativo a la electricidad; que la tiene o la conduce.
**electrocardiograma** m. Representación gráfica de la actividad eléctrica cardiaca detectada a través de electrodos situados en la superficie corporal.
**electrocución** f. Muerte debida al paso de una corriente eléctrica por un organismo.
**electrodoméstico, ca** adj. y m. Se dice de cualquier aparato automático que funciona por electricidad o gas y sirve de auxiliar en las tareas domésticas.
**elegancia** f. Decoro y distinción en el vestir o en el porte. || Mesura y corrección del estilo.
**elegante** adj. y com. Se dice de la persona que viste a la moda, y de la ropa, objetos, etc., conformes a ella. || De gusto sobrio y distinguido.
**elegir** tr. Seleccionar a una persona o cosa para algo. || Designar a alguien por medio de una elección para un puesto.
**elemental** adj. Relativo al elemento. || Básico, esencial.
**elenco** m. Conjunto de actores que integran una compañía, o que aparecen en el reparto de una obra.
**elevación** f. Sitio más alto que lo que lo rodea. || Ensalzamiento material o espiritual. || Éxtasis.
**elevador, ra** adj. y m. Que eleva.
**elevar** tr. y prnl. Levantar algo. || tr. Engrandecer, dar dignidad.
**eliminar** tr. Excluir, desechar.
**elisión** f. Pérdida de un elemento vocálico final de palabra ante la vocal inicial de otra palabra; común en la pronunciación.
**élite** f. Minoría destacada en un campo o actividad determinada.

**elocuencia** f. Arte de expresarse mediante palabras o por escrito, para agradar, convencer, impresionar, etc. || Facultad para persuadir. || Oratoria.

**elogiar** tr. Hacer elogios de algo o alguien.

**eludir** tr. Esquivar, o sortear un problema, deber, etcétera.

**embajada** f. Misión que se delega en alguien, especialmente cerca de un jefe de gobierno.

**embalsamamiento** m. Conjunto de técnicas que evitan la descomposición de un cadáver mediante vaciado visceral e inyección de soluciones antisépticas.

**embarazar** tr. Entorpecer, dificultar. || tr. y prnl. Preñar a una mujer. || Poner en apuros, avergonzar.

**embarazo** m. Proceso y cambios orgánicos implicados por la anidación y gestación de un óvulo fecundado en el útero.

**embarcadero** m. Zona del muelle en que se embarca.

**embarcar** tr. y prnl. Dar entrada a personas, mercancías, etc., en un barco, avión o tren. || Involucrar a alguien en una empresa difícil.

**embargar** tr. Trabar, entorpecer. || Ocupar, absorber. || Retener una cosa merced a un mandato judicial y sujetarla al resultado de un juicio.

**embarque** m. Ingreso de mercancías y personas en un barco, avión o tren.

**embarrar** tr. y prnl. Cubrir de barro u otra sustancia pegajosa.

**embaucar** tr. Engatusar a un bobo o inocente.

**embelesar** tr. Encandilar, pasmar, cautivar.

**embellecer** tr. y prnl. Poner bello, adornar, acicalar.

**embestir** tr. Abalanzarse sobre algo o alguien. || Abordar intempestivamente a alguien.

**emblema** m. Figura u objeto que llevan un lema o una divisa. || Símbolo o atributo de algo.

**embolsar** tr. Introducir algo en una bolsa. || prnl. Obtener dinero por un trabajo, negocio, etc. || Cobrar.

**embonar** tr. Hacer bueno algo, o mejorarlo. || Acoplar, unir. || Sentar bien algo.

**emborrachar** tr. Producir embriaguez. || tr. y prnl. Marear, amodorrar.

**emboscada** f. Trampa, celada.

**emboscar** tr. y prnl. Situar gente en un lugar oculto para un ataque militar por sorpresa. || prnl. Esconderse entre la maleza o la espesura.

**embotar** tr. Entorpecer o alterar algo. || Debilitar o enervar alguna cosa o persona los sentidos, la voluntad, etcétera.

**embriagar** tr. y prnl. Causar o padecer embriaguez. || Amodorrar, entorpecer, extasiar.

**embriaguez** f. Turbación pasajera de las facultades psíquicas y somáticas por la excesiva ingestión de bebidas alcohólicas.

**embrión** m. Primeras fases del desarrollo de un organismo, después de la fecundación o a partir de una célula capaz de dividirse agámicamente.

**embrutecer** tr. y prnl. Rebajar las calidades morales o intelectuales.

**embudo** m. Útil de boca ancha, rematado por un tubo, para trasvasar líquidos.

**embuste** m. Mentira disfrazada.

**eme** f. Nombre de la letra *m*.

**emergencia** f. Asunto que requiere especial atención y urgencia.

**emerger** intr. Salir a la superficie de un líquido. || Surgir, brotar o destacarse de un conjunto.

**emigración** f. Abandono, por parte de un contingente numeroso de individuos, de su lugar normal de residencia, con consecuencias importantes y una cierta duración. Obedece a razones de tipo socioeconómico. || Migración.

**emigrar** intr. Efectuar una emigración. || Trasladarse estacionalmente ciertas especies animales.

**emisario, ria** m. y f. Persona comisionada para abrir unas negociaciones y trasladar las condiciones de éstas.

**emisión** f. Conjunto de cosas emitidas en serie.

**emisor, ra** adj. Que emite. || En lingüística, persona que emite un mensaje (información) destinada a un receptor. || f. Estación que emite ondas electromagnéticas (radio o TV).

**emitir** tr. Expeler, lanzar algo. || Exponer públicamente un criterio o una decisión.

**emoción** f. Estado de ánimo intenso y breve, con sensaciones tales como miedo, amor, ira, alegría, de origen más subjetivo que racional.

**empacho** m. Indigestión, pesadez de estómago.

**empadronar** tr. y prnl. Inscribir en un censo o padrón.

**empalagar** tr., intr. y prnl. Producir hastio un manjar, sobre todo por excesivamente dulzón. || Molestar los modales excesivamente cursis.

**empalizada** f. Cerco hecho con estacas.

**empalmar** tr. Unir o acoplar los extremos de filamentos, tubos, maderos, etc., para alargarlos. || Sucederse dos o más cosas inmediatamente.

**empañar** tr. Poner pañales. || tr. y prnl. Volver ligeramente opaco. || Enturbiar por acción del vaho.

**empapar** tr. y prnl. Impregnar un líquido todos los poros de algo.

**empaquetar** tr. Hacer paquetes. || Guardar cosas en cajas para su transporte.

**emparejar** tr. Formar parejas. || Poner dos cosas al mismo nivel.

**emparentar** intr. Entrar en una familia por matrimonio.

**empastar** tr. Cubrir o rellenar de pasta. || Encuadernar en pasta.

**empatar** tr. y prnl. Igualar en puntos, votos, tantos, etc., dos o más contrincantes u opciones.

**empecinarse** prnl. Ponerse terco.

**empedernido, da** adj. Implacable, insensible. || Que practica con rigor un vicio o costumbre.

**empedrar** tr. Pavimentar con piedras.

**empeine** m. Dorso del pie.

**empeñar** tr. Dejar en prenda algo como aval de un préstamo. || tr. y prnl. Involucrar, comprometer en un asunto o mediación. || Obstinarse, poner todo el empeño.

**empeño** m. Compromiso, autoexigencia || Obstinación por algo, y objeto de dicha obstinación. || Firmeza, tenacidad.

**empeorar** tr. Estropear aún más. || intr. y prnl. Irse malogrando progresivamente.

**empequeñecer** tr. y prnl. Hacer más pequeño o darle menor importancia. || Achicar.

**emperador, triz** m. y f. Soberano de un imperio.

**emperifollar** tr. y prnl. Acicalar, adornar con profusión.

**empero** conj. Pero. || Sin embargo.

**empezar** tr. Comenzar, principiar, iniciar algo.

**empírico, ca** adj. Basado en la experiencia.

**empleado, da** adj. Utilizado. || m. y f. Persona asalariada.

**emplear** tr. Utilizar, servirse de algo o alguien. || tr. y prnl. Dar un empleo o dedicarse a algo.

**empleo** m. Ocupación remunerada.

**empobrecer** tr. Hacer más pobre a alguien o hacer perder la calidad de algo. || intr. y prnl. Quedar reducido al estado de pobreza.

**empolvar** tr. Echar polvo. || tr. y prnl. Esparcir polvos cosméticos sobre piel, cabellos.

**empollar** tr. y prnl. Dar calor las aves con sus cuerpos a los huevos para que nazcan las crías.

**emponzoñar** tr. y prnl. Dar ponzoña a uno o envenenar algo con ella. || Corromper, malformar.

**emporio** m. Ciudad muy rica. || Centro de importancia cultural, científica, etcétera.

**emprendedor, ra** adj. Decidido, que tiene ideas y voluntad para iniciar o desarrollar algo.

**emprender** tr. Iniciar una obra o empresa.

**empresa** f. Acción de emprender, y lo que se emprende; especialmente referido a actividades arriesgadas o difíciles. || Sociedad mercantil o industrial.

**empresario, ria** m. y f. Propietario de una empresa o negocio.

**empujar** tr. Impulsar con fuerza una cosa. || Presionar para conseguir algo.

**empuñar** tr. Coger algo por el puño.
**emular** tr. Tomar ejemplo de otro y actuar como él con afán de superación.
**en** prep. Expresa generalmente la idea de limitación temporal o espacial, duración o permanencia.
**enajenación** f. Embobamiento, despiste.
**enajenar** tr. Delegar en otro la propiedad o el uso de algo. || tr. y prnl. Privar a uno de razón, trastornarlo gravemente.
**enaltecer** tr. y prnl. Exaltar, engrandecer.
**enamorar** tr. y prnl. Despertar la pasión amorosa.
**enano, na** adj. Muy pequeño, diminuto en su género. || m. y f. Persona de muy baja estatura.
**enarbolar** tr. Llevar en alto una enseña, bandera, etc. || fig. Hacer ostentación.
**enardecer** tr. y prnl. Incrementar un afecto, odio, etcétera.
**encabezar** tr. Censar, poner en lista. || Estar el primero o de los primeros en una lista o clasificación. || Guiar, tomar el mando.
**encadenar** tr. Sujetar con cadenas. || Impedir el movimiento a alguien. || tr. y prnl. Enlazar, relacionarse unas cosas con otras.
**encajar** tr. Acoplar, introducir con justeza.
**encaje** m. Acción de encajar una cosa en otra. || Tejido calado hecho con bolillos, ganchillo, o máquina.
**encajonar** tr. Guardar en un cajón.
**encaminar** tr. y prnl. Guiar a alguien o llevarlo a un lugar determinado.
**encandilar** tr. y prnl. Cegar la luz repentina. || Engañar con falsas apariencias; atraer, admirar.
**encanecer** intr. Volverse cano. || Hacerse viejo alguien.
**encantar** tr. Tener poderes mágicos y obrar prodigios con ellos. || Seducir, hechizar.
**encapricharse** prnl. Empecinarse en un deseo poco habitual.
**encarar** intr. y prnl. Colocarse frente por frente con alguien. Enfrentarse, acometer una cuestión.
**encarcelar** tr. Encerrar en prisión.
**encarecer** tr., intr. y prnl. Aumentar el precio de una cosa.
**encargar** tr. y prnl. Delegar, dejar algo a cargo de uno. || tr. Hacer un pedido o enviarlo.
**encargo** m. Recado, encomienda. || Pedido. || Puesto, cargo.
**encariñar** tr. y prnl. Sentir cariño por algo o alguien.
**encarnar** intr. y prnl. Tomar cuerpo, hacerse material un pensamiento, idea, afán, etcétera.
**encarnizado, da** adj. Cruel y sangriento.

**encarrilar** tr. Enderezar una cosa hacia donde se desea. || Ir por el camino recto; conseguir sus propósitos.
**encasillar** tr. Disponer en casillas o guardar en ellas. || Catalogar personas o cosas.
**encauzar** tr. Canalizar el agua por un cauce ya elegido. || Llevar a buen término un asunto.
**encendedor, ra** adj. y s. Que enciende.
**encender** tr. Prender fuego a algo. || Producir ardor o acaloramiento.
**encendido, da** adj. De color rojo ígneo.
**encerar** tr. Aplicar cera a una cosa, especialmente los suelos. || Manchar de cera.
**encerrar** tr. Guardar una cosa en un lugar cerrado. || Aislar a una persona en un sitio del que no puede salir.
**encía** f. Parte de la mucosa bucal que reviste las arcadas alveolares donde están implantados los dientes y que se adhiere al cuello de los mismos.
**enciclopedia** f. Conjunto de todas las ciencias. || Obra en la que se expone gran número de saberes humanos.
**encima** adv. Designa un sitio o posición superior con respecto a otro inferior.
**encimar** tr. e intr. Colocar algo en alto.
**encinta** adj. Embarazada, preñada.
**enclaustrar** tr. y prnl. Recluir en un claustro. || Encerrarse voluntariamente por motivo de estudios, trabajo, etcétera.
**enclenque** adj. y s. Débil, raquítico.
**encoger** tr. y prnl. Contraer el cuerpo o un miembro de éste. || Achicar, amedrentar. || intr. y prnl. Hacerse más pequeña una tela al mojarse.
**encolerizar** tr. y prnl. Enojar, poner fuera de sí.
**encomendar** tr. Delegar en una persona el cuidado o la custodia de algo o alguien. || Encargar. || prnl. Ponerse bajo la protección o el amparo de alguien.
**encomienda** f. Encargo. || Protección, tutela.
**enconar** tr. y prnl. Inflamarse una herida. || Encolerizar, desquiciar en una pelea. ||Ensañarse con algo o alguien.
**encono** m. Resentimiento, antipatía.
**encontrar** tr. y prnl. Dar con algo o alguien. || Hallar, juzgar. || intr. Chocar o topar dos o más personas o cosas.
**encrespar** tr. y prnl. Ensortijar el pelo. || Enfadar, enojar.
**encrucijada** f. Sitio donde arrancan varios caminos o calles. || Apuro, conflicto.
**encuadernación** f. Conjunto de las tapas de un libro. || Forma de en-

cuadernar un libro. || Taller donde se efectúa la encuadernación.

**encuadernar** tr. Reunir, pegar y coser diversos pliegues u hojas, y colocarles tapas.

**encuadrar** tr. Enmarcar una pintura, fotografía, etc. || Ajustar, acoplar. || Centrar una imagen fotográfica.

**encubrir** tr. y prnl. Ocultar, esconder. || Evitar que una cosa se sepa.

**encuentro** m. Choque entre dos o más cosas. || Contradicción, pugna. || Entrevista. || Confrontación deportiva. || Hallazgo.

**encuesta** f. Sondeo, averiguación. || Serie de preguntas que se formulan a un número determinado de personas para recoger los estados de opinión y reflejarlos mediante estadísticas.

**encumbrar** tr. y prnl. Elevar, subir.

**enchufar** tr. e intr. Acoplar dos tubos o piezas similares. || Introducir la clavija de un enchufe en la pieza hembra.

**enchufe** m. Trozo de un tubo o pieza similar que penetra en otro. || Dispositivo mediante el cual se conecta un aparato eléctrico a la red.

**ende,** *por* fr. adv. Por tanto.

**endeble** adj. Enclenque. || De poco o ningún contenido.

**enderezar** tr. y prnl. Hacer que lo torcido se ponga derecho.

**endeudarse** prnl. Adquirir deudas.

**endiablado, da** adj. Deforme, hecho un adefesio.

**endocrino, na** adj. Relativo a la secreción interna.

**endosar** tr. Transferir una letra, cheque, etc. a otro.

**endulzar** tr. y prnl. Volver dulce una cosa. || Atenuar un trabajo, carga, pena, etcétera.

**endurecer** tr. y prnl. Volver duro algo. || Curtir, fortalecer. || Hacer insensible a alguien.

**ene** f. Nombre de la letra *n*.

**eneasílabo, ba** adj. y m. De nueve sílabas.

**enemigo, ga** adj. Hostil, opuesto. || m. y f. Persona que odia o perjudica a otra.

**enemistad** f. Desavenencia entre dos o más personas.

**energético, ca** adj. Relativo a la energía.

**energía** f. Facultad o poder para realizar algo, o desencadenar un proceso. || Fuerza, vitalidad.

**energúmeno, na** m. y f. Persona colérica, que grita en demasía.

**enero** m. Primer mes del año (31 días).

**enervar** tr. y prnl. Debilitar.

**enésimo, ma** adj. Se dice del número indeterminado de veces que se repite una cosa.

**enfadar** tr. y prnl. Ocasionar enojo, molestar.

**enfado** m. Impresión de molestia o desagrado. || Ira, enojo.
**énfasis** m. Cualquier sistema que se utilice para resaltar lo que se dice.
**enfermar** intr. Adquirir una enfermedad. || Menoscabar, debilitar.
**enfermedad** f. Conjunto de fenómenos (signos y síntomas) que el organismo opone a toda acción morbosa que tienda a perturbar su estado fisiológico.
**enfilar** tr. Formar una fila. || Llevar algo o alguien la dirección de otra cosa o persona.
**enfisema** m. Infiltración gaseosa por accidente en un tejido.
**enflaquecer** tr. Hacer que alguien se vuelva flaco. || Disminuir las fuerzas. || intr. y prnl. Adelgazar.
**enfrentar** tr., intr. y prnl. Poner una cosa o persona frente a otra. || Confrontar. || tr. y prnl. Arrostrar, oponer.
**enfrente** adv. A la parte opuesta, delante. || Frente a, en contra.
**enfriar** tr., intr. y prnl. Hacer que algo se vuelva más frío.
**enfurecer** tr. y prnl. Enojar, encolerizar.
**engalanar** tr. y prnl. Adornar, poner adornos.
**enganchar** tr., intr. y prnl. Asir una cosa con un gancho o prenderla de él.
**engañar** tr. Incitar a alguien a creer lo que no es cierto. || Ilusionar o desorientar con falsas apariencias. || Distraer, entretener.
**engatusar** tr. Convencer a alguien con arrumacos y halagos, para obtener algo deseado.
**engendrar** tr. Fecundar, perpetuar la especie. || tr. y prnl. Originar, producirse.
**engendro** m. Feto. || Criatura que nace con alguna malformación.
**englobar** tr. Abarcar un conjunto diversas cosas, incluir algo en él.
**engomar** tr. Extender goma sobre algo.
**engordar** tr. Cebar, volver gordo.
**engrandecer** tr. y prnl. Acrecentar algo. || Adular con desmesura.
**engreír** tr. y prnl. Ensoberbecer, infatuar.
**engrosar** tr. y prnl. Aumentar el grosor de algo. || Acrecentar en número o caudal. || intr. Engordar.
**engrudo** m. Masa de harina o almidón cocidos que se usa como pegamento.
**engullir** tr. e intr. Tragar con avidez.
**enhebrar** tr. Enfilar la hebra por el ojo de la aguja.
**enhorabuena** f. Parabién, pláceme. || adv. Con dicha o placer.
**enigma** f. Adivinanza, acertijo. || Misterio, asunto de difícil comprensión.
**enigmático, ca** adj. Que contiene enigma. || Incomprensible, misterioso.

**enjambre** m. Colonia de abejas con su reina. || Muchedumbre, abigarramiento de personas o cosas.
**enjoyar** tr. y prnl. Engalanar con joyas. || Embellecer, adornar.
**enjuagar** tr. y prnl. Limpiar la cavidad bucal con agua u otro líquido apropiado. || tr. Aclarar con agua las cosas previamente enjabonadas.
**enjugar** tr. Eliminar la humedad de algo, secarlo. || tr. y prnl. Limpiar los humores del cuerpo.
**enjuiciar** tr. Someter una cuestión a discusión y juicio. || Instruir un proceso. || Dictaminar.
**enlace** m. Concatenación, nexo. || Nupcias.
**enlatar** tr. Introducir algo en latas.
**enlazar** tr. Sujetar con lazos. || Vincular, ligar cosas o ideas entre sí. || Atrapar un animal con lazo.
**enlodar** tr. y prnl. Manchar con lodo o cubrir algo de lodo. || Envilecer, mancillar.
**enloquecer** tr. Trastornar el juicio a alguien. || intr. Perturbarse mentalmente.
**enlutar** tr. y prnl. Vestir de luto. || Apesadumbrar, consternar.
**enmarañar** tr. y prnl. Embrollar, enredar. || Complicar un asunto, negocio, etcétera.
**enmascarar** tr. y prnl. Ocultar, tapar el rostro con máscara.
**enmendar** tr. y prnl. Corregir, eliminar errores o defectos.
**enmudecer** tr. Hacer guardar silencio. || intr. Quedar sin habla. || Callar cuando se debería hablar.
**enojar** tr. y prnl. Irritar, provocar enojo. || prnl. Molestarse, enfurecerse.
**enojo** m. Enfado, animadversión. || Dificultad, molestia.
**enorgullecer** tr. y prnl. Henchir de orgullo.
**enorme** adj. Desmesurado, exorbitante. || Maligno.
**enrarecer** tr. y prnl. Perder densidad un gas. || tr., intr. y prnl. Hacer rara o escasa una cosa.
**enredar** tr. Atrapar con red. || Disponer las redes para cazar. || Enmarañar, malquistar. || Involucrar a alguien, liarlo.
**enredo** m. Confusión, revoltijo de hilos o cosas similares. || Chisme, cizaña.
**enrejado, da** adj. Con rejas.
**enriquecer** tr. y prnl. Hacer rico. || Ornar, ennoblecer. || intr. Llegar a ser rico.
**enrolar** tr. y prnl. Asentar en el rol o lista de tripulantes de un buque mercante. || prnl. Alistarse en filas, en un partido, etcétera.
**enroscar** tr. y prnl. Retorcer, dar forma de rosca.
**ensalada** f. Revoltijo de vegetales, cortados y crudos, de composición variada. || Mezcla de cosas diversas.
**ensalzar** tr. Encumbrar, enaltecer. || tr. y prnl. Aclamar, alabar.

**ensanchar** tr. y prnl. Ampliar una cosa, hacerla más ancha.
**ensangrentar** tr. y prnl. Manchar o empapar de sangre. || Ocasionar derramamiento de sangre.
**ensartar** tr. Pasar por un hilo o alambre perlas, cuentas, etc. || Enhebrar.
**ensayar** tr. Experimentar una cosa antes de utilizarla o aplicarla. || Adiestrar a alguien en una cosa. || Probar repetidas veces una representación teatral, concierto, etcétera.
**ensayo** m. Género literario que consiste en una tesis defendida metódicamente a lo largo de una exposición racional pero sin pretensiones de ciencia. || Prueba para fijar las cualidades de un material o establecer sus aplicaciones técnicas.
**enseguida** adv. En seguida.
**enseña** f. Bandera, insignia.
**enseñanza** f. Conjunto de normas y disciplinas que se imparten en una escuela.
**enseñar** tr. Adiestrar, hacer que uno aprenda los conocimientos esenciales de una materia, técnica, etc. || Señalar, indicar.
**enseres** m. pl. Efectos propios de una casa o profesión.
**ensimismarse** prnl. Estar totalmente absorbido por una actividad.
**ensombrecer** tr. y prnl. Poner sombras. || Apenar, afligirse.
**ensordecer** tr. Volver sordo a alguien. || Perder la audición temporalmente a causa de un estampido, ruido fuerte, etcétera.
**ensuciar** tr. y prnl. Cubrir de manchas o suciedad una cosa.
**ensueño** m. Sueño que se produce en la mente de una persona dormida. || Fantasía, quimera.
**entablillar** tr. Inmovilizar con tablillas y vendas un hueso fracturado.
**entender** tr. Asimilar las ideas; tenerlas precisas y claras.
**entendimiento** m. Inteligencia o facultad de conocimiento intelectual. || Juicio, seso.
**enterar** tr. y prnl. Informar.
**entereza** f. Integridad, plenitud. || Equidad, imparcialidad. || Energía, fortaleza.
**enternecer** tr. y prnl. Volver tierno algo. || Ablandar, emocionar.
**entero, ra** adj. Íntegro, ecuánime.
**enterrar** tr. Meter en tierra. || Inhumar un cadáver.
**entibiar** tr. y prnl. Hacer que un liquido se ponga tibio.
**entidad** f. Esencia de algo. || Objeto concreto. || Alcance o valor de algo.
**entierro** m. Sepelio y su séquito.
**entonar** tr. e intr. Cantar o tocar una nota en su tono justo, sin desafinar.
**entonces** adv. En aquel momento u oportunidad. || En tal caso.

**entorno** m. Ambiente social, familiar, etcétera.
**entrada** f. Lugar por donde se entra. || Acogida, admisión. || Reunión de personas congregadas en un espectáculo. || Lo que se obtiene de una función. || Billete para asistir a un espectáculo, museo, etcétera.
**entrambos, bas** adj. pl. Ambos.
**entraña** f. Cada órgano de las cavidades torácica o abdominal. || Meollo, esencia de algo.
**entrañable** adj. Cordial, muy íntimo.
**entrar** intr. Ir o pasar de fuera adentro. || Pasar por un sitio para adentrarse en otro. || Introducir o encajar una cosa en otra. || Tener acceso. || Ingresar en una empresa, sociedad, etcétera.
**entre** prep. Expresa la situación en medio de dos cosas, acciones, personas, etcétera.
**entregar** tr. Depositar en manos de otro.
**entremés** m. Plato ligero y variado que se sirve al principio de las comidas. || Pieza escénica breve, jocosa, probablemente aparecida en el siglo xv, que se intercala entre los actos de una representación.
**entrenador, ra** adj. Que entrena. || m. y f. Persona que se dedica a preparar técnica y tácticamente a un deportista o equipo.
**entrenamiento** m. Aprendizaje práctico, para adquirir determinado hábito profesional.
**entrenar** tr. y prnl. Ejercitar a alguien en la práctica de un deporte.
**entresacar** tr. Extraer o seleccionar cosas de entre otras.
**entretanto** adv. Entre tanto. || Mientras. || m. Intervalo.
**entretener** tr. y prnl. Retener a alguien. || Hacer algo más soportable. || Demorar el curso de un asunto.
**entrever** tr. Vislumbrar una cosa. || Sospechar, imaginar.
**entrevista** f. Encuentro de dos o más personas para tratar sobre algo.
**entrevistar** tr. Mantener una conversación con alguien, a fin de hacer públicas sus opiniones.
**entristecer** tr. Provocar tristeza. || prnl. Apenarse, afligirse.
**entrometido, da** adj. y s. Se aplica a la persona que se inmiscuye en lo que no le importa.
**entusiasmar** tr. y prnl. Comunicar entusiasmo. || Agradar mucho algo o alguien.
**entusiasmo** m. Estado de excitación espiritual. || Pasión, frenesí.
**enumeración** f. Especificación sintética y ordenada de todos los aspectos de algo. || Relación numerada de las cosas.
**enumerar** tr. Realizar una enumeración.
**enunciado** m. Palabras con las que se enuncia lo que va a exponerse. || Discurso, texto.
**enunciar** tr. Expresar algo de manera resumida y concreta.

**envanecer** tr. y prnl. Producir orgullo o soberbia.
**envase** m. Recipiente para la conservación de líquidos y graneles.
**envejecer** intr. y prnl. Volverse viejo o pasado de moda.
**envenenar** tr. y prnl. Intoxicar o matar con veneno.
**enviar** tr. Mandar a alguien a algún sitio. || Comisionar. || Dirigir, remitir.
**envidia** f. Desazón y malestar del bien ajeno. || Impulso de emulación.
**envilecer** tr. y prnl. Degradar, degenerar.
**enviudar** intr. Quedar viudo.
**envoltorio** m. Lío, paquete. || Cubierta con que se envuelve algo.
**envolver** tr. Ceñir algo o a alguien con un material flexible.
**enyesar** tr. Revestir o allanar con yeso. || Inmovilizar la fractura de un miembro con una venda endurecida con yeso.
**eñe** f. Nombre de la letra *ñ*.
**épica** f. Se aplica a la poesía o literatura en la que se relatan hazañas o hechos heroicos.
**epicentro** m. Zona de la superficie terrestre a la que llegan las ondas sísmicas procedentes del hipocentro, en un recorrido vertical.
**epidemia** f. Aumento importante en un territorio y momento determinados del número de personas afectadas por una enfermedad infecciosa.
**epidermis** f. Capa más externa de la piel de los animales, en contacto con la dermis.
**epigrama** m. Inscripción, especialmente la funeraria. || Poema breve de tono mordaz.
**epílogo** m. Última parte de un discurso, novela o pieza teatral, en la cual se recapitula lo ya dicho. || Resumen o compendio de cualquier cosa.
**episodio** m. Narración o escena de una obra literaria que no está directamente ligada a su núcleo. || Hecho que se relaciona con otros, con los cuales forma un todo.
**epístola** f. Carta remitida a un ausente. || Carta, especialmente poética, cuyo fin es moralizar o satirizar.
**epitafio** m. Inscripción en un sepulcro.
**epíteto** m. Adjetivo que resalta las cualidades inherentes de un sustantivo.
**época** f. Periodo de tiempo caracterizado por una personalidad o acontecimiento, que se toma como referencia temporal.
**epopeya** f. Poema extenso que narra hazañas a la vez de un héroe y nacionales.
**equidad** f. Ponderación, objetividad. || Inclinación a actuar en justicia según criterios morales y de forma matizada.
**equilátero, ra** adj. Se aplica a las figuras y cuerpos cuyos lados son iguales entre sí.

**equilibrar** tr. y prnl. Poner en equilibrio. || Compensar. || tr. Mantener la correspondencia que existe entre dos o más cosas.

**equilibrio** m. Correlación armoniosa entre diversas cosas o entre las partes de un todo. || Mesura, cordura. || Salud mental.

**equino, na** adj. Relativo al caballo.

**equinoccio** m. El e. de primavera o vernal es la intersección que cruza el Sol hacia el 21 de marzo; el e. otoñal indica el punto de cruce, hacia el 23 de septiembre.

**equipaje** m. Conjunto de bultos y maletas que se llevan en un viaje.

**equipar** tr. Proveer a una nave de tripulación, de lo necesario para su sustento y de lo preciso para cumplir sus fines.

**equipo** m. Conjunto de ropas, instrumentos, etc., que se utilizan en un trabajo o en la práctica de un deporte. || Grupo de personas que solidariamente se encargan de un trabajo.

**equis** f. Nombre de la letra *x*, y del signo de la incógnita en matemática.

**equitación** f. Arte de montar a caballo.

**equivocar** tr. y prnl. Deducir algo erróneamente o interpretarlo de forma equivocada.

**equívoco, ca** adj. Que puede interpretarse de forma incorrecta. || Ambiguo, sin definir.

**era** f. Hecho, real o mítico, que se usa como partida para el cómputo de una sucesión. || Cada uno de los grandes periodos temporales en que se divide la historia de la Tierra en función de una serie de acontecimientos geológicos y paleontológicos.

**ere** f. Nombre de la letra *r* en su sonido muy suave.

**erección** f. Acción y efecto de levantar, ponerse rígido.

**erguir** tr. Poner y mantener derecha, alzada, una cosa, especialmente la cabeza o el cuerpo. || prnl. Levantarse, ponerse en pie.

**erigir** tr. Edificar, fundar, establecer.

**ermitaño, ña** m. y f. Persona que tiene a su cargo una ermita. || Solitario, aislado de la sociedad.

**erosión** f. Conjunto de fenómenos que disgregan y modifican las estructuras superficiales o relieve de la corteza terrestre.

**erótico, ca** adj. Relativo al amor. || Que es excitante.

**erotismo** m. Cualidad de erótico. || Amor sensual.

**erradicar** tr. Extirpar de raíz.

**errante** adj. Nómada, que vagabundea.

**errar** tr. e intr. Fallar, no acertar.

**errata** f. Error en la impresión de un texto o en la composición de un manuscrito.

**erre** f. Nombre de la letra *r* cuando su sonido es vibrante múltiple.

**error** m. Equivocación o falsedad. || Acto desacertado o sin tino.
**eructar** intr. Liberar por la boca de forma ruidosa los gases del estómago.
**erudición** f. Cultura vasta y profunda en el campo del humanismo.
**erupción** f. Emisión, más o menos violenta, de materiales sólidos, líquidos y gaseosos a través de aberturas de la corteza terrestre que ponen en comunicación el magma con la superficie.
**esbelto, ta** adj. De figura alta y delgada.
**esbozo** m. Lo que está todavía sin desarrollar.
**escabullirse** prnl. Deslizarse algo de entre las manos. || Escaparse uno de un lugar o grupo, sin que los otros lo noten.
**escalafón** m. Clasificación de los miembros de un cuerpo, entidad, oficina, etc., según su rango y antigüedad.
**escalar** tr. Alcanzar un lugar por medio de escalas. || Ascender, subir por una montaña hasta la cúspide.
**escaleno** adj. y m. Se dice de un tipo de triángulo cuyos lados son todos desiguales.
**escalera** f. Parte de un edificio, que con una serie de escalones, permite la comunicación entre los distintos pisos o niveles.
**escalofriante** adj. Que produce escalofríos de miedo o de admiración, impresionante.
**escalofrío** m. Estremecimiento corporal involuntario y sensación de frío por cambios bruscos en la temperatura ambiente, inicio de un proceso febril o sensación psíquica muy intensa.
**escalón** m. Peldaño. || Rango, lugar que se asciende en un empleo.
**escama** f. Cada uno de los elementos que recubren el tegumento de peces y reptiles, producidos por la dermis o por la epidermis.
**escandalizar** tr. Causar escándalo. || intr. Armar barullo.
**escándalo** m. Comportamiento, creencia, dicho, etc., que, siendo éticamente inocuo, es motivo de indignación o rechazo por parte de ciertos sectores de la sociedad.
**escandinavo, va** adj. Nativo de Escandinavia.
**escapar** tr. Huir, evadirse.
**escaparate** m. Armario con vidrieras en que las tiendas, almacenes, etc., exponen sus artículos al público. || Vitrina.
**escarbar** tr. Rascar la tierra con las extremidades profundizando algo en ella. || Investigar lo oculto.
**escarcha** f. Pequeños cristales de hielo que se forman en la superficie terrestre en noches frías por sublimación del vapor de agua atmosférico.

**escarmentar** tr. Aplicar un correctivo severo para evitar la reincidencia.
**escarmiento** m. Experiencia negativa o dolorosa que impide incurrir de nuevo en lo que la provocó. || Castigo.
**escarnecer** tr. Poner en evidencia a alguien para burlarse de él.
**escasamente** adv. Con escasez. || A duras penas, dificultosamente.
**escasear** tr. Dar poco o con dificultad. || Moderar el gasto o el uso.
**escasez** f. Carencia parcial de lo necesario para un fin.
**escatimar** tr. Recortar al mínimo necesario.
**escena** f. Espacio en el que se representa una obra teatral. || Cada fragmento en que se divide un acto teatral, delimitado por cada entrada o salida de uno o varios actores.
**escenario** m. Parte del teatro acondicionada para poder representar un espectáculo.
**escenificar** tr. Adaptar un texto, un suceso, etc., para realizar su representación dramática, indicando los movimientos de los actores, los diálogos, etcétera.
**escenografía** f. Técnica de montar o poner en escena una obra teatral.
**escéptico, ca** adj. y s. Se dice de quien duda de la existencia de cualquier verdad absoluta.
**esclarecer** tr. Iluminar, dar brillo a algo. || Resolver, descubrir una trama, asunto, etcétera.
**esclavitud** f. Régimen, generalmente jurídico, en que se encuentran aquellas personas que, por diversas razones, son privadas de cualquier derecho sobre su existencia y sometidas al arbitrio de un dueño, que se beneficia en exclusiva de su trabajo.
**esclavizar** tr. Sujetar a esclavitud.
**escoba** f. Haz de ramas flexibles o de filamentos plásticos, atado por un extremo o sujeto a un palo, que sirve para barrer.
**escocés, sa** adj. y s. De Escocia.
**escoger** tr. Tomar alguna cosa de entre otras. || Elegir.
**escolar** adj. Relativo al estudiante o a la escuela.
**escolaridad** f. Tiempo durante el cual un estudiante cursa sus estudios.
**escolta** f. Acompañamiento que se hace a una persona relevante para protegerla, enaltecerla o adularla.
**escombro** m. pl. Cascotes y desechos de un edificio derruido, o de una obra de albañilería.
**esconder** tr. y prnl. Retirar algo de la vista con ánimo de ocultarlo. Ocultar una cosa de otra. || No dejar entrever o traslucir.
**escribir** tr. Representar el sonido de las palabras por medio de signos

gráficos convencionales. || Plasmar ideas, sentimientos, etc., en grafismos.

**escritorio** m. Mueble con una tabla sobre la que se escribe y varios departamentos o cajones.

**escritura** f. Representación gráfica de un lenguaje oral. || Forma, modo de escribir.

**escrúpulo** m. Sensación poco meditada de rechazo hacia algo por presumirlo inconveniente o falto de bondad.

**escrupuloso, sa** adj. y s. Propenso a tener escrúpulos, remilgado. || Meticuloso, serio en sus obligaciones.

**escrutar** tr. Investigar, analizar con cuidado.

**escuadra** f. Útil en forma de triángulo rectángulo que ayuda al dibujo de líneas o ángulos rectos.

**escuchar** intr. Disponer el oído para oír. || tr. Atender a lo que se oye, prestar atención.

**escudar** tr. y prnl. Cubrir, proteger con el escudo. || Amparar a uno, defenderlo.

**escudo** m. Antigua arma defensiva que se llevaba en el brazo contrario al que manejaba la espada o la lanza.

**escudriñar** tr. Investigar, observar pormenorizadamente una cosa o asunto.

**escuela** f. Establecimiento, público o privado, dedicado a la enseñanza. || Conjunto de profesores y alumnos de una misma materia.

**escueto, ta** adj. Breve, preciso.

**esculcar** tr. Averiguar algo con sigilo. || Escudriñar.

**esculpir** tr. Tallar una piedra, madera o metal para conseguir una figura.

**escultura** f. Arte de esculpir y modelar materiales duros o blandos, reproduciendo objetos o figuras. || Estatua.

**escultural** adj. Relativo a la escultura, o que se la semeja por perfección y belleza.

**escupir** intr. Proyectar saliva desde la boca.

**escurridizo, za** adj. Que resbala, se escurre. || Que hace resbalar o escurrirse. || Hábil para no comprometerse o manifestarse.

**escurridor, ra** m. y f. Escurreplatos o cualquier útil usado para escurrir.

**escurrir** tr. Aprovechar los restos de un líquido que quedan en el recipiente. || tr. y prnl. Hacer que algo empapado desprenda el agua.

**esdrújulo, la** adj. y s. Se dice de la voz cuya sílaba tónica es la antepenúltima.

**ese** f. Denominación de la letra *s*.

**esencia** f. Naturaleza de una cosa considerada independiente de su existencia.

**esencial** adj. Principal, necesario.

**esfera** f. Cuerpo limitado por una superficie curva. || Ámbito en el que se realizan o notan los efectos de la actividad de algo o de alguien.

**esférico, ca** adj. Perteneciente a la esfera o que tiene su forma.

**esfinge** f. Ser fantástico con cabeza de mujer, cuerpo de león y alas de ave.

**esforzar** tr. Conferir fuerza. || Alentar, dar ánimos.

**esfuerzo** m. Despliegue de fuerzas físicas para vencer un obstáculo o resistencia. || Brío, denuedo, intrepidez.

**esfumar** tr. Difuminar los contornos del dibujo o pintura.

**esgrimir** tr. Empuñar un arma blanca u objeto similar en actitud de ataque. || Valerse de algo como medio para conseguir un fin.

**eslabón** m. Pieza metálica o de otros materiales que, unida a otras, forma una cadena.

**eslogan** m. Frase publicitaria concisa y directa.

**esmalte** m. Pasta obtenida al fundir vidrio coloreado por óxidos metálicos. Se aplica a la cerámica, porcelana y especialmente al metal.

**esmerar** tr. Limpiar, bruñir. || prnl. Poner mucho esmero en lo que se hace.

**esmero** m. Cuidado especial con que se hace algo.

**esnob** adj. y com. Se dice de la persona que, por afectación, adopta modas y hábitos que no ha asimilado.

**esófago** m. Conducto del aparato digestivo que une la faringe con el estómago.

**esotérico, ca** adj. Secreto, reservado.

**espacial** adj. Relativo al espacio.

**espaciar** tr. Establecer separación espacial o temporal entre las cosas. || Extender, dilatar.

**espacio** m. Medio universal donde se sitúan todos los cuerpos físicos.

**espalda** f. Parte posterior del cuerpo comprendida entre los hombros y la cintura; en los animales, equivale al lomo.

**espantajo** m. Muñeco u objeto que se coloca en un lugar para espantar a los pájaros, especialmente en los sembrados.

**espantar** tr. Provocar espanto. || Hacer que una persona o animal se aleje de un lugar. || prnl. Aterrarse, amedrentarse.

**espanto** m. Pánico, susto.

**español, la** adj. y s. De España. || m. Nombre que recibe también la lengua castellana.

**esparcimiento** m. Entretenimiento, ocio.

**esparcir** tr. y prnl. Extender o diseminar lo que está junto o apilado. || Propagar un acontecimiento, novedad, etcétera.

**espátula** f. Utensilio formado por una lámina flexible y afilada, con o sin mango.
**especial** adj. Singular, individual. || Idóneo para algo.
**especie** f. Grupo de cosas o personas que, por poseer las características esenciales comunes, permiten su unificación dentro de un conjunto.
**especificar** tr. Explicar singularmente, o precisar una cosa.
**espécimen** m. Modelo, ejemplar.
**espectáculo** m. Representación o entretenimiento público. || Panorama capaz de atraer la atención. || Hecho que provoca escándalo o asombro.
**espectador, ra** adj. Que observa. || adj. y s. Que concurre a un espectáculo.
**espectro** m. Imagen o visión fantasmagórica.
**especular** tr. Observar, mirar atentamente. || tr. e intr. Reflexionar, cavilar.
**espejismo** m. Ilusión óptica, debida a la refracción de la luz en la atmósfera.
**espejo** m. Superficie metálica pulimentada o superficie de vidrio, recubierta de un depósito metálico que refleja la luz con muy poca difusión.
**esperanza** f. Seguridad que se tiene en que se realice una cosa deseada.
**esperar** tr. Confiar en lograr lo que se anhela. || Aguardar a alguien o algo.
**esperma** m. Semen.
**espesar** tr. y prnl. Dar consistencia a un liqudo.
**espesura** f. Terreno lleno de plantas y maleza.
**espía** com. Que se dedica a espiar.
**espiar** tr. Atisbar, escuchar o vigilar con disimulo lo que otros hacen.
**espina** f. Pincho, astilla puntiaguda.
**espinazo** m. Columna vertebral.
**espinilla** f. Borde anterior de la tibia.
**espiral** adj. De forma de espiral. || De forma helicoidal o compuesto de espiras.
**espíritu** m. Energía que impulsa a actuar. || Ánimo, valor, aliento.
**espléndido, da** adj. Magnífico, maravilloso.
**esplendor** m. Brillo. || Auge, culminación.
**espolón** m. Saliente óseo dispuesto en las extremidades de algunos animales y que tiene carácter defensivo.
**espolvorear** tr. Desparramar polvo sobre algo.
**esponja** f. Cuerpo que por su flexibilidad o porosidad se emplea como objeto de limpieza.
**espontaneidad** f. Naturalidad, franqueza.

**espontáneo, a** adj. Automático, sin control.
**esporádico, ca** adj. Que ocurre aislada y aleatoriamente, y por lo general desprovisto de significación.
**esposo, sa** m. y f. Persona que ha contraído matrimonio.
**espuma** f. Conjunto de burbujas más o menos apiñadas que aparece en una superficie líquida.
**esquela** f. Aviso impreso en que se comunica, de manera privada o en los periódicos, la defunción de una persona.
**esqueleto** m. Conjunto de huesos que sirven de armazón al cuerpo de los vertebrados. || Armazón, bosquejo o esquema de algo.
**esquema** m. Representación gráfica de la estructura y características principales de algo.
**esquí** m. Tabla larga y plana que, a modo de patín, sirve para deslizarse por la nieve o el agua.
**esquilar** tr. Cortar el pelo o lana de los animales.
**esquina** f. Arista formada por la convergencia de dos caras de una cosa, especialmente dos paredes de un edificio.
**esquivo, va** adj. Arisco, hosco, retraído.
**estabilizar** tr. y prnl. Poner algo o a alguien en una posición (material, psicológica, etc.) que le permita mantenerse en equilibrio.
**estable** adj. Duradero, invariable, permanente.
**establecer** tr. Instalar, fundar. || Fijar, mandar.
**establo** m. Sitio techado para encerrar el ganado.
**estaca** f. Palo puntiagudo por un extremo apto para ser clavado.
**estación** f. Situación presente de algo. || Cada una de las cuatro divisiones del año (primavera, verano, otoño, invierno). || Tiempo, época. Lugar de parada del transporte público (ferrocarril, autobús, metro, etc.), e instalaciones pertinentes para venta de billetes, trasvase viario o de vehículos, etcétera. || Emisora de radio o TV.
**estacionar** tr. y prnl. Dejar, colocar en un sitio un vehículo durante un tiempo. || prnl. Pararse, permanecer estancado.
**estadio** m. Instalación deportiva de grandes dimensiones, con graderías para espectadores.
**estadística** f. Sucesión numérica de datos sobre un tema; censo.
**estafar** tr. Hacer una estafa. || No pagar.
**estalactita** f. Concreción calcárea, que se forma hacia abajo a partir de los techos de las cuevas naturales.
**estalagmita** f. Concreción calcárea, que se forma hacia arriba en el suelo de las cavidades naturales.

**estallar** intr. Romperse algo con presión, produciendo ruido.

**estambre** m. Lana en bruto, de hebras largas. || Órgano masculino de la flor.

**estampa** f. Hoja impresa de un grabado, especialmente de temática religiosa. || Impresión, imprenta. || Figura de cuerpo entero de una persona o animal.

**estampido** m. Detonación, ruido seco.

**estampilla** f. Sello, generalmente de goma, en que está impresa la firma de una persona.

**estançar** tr. y prnl. Suspender el fluir de una cosa, generalmente un líquido.

**estandarizar** tr. Fijar las características de una línea de producción (tamaño, dimensiones, composición).

**estandarte** m. Pendón o bandera que lleva el distintivo propio de una corporación, orden, etcétera. || Lema o idea que una persona o grupo asumen como guía.

**estanque** m. Depósito artificial de agua para el riego, reproducción de peces u ornamentación de jardines y parques.

**estar** intr. y prnl. Existir, encontrarse en una situación o de cierta manera.

**estático, ca** adj. Que permanece, inmutable.

**estatua** f. Figura de persona, animal u objeto esculpida en bulto redondo, aislada.

**estatura** f. Medida de una persona de los pies a la cabeza.

**este** m. Punto del horizonte sensible por donde sale el Sol en los equinoccios.

**estelar** adj. Relativo a las estrellas. || De suma importancia.

**estepa** f. Tipo de vegetación formada fundamentalmente por especies herbáceas (gramíneas) y también con árboles aislados.

**estereofonía** f. Técnica de reproducción sonora para identificar las fuentes acústicas mediante perspectiva auditiva.

**estereotipo** m. Concepción simple y muy arraigada que se tiene, individual o colectivamente, de una persona, un hecho o un fenómeno.

**estéril** adj. Árido, infecundo.

**esternón** m. Hueso impar y aplanado situado en la parte anterior del tórax.

**estertor** m. Respiración ruidosa de los moribundos. || Sonido respiratorio patológico percibido por auscultación torácica.

**estético, ca** adj. Elegante, bello.

**estetoscopio** m. Instrumento de forma cilíndrica que permite la auscultación general torácica, y también de otras partes.

**estilar** tr., intr. y prnl. Usar, ser la moda.

**estilo** m. Punzón usado antiguamente para escribir sobre superficies blandas. || En literatura, peculiar manejo de la lengua de cada autor. || Moda, hábito.

**estima** f. Valor y afecto que se deposita en una persona o cosa.

**estimar** tr. Valuar, tasar. || tr. y prnl. Considerar, valorar bien a una persona o cosa.

**estimulante** adj. y com. Que estimula o anima.

**estimular** tr. Pinchar, aguijar. || Incitar, animar.

**estío** m. Verano.

**estirar** tr. y prnl. Hacer una cosa más larga tirando de sus extremos.

**estirpe** f. Línea genealógica de una familia de abolengo.

**estoico, ca** adj. Imperturbable, que demuestra entereza.

**estoma** m. Abertura muy pequeña en la epidermis de los órganos verdes de las plantas superiores.

**estomacal** adj. Gástrico.

**estómago** m. Órgano en forma de bolsa que constituye parte del tubo digestivo. Es continuación del esófago.

**estorbar** tr. Impedir la realización de algo.

**estornudo** m. Expulsión violenta de aire por las fosas nasales que sigue a una inspiración profunda.

**estrado** m. Tarima para el trono o para la presentación de un acto importante. || Lugar de honor reservado para actos solemnes.

**estratagema** f. Celada, trampa en una guerra. || Fingimientc, treta.

**estrategia** f. Habilidad para conducir un asunto.

**estrato** m. Cada una de las capas, bandas, franjas, pieles, etc., en que se estructura algo.

**estraza** f. Trozo de tela basta. || m. Papel rudo que no está blanqueado ni encolado.

**estrechar** tr. Disminuir en anchura una cosa. || Constreñir, apurar. || Abrazar a alguien. || prnl. y tr. Acrecentar el afecto, la amistad, etcétera.

**estrechez** f. Falta de anchura. || Penuria económica.

**estrecho, cha** adj. De escasa anchura. || Que comprime o ciñe.

**estregar** tr. y prnl. Restregar una cosa con otra para limpiarla, darle brillo, etcétera.

**estrella** f. Cuerpo celeste, casi esférico, compuesto de gases, y que brilla con luz propia, algunas aparecen en parejas o en grupos girando en torno a un centro común, otras en enjambres. || Persona que destaca en su profesión; generalmente se aplica a los actores. || Asterisco.

**estremecer** tr. Producir una conmoción o temblor.

**estrenar** tr. Utilizar una cosa por primera vez.

**estreno** m. Primera representación de un espectáculo, especialmente cinematográfico, de teatro o de ópera.

**estreñido, da** adj. Que sufre estreñimiento.
**estreñimiento** m. Insuficiente evacuación del intestino grueso.
**estrépito** m. Tumulto, fragor.
**estribar** intr. Reposar el peso sobre algo fijo y resistente. || Basarse, fundamentarse.
**estribillo** m. Verso o versos que en una composición poética suelen servir de introducción y se repiten total o parcialmente al final de una o más de las estrofas.
**estribor** m. Lado derecho de una nave, de popa a proa.
**estridencia** f. Violencia, brusquedad en palabras o actos.
**estridente** adj. Se dice del ruido molesto y penetrante. || Exagerado, chocante.
**estrofa** f. Cualquiera de las partes de una composición poética que consta de un determinado número de versos ordenados según un modelo que tiende a repetirse.
**estropear** tr. y prnl. Lastimar, dañar. || Frustrar un negocio, idea, etcétera. || tr. Desgraciar, desvirtuar.
**estructura** f. Conjunto de elementos organizados e independientes. || Armazón de sostén de algo (un barco, un edificio, etc).
**estructurar** tr. y prnl. Organizar los elementos de un todo, de acuerdo con una determinada estructura.
**estruendo** m. Ruido intenso. || Jaleo, bulla. || Ostentación, alharaca.
**estrujar** tr. Exprimir una cosa. || Oprimir o presionar hasta causar daño. || Extraer de algo todo lo que se pueda.
**estuche** m. Caja o funda en que se guardan una o varias cosas.
**estudiante** adj. y com. Que estudia. || Se aplica especialmente al que realiza estudios de bachillerato o universitarios.
**estudiar** tr. Desarrollar la comprensión para entender algo. || Memorizar una lección, o materia. || tr. e intr. Realizar estudios en un centro docente.
**estufa** f. Aparato para calentar el ambiente de un recinto mediante irradiación o convección por calor generado con electricidad o combustibles.
**estupefacto, ta** adj. Atónito, maravillado.
**estupendo, da** adj. Magnífico, portentoso.
**estúpido, da** adj. y s. Corto de entendederas.
**estupor** m. Estado de inconsciencia relativa, con inhibición psicomotriz y falta de respuesta a los estímulos. || Admiración, pasmo.
**etapa** f. Alto en la marcha de una tropa, para hacer noche. || Espacio recorrido entre un alto y otro.
**etcétera** m. Voz utilizada en una enumeración para indicar que se omite parte de ésta. Se representa con *etc.* o &.

**eternidad** f. Duración infinita; sin fin.

**eternizar** tr. Prolongar indefinidamente la vida de algo. || tr. y prnl. Alargar algo en demasía.

**eterno, na** adj. Sin principio ni fin. || Repetitivo, duradero.

**etiqueta** f. Conjunto de normas propias de ciertos actos públicos o solemnes. || Letrero que se pega o sujeta a algo para especificar su contenido.

**etiquetar** tr. e intr. Colocar etiquetas. || Calificar a alguien o algo de forma mecánica y poco crítica.

**étnico, ca** ad. Relativo a la raza. || Gentilicio.

**etnografía** f. Ciencia que describe las costumbres y las tradiciones de los pueblos.

**etnología** f. Ciencia que estudia el comportamiento individual y colectivo de los animales.

**eufonía** f. Musicalidad, buen sonido que posee una palabra, frase, etc., de la lengua.

**¡eureka!** Exclamación, que denota sorpresa o alegría por haber encontrado algo buscado con ahínco.

**evacuar** tr. Vaciar o abandonar un lugar. || Expulsar los excrementos. || Marchar la tropa de un lugar.

**evadir** tr. y prnl. Esquivar un peligro o situación difícil. || prnl. Fugarse, escabullirse.

**evaluación** f. Estimación de los conocimientos adquiridos y las aptitudes desarrolladas por un alumno en un periodo determinado.

**evaluar** tr., Apreciar, calcular el valor de algo. || Examinar.

**evangelizar** tr. Propagar el evangelio.

**evaporar** tr. y prnl. Efectuar una evaporación. || Volatilizar. || Hacer desaparecer.

**evasión** f. Evasiva. || Fuga de la cárcel, escapada.

**evasivo, va** adj. Que contiene o propicia una evasiva. || f. Pretexto para esquivar una situación, problema, etcétera.

**evento** m. Hecho imprevisto. || Acontecimiento, suceso.

**eventual** adj. Ocasional, circunstancial.

**evidente** adj. Manifiesto, palpable, patente.

**evitar** tr. Sortear, detener un peligro, incomodidad, etc. || Rehuir a alguien.

**evocar** tr. Rememorar algo. || Recordar una cosa por similitud o concomitancia con otra.

**evolución** f. Desarrollo que experimentan las cosas o los organismos.

**evolucionar** intr. Cambiar paulatinamente una persona o cosa.

**exactitud** f. Rigor y precisión en el cometido de algo.

**exacto, ta** adj. Preciso, puntual.

**exagerar** tr. Aumentar, extremar las cosas, hacerlas traspasar su justo límite.

**exaltar** tr. Ensalzar a una persona o cosa. || prnl. Enardecerse.
**examen** m. Observación y análisis detallado de las cualidades y circunstancias que conforman una cosa. || Prueba con que se evalúa la aptitud de alguien para un oficio, cargo, etcétera, o se comprueba el nivel de los alumnos.
**examinar** tr. Explorar, estudiar con minuciosidad una cosa.
**exangüe** adj. Desangrado, escaso de sangre. || Sin ánimos, abatido. || Muerto.
**exasperar** tr. y prnl. Agudizar el dolor. || Enojar en exceso.
**excavar** tr. Practicar un hoyo, zanja, galería, etcétera.
**excedente** adj. Que sobrepasa, o que sobra.
**exceder** tr. Aventajar o sobrepasar una persona o cosa a otra.
**excelente** ad. Que destaca en méritos, cualidades, condiciones, etcétera.
**excéntrico, ca** adj. y s. Que es raro, estrafalario.
**excepción** f. Acción y efecto de exceptuar.
**excepto** adv. A excepción de, salvo.
**exceptuar** tr. y prnl. Apartar algo o a alguien de las normas establecidas.
**exceso** m. Lo que sobrepasa de aquello que es o debería ser normal.
**excitar** tr. y prnl. Incitar, intensificar una pasión, sentimiento, actividad, etcétera.
**exclamación** f. Interjección o frase que denota un estado de ánimo. || Figura retórica con que se manifiesta de forma exclamativa una pasión, pensamiento, etc. || Signo ortográfico de admiración (¡!).
**exclamar** intr. Manifestarse con vehemencia. || Lanzar exclamaciones.
**excluir** tr. Separar o expulsar algo o a alguien del grupo o lugar al que pertenecia. || Eliminar la posibilidad de algo.
**exclusivo, va** adj. Que excluye. || Único. || f. Concesión especial que autoriza a alguien a manipular o vender determinados productos.
**excremento** m. Materia fecal.
**excursión** f. Viaje de corta duración con fines recreativos, culturales, etc. || Paseo, especialmente el campestre.
**excusa** f. Evasiva, pretexto para eludir una obligación. || Descargo.
**exento, ta** adj. Exceptuado, exonerado.
**exhalar** tr. y prnl. Emanar olores o gases.
**exhausto, ta** adj. Agotado, sin fuerzas ni recursos.
**exhibir** tr. y prnl. Exponer en público. || Lucir.
**exhortar** tr. Incitar a alguien a que actúe de una determinada forma.

**exhumar** tr. Desenterrar un cadáver.
**exigencia** f. Demandas, arbitrarias o desproporcionadas.
**exigir** tr. Pedir de forma imperativa.
**exiguo, gua** adj. Reducido, escaso.
**eximir** tr. y prnl. Dispensar de obligaciones, cuidados, etcétera.
**existencia** f. Condición de existir. || Vida humana.
**existir** intr. Tener existencia, ser. || Vivir. || Estar, encontrarse en.
**éxito** m. Feliz terminación de una empresa, actuación, etcétera.
**éxodo** m. Salida; huida.
**exorbitante** adj. Exagerado, desproporcionado.
**exordio** m. Introducción de un discurso u obra literaria.
**exótico, ca** adj. Extravagante, raro.
**expansivo, va** adj. Que tiende a propagarse. || Comunicativo, abierto, efusivo.
**expectación** f. Curiosidad o ilusión con que se aguarda un suceso importante.
**expectativa** f. Esperanza de conseguir algo si se presenta la oportunidad para ello. || Derecho que se espera conseguir en un futuro.
**expedición** f. Viaje para llevar a cabo un cometido. || Grupo de personas que lo efectúan.
**expedir** tr. Cursar trámites burocráticos. || Despachar mercancías. || Enviar documentación.
**expeler** tr. Despedir, expulsar con fuerza lo contenido en el interior de algo.
**experimentar** tr. Estudiar, comprobar mediante la práctica las características o propiedades de algo.
**experto, ta** adj. Experimentado, entendido.
**expirar** intr. Morir. || Acabar el tiempo o plazo de algo.
**expiar** tr. Purgar las culpas.
**explanada** f. Terreno allanado. || Parte más alta de la muralla, sobre la que se alzan las almenas.
**explayar** prnl. Extenderse en el discurso o la escritura.
**explicación** f. Satisfacción que se da para justificar que no ha habido intención de ofender o perjudicar; suele usarse en pl. || Hecho o dato que esclarece algo o da fe de su existencia.
**explicar** tr. Exponer un tema, materia, etc., haciéndolo comprensible.
**explorar** tr. Ahondar en el conocimiento de algo para ver cómo es o cómo está formado.
**explosión** f. Combustión rápida de un cuerpo con desprendimiento de calor, luz y gases.
**explotar** tr. Sacar el mineral de una mina. || Extraer beneficio de una empresa o industria. || Abusar de alguien o de una circunstancia en provecho propio. || Estallar.

**exponer** tr. Explicar de forma discursiva el pensamiento, ideología o proyectos.
**exportación** f. Conjunto de los bienes producidos en un país que se venden en el extranjero.
**exportar** tr. Mandar mercancías de un país a otro.
**exposición** f. Exhibición pública.
**expresar** tr. Decir, escribir o manifestar con gestos lo que se piensa o siente.
**expresión** f. Modo de expresar o expresarse.
**exprimir** tr. Estrujar o retorcer una cosa para extraer el líquido que contiene.
**expuesto, ta** adj. Arriesgado.
**expulsar** tr. Despedir, echar de un lugar.
**exquisito, ta** adj. Fino, delicado, excelente.
**extemporáneo, a** adj. Fuera de tiempo, intempestivo. || Inadecuado.
**extender** tr. Esparcir lo que está apilado o junto.
**extensión** f. Acción y efecto de extender. || Dimensión del espacio que ocupa un cuerpo. || Capacidad de los cuerpos para ocupar una parte del espacio.
**extenuar** tr. y prnl. Cansar en extremo.
**exterior** adj. Situado en la parte de afuera. || m. Aspecto de una persona.
**exteriorizar** tr. y prnl. Manifestar, dar a conocer lo que uno siente o piensa.
**exterminar** tr. Aniquilar.
**extinción** f. Desaparición, en el tiempo o en el espacio, de organismos, a causa de cambios en las condiciones ambientales, de modificación en las características genéticas o por presión de otras especies.
**extintor, ra** com. Aparato, generalmente manual, para apagar incendios.
**extirpar** tr. Arrancar de raíz algo dañino.
**extorsión** f. Delito que comete quien pretende conseguir algo de otro, por amenaza o intimidación, pero sin recurrir a la violencia física.
**extractar** tr. Resumir o compendiar un libro o escrito.
**extraer** tr. Sacar al exterior.
**extranjero, ra** adj. y s. Se aplica a la persona o cosa originaria de otro país.
**extrañar** tr. Añorar algo o a alguien.
**extraño, ña** adj. y s. De familia, grupo social, círculo, etc., distintos del propio. || Raro, singular.
**extraordinario, ria** adj. Que se aparta de lo establecido. || Insólito, desacostumbrado.
**extraterrestre** adj. Que está fuera de la Tierra. || com. Habitante imaginario de otro planeta.

**extravagante** adj. y com. Se dice de la persona que actúa fuera de lo corriente o dice cosas raras.
**extraviado, da** adj. Perdido, alejado.
**extraviar** tr. Perder. || Hacer vagar la vista.
**extremidad** pl. Manos y pies del hombre, y cabeza, manos, patas y cola de los animales. || Brazos y piernas del hombre.
**extremoso, sa** adj. Individuo con falta de control en sus actos o sentimientos.
**exuberante** adj. Abundante o rico en demasía.
**exudar** tr. e intr. Rezumar un cuerpo a través de sus paredes
**eyaculación** f. Acto reflejo de emisión de semen al exterior.

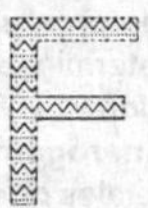

**f** Séptima letra del abecedario castellano (F, f); su nombre es *efe*.
**fábrica** f. Local provisto de maquinaria apropiada para elaborar un producto.
**fabricar** tr. Elaborar un producto mediante procedimientos mecánicos.
**fábula** f. Relato inverosímil. || Forma narrativa que contiene una enseñanza moral y protagonizada por animales.
**fabuloso, sa** adj. Maravilloso, inverosímil, extraordinario.
**faceta** f. Cada una de las formas que ofrece una personalidad, asunto, etcétera.
**facial** adj. Relativo a la cara.
**fácil** adj. Manejable, dócil.
**factible** adj. Que se puede realizar
**factor** m. Lo que es causa de algo. || Cada uno de los elementos que componen un producto.
**facultad** f. Autoridad, capacidad, aptitud o derecho que tiene una persona para realizar una acción. || Ciencia, arte, maestría.
**faena** f. Quehacer o esfuerzo físico o mental. || Tarea, ocupación.
**faja** f. Banda de la tela que ciñe el cuerpo por la cintura. || Franja de una cosa.
**falacia** f. Engaño, fraude o mentira.
**falda** f. Prenda de vestir que se ciñe a la cintura y cae hacia abajo. || Parte inferior y de menos pendiente de los montes.
**fálico, ca** adj. Relativo o semejante al falo.
**falo** m. Pene.
**falsear** tr. Falsificar, adulterar.
**falsedad** f. Engaño, disimulo. || Alteración de la verdad por palabras, escritos o hechos.
**falsificación** f. Alteración o modificación de algo para hacerlo pasar como auténtico.

**falsificar** tr. Efectuar una falsificación.
**falso, sa** adj. No conforme a la verdad.
**falta** f. Ausencia, carencia de algo necesario, útil, o que debiera estar en su lugar. || Incumplimiento de un deber o una obligación. || Error, equivocación.
**faltar** intr. No estar algo en su lugar habitual o en donde debiera. || No disponer de algo que se precisa en el momento.
**fallar** tr. Sentenciar, decidir, pronunciar. || Determinar una sentencia. || Dejar de funcionar.
**fallecer** intr. Morir, dejar de existir.
**fallo** m. Sentencia dada por el juez. || Error, incumplimiento.
**fama** f. Crédito, reputación. || Opinión pública. || Renombre, notoriedad, excelencia.
**famélico, ca** adj. Hambriento.
**familia** f. Conjunto de personas o grupo social, unido bajo el vínculo del parentesco, ya sea natural, de afinidad o civil. || Prole, descendencia.
**familiar** adj. Relativo a la familia. || Muy conocido. || Se aplica al lenguaje, tono, etc., sin afectación ni ampulosidad, corriente.
**famoso, sa** adj. Que goza de fama y renombre.
**fan** com. Seguidor fanático.
**fanatismo** m. Apasionamiento que mueve al individuo a entregarse con absoluta dedicación a una determinada causa, creencia o partido.
**fanerógamas** f. pl. Grupo de vegetales que tienen los órganos sexuales visibles y se reproducen mediante semillas.
**fanfarrón, na** adj. y s. Pretencioso, fatuo, bravucón.
**fango** m. Barro. || Deshonor, descrédito de alguien.
**fantasear** intr. Soñar despierto. || Divagar, imaginar.
**fantasía** f. Imaginación, quimera.
**fantasioso, sa** adj. Soñador, de gran imaginación.
**fantasma** m. Aparición, trasgo, espectro.
**fantástico, ca** adj. Que sólo existe en la fantasía. || Espléndido, maravilloso.
**farándula** f. Actividad de los actores.
**faraón** m. Nombre que recibía el rey en el antiguo Egipto, hasta el final del imperio medio.
**faringe** f. Conducto común al tubo digestivo y las vías respiratorias.
**farmacia** f. Ciencia cuyo objetivo es el estudio de las propiedades y forma de elaboración de los medicamentos.
**fármaco** m. Cualquier sustancia natural o sintética utilizada por sus propiedades terápicas.
**faro** m. Torre en la costa, con una luz, fija o móvil, en su parte supe-

rior, que en la noche orienta a los navegantes. || Luz delantera de un automóvil.

**farol** m. Soporte metálico con una luz eléctrica en la parte superior, para alumbrado de las calles.

**farsa** f. Obra teatral cómica y breve. || Engaño grotesco.

**farsante, ta** m. y f. Persona que representa comedias o farsas. || adj. y s. Embaucador, hipócrita.

**fascículo** m. Entrega por partes o capítulos de un libro o publicación, y cada ejemplar de aquélla.

**fascinante** adj. Deslumbrante, impresionante.

**fascinar** tr. Embrujar. || Seducir, impresionar.

**fase** f. Cada una de las diversas apariencias con que se puede ver la Luna y algunos planetas, en función de la iluminación solar. || Cada uno de los estadios o facetas de un fenómeno físico, teoría, asunto, etcétera.

**fastidiar** tr. y prnl. Provocar fastidio a alguien. || tr. Cansar, disgustar.

**fastidio** m. Hastío, molestia.

**fastuoso, sa** adj. Pomposo, rumboso.

**fatal** adj. Sujeto al hado o destino. || adj. y adv. Pésimo.

**fatalidad** f. Adversidad, infortunio. || Sino, hado.

**fatiga** f. Sensación penosa, cansancio, que se experimenta después de un excesivo trabajo físico o mental.

**fatuo, tua** adj. y s. Falto de seso. || Petulante, jactancioso.

**fauces** f. pl. En los mamíferos, zona de comunicación de la boca con la faringe.

**fauna** f. Conjunto de animales que ocupan una región geográfica concreta o bien que han vivido en un determinado periodo geológico.

**favor** m. Auxilio o servicio que se presta a alguien.

**favorecer** tr. Amparar o asistir a alguien. || Sostener, secundar un proyecto, hazaña, etcétera.

**favorito, ta** adj. y s. Que es preferido a otro.

**faz** f. Rostro, semblante.

**fe** f. Adhesión a una proposición, que no goza de evidencia ni puede ser demostrada.

**fealdad** f. Calidad de feo.

**febrero** m. Segundo mes del año (28 días, o 29 los años bisiestos).

**febril** adj. Relativo a la fiebre.

**fecal** adj. Relativo a las heces.

**fecundación** f. En la reproducción sexual, unión entre un gameto masculino y otro femenino, procedentes de individuos distintos de la misma especie.

**fecundo, da** adj. Prolífico, fértil.

**fecha** f. Datación del tiempo y lugar en que se realiza algo.

**fechar** tr. Colocar la fecha a un escrito. || Datar un documento, pintura, construcción, etcétera.
**fechoría** f. Barbaridad, mala acción. || Travesura.
**felicidad** f. Ventura, dicha.
**felicitar** tr. y prnl. Cumplimentar a alguien por algún suceso grato. || Desear felicidad a alguien.
**felino, na** adj. Se dice de los mamíferos carnívoros. || Con características de gato.
**feliz** adj. Que posee felicidad o que la motiva con pensamientos, dichos, frases, etc. || Atinado, eficaz.
**femenino, na** adj. Propio de la mujer.
**feminidad** f. Calidad de femenino. || Conjunto de caracteres convencionalmente propios de la mujer.
**fémur** m. Hueso más largo del organismo, que forma el esqueleto del muslo.
**fenomenal** adj. Asombroso, colosal. || Extraordinario, magnífico.
**fenómeno** m. Cosa rara, que se sale de lo normal.
**feo, a** adj. Sin belleza. || Horroroso, grotesco.
**féretro** m. Ataúd.
**feria** f. Institución pública para la exhibición de productos y promoción entre productores y clientes.
**ferocidad** f. Crueldad, saña.
**ferretería** f. Comercio en el que se venden herramientas, clavos, ollas, etcétera.
**ferrocarril** m. Tren.
**fértil** adj. Se dice de lo muy prolífico o muy productivo.
**fertilizante** m. Abono.
**fervor** m. Adoración apasionada de una persona o cosa. || Entusiasmo con que se hace una cosa.
**festejar** tr. Dar fiestas en honor de alguien. || Conmemorar algo de forma pública y brillante.
**festín** m. Banquete.
**festival** m. Conjunto de manifestaciones artísticas o deportivas.
**festividad** f. Día de fiesta. || Jornada en que se conmemora algo.
**fétido, da** adj. De olor repugnante y pútrido.
**feto** m. En el desarrollo de los vertebrados superiores, embrión.
**fiable** adj. Digno de confianza, seguro.
**fiador, ra** m. y f. Que fía. || Persona que responde por otra, con la garantía de aquello a que ésta se halla obligada.
**fianza** f. Contrato en el que el fiador se compromete.
**fiar** tr. Garantizar alguien que otro cumplirá un compromiso. || tr. y prnl. Confiar en uno. || Aplazar el cobro de lo que se vende.
**fiasco** m. Fracaso relativo; chasco.
**fibra** f. En los tejidos vegetales y animales, elemento anatómico formado por células.

**ficción** f. Ilusión, quimera.
**ficticio, cia** adj. Imaginario, irreal.
**ficha** f. Pieza pequeña para utilizarla en juegos, máquinas, teléfonos, etc. || Tarjeta donde se anotan datos y se clasifican en orden alfabético, temático, etcétera.
**fidedigno, na** adj. Que merece confianza o fe.
**fidelidad** f. Exactitud o veracidad con que se lleva a cabo una cosa.
**fiebre** f. Aumento de la temperatura del cuerpo por procesos de tipo infeccioso o tóxico.
**fiel** adj. Que es constante en sus afectos, ideas, obligaciones, etcétera.
**fiera** f. Animal salvaje, generalmente carnívoro.
**fiereza** f. Crueldad, brutalidad.
**fiesta** f. Entretenimiento, diversión. || Reunión en una vivienda, para divertirse o celebrar algo.
**figura** f. Manera de presentarse un cuerpo que lo distingue de los demás. || Representación gráfica de una persona, animal o cosa.
**figurar** tr. Componer la figura de algo. || Simular, aparentar. || Ser notorio.
**figurilla** f. Escultura pequeña.
**figurín** m. Modelo que representa las formas y detalles de una prenda de vestir.
**fijación** f. Concentración excluyente en algo o alguien.
**fijar** tr. Afianzar, sujetar, hincar. || Concentrarse en un punto, mirar con atención.
**fijo, ja** adj. Sujeto, inamovible, asentado. || Invariable, inalterable.
**fila** f. Hilera de personas o cosas.
**filamento** m. Cuerpo en forma de hilo. || Hilo muy fino.
**filántropo, pa** m. y f. Persona que tiende a hacer el bien a la humanidad.
**filiación** f. Señas de identidad de una persona.
**filial** adj. Relativo al hijo.
**filigrana** f. Técnica de orfebrería que funde hilos o granos de oro y plata.
**filmar** tr. Hacer una película, cinematografiar.
**filme** m. Obra cinematográfica.
**filmoteca** f. Local donde se guardan, estudian y proyectan filmes. || Conjunto de filmes.
**filtrar** tr. Separar un líquido de sustancias sólidas.
**fin** amb. Acabado, último toque de una cosa. || Finalidad, término, meta.
**finado, da** m. y f. Persona muerta.
**final** m. Fin, conclusión.
**finalidad** f. Propósito. || Razón de ser.
**finalizar** tr. Acabar.
**financiar** tr. Poner el capital necesario para el desarrollo de una actividad, económica o no.
**finanzas** f. pl. Dinero líquido que se posee. || Actividades financieras.

**finar** intr. Morir.
**fineza** f. Expresión de afecto o de cortesía.
**fingido, da** adj. Falso, simulado, ficticio.
**fingir** tr. y prnl. Mostrar algo o alguien una apariencia.
**finiquitar** tr. Liquidar una cuenta. || Terminar.
**finlandés, sa** adj. y s. De Finlandia. || m. Finés.
**firma** f. Nombre acompañado de una rúbrica.
**firmamento** m. Bóveda celeste en la que se nos aparecen los astros.
**firmar** tr. Estampar la firma.
**firme** adj. Sólido, bien asentado.
**firmeza** f. Solidez, perseverancia.
**fisgón, na** adj. y s. Entrometido, curioso.
**físicamente** adv. Corporalmente. || Materialmente.
**fisura** f. Grieta. || Hendidura estrecha y alargada en una roca.
**fláccido, da** adj. Blando, flojo.
**flaco, ca** adj. Delgado, esmirriado.
**flama** f. Llama.
**flamante** adj. Deslumbrante.
**flanco** m. Cada uno de los dos costados de un cuerpo visto de frente.
**flaquear** intr. Decaer las fuerzas, debilitarse.
**flaqueza** f. Delgadez.
**flauta** f. Instrumento musical de viento, de madera, con forma cilíndrica.
**flecha** f. Saeta.
**flema** f. Mucosidad.
**flete** m. Dinero que se paga por el alquiler de cualquier medio de transporte.
**flexibilidad** Disposición de algunos cuerpos para doblarse sin romperse.
**flojear** intr. Disminuir en el rendimiento.
**flojo, ja** adj. Que carece de fuerzas o que no actúa.
**flor** f. Yema reproductora que caracteriza a las plantas Fanerógamas.
**flora** f. Conjunto de las especies vegetales y su ecosistema.
**florecer** tr. e intr. Brotar o echar flor. || intr. Mejorar, progresar.
**florería** f. Floristería.
**floresta** f. Lugar apacible poblado de árboles y flores.
**florido, da** adj. Con flores. || Se aplica al lenguaje o estilo rico, artificioso.
**floristería** f. Establecimiento donde se venden flores y plantas.
**flota** f. Conjunto de los barcos.
**flotador, ra** m. Útil que ayuda a mantener a flote a una persona. || Aparato que, al flotar en un depósito, mide el nivel del líquido.
**flotar** intr. Mantenerse un cuerpo en la superficie de un líquido.
**fluidez** f. Calidad de fluido. || Valor recíproco de la viscosidad dinámica de un fluido.

**fluir** intr. Correr o salir un líquido o un gas. || fig. Brotar las palabras con facilidad y soltura.
**fluvial** adj. Se dice de los procesos geológicos en relación con los ríos.
**fobia** f. Miedo irracional, patológico, muy intenso, hacia personas, objetos o situaciones.
**focal** adj. Del foco de los espejos y lentes.
**foco** m. Punto en el que convergen los rayos luminosos que inciden sobre un sistema óptico. || Punto del organismo a partir del cual se difunde un proceso de tipo infeccioso.
**fogata** f. Fuego.
**fogonazo** m. Llamarada súbita que producen algunas materias altamente inflamables.
**folclor** m. Conjunto de creencias, costumbres y tradiciones de un pueblo.
**folclórico, ca** adj. Típico, pintoresco.
**foliar** tr. Numerar los folios de una publicación.
**folio** m. Hoja de un libro o cuaderno. || Titulillo y numeración que encabezan las páginas de un libro.
**follaje** m. Conjunto de ramas y hojas de árboles y plantas.
**folleto** m. Obra impresa de menor extensión que un libro, generalmente sin encuadernar.
**fomentar** tr. Impulsar, propiciar una actividad.
**fonda** f. Local público donde se sirven comidas.
**fondo** m. Parte más profunda de un objeto.
**fonema** m. Cada uno de los sonidos de la lengua.
**fonético, ca** adj. Relativo a los sonidos. || f. Rama de la lingüística que estudia los sonidos del lenguaje.
**fonógrafo** m. Aparato que se usa para reproducir el sonido.
**foráneo, a** adj. Forastero.
**forastero, ra** adj. De fuera.
**forcejear** intr. Hacer fuerza para conseguir dominar algo.
**forense** adj. y com. Se dice del médico que actúa como perito ante los tribunales de justicia.
**forestal** adj. Relativo a los bosques y a su rendimiento.
**forma** f. Modo de presentarse externamente la materia. || Molde, instrumento para dar un determinado cuerpo a una cosa.
**formalidad** f. Condición necesaria para llevar a cabo una cosa, requisito.
**formar** tr. Reunir, congregar. || Constituir varias personas o cosas un todo. || Alinear, ordenar.
**formato** m. Disposición y medidas de una revista, libro, etc. || En cinematografía, indica el ancho de la película.
**formidable** adj. Se dice de lo que causa pasmo o admiración.

**fórmula** f. Forma establecida para la presentación o la resolución de algo. || Prescripción, receta.
**formular** tr. Constreñir en una fórmula una proposición, solución.
**fornido, da** adj. Robusto, macizo.
**foro** m. Coloquio, debate.
**forraje** m. Yerba, verde o seca, que se da al ganado para su alimentación.
**fortalecer** tr. y prnl. Hacer crecer en fuerza y vigor.
**fortaleza** f. Fuerza, solidez. || Fortificación.
**fortificación** f. Obra que se construye para la mejor defensa de una posición o plaza.
**fortificar** tr. Fortalecer, vivificar.
**fortuna** f. Suerte en los sucesos y avatares en los que se participa. || Riqueza. || Prosperidad, éxito.
**forzar** tr. Utilizar la violencia y la fuerza para conseguir algo.
**forzoso, sa** adj. Ineludible, que no se puede excusar.
**fosa** f. Sepultura. || Foso.
**fósil** adj. y m. Se dice del organismo conservado después de su muerte en rocas generalmente sedimentarias. || Viejo, caduco.
**fotocopia** f. Copia reproducida por revelado instantáneo de un negativo fotográfico.
**fotografía** f. Arte y técnica de obtener, fijar y reproducir imágenes en el fondo de una cámara oscura. || Estudio o laboratorio donde se realizan fotografías.
**fotomontaje** m. Fotografía resultante de componer otras diversas con intención artística, publicitaria, etcétera.
**fotonovela** f. Historia dispuesta a base de viñetas fotográficas con texto.
**fotosfera** f. Superficie visible del Sol.
**fracasar** intr. Salir mal un negocio, asunto, etc. || Malograrse algo.
**fracción** f. Cada una de las partes de un todo.
**fractura** f. Rotura de un hueso o cartílago.
**frágil** adj. Que se rompe en pedazos con facilidad. || Delicado, de poca resistencia.
**fragmento** m. Parte, pedazo de algo roto. || Resto conservado, publicado o citado de una obra, generalmente literaria.
**fraguar** tr. Forjar el metal. || tr. y prnl. Maquinar, trazar un plan.
**fraile** m. Denominación que engloba a ciertos religiosos.
**francés, sa** adj. y s. Natural de Francia.
**franco, ca** adj. Abierto, sincero.
**franqueza** f. Exención, libertad. || Claridad, transparencia de carácter.
**frasco** m. Vaso, generalmente de vidrio.
**frase** f. Conjunto de palabras dotado de significado completo, se-

gún la gramática tradicional. || pl. Conjunto de palabras dichas de manera convencional.

**fraternal** adj. Propio de hermanos.

**fraternidad** f. Avenencia entre hermanos o miembros de un grupo.

**fraude** (o **fraudulencia**) m. Engaño, abuso de confianza.

**frecuencia** f. Número de oscilaciones o vibraciones de un movimiento periódico por unidad de tiempo.

**frecuentar** tr. Asistir muy a menudo a un sitio.

**fregar** tr. Frotar fuertemente dos cosas. || Limpiar algo frotando.

**freír** tr. y prnl. Cocinar un manjar en aceite o grasa hirviendo.

**frenar** tr. Reducir o detener con el freno la marcha de una máquina o vehículo. || Atenuar el entusiasmo, interés, trabajo, etcétera.

**frenesí** m. Locura, delirio exaltado.

**freno** m. Dispositivo a fin de disminuir velocidad. || Pedal o palanca que acciona dicho mecanismo.

**frente** f. Región de la cara delimitada en la parte superior por el cuero cabelludo, en la inferior por las cejas y raíz nasal y lateralmente por las regiones temporales.

**frescura** f. Fertilidad de un lugar lleno de verdor.

**frialdad** f. Sensación que es provocada por el frío. || Frigidez.

**frigorífico, ca** adj. Que produce o mantiene el frío artificialmente. || adj. y m. Se dice de la cámara para conservación de alimentos a baja temperatura.

**frío, a** adj. Se aplica al lugar, estación, objeto, etc., que tiene una temperatura bastante inferior a la normal del cuerpo humano.

**friso** m. Franja horizontal que decora la parte inferior de las paredes.

**frondoso, sa** adj. Se dice de la vegetación que es rica en hojas y ramas, o en árboles.

**frontera** f. Límite entre dos Estados, donde termina o comienza la soberanía de cada uno. || Límite.

**fronterizo, za** adj. De las tierras de la frontera o que está en ellas. || Situado enfrente, y, por extensión, colindante.

**frotador, ra** adj. y s. Que frota.

**frotar** tr. y prnl. Restregar, friccionar.

**fructuoso, sa** adj. Que da frutos. || Que resulta provechoso, para uno mismo o los demás.

**frugal** adj. Muy moderado en la comida y la bebida.

**frugívoro, ra** adj. Se dice de los que se alimentan de frutos.

**fruncir** tr. Formar arrugas en la frente y las cejas. || Encoger, hacer más estrecha una cosa.

**frustración** f. Condición que resulta de haber sido privado el individuo de la realización de determinados actos.

**frustrar** tr. Impedir que alguien realice o consiga lo que desea. || Invalidar un intento contra la voluntad del que trata de llevarlo a cabo.

**fruta** f. Fruto carnoso y maduro de ciertas plantas.

**fuego** m. Luz y calor que despide la combustión. || Incendio.

**fuente** f. Manantial de agua que brota del suelo. || Construcción con caños o chorros de agua que se instala en jardines, plazas públicas, etcétera.

**fuera** adv. Denota que la persona o el objeto se encuentran en el exterior.

**fuerte** adj. Que tiene fuerza. || Fornido, vigoroso. || Recio, macizo. || Esforzado, valiente.

**fuerza** f. Solidez, resistencia física. || Aptitud o capacidad para llevar a cabo algo. || Poder y efectividad de las cosas.

**fugarse** prnl. Huir, evadirse.

**fugaz** adj. Que pasa rápidamente. || De duración efímera.

**fulgor** m. Brillo con luz propia.

**fulminante** adj. Que fulmina. || Repentino, veloz. || adj. y m. Que hace explosión con ruido.

**fulminar** tr. Despedir rayos. || Matar o herir con rayos eléctricos. || Disparar proyectiles o armas.

**fumar** intr. Humear. || intr. y tr. Aspirar y lanzar el humo de lo que se fuma.

**fumarola** f. Manifestación volcánica, caracterizada por la emisión de gases, a través de grietas y fisuras del suelo.

**fumigar** tr. Desinfectar mediante gases, vapores, etc. || Eliminar plagas de insectos y gérmenes por estos procedimientos.

**función** f. Actividad específica realizada por una célula viva, un órgano o un aparato. || Desempeño y cargo de un oficio o facultad. || Representación de un espectáculo. || Papel que desempeña una palabra en una cadena lingüística.

**funcionar** intr. Desempeñar algo o alguien sus actividades específicas. || intr. Estar en plena forma.

**funda** f. Envoltura con que se protege algo.

**fundación** f. Creación, comienzo de una cosa. || Conjunto de bienes, destinados a un fin altruista.

**fundamentar** tr. Colocar los cimientos o fundamentos de una construcción.

**fundamento** m. Apoyo, soporte y principio de una cosa. || Causa, razón.

**fundar** tr. Establecer o levantar una ciudad, edificio, etc. || Erigir, organizar sociedades, entidades.

**fundir** tr., intr. y prnl. Transformar por medio de la fusión un sólido en líquido. || tr. Moldear el metal cuando está líquido.

**fúnebre** adj. Relativo a los difuntos. || Sombrío, tétrico.
**funeral** adj. Relativo a las exequias o entierro de un difunto. || m. Ceremonia que acompaña al entierro.
**funesto, ta** adj. Infausto, que causa dolor.
**fungir** intr. Ejercer un oficio.
**furia** f. Furor, frenesí.
**furor** m. Irritación, rabia.
**furtivo, va** adj. Que se hace de manera oculta, a hurtadillas.
**fútbol** m. Deporte que se juega entre 2 equipos de 11 jugadores cada uno.
**futuro, ra** adj. Venidero, a punto de acontecer.

**g** f. Octava letra del abecedario castellano (G, g); su nombre es *ge*.
**gabardina** f. Especie de abrigo de tela impermeable.
**gabinete** m. Sala para que un médico trate a sus pacientes. || Conjunto de ministros de un gobierno.
**gaceta** f. Periódico especializado en temas literarios, artísticos, económicos, etcétera.
**gajo** m. Rama de árbol arrancada del tronco. || Cada una de las partes separables del interior de una fruta.
**gala** f. Fiesta o ceremonia solemne, de carácter extraordinario y con asistencia pública de personas relevantes.
**galáctico, ca** adj. Relativo a la Vía Láctea, o a otra galaxia.
**galante** adj. Muy amable con las mujeres.
**galantear** tr. Piropear a una mujer. || Enamorarla.
**galanura** f. Adorno de gala. || Gallardía, garbo. || Elegancia en el lenguaje o estilo.
**galardón** m. Premio honorífico.
**galaxia** f. Sistema estelar formado por gas y polvo interestelar y de dimensiones del orden de 100 000 años-luz. Están formadas por centenares de miles de millones de estrellas. || Vía Láctea.
**galeón** m. Navío de gran desplazamiento dotado de 3 a 4 palos y velas de cruz, con uno o dos puentes artillados.
**galería** f. Sala alargada y amplia con ventanas. || Colección de pinturas, esculturas, etcétera.
**galés, sa** adj. y s. De Gales.
**galicismo** m. Palabra de origen francés incorporada al léxico de otra lengua.
**galopar** Intr. Ir al galope.
**galope** m. Marcha y movimiento más veloces de un caballo.

**gallardía** f. Valor, empuje, bizarría.
**gallardo, da** adj. Airoso, lozano, galán. || Animoso, valiente. || Excelente, grande.
**galleta** f. Pan sin levadura. || Pasta dulce con harina, azúcar e ingredientes variables, que se cuece al horno.
**gallina** f. Hembra del gallo.
**gallinero, ra** m. Lugar techado donde las aves de corral se recogen a dormir.
**gallo** m. Ave de cuerpo robusto, alas redondeadas y pico grueso.
**gama** f. Variaciones dentro de una serie.
**gameto** m. Cada una de las células masculinas y femeninas cuya unión durante la fecundación da origen al huevo o cigoto.
**ganadería** f. Conjunto de ganado. || Crianza del ganado y aprovechamiento de sus productos. || Raza determinada de ganado.
**ganado** m. Grupo de animales domésticos de una misma especie.
**ganancia** f. Acción y efecto de ganar. || Beneficio económico; también se usa en plural.
**ganar** tr. Obtener un beneficio. || Lograr el triunfo o la victoria en un juego, asunto, etcétera.
**gancho** m. Objeto con el extremo curvado y puntiagudo, para sostener, colgar o arrastrar algo.
**ganga** f. Cosa de valor que se consigue por poco precio.
**ganglio** m. Engrosamiento nodular que existe a lo largo de una vía linfática o del trayecto de un nervio.
**gangoso, sa** adj. y s. Que ganguea. || adj. Se aplica a esta forma de hablar.
**gangrena** f. Proceso patológico en el que existe muerte tisular o de algún órgano.
**gángster** com. Persona que forma parte de una banda delictiva. || Pillo, embaucador.
**ganzúa** f. Alambre en forma de gancho, para abrir cerraduras cuando no se tiene llave.
**gañán** m. Labrador. || Hombre recio y rústico.
**garabato** m. Trazo irregular que hace al escribir el niño que está aprendiendo.
**garaje** m. Lugar cubierto o cerrado donde se guardan automóviles.
**garantía** f. Acción y efecto de asegurar o responder por una cosa. || Aval, fianza. || Compromiso de reparar los posibles desperfectos de un objeto vendido.
**garantizar** tr. Dar garantía.
**garbo** m. Donaire, apostura.
**garfio** m. Gancho puntiagudo para asir o sostener cosas.
**garganta** f. Parte delantera del cuello. || Fauces.

**garito** m. Establecimiento dedicado al juego clandestino.
**garra** f. Pata con uñas afiladas de ciertos animales. || Fuerza, empuje, entusiasmo.
**garrafal** adj. Enorme, exagerado.
**garrocha** f. Vara larga.
**gas** m. Estado de la materia en que las moléculas que lo componen están poco ligadas entre ellas por las fuerzas de atracción recíprocas.
**gasa** f. Tira de tela de algodón, de malla poco tupida, que tiene diversos usos de cirugía.
**gasear** tr. Mezclar gas en un líquido. || tr. e intr. Esparcir gases tóxicos, o matar con ellos.
**gaseoso, sa** adj. En estado de gas. || f. Refresco de agua carbónica y azúcar.
**gasoducto** m. Conducto usado para el transporte a distancia de gases naturales.
**gasolina** f. Mezcla de hidrocarburos desde 4 hasta 12 carbonos. Se obtiene por destilación fraccionada del petróleo. Se usa como disolvente y como combustible en los motores de explosión.
**gastar** tr. Utilizar el dinero para algo. || Estropear, inutilizar.
**gasto** m. Dinero con el que se costea algún servicio recibido (juicios, otorgamiento de escrituras, herencias, etc.); suele usarse en plural.
**gástrico, ca** adj. Relativo al estómago.
**gastritis** f. Proceso inflamatorio que afecta a las paredes gástricas.
**gatear** intr. Trepar como los gatos. || Andar a gatas.
**gatillo** m. Disparador de las armas de fuego.
**gato** m. Nombre común a diversas especies de mamíferos carnívoros, de la familia Félidos. || Máquina para levantar pesos no demasiado grandes a poca altura.
**gaveta** f. Cajón corredizo de los escritorios.
**gay** adj. y m. Homosexual.
**gaznate** m. Garguero. || Fruta de sartén de forma cilíndrica. || Garganta.
**ge** f. Denominación de la letra *g*.
**géiser** m. Emisión intermitente de agua y vapor, a temperaturas superiores a 90 °C, procedente de zonas volcánicas del interior de la corteza terrestre.
**gelatina** f. Proteína natural derivada del colágeno. Sustancia blanca, transparente, prácticamente inodora e insípida.
**gélido, da** adj. Muy frío, helado.
**gema** f. Minerales, apreciados por su valor ornamental, de elevado precio.
**gemelo, la** adj. y s. Se dice de cada uno de los hijos de una misma gestación. || Pl. Instrumento de dos lentes a distancia.

**gemido** m. Exclamación, sonido, etc., de pena o padecimiento.

**gemir** intr. Exteriorizar la pena o el dolor con sonidos lastimeros.

**gendarme** com. Agente de policía.

**generación** f. Acción y efecto de engendrar. || Conjunto de descendientes de un individuo determinado.

**general** adj. Frecuente, universal, usual. || m. El grado más alto del ejército.

**generalizar** tr. y prnl. Convertir a la mayoría a una práctica, hacer común una cosa.

**generar** tr. Engendrar, originar.

**genérico, ca** adj. Propio de muchas clases, categorías, etc. || Relativo al género.

**género** m. Grupo de individuos con características comunes. || Clase, tipo.

**generoso, sa** adj. y s. Noble, altruista. || Espléndido, desprendido.

**génesis** f. Inicio o causa de una cosa.

**genial** adj. Con genio, con aptitud creadora.

**genio** m. Talento, capacidad para hacer algo. || Aptitud creadora, gran inteligencia.

**genital** adj. Relativo a los órganos y funciones de la reproducción. || m. pl. Se dice de los órganos sexuales.

**genitivo, va** adj. Que puede generar, engendrar o producir algo.

**genocidio** m. Política deliberada de exterminio de un grupo social (étnico, religioso, político).

**gente** f. Grupo de personas. || Denominación de los diversos grupos de una sociedad.

**gentil** adj. Apuesto, garrido, hermoso. || Educado, amable.

**gentilicio, cia** adj. Nombre que reciben los habitantes de un país, región, pueblo, etcétera.

**gentío** m. Muchedumbre.

**genuflexión** f. Acción y efecto de doblar una rodilla como muestra de sumisión o reverencia.

**genuino, na** adj. Auténtico, natural, legítimo.

**geodesia** f. Ciencia que estudia la forma y el tamaño de la Tierra.

**geografía** f. Ciencia que trata de analizar la localización y la distribución en el espacio de los diferentes elementos de la superficie terrestre.

**geometría** f. Parte de las matemáticas que se ocupa de las propiedades, medidas y relaciones entre puntos, líneas, ángulos, superficies y cuerpos.

**gerencia** f. Empleo, gestión y despacho del gerente. || Tiempo que permanece en tal cargo.

**geriatría** f. Especialidad médica que estudia el envejecimiento y a los ancianos.

**germánico, ca** adj. Relativo a Alemania o de los alemanes.

**germen** m. Microorganismo, especialmente bacteria.

**germinación** f. Acción de germinar. || En las plantas con semillas, conjunto de fenómenos que implican el desarrollo del embrión.

**germinar** intr. Empezar a brotar las semillas para dar lugar a una nueva planta.

**gerundio** m. Forma no personal de la conjugación verbal que en ocasiones puede tomar valor adverbial.

**gesta** f. Hazaña, hecho memorable o conjunto de los mismos.

**gestar** tr. Llevar en su seno y alimentar la madre al feto hasta el momento del parto.

**gesticular** adj. Relativo al gesto. || intr. Hacer gestos o muecas.

**gestionar** tr. Tramitar un negocio o cualquier otro asunto.

**gesto** m. Movimiento o mueca del rostro. || Aspecto, cara.

**gestudo, da** adj. y s. Que pone mal semblante.

**gigante, ta** adj. y s. Se dice de la persona o cosa cuyo tamaño es superior a los propios de su especie.

**gigantesco, ca** adj. Grandioso, muy destacado.

**gimnasia** f. Conjunto de ejercicios físicos para dotar de un desarrollo armónico, fortalecer y dar agilidad y flexibilidad al cuerpo.

**gimnospermas** f. pl. Subdivisión de plantas fanerógamas, caracterizadas por tener semillas primitivas, desnudas, sin formar un verdadero fruto.

**gira** f. Excursión de un día. || Serie de representaciones de una compañía dramática, actor, músico, etc., por distintos pueblos o ciudades.

**girar** intr. Moverse alrededor o formando círculos. || Tratar, versar sobre un asunto determinado. || Cambiar de dirección. || intr. y tr. Remitir dinero mediante giro postal.

**giratorio, ria** adj. Que se mueve en derredor a un eje.

**giro** m. Vuelta, desplazamiento circular. || Cariz, curso de un asunto.

**glaciación** f. Conjunto de fenómenos producidos a causa de un descenso acusado en la temperatura de la Tierra.

**glaciar** m. Acumulación de masas de hielo en zonas dentro del límite de las nieves perpetuas, donde las precipitaciones anuales superan a las cantidades de fusión.

**glande** m. Extremo anterior del pene donde existe el meato urinario.

**glándula** f. Estructura histológica u órgano de origen epitelial que posee funciones de secreción.

**glicerina** f. Alcohol propanotriol. Líquido siruposo, incoloro, higroscópico y de sabor dulce ardiente.

**glíptica** f. Arte y técnica del grabado sobre piedras duras y preciosas. || Técnica de grabación sobre acero de los cuños destinados a la fabricación de medallas y monedas.

**global** adj. Amplio, tomado en su conjunto.

**globo** m. Esfera. || El planeta Tierra. || Bolsa ligera de goma o similar que se puede hinchar y sirve de juguete a los niños.

**gloria** f. Fama, renombre que se alcanza.

**glorieta** f. Encrucijada de paseos en un jardín. || Plaza urbana, circular y no muy grande.

**glorificar** tr. Dar timbre de gloria y fama a uno. || Honrar a uno, reconocer su gloria, especialmente la de Dios. || prnl. Gloriarse.

**glorioso, sa** adj. Que merece la gloria, fama. || Se aplica a lo celestial.

**glosa** f. Ampliación o anotación de un texto. || Anotación en los libros de comercio. || Comentario o explicación que se hace de un pasaje oscuro o de difícil interpretación.

**glosario** m. Lista de voces desusadas o difíciles que requieren explicación. || Vocabulario, caudal, léxico.

**glotis** f. Parte intermedia de la laringe, entre el vestíbulo y la zona cónica de la base.

**glotón, na** adj. y s. Comilón, tragaldabas.

**glucosa** f. Monosacárido que constituye la principal fuente de energía de los organismos vivos.

**glúteo, a** adj. y m. Relativo a las nalgas.

**gnomo** m. En la mitología nórdica, genio de las montañas, bosque, etcétera.

**gobernar** tr. e intr. Orientar, regir la vida de una colectividad, especialmente de un país. || tr. Dominar a alguien, influir en él .

**gobierno** m. Conjunto de las actuaciones de dirección y coordinación de una sociedad, llevadas a cabo por quien, por elección o designación, tiene poder para ello.

**gol** m. En ciertos juegos de pelota, tanto que se obtiene al conseguir traspasar el balón la meta.

**golfo** m. Entrante, más o menos amplio, del mar hacia el interior de un continente.

**golosina** f. Manjar apetitoso, generalmente dulce, poco nutritivo. || Chuchería.

**golpe** m. Choque fuerte e inopinado de dos cuerpos. || Desgracia, revés que sobreviene de improviso. || Latido. || Robo, atraco.

**golpear** tr. e intr. Dar golpes continuos.

**goma** f. Caucho. || La que se utiliza para borrar lo escrito o dibujado.

**gordo, da** adj. Que le sobran carnes.

**gorgorito** m. Juego de voz en tonos agudos.

**gorgoteo** m. Ruido que produce un fluido en movimiento en el interior de una cavidad.

**gorra** f. Casquete circular de tela y con visera con el que se cubre la cabeza.

**gorro** m. Prenda similar a la gorra, generalmente sin visera, y de más abrigo. || Por extensión, capuchón, tapadera.

**gotear** intr. Precipitarse un líquido gota a gota. || Lloviznar, chispear.

**gotera** f. Filtración de agua a través de un techo o pared. || Lugar por donde entra el agua y mancha que produce.

**gozar** tr. e intr. Poseer algún bien.

**gozo** m. Satisfacción y júbilo que se experimenta por la contemplación de algo o su posesión sensorial.

**grabación** f. Proceso de registro de corrientes o voltajes en diversos medios, por procedimientos magnéticos, mecánicos, gráficos o fotográficos.

**grabar** tr. Labrar en hueco o en relieve, o hacer una incisión con un objeto punzante en una superficie de madera, metal o piedra. || Registrar sonidos en una cinta magnética o en un disco fonográfico, para que puedan posteriormente reproducirse.

**gracia** f. Disposición natural que hace que una persona tenga encanto. || Don, merced. || Cordialidad, benevolencia en el trato. || Ocurrencia, chiste.

**gracioso, sa** adj. Se dice de la persona o cosa de aspecto agradable. || Con gracia, ocurrente.

**grada** f. Peldaño. || Cada uno de los asientos escalonados de un teatro, estadio, plaza de toros, etcétera.

**grado** m. Categoría, jerarquía que guardan las cosas entre sí. || Cada categoría dentro de una institución.

**gradual** adj. Progresivo, escalonado.

**graduar** tr. Otorgar a una cosa el grado o calidad adecuados, o apreciar éstos. || Marcar los grados en que se divide algo. || Conceder un grado militar. || tr. y prnl. Dar una universidad el grado o título de acuerdo con los estudios realizados.

**graffiti** m. pl. Inscripción o pintura anónima realizada en paredes de edificios u otros lugares.

**grafía** f. Signo o serie de signos con que se representa un sonido.

**gráfico, ca** adj. Relativo a la escritura o a la imprenta. || Representado por medio de dibujos.

**gragea** f. Confite pequeño. || Preparado en forma de comprimido en el que el núcleo central medicamentoso está revestido de una capa protectora.

**gramática** f. Ciencia que estudia una lengua o la regula, especialmente en sus aspectos morfológicos y sintácticos.

**gramo** m. En el sistema cegesimal, unidad de masa que equivale a una milésima parte del kg.

**gramófono** m. Aparato reproductor de vibraciones sonoras, grabadas en un disco plano apoyado en un plato que gira.
**granada** f. Proyectil hueco que contiene un explosivo o producto químico y dispone de una espoleta para hacerlo detonar.
**granate** m. Color rojo oscuro.
**grande** adj. Que sobrepasa lo normal o regular.
**grandeza** f. Cualidad de grande. || fig. Nobleza, altura de miras.
**grandilocuencia** f. Elocuencia rica y profusa. || Estilo ampuloso y declamatorio.
**grandioso, sa** adj. Magnífico, imponente.
**granel, a** Se dice de los géneros sin envase o embalaje, o de las cosas menudas sin orden ni medida.
**granizar** intr. Caer granizo.
**granizo** m. Agua de lluvia que se congela en las alturas y se precipita en forma de grano helado.
**granja** f. Casa de campo con huerto y ganado estabulado. || Criaderos industriales de aves de corral.
**grano** m. Fruto de los cereales, especialmente de las gramíneas. || pl. Cereales.
**granular** adj. Que presenta o puede presentar granos. || Convertir en granos ciertas cosas.
**grapa** f. Pieza metálica ligera y pequeña que cose papeles, madera, etc., cerrando sus dos extremos.
**grasa** f. Éster glicérico de ácido graso que forma un compuesto neutro. || Sustancia que sirve para engrasar.
**gratificación** f. Remuneración por un servicio.
**gratificar** tr. Recompensar con una gratificación un servicio prestado.
**gratis** adj. Sin coste, de balde.
**gratitud** f. Reconocimiento y obligación ante un favor.
**grato, ta** adj. Placentero, agradable.
**grave** adj. Que tiene peso. || Importante, considerable. || Muy enfermo. || Imponente, adusto. || Se dice de la palabra con acento en la penúltima silaba; sinónimo de llana.
**gravedad** f. Fuerza de atracción que se manifiesta entre la Tierra y los cuerpos que están sobre su superficie o próximos a ella. || Cualidad y estado de grave. || Afectación.
**graznido** m. Sonido, grito de algunas aves, especialmente los córvidos.
**greca** f. Franja decorativa a base de líneas rectas que vuelven sobre sí mismas formando una serie de meandros rectilíneos.
**grecolatino, na** adj. Relativo a los griegos y latinos, especialmente a su cultura.
**gremio** m. Corporación profesional que agrupaba a artesanos de un

mismo oficio o de oficios relacionados. || Agrupación de personas con una misma profesión o estado social.

**grey** f. Rebaño.

**griego, ga** adj. y s. De Grecia.

**grieta** f. Hendedura, fisura en la tierra o cualquier cuerpo sólido.

**grifo, fa** m. Llave para dar paso a un líquido.

**grillete** m. Aro de hierro para inmovilizar los pies de un preso.

**gris** adj. y com. Se dice del color que se produce al mezclar el blanco y el negro. || adj. Triste, lánguido.

**gritar** intr. Alzar la voz más de lo debido. || Emitir uno o varios gritos. || tr. Reprender con severidad o mandar con gritos.

**grosero, ra** adj. Rudo, zafio, vulgar.

**grosor** m. Espesor o grueso de un cuerpo.

**grúa** f. Máquina para levantar y trasladar pesos. || Automóvil dotado de dicha máquina, para remolcar a otro.

**grueso, sa** adj. Abultado, voluminoso.

**grumo** m. Porción de un líquido que se coagula.

**gruñido** m. Sonido que emite el cerdo. || Bufido de ciertos animales.

**gruñir** intr. Emitir gruñidos. || Refunfuñar, mascullar amenazas.

**grupo** m. Conjunto coherente y diferenciado de personas o cosas. || Cada una de las columnas de la tabla periódica de los elementos.

**gruta** f. Cavidad neutral excavada en una formación rocosa. || Caverna. || Cueva.

**guante** m. Prenda que cubre la mano adaptándose a ella.

**guardabosques** com. Vigilante de un bosque.

**guardacostas** m. Buque de guerra pequeño y muy rápido, para la vigilancia de las aguas jurisdiccionales y la persecución del contrabando.

**guardaespaldas** com. Guarda personal de alguien importante.

**guardapolvo** m. Funda, cosa que recubre algo y lo protege del polvo.

**guardar** tr. Custodiar, salvaguardar algo o a alguien. || Cumplir y hacer cumplir las leyes.

**guardarropa** f. y m. En restaurantes, discotecas, etc., dependencia donde se guardan los abrigos y otros objetos de la clientela. || Armario, ropero.

**guardería** f. Lugar donde permanecen los niños menores de 4 años al cuidado de ciertas personas, generalmente mientras los padres trabajan.

**guardia** f. Acción de guardar y vigilar. || Grupo de soldados o gente armada que vigila o protege a una persona o lugar.

**guarecer** prnl. Cobijarse en un lugar para escapar de un daño, una tempestad, etcétera.

**guarismo** m. Signo o conjunto de signos que representan un número.
**guarnición** f. Adorno que se coloca en colgaduras, vestidos, etc. || Engaste de metal en que se encajan las piedras preciosas. || Tropa que protege una plaza.
**guerra** f. Lucha armada entre dos o más comunidades humanas, que se realiza con fuerzas sometidas a algún tipo de disciplina, con una visión estratégica y de modo más o menos prolongado en el tiempo.
**guerrear** intr. y tr. Llevar a cabo una guerra. || Oponerse, enfrentarse.
**guerrilla** f. Grupo de gente armada que, sin pertenecer a un ejército regular, ataca por sorpresa a un ejército invasor, o al del propio país, al cual se opone.
**guía** com. Persona que conduce o muestra el camino a otras.
**guiar** tr. Conducir hacia un sitio. || Conducir un vehículo. || Aconsejar u orientar en un asunto.
**guillotina** f. Cuchilla para cortar el papel.
**guiñapo** m. Jirón de ropa, andrajo, trapo. || Persona enfermiza y pobre de espíritu.
**guiñar** tr. Hacer parpadear un ojo sólo a guisa de saludo, seña o insinuación.
**guiñol** m. Espectáculo de títeres o muñecos.
**guión** m. Escrito que se sigue y amplía para dar una conferencia, charla, etc. || En el cine, texto que contiene el desarrollo del argumento o acción. || Signo ortográfico (-) con distintas funciones.
**guirnalda** f. Especie de corona que se teje con flores o ramas.
**guisar** tr. Cocinar los alimentos y ponerlos al fuego.
**guitarra** f. Instrumento musical de cuerdas pinzadas; caja acústica ovalada de fondo plano, mango con 19 trastes.
**gula** f. Apetito desenfrenado, vicio de comer y beber.
**gusano** m. Invertebrados de cuerpo alargado y simetría bilateral, carentes de extremidades. || Larva de insecto que se desarrolla sobre alimentos en descomposición. || Oruga. || Lombriz.
**gustar** tr. Probar con el paladar el sabor de una cosa. || intr. Complacer, agradar, sentir satisfacción en algo.
**gusto** m. Sentido corporal por el que se aprecia el sabor de las sustancias. || Sabor de las cosas. || Agrado o satisfacción ante ciertas cosas. || Antojo, manía, deseo.
**gutural** adj. Relativo a la garganta. || adj. y f. Se dice de los sonidos velares.

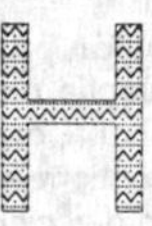

**h** f. Novena letra del abecedario castellano (H, h); su nombre es *hache*.

**haber** m. Conjunto de bienes y derechos que una persona posee. || Verbo auxiliar que sirve para formar los tiempos compuestos de los verbos.

**hábil** adj. Apto o competente para realizar algo.

**habilidad** f. Maestría, disposición para hacer algo.

**habilitar** tr. Volver hábil a una persona o cosa.

**habitación** f. Construcción destinada a morada del hombre. || Dormitorio.

**habitante** com. Persona o animal que vive en un determinado lugar.

**habitar** tr. e intr. Alojarse, tener la residencia en un sitio determinado.

**hábitat** m. Conjunto de las condiciones ambientales, climáticas o biológicas que favorecen la vida y el desarrollo de una determinada especie animal o vegetal.

**hábito** m. Práctica usual y repetitiva en la manera de actuar.

**habla** f. Facultad de hablar. || Forma peculiar de usar el lenguaje en una región o por un determinado grupo social.

**hablar** intr. Emitir sonidos articulados. || Emplear las personas un mismo código lingüístico para comunicarse.

**hacer** tr. Fabricar un objeto o dar forma a algo. || Causar, producir. || Emprender y realizar una actividad física o mental.

**hacia** prep. Expresa dirección, inclinación o tendencia. || Aproximadamente, alrededor de, cerca de.

**hacienda** f. Predio, finca agrícola. || Capital que uno posee.

**hacha** f. Útil formado por una hoja de hierro de forma trapezoidal, afilada por uno o los dos lados, con un ojo en el centro, en el que se inserta un mango para manejarlo.

**hache** f. Nombre de la letra *h*.

**hada** f. Ser sobrenatural dotado de poderes mágicos que posee forma de mujer.

**halagar** tr. Expresar el amor o la admiración que se guarda a uno. || Adular. || Gustar, agradar.

**hálito** m. Aliento. || Vapor que se desprende de algo.

**halo** m. Círculo luminoso que a veces rodea al Sol y a la Luna, debido a la refracción y reflexión de la luz a través de una nube formada de cristales de hielo.

**hallar** tr. Encontrar algo o a alguien. || Descubrir, inventar. || prnl. Estar, encontrarse en determinada condición, estado o lugar.

**hallazgo** m. Descubrimiento, encuentro casual de objetos ajenos abandonados o perdidos.

**hamaca** f. Lona o red con cuerdas en los extremos que permiten tenderla en alto entre dos árboles, palos, etcétera.

**hambre** f. Apetito, deseo o necesidad de ingerir alimentos.

**hampa** f. Conjunto de individuos que se dedican a actividades delictivas.

**hangar** m. Cobertizo, especialmente el que sirve de resguardo y protección a los aviones.

**haragán, na** adj. y s. Vago, gandul.

**harapo** m. Jirón de ropa vieja y desgastada.

**harina** f. El polvo que se consigue al moler los granos de trigo, centeno, etcétera.

**hartar** tr., intr. y prnl. Satisfacer por completo el hambre o la sed.

**harto, ta** adj. y s. Lleno, saciado. || adv. Bastante.

**hasta** prep. Indica el término al que se llega en el tiempo, en el espacio o en cantidades o acciones.

**hastío** m. Asco por la comida. || fig. Aburrimiento, fastidio.

**haz** m. Grupo de ramas, mieses, etc., que se ata de una vez. || Agrupación de fibras nerviosas o musculares. || Corriente unidireccional de radiaciones o partículas. || pl. Fasces o haces.

**hazaña** f. Gesta, proeza, hecho heroico.

**hazmerreír** m. fam. Persona grotesca, risible, ridícula.

**hebra** f. Trozo de hilo que se introduce en la aguja de coser. || Cualquier filamento de un tejido semejante al hilo.

**hecatombe** f. Matanza. || Catástrofe.

**heces** f. pl. Residuos de las sustancias alimentarias una vez que éstas han sufrido el proceso digestivo y han sido sometidas por la flora bacteriana del intestino a procesos de fermentación y putrefacción.

**hechicero, ra** adj. y s. Brujo, que realiza hechizos, actos mágicos, basándose en poderes sobrenaturales u ocultos. || adj. Que seduce o hechiza.

**hechizar** tr. Echar un maleficio a alguien con métodos supersticiosos. || Asombrar, fascinar.

**hecho, cha** adj. Completo, terminado. || m. Acción u obra. || Hazaña. || Acontecimiento, suceso. || Asunto a que se hace referencia.

**hechura** f. Acción y efecto de hacer, especialmente referido a la confección de un traje.

**heder** intr. Expeler un olor fétido. || Aburrir, molestar.

**hedor** m. Olor repugnante.

**hegemonía** f. Predominio de una nación sobre otras. || Por extensión, superioridad de una persona o clase social sobre otras.

**helado, da** adj. Glacial, muy frío. || m. Golosina hecha de trufas, azúcar, huevo y otros ingredientes congelada. || Sorbete.

**helar** tr., intr. y prnl. Congelar, transformar en hielo. || Asombrar, dejar atónito.

**helénico, ca** adj. Relativo a Grecia.

**helenismo** Conjunto de influencias de la civilización griega que ha recibido la cultura universal.

**hélice** f. Dispositivo formado por varias paletas que giran alrededor de un eje en un medic fluido; se usa en muchas máquinas como propulsores o ventiladores.

**helicóptero** m. Aeroplano sin alas, provisto de una gran hélice o rotor de eje vertical y movimiento lento, que funciona con motor.

**helioterapia** f. Uso terapéutico de las radiaciones solares.

**hematoma** m. Colección sanguínea formada en el espesor de un tejido.

**hembra** f. Animal perteneciente al sexo femenino.

**hemeroteca** f. Lugar en que se conservan periódicos y revistas que puede consultar el público.

**hemiciclo** m. Semicírculo.

**hemisferio** m. Cada una de las partes de la esfera terrestre separadas por el plano del ecuador.

**hemoglobina** f. Pigmento rojo de la sangre contenido en los hematíes.

**hemorragia** f. Salida de la sangre de los vasos sanguíneos.

**hemorroidal** adj. Relativo a las hemorroides. || Se dice de los vasos y nervios que irrigan e inervan a la ampolla rectal y al ano.

**hemorroide** f. Lesión varicosa de los vasos hemorroidales.

**hendidura** f. Grieta, abertura en un sólido que no llega a dividirlo totalmente.

**hepático, ca** adj. Relativo al hígado.

**hepatitis** f. Proceso inflamatorio agudo o crónico del hígado.

**heptaedro** m. Poliedro irregular de siete caras.
**heptágono, na** adj. y s. Se dice del polígono de siete lados.
**heráldica** f. Técnica de crear, leer y describir un escudo de armas.
**herbáceo, a** adj. Se dice de los órganos y plantas con aspecto de hierba, sin lignificar.
**herbívoro, ra** adj. y s. Se dice del animal que se alimenta de plantas.
**herbolario, ria** m. y f. Persona que se dedica a la recolección y venta de plantas medicinales.
**heredar** tr. Hacerse cargo total o parcialmente por testamento o por ley de los bienes y obligaciones de una persona que no se extingan con la muerte.
**hereditario, ria** adj. Relativo a la herencia o adquirido por ella. || fig. Que pasa de padres a hijos.
**herejía** f. Posición contraria a las comúnmente aceptadas en una ciencia o arte. || Desatino, despropósito.
**herencia** f. Derecho de heredar. || Conjunto de bienes, derechos y obligaciones que posee una persona hasta el momento de su muerte y que después pasan a otras personas que le sobreviven y suceden.
**herida** f. Lesión de causa mecánica en la que existe una solución de continuidad del tegumento. || Golpe y lesión que causa un arma blanca. || Pesar, dolor moral.
**herir** tr. Rasgar la piel o los tejidos del cuerpo por algún medio violento. || Insultar, agraviar.
**hermafrodita** adj. y com. Se dice del individuo que parece tener los dos sexos, por anomalías anatómicas.
**hermano, na** m. y f. Con respecto a otro, hijo de los mismos padres o que tienen en común al menos uno de ellos. || fig. Miembro de una orden religiosa, cofradía, sociedad, etcétera.
**hermético, ca** adj. Que cierra totalmente, sin permitir la circulación de un fluido.
**hermosura** f. Bella forma y apariencia. || Cualidades, virtudes, armonía.
**hernia** f. Tumoración causada por el desplazamiento de una víscera de la cavidad que la contiene.
**héroe** m. Varón célebre por sus proezas o méritos. || El que realiza una hazaña. || Semidiós.
**heroico, ca** adj. Relativo al héroe, heroína, o sus acciones. || Se aplica al poema que ensalza hechos ilustres.
**heroína** f. Alcaloide derivado de la morfina contenida en el opio.
**herpes** (o **herpe**) amb. Afección cutánea que se caracteriza por la formación de vesículas pequeñas en la zona de transición cutáneomucosa, como son los labios o genitales externos.

**herradura** f. Hierro de forma semicircular, con los extremos que tienden a unirse, que se le pone en los cascos a las caballerías.
**herramienta** f. Útil que emplean los artesanos en sus respectivas profesiones.
**hervir** intr. Bullir o agitarse un líquido a causa de la fermentación o de un aumento de temperatura.
**hervor** m. Acción y efecto de hervir. || Viveza, agitación.
**heterodoxia** f. Desacuerdo con el dogma católico.
**heterogéneo, a** adj. Formado por partes diferentes entre sí. || Distinto, extraño.
**heterosexual** adj. Se dice de la relación sexual entre miembros de distinto sexo.
**hialografía** f. Técnica del grabado en vidrio. || Pintura sobre cristal.
**hibernación** f. Mecanismo de defensa de numerosas especies animales durante la estación desfavorable, basado en reducir al mínimo su metabolismo y temperatura corporal.
**hibernar** intr. Estar en invierno. || Transcurrir el invierno. || Mantenerse en estado de hibernación durante el invierno.
**híbrido, da** adj. y s. Se dice del animal o vegetal obtenido del cruzamiento de dos progenitores diferenciados en uno o más caracteres hereditarios.
**hidratación** f. Fenómeno químico que consiste en absorber agua por parte de un compuesto para formar otro.
**hidratar** tr. Combinar una sustancia con agua, convirtiéndola en hidrato.
**hidráulico, ca** adj. Relativo a la hidráulica o a la hidrodinámica. || Que se mueve por medio del agua. || f. Técnica del aprovechamiento de las aguas naturales.
**hidrodinámica** f. Parte de la mecánica que estudia el movimiento de los liquidos.
**hidrofobia** f. Aversión patológica al agua. || Rabia.
**hidroplano** f. Embarcación de motor de gran potencia que planea sobre el agua mediante sustentadores o patines.
**hidrosfera** f. Conjunto de la envoltura acuosa que rodea a la Tierra y que ocupa aproximadamente el 70% de su superficie, repartida en aguas dulces y marinas.
**hiel** f. Bilis. || Desabrimiento, amargura.
**hielo** m. Agua solidificada por enfriamiento y cuyas moléculas se disponen en una red hexagonal.
**hierba** f. Planta no lignificada, o sólo parcialmente, de modo que todos sus órganos son de consistencia más o menos blanda.
**hígado** m. Glándula anexa del tubo digestivo que ocupa el hipocon-

drio derecho de la cavidad abdominal.

**higiene** f. Rama de la ciencia médica cuyo objetivo es el estudio del estado de salud individual o colectiva y de las técnicas adecuadas al mantenimiento del mismo. || Aseo en sentido general.

**hijastro, tra** m. y f. En relación con uno de los cónyuges, hijo o hija de un matrimonio anterior.

**hijo, ja** m. y f. Persona o animal respecto de sus progenitores.

**hilar** tr. Convertir en hilo. || Hacer el gusano de seda la hebra para el capullo. || Producir hilos determinados insectos. || Pensar, deducir.

**hilera** s. Serie de personas o cosas colocadas en línea.

**hilo** m. Cuerpo largo, delgado y flexible, constituido por fibras textiles retorcidas. || Hebra que segregan algunos arácnidos e insectos.

**hilván** m. Costura de puntadas largas para sujetar o preparar las piezas que se han de coser.

**hilvanar** tr. Disponer las piezas con hilvanes. || Relacionar o enlazar ideas, pensamientos.

**himen** m. Membrana que, en la mujer virgen, cierra de forma incompleta la cavidad vaginal.

**himno** m. Canto de piezas heterogéneas versificadas, en un principio de alabanza o invocación de una divinidad. Pueden tener también carácter patriótico o para exaltar las acciones de un pueblo, comunidad, partido o individuo.

**hincar** tr. Entrar por fuerza una cosa en otra. || Apoyar algo con fuerza sobre una cosa. || prnl. Arrodillarse.

**hinchar** tr. y prnl. Dilatar un cuerpo, aumentar su volumen, generalmente llenándolo de un fluido.

**hindú** adj. y com. De la India o relativo a ella.

**hipérbaton** m. Alteración del orden sintáctico normal de las palabras.

**hipérbole** f. Figura retórica que recurre a la excesiva exageración.

**hípico** adj. Del caballo, o el deporte con él relacionado.

**hipnosis** f. Estado de sueño parcial provocado por medio de la sugestión.

**hipnótico, ca** adj. y s. Relativo al sueño. || adj. y m. Se dice del fármaco que induce al sueño.

**hipo** m. Contracción espasmódica del diafragma durante la inspiración y asociada a un cierre parcial de la glotis, que determina la producción del característico ruido.

**hipocampo** m. Caballito de mar.

**hipocentro** m. Parte interior de la corteza terrestre en la que se produce un terremoto o movimiento sísmico.

**hipocresía** f. Falsedad, doblez, manifestación de sentimientos o ideas distintos a los reales.

**hipódromo** m. Pista e instalaciones en las que se corren las carreras de caballos, o de trotones con carro.

**hipoteca** f. Contrato, generalmente de préstamo, por el que el deudor ofrece como garantía de su cumplimiento un bien inmueble, que queda bajo su posesión.

**hipotenusa** f. Lado mayor de un triángulo rectángulo.

**hipótesis** f. Conjetura que se hace sobre algo para sacar una conclusión.

**hispánico, ca** adj. y s. Relativo a España.

**hispanoamericano, na** adj. Relativo a lo español y americano conjuntamente.

**historia** f. Estudio de las relaciones que han establecido los hombres en las sociedades del pasado, la interacción entre dichas relaciones y los modos culturales que generan, y los acontecimiento con que se expresa el conjunto.

**historial** adj. Relativo a la historia. || m. Relación pormenorizada de desarrollo de un negocio, o de los antecedentes profesionales de alguien.

**histórico, ca** adj. Relativo a la historia. || Verificado, experimentado.

**historieta** f. Narración corta, anécdota.

**histrión** m. Actor clásico que actuaba disfrazado. || Actor teatral.

**hobby** m. Actividad a la que uno se dedica por afición y entretenimiento en los ratos de ocio.

**hocico** m. Parte prominente de la cara de los animales, que comprende la nariz y la boca.

**hockey** m. Deporte de equipo que consiste en introducir una pequeña pelota, impulsada por un bastón curvo, en la portería contraria.

**hogar** m. Domicilio, vivienda. || Vida familiar.

**hogareño, ña** adj. Que gusta de la vida familiar. || Relativo al hogar.

**hoguera** f. Fuego que se hace al aire libre y produce grandes llamas.

**hoja** f. Órgano que brota lateralmente de los tallos y ramas, de forma generalmente laminar y delgada. || Lámina muy fina de papel, metal, madera, etc. || Cada una de las partes iguales de papel en que se divide un pliego.

**hojalata** f. Lámina metálica y fina, cuyas caras están cubiertas de estaño.

**hojear** tr. Mirar o leer un libro superficialmente.

**holandés, sa** adj. y s. De Holanda.

**holgado, da** adj. Ancho, desahogado. || Acomodado, que vive sin problemas económicos.

**holganza** f. Reposo, quietud.

**holgazán, na** adj. y s. Perezoso, vago.
**holocausto** m. Genocidio.
**holoceno** m. Último periodo del cuaternario, que se inicia a partir de la última glaciación (Würm) y continúa en la época actual.
**holograma** m. Dispositivo fotográfico, impresionado con rayos láser, que permite reproducir un objeto en tres dimensiones.
**hollejo** m. Piel muy delgada que cubre algunas frutas y legumbres; forma parte del pericarpo.
**hollín** m. Sustancia de color negro que el humo deposita en lo que tiene contacto asiduo con él.
**hombre** m. Ser humano; animal mamífero dotado de razón, lenguaje y memoria conscientes. || Varón, sexo masculino, entre los humanos.
**hombría** f. Calidad de hombre.
**hombro** m. Región anatómica de unión del miembro superior al tronco.
**homenaje** m. Voto solemne de fidelidad que un vasallo daba a su señor. || Veneración, respeto hacia algo o alguien. || Acto o actos en honor de una persona.
**homeopatía** f. Sistema terapéutico basado en dos principios fundamentales: el de la similitud y el de la dosis mínima.
**homicidio** m. Muerte que causa una persona a otra, con voluntad de hacerlo.
**homínidos** m. pl. Familia del orden Primates que incluye especies de postura erguida (bipedismo).
**homogéneo, a** adj. Del mismo género o naturaleza.
**homógrafo, fa** adj. Se dice de las palabras distintas que se escriben del mismo modo (*así*, del verbo asir, y *así*, adverbio).
**homólogo, ga** adj. Se aplica a todo aquello que responde a la misma estructura, norma, etcétera, que otra cosa. || Se aplica a las palabras sinónimas.
**homonimia** f. Fenómeno por el que palabras gráficamente iguales tienen sentidos distintos (*gato*, animal y herramienta).
**homosexualidad** f. Atracción sexual entre personas del mismo sexo.
**honda** f. Arma generalmente de piel y cuerda que al hacerla girar rápidamente consigue arrojar piedras a distancias considerables. || Braga, cuerda.
**hondo, da** adj. Terreno que desciende o baja bruscamente con respecto a los que lo rodean.
**honesto, ta** adj. Moral, decente. || Púdico. || Íntegro, honrado.
**honor** m. Estima que uno tiene de sí mismo, y consideración que los demás le guardan. || Honra, buena fama.
**honorable** adj. Que merece honra y respeto.

**honorario, ria** adj. Que posee los honores de un cargo o dignidad, pero sin ejercerlo. || m. Gaje honorífico. || m. pl. Remuneración en una profesión liberal.

**honra** f. Amor propio, consideración que uno se guarda a sí mismo. || Honestidad, honor. || Buen nombre y fama.

**honrado, da** adj. Que es persona de bien, íntegra, leal. || Cumplidor, responsable.

**honrar** tr. Guardar respeto y consideración hacia alguien. || Favorecer, distinguir. || Dar fama y honra a alguien.

**hora** f. Cada una de las 24 divisiones de un día solar. || Momento del día en que suele realizarse algo. || Indicación horaria.

**horca** f. Patíbulo formado generalmente por dos palos en forma de *L* invertida y uno más en el ángulo de sostén, del que se colgaba a los que morían ahorcados.

**horizontal** adj. Que está en el horizonte o paralelo a él.

**horizonte** m. Línea más lejana que alcanza la vista, donde parece que se junta el cielo con la tierra.

**horma** f. Útil para dar la forma deseada a un objeto, generalmente zapatos, guantes, etcétera.

**hormigueo** m. Sensación de picor, semejante al que producirían las hormigas corriendo por el cuerpo.

**hormiguero** m. Construcción para albergar a una colonia de hormigas, generalmente subterránea.

**hormona** f. Sustancia química segregada por las glándulas endocrinas, básica para el metabolismo.

**hornear** intr. Mantener algo en el horno hasta que se cueza o dore. || Realizar el trabajo de hornero.

**horno** m. Espacio cerrado en el que se produce con leña, carbón u otro combustible, una temperatura elevada.

**horóscopo** m. Gráfico usado en ciertas técnicas de vaticinio de futuro. Basado en una división convencional del espacio en 12 partes iguales, correspondientes a las 12 "casas" celestes.

**horror** m. Espanto, pánico que provoca paralización o estremecimiento. || Barbaridad, atrocidad. || fam. Miedo a algo que parece insuperable.

**horrorizar** tr. Provocar horror. || prnl. Tener pánico o miedo, aterrarse.

**hortaliza** f. Planta herbácea que se cultiva en huerta para uso alimentario.

**hosco, ca** adj. Se aplica al color moreno muy intenso. || Arisco, huraño.

**hospedar** tr. Albergar a alguien en calidad de huésped. || prnl. Alojarse como huésped.

**hospicio** m. Casa en que se alojaban peregrinos, enfermos, etc. ||

Asilo para niños pobres o huérfanos.

**hospital** m. Centro asistencial público para el diagnóstico y tratamiento de los enfermos.

**hospitalario, ria** adj. Que recibe y trata con solicitud a sus huéspedes.

**hospitalizar** tr. Internar a un enfermo en una residencia sanitaria o en un hospital.

**hostería** f. Establecimiento donde se da de comer y albergue por dinero.

**hostia** f. Ofrenda hecha en sacrificio. || Oblea redonda y delgada que consagra el sacerdote en el sacrificio de la misa.

**hostigar** tr. Fustigar con el látigo o algo similar. || fig. Acosar, incordiar con mofa, chanza, etcétera.

**hostil** adj. Antagonista, adversario.

**hostilizar** tr. Agredir, atacar al enemigo.

**hoy** adv. En el día presente. || En la actualidad.

**hoyo** m. Hueco o agujero en la tierra o en otras superficies. || Hoyo, tumba.

**huasteco, ca** adj. y s. Se dice del pueblo amerindio de México, del grupo zoque-maya, de la familia lingüística maya-quiché.

**hueco, ca** adj. y s. Cóncavo, que no es macizo, que está vacío.

**huelga** f. Cese voluntario del trabajo, por parte de los trabajadores, con fines de protesta o reivindicación. || Tiempo que no se trabaja.

**huella** f. Vestigio que deja en la tierra el pie del hombre, la pezuña de un animal, etc. || fig. Señal, pista.

**huérfano, na** adj. y s. Se aplica a la persona que ha perdido al padre o a la madre, o a ambos.

**huerta** f. Región agrícola, o zona donde se cultivan hortalizas y árboles frutales.

**hueso** m. Cada una de las piezas duras que constituyen el esqueleto óseo. || Parte dura que cubre la semilla de ciertos frutos carnosos.

**huésped, da** m. y f. Persona que se alberga en casa como invitado, o en un hotel, pensión, etc. || m. Organismo sobre el que vive un parásito.

**huevo** m. Célula diploide procedente de la fecundación del gameto masculino (con el femenino). || Por extensión, todo óvulo fecundado que desarrolla un nuevo individuo.

**huir** intr. y prnl. Escaparse, escabullirse de un lugar, o de personas, animales o cosas, por temor a un peligro o perjuicio. || Distanciarse algo a toda prisa.

**hule** m. Caucho. || Tela flexible recubierta de una capa brillante e impermeable por una de sus caras.

**hulla** f. Combustible fósil, con una riqueza de carbono entre 75 y 90%, negro, brillo mate, arde difícilmente.

**humanidad** f. Reunión de todos los hombres. || Género o linaje humano.

**humanista** com. Persona que estudia o es aficionada a las humanidades, especialmente en el Renacimiento.

**humanizar** tr. Volver más humano algo o a alguien. || prnl. Adoptar actitudes compasivas hacia los otros.

**humareda** f. Gran cantidad de humo.

**humear** intr. y prnl. Despedir humo. || intr. Desprender algo vapor.

**humectar** tr. Humedecer.

**humedad** f. Cantidad de vapor de agua que contiene la atmósfera e impregna a los cuerpos.

**humedecer** tr. y prnl. Originar humedad algo.

**humildad** f. Virtud de asumir los defectos y errores propios.

**humilde** adj. Que posee humildad. || Pobre, modesto.

**humillar** tr. y prnl. Agachar, doblegar alguna parte del cuerpo, especialmente la cabeza o la rodilla, como prueba de obediencia o acatamiento.

**humo** m. Producto gaseoso que se desprende de la combustión incompleta de los combustibles. || Vapor que expulsa una sustancia al fermentar.

**humor** m. Estado de ánimo. || Denominación antigua de los líquidos del organismo.

**humorismo** m. Aptitud del humorista. || Estilo literario jocoso.

**humus** m. Conjunto de materiales orgánicos, total o parcialmente descompuestos en el suelo por acción combinada química y de las poblaciones de microorganismos.

**hundir** tr. y prnl. Sumergir, ahondar algo.

**húngaro, ra** adj. Relativo o perteneciente a Hungría.

**huracán** m. Viento muy impetuoso.

**huraño, ña** adj. Arisco, esquivo.

**hurgar** tr. y prnl. Escarbar algo con un instrumento o con los dedos.

**hurtar** tr. Robar, sisar. || Sustraer parte del peso o la medida justa. || Hacer alguien suyo lo que otro dice o escribe. || Desviar.

**I**

**i** f. Décima letra del abecedario castellano y tercera de sus vocales.
**ibérico, ca** adj. y s. Relativo a Iberia.
**icono** m. Imagen.
**icosaedro** m. Poliedro de veinte caras.
**icoságono** m. Polígono de veinte lados.
**idea** f. Representación mental de una cosa que no se debe a estimulación sensorial directa. || Centro, parte esencial alrededor de la cual gira una doctrina, asunto, exposición, etcétera.
**ideal** adj. Relativo a la idea. || Irreal, imaginario, fantástico. || m. Prototipo perfecto de algo.
**idear** tr. Discurrir, concebir ideas sobre algo. || Ingeniar, proyectar algo realizable.
**identidad** f. Calidad de idéntico. || Circunstancia de ser una persona o cosa la misma que se supone o justifica.
**identificar** tr. y prnl. Mostrar y probar la identidad de una persona o cosa.
**ideograma** m. Símbolo que en la escritura de algunas lenguas representa el conjunto de una palabra o de una frase.
**ideología** f. Conjunto de ideas, valores, aspiraciones, etcétera.
**idilio** m. Aventura amorosa de carácter tierno y romántico.
**idioma** m. Lengua de una comunidad.
**idiomático, ca** adj. Particular y propio de un idioma determinado.
**idiota** adj. Bobo, ignorante.
**idolatrar** tr. Venerar ídolos, imágenes. || fig. Querer con total sumisión y entrega.
**ídolo** m. Imagen que se venera de una deidad. || Persona que es admirada en exceso.

**idóneo, a** adj. Que reúne las condiciones precisas, que es adecuado o conveniente.
**iglú** m. Vivienda esquimal hecha con bloques de hielo, en forma de cúpula.
**ígneo, a** adj. Relativo al fuego o con alguna de sus cualidades. || De color fuego.
**ignorancia** f. Carencia de instrucción y educación. || Desconocimiento, falta de saber.
**ignorar** tr. No tener información o noción de algo. || Hacer caso omiso.
**ignoto, ta** adj. Desconocido, que permanece ignorado.
**igual** adj. Que es lo mismo o el equivalente de algo. || m. Signo matemático de la igualdad (=).
**igualar** tr. y prnl. Eliminar las diferencias entre personas o entre cosas.
**igualdad** f. Equivalencia que se da entre las partes iguales de un todo.
**ilación** f. Acción y efecto de inferir o deducir. || Coherencia en las ideas o exposición de un discurso.
**ilegal** adj. Que es contrario a la ley.
**ilegible** adj. Que resulta imposible de leer.
**ilegítimo, ma** adj. Se dice de aquellas actuaciones contrarias a la ley o a la costumbre.
**ileso, sa** adj. Indemne, a salvo.
**ilícito, ta** adj. Que está fuera de la ley o de la moral.
**ilógico, ca** adj. Falto de lógica.
**iluminación** f. Conjunto de luces fijas o dispuestas en un lugar.
**iluminado** adj. y s. Alumbrado.
**ilusión** f. Deformación de la realidad. || Anhelo, deseo irracional.
**ilusionar** tr. y prnl. Crear ilusiones en alguien.
**ilustración** f. Imagen gráfica que acompaña a un texto.
**ilustrar** tr. y prnl. Instruir, educar a uno. || Poner las ilustraciones, grabados, estampas, etc., en un texto.
**ilustre** adj. Noble, de linaje insigne. || Famoso, célebre.
**imagen** f. Representación pictórica o escultórica de una persona o cosa. || Figura que se tiene en la mente de una persona o cosa. || Tropo, metáfora.
**imaginación** f. Fantasía, inventiva.
**imaginar** tr. Formar imágenes. || Ingeniar, crear.
**imanar** tr. y prnl. Volver magnético un cuerpo, darle las propiedades del imán.
**imbécil** adj. y com. Tonto, necio.
**imberbe** adj. Que carece de barba.
**imitación** f. Falsificación, que se parece lo más posible al original.
**imitar** tr. Falsificar algo, hacer que se parezca lo más posible a un original.

**impacientar** tr. Agotar la paciencia de uno. || prnl. Desesperarse, perder la paciencia.
**impacto** m. Choque, incidencia de un proyectil en el blanco.
**impar** adj. Que no tiene par, sin igual.
**impartir** tr. Repartir, conceder, comunicar.
**impecable** adj. Intachable. || De apariencia perfecta.
**impedimento** m. Estorbo, obstáculo, inconveniente.
**impedir** tr. Obstaculizar o entorpecer la realización en el funcionamiento de algo.
**imperar** intr. Mandar, regir, predominar.
**imperativo, va** adj. y s. Que impera u ordena. || Se dice de cierto modo gramatical
**imperfección** f. Carencia de perfección. || Fallo, deficiencia moral.
**imperial** adj. Relativo al emperador o al imperio.
**imperio** m. Organización política, superior en dignidad al reino, formada por diversos pueblos y organizaciones estatales, bajo la hegemonía de una de ellas.
**impermeable** adj. Que no deja pasar el agua o cualquier otro fluido. || m. Especie de abrigo que impide que cale el agua de la lluvia.
**impersonal** adj. Que no se dirige a nadie personalmente.
**impertérrito, ta** adj. Que no se inmuta.
**impertinente** adj. Que es improcedente. || adj. y s. Irrespetuoso, desagradable.
**imperturbable** adj. Que no se perturba, impávido.
**ímpetu** m. Movimiento violento y resuelto. || Brío, vehemencia.
**Impío, a** adj. Sin piedad. || Descreído.
**implacable** adj. Inflexible. || Inexorable.
**implantar** tr. y prnl. Instituir y poner en funcionamiento leyes, costumbres, modas, etcétera.
**implicar** tr. y prnl. Involucrar, mezclar a alguien en algo. || Encerrar, llevar consigo, indicar.
**implícito, ta** adj. Incluido, sobreentendido.
**implorar** tr. Rogar, suplicar con llanto o lamentos.
**imponente** adj. y com. Enorme, formidable.
**imponer** tr. Gravar con cargas, impuestos, tareas, etcétera.
**importación** f. Introducción de bienes y servicios del exterior a un país.
**importante** adj. Con importancia. || Que es significativo o valioso.
**importar** intr. Interesar, significar. || Introducir cosas en un país procedente de otro.
**importe** m. Coste de algo.

**imposibilitar** tr. Impedir que algo sea posible. || prnl. Quedar impedido.
**imposición** f. Lo que se impone. || Obligación excesiva.
**impostor, ra** adj. y s. Suplantador de otro.
**impracticable** adj. Que no se puede practicar.
**impregnar** tr. Mojar, embeber.
**imprenta** f. Técnica de imprimir. || Sitio donde se imprime.
**imprescindible** adj. Esencial, indispensable.
**impresión** f. Procedimiento de la técnica de imprimir. || Obra impresa.
**impresionar** tr. y prnl. Grabar una cosa en el ánimo, proyectarla con intensidad. || Conturbar profundamente el ánimo.
**impresor, ra** adj. Que imprime. || f. Máquina que imprime, línea por línea, los resultados de un tratamiento de información.
**imprevisto, ta** adj. No previsto.
**imprimir** tr. Fijar en el papel u otra materia similar las letras o dibujos por medio de los procedimientos o técnicas adecuados.
**improductivo, va** adj. Que no produce, infecundo.
**impronunciable** adj. Que no se puede pronunciar o es difícil de pronunciar.
**improperio** m. Insulto que se lanza a alguien.
**impropio, pia** adj. Sin las cualidades apropiadas para una situación dada. || Inadecuado.
**improvisar** tr. Hacer o inventar algo repentinamente, sin haberlo preparado de antemano.
**imprudencia** f. Falta de prudencia. || Dicho o hecho imprudente.
**impugnar** tr. Rebatir, contradecir.
**impulsar** tr. Empujar algo para que se desplace. || Dar un estímulo, suscitar.
**impulso** m. Fuerza inherente de un cuerpo en movimiento, o crecimiento. || Estímulo, incentivo.
**impune** adj. Sin castigo.
**impureza** f. Suciedad, sustancias extrañas que tienen un cuerpo.
**inacabable** adj. Que no se puede acabar.
**inactivo, va** adj. Sin movimiento. || Inerte.
**inadaptado, da** adj. y s. Falto de adaptación, que no se integra en su medio.
**inaguantable** adj. Insufrible, que no se puede soportar.
**inalámbrico, ca** adj. Se dice de todo sistema de comunicación eléctrica sin alambres conductores.
**inalterable** adj. Que no puede ser alterado. || Impasible, que no se inmuta.
**inapreciable** adj. Que no puede ser apreciado. || De valor o interés incalculables.

**inasistencia** f. Falta de asistencia.
**inaudito, ta** adj. Jamás oído. || Reprobable, horrible.
**inaugurar** tr. Dar origen o iniciar algo revistiendo el acto con cierta solemnidad. || Festejar, conmemorar la presentación de un espectáculo u obra de arte.
**incapaz** adj. Que no tiene cabida. || No apto o apropiado para algo.
**incauto, ta** adj. Falto de cautela. || Ingenuo, cándido.
**incendiar** tr. y prnl. Prender fuego.
**incendio** m. Fuego voraz y grande.
**incentivo, va** adj. y m. Que sirve de estímulo para hacer algo.
**incidir** intr. Caer en falta o error.
**incienso** m. Látex amarillento o rojizo, aromático
**incierto, ta** adj. Falso, no cierto.
**incineración** f. Cremación de un cadáver.
**incisión** f. Corte, hendidura superficial que se practica en un cuerpo.
**incisivo, va** adj. Que puede cortar o penetrar. || Se dice de los dientes que están en la parte anterior de los maxilares.
**incitar** tr. Instigar, inducir a alguien a hacer algo.
**inclemencia** f. Extremos y rigores del tiempo.
**incluir** tr. Colocar una cosa dentro de otra, o figurar en ella.
**incógnito, ta** adj. y m. No conocido, ignoto.
**incoherencia** f. Cosa o predicado que se relaciona con otra sin que haya un nexo lógico.
**incoloro, ra** adj. Sin color.
**incomodar** tr. Incordiar, causar incomodo.
**incómodo, da** adj. Que causa desazón o disgusto. || No confortable.
**incompatible** adj. Que no es compatible con otra cosa.
**incompetencia** f. Carencia de aptitud o de conocimientos para algo.
**incompleto, ta** adj. Inacabado, fragmentario, no completo.
**incomunicar** tr. Dejar sin comunicación, aislar.
**inconcebible** adj. Que no se puede concebir, que no entra en la cabeza.
**inconcluso, sa** adj. Que no ha concluido.
**incondicional** adj. Sin condiciones, pleno.
**inconfesable** adj. Se aplica a lo tan indecoroso o agraviante que no puede ser confesado.
**incongruencia** f. Falta de acuerdo entre las partes de un todo.
**inconciencia** f. Falta o pérdida de la conciencia.
**inconsciente** adj. y com. No consciente. || Desmayado, sin conocimiento.
**inconsistencia** f. Falta de solidez o estabilidad.

**inconveniente** adj. No conveniente.
**incorporar** tr. Juntar una cosa con otra, amalgamar.
**incorpóreo, a** adj. Sin cuerpo material.
**incorrección** f. Calidad de no correcto. || Dicho o hecho impropio. || Incorrecto.
**incorregible** adj. No corregible.
**incorruptible** adj. Que no se corrompe.
**incorrupto, ta** adj. Que permanece sin corromperse. || Sin mácula, no pervertido.
**incrédulo, la** adj. y s. Descreído. Receloso, desconfiado.
**increíble** adj. Imposible de creer.
**incrementar** tr. y prnl. Aumentar, hacer crecer.
**incremento** m. Aumento.
**incriminar** tr. Imputar a uno algo, acusar con insistencia.
**incrustar** tr. Revestir algo con una capa o costra. || Embutir adornos en la madera, mármol, metal, etcétera.
**incubadora** f. Máquina que incuba los huevos de aves de corral. || Cámara dispuesta en condiciones óptimas de temperatura, humedad y esterilidad para permitir el desarrollo de los niños prematuros.
**inculcar** tr. Hacer que alguien aprenda algo a fuerza de repetírselo.
**inculpar** tr. Atribuir un delito o culpa a alguien.
**inculto, ta** adj. Sin cultura, o sin modales.
**incurable** adj. y com. Que no tiene curación.
**indagar** tr. Buscar a través de conjeturas o indicios los orígenes o fundamentos de una cosa.
**indebido, da** adj. Que no debe hacerse. || Ilícito.
**indecencia** f. Falta de decencia o moral.
**indefenso, sa** adj. Que no tiene defensa, o carece de medios para lograrla.
**indefinido, da** adj. No definido. || Sin límites.
**indemnización** f. Reparación legal en dinero o en especie de un daño o perjuicio causado.
**independencia** f. Calidad de independiente. || Proceso, y resultado del mismo, por el que un territorio dominado por un Estado rompe sus vínculos políticos de subordinación.
**independiente** adj. Libre de todo tipo de dependencia. || Autónomo, emancipado.
**indeterminado, da** adj. Que no tiene determinación. || Se dice de un tipo de artículo.
**indicación** f. Lo que sirve para indicar.
**indicar** tr. Avisar o mostrar algo mediante señales o signos. || Sugerir, asesorar.

**índice** adj. y m. Se aplica al dedo situado entre el pulgar y el cordial. || m. Señal, vestigio de algo. || Conjunto ordenado de los títulos, de las partes o capítulos de un libro.
**indicio** m. Conjetura, signo, etc., que posibilita el conocimiento fundamentado de algo.
**indiferente** adj. Que no tiene inclinación predominante hacia una cosa. || Que es igual que se realice de una forma u otra.
**indígena** adj. y com. Natural del país que se menciona.
**indigente** adj. y com. Carente de medios de subsistencia.
**indigestión** f. Trastorno generalmente transitorio de las funciones digestivas.
**indignación** f. Cólera, enojo que provoca una situación, persona o hecho.
**indigno, na** adj. Deshonesto, vil.
**indisciplina** f. Carencia de disciplina, rebeldía.
**indiscutible** adj. Evidente, que no puede ser refutado ni discutido.
**indispensable** adj. Sin dispensa ni excusa.
**indisposición** f. Carencia de disposición o aptitud para algo.
**individual** adj. Particular, esencial.
**indivisible** adj. Que no puede ser dividido.
**indocumentado, da** adj. y s. Que no tiene, o no lleva, documento alguno que lo identifique.
**índole** f. Carácter, manera de ser de cada cual.
**indolente** adj. Impasible, que no se conmueve.
**indómito, ta** adj. Sin domar. || Rebelde, montaraz.
**inducir** tr. Incitar, mover a alguien a que lleve a cabo algo, a que cometa una infracción, delito, etcétera.
**indudable** adj. Cierto, innegable.
**indulto** m. Acto de clemencia cuyo efecto es la supresión total o parcial de una pena impuesta y su conmutación.
**industria** f. Habilidad u oficio para hacer algo. || Fábrica, factoría.
**inédito, ta** adj. Se aplica a lo no impreso, que permanece sin publicar.
**inepto, ta** adj. Que no es apto o no es útil para determinada cosa.
**inequívoco, ca** adj. Seguro, que no da lugar a dudas.
**inercia** f. Debilidad, pereza.
**inerte** adj. Sin movimiento, sin vida.
**inescrutable** adj. Imposible de conocer o averiguar.
**inesperado, da** adj. Que aparece o sucede de improviso.
**inestable** adj. Falto de estabilidad, sin equilibrio.
**inexperto, ta** adj. Novato, sin experiencia.
**infalible** adj. Que no puede caer en el error o en el engaño.

**infame** adj. Malvado, vil.
**infancia** f. Periodo de la vida humana hasta la pubertad.
**infantil** adj. Relativo a la infancia. || Aniñado, candoroso, tierno.
**infartar** tr. y prnl. Provocar un infarto, causarlo.
**infausto, ta** adj. Desdichado, desafortunado.
**infección** f. Conjunto de manifestaciones producidas por el contagio del organismo por microorganismos patógenos.
**infectar** tr. y prnl. Contagiar.
**infeliz** adj. y com. Desdichado, desgraciado.
**inferior** adj. Lo que está situado debajo o por debajo de otra cosa con respecto a ella.
**inferir** tr. Deducir, extraer una consecuencia.
**infernal** adj. Que pertenece al infierno.
**infestar** tr. y prnl. Extender una epidemia, propagar una enfermedad.
**infiel** adj. Sin fidelidad, pérfido.
**ínfimo, ma** adj. Muy bajo o muy inferior.
**infinitivo** m. Forma verbal no personal que da nombre al verbo.
**infinito, ta** adj. Que no tiene fin. Se representa con el símbolo $\infty$.
**inflación** f. Abundancia de algo, por lo que su valor se deprecia.
**inflamable** adj. Se dice de un material que entra en combustión con facilidad.
**inflamación** f. Conjunto de fenómenos locales que se manifiestan en el tejido como reacción a la agresión de un agente patógeno.
**inflamar** tr. y prnl. Prender fuego a algo provocando llama.
**inflar** tr. y prnl. Hinchar.
**inflexible** adj. Rígido, que no es posible doblarlo o torcerlo.
**infligir** tr. Imponer una pena. || Causar, provocar, aplicar.
**influencia** f. Autoridad, presión moral que uno tiene sobre otro.
**influir** tr. e intr. Provocar ciertas acciones o efectos.
**información** f. Noticias y datos que genera constantemente la actividad humana. || Investigación legal de un hecho o delito.
**informal** adj. y com. Sin formalidad ni palabra.
**informar** tr. y prnl. Avisar, dar noticia o enterar de algo a alguien.
**informática** f. Conjunto de técnicas que permiten procesar unos datos dando unos resultados, proceso que se debe realizar mediante ordenadores (computadoras).
**informe** m. Datos o noticia que se dan de un suceso, negocio o persona.
**infortunio** m. Hecho desdichado, mala suerte. || Mal momento, desgracia que uno atraviesa.
**infracción** f. Contravención de una ley, tratado o norma.
**infringir** tr. Incumplir una ley, convenio, etcétera.

**infundio** m. Rumor, maledicencia, mentira tendenciosa.

**infusión** f. Bebida o preparado que se consigue con la inmersión de ciertos vegetales.

**ingeniar** tr. Discurrir, utilizar el ingenio para idear algo.

**ingenio** m. Facultad que permite la facilidad de creación o invención. || Habilidad, destreza para conseguir lo que se pretende.

**ingenuidad** f. Buena fe, candor, sinceridad con la que espontáneamente se habla u obra.

**ingenuo, nua** adj. y s. Cándido, honesto.

**ingerir** tr. Tragar comida, bebida, etcétera.

**ingle** f. Región del cuerpo comprendida entre la parte anterior e inferior de la pared abdominal y el muslo.

**inglés, sa** adj. y s. De Inglaterra.

**ingrato, ta** adj. Desagradecido, olvidadizo.

**ingrediente** m. Componente de un medicamento, comida, etcétera.

**ingresar** intr. Pasar adentro. || Asociarse, incorporarse a un organismo.

**ingreso** m. Entrada. || Cantidad de dinero que uno ingresa en su haber.

**inhabilitar** tr. Considerar a alguien incapacitado para desempeñar un cargo y ejercer sus derechos civiles o políticos.

**inhalación** f. Administración de sustancias en forma gaseosa, de vapores o líquidos finamente pulverizados, por vía respiratoria.

**inhibir** tr. No querer actuar o influir.

**inhumano, na** adj. Sin humanidad, bárbaro.

**inhumar** tr. Dar sepultura a un cadáver.

**inicial** adj. Relativo al origen o comienzo de las cosas. || adj. y f. Se aplica a la primera letra de una palabra.

**iniciar** tr. Dar entrada a alguien en los secretos de algo. || Empezar o incitar algo.

**inicio** m. Origen, principio.

**inigualable** adj. Sin igual, extraordinario.

**injerir** tr. Poner una cosa dentro de otra.

**injuria** f. Agravio, insulto al honor de alguien.

**injuriar** tr. Hacer una injuria a alguien. || Ultrajar, dañar.

**injusto, ta** adj. Arbitrario, sin justicia.

**inmaculado, da** adj. Sin mancha.

**inmaduro** adj. Sin madurez.

**inmediatamente** adv. Al momento, en el acto.

**inmediato, ta** adj. Contiguo, próximo. || Que ocurre sin demora.

**inmensidad** f. Abundancia, vastedad.

**inmenso, sa** adj. Ilimitado, incalculable. || Descomunal.
**inmerso, sa** adj. Sumergido, introducido en un líquido. || Absorto, entregado.
**inmigrar** intr. Llegar a un país o zona ajenos para vivir en él.
**inminente** adj. Cercano, que está al caer.
**inmiscuir** tr. Mezclar. || prnl. Meterse uno donde no lo llaman.
**inmobiliario, ria** adj. Relativo a los inmuebles. || f. Empresa dedicada a promoción y venta de viviendas.
**inmoral** adj. Contrario a la moral o a las rectas costumbres.
**inmortal** adj. Que no puede morir, imperecedero.
**inmóvil** adj. Que no se mueve. || Fijo.
**inmovilizar** tr. Paralizar, dejar algo inmóvil.
**inmueble** adj. y m. Se dice de los bienes que no pueden transportarse. || Edificio, vivienda.
**inmundicia** f. Mugre, suciedad.
**inmunidad** f. Resistencia congénita o adquirida (mediante vacunación) a padecer una determinada enfermedad.
**inmutable** adj. Que no tiene cambio.
**innato, ta** adj. Propio de un ser, congénito a él.
**innovar** tr. Aportar cambios o novedades.
**inocente** adj. y com. Que no tiene culpa. || Candoroso, ingenuo, que no lleva malicia.
**inodoro, ra** adj. Sin olor. || adj. y m. Retrete.
**inofensivo, va** adj. Incapaz de producir daño o molestia.
**inoperante** adj. Ineficaz, que no consigue el efecto deseado.
**inopia** f. Indigencia, miseria.
**inoportuno, na** adj. Inadecuado, intempestivo.
**inorgánico, ca** adj. No orgánico, sin vida.
**inquebrantable** adj. Que no se rompe o quebranta, tenaz.
**inquietar** tr. y prnl. Perturbar el ánimo de alguien, desasosegar.
**inquilino, na** m. y f. Persona que habita una vivienda en alquiler.
**insaciable** adj. Ávido, ambicioso, que no puede saciar sus deseos.
**insalubre** adj. Malsano, nocivo.
**inscribir** tr. Esculpir palabras en piedra, metal, etc. || tr. y prnl. Anotar el nombre de alguien en un registro, lista, etcétera.
**insecticida** adj. y m. Sustancia química, de origen orgánico o inorgánico, empleada para destruir insectos.
**insectívoro, ra** adj. Se dice del animal cuya dieta está formada total o parcialmente por insectos.
**inseguro, ra** adj. Carente de seguridad, incierto.

**insensato, ta** adj. y s. Irreflexivo, que actúa sin sentido común.
**insensible** adj. Que no tiene sensibilidad o sentido.
**inseparable** adj. Imposible o difícil de separar.
**insertar** tr. Intercalar, poner dentro; se aplica generalmente a los textos.
**insidia** f. Celada, maquinación.
**insignia** f. Divisa, enseña, bandera de una asociación.
**insignificante** adj. Fútil, exiguo, de poca monta.
**insinuar** tr. Sugerir, apuntar algo sin nombrarlo directamente.
**insípido, da** adj. Soso, que no tiene el suficiente sabor. || Insulso.
**insistir** intr. Hacer hincapié en algo, reiterarlo. || Persistir, actuar con constancia.
**insolente** adj. y com. Que no tiene educación o respeto hacia los demás.
**insólito, ta** adj. Desusado, excepcional.
**insoluble** adj. Imposible de disolver o diluir.
**insomnio** m. Incapacidad de dormirse, aun cuando se siente la necesidad de hacerlo.
**insoportable** adj. Inaguantable, que no se puede soportar.
**inspeccionar** tr. Vigilar atentamente el buen funcionamiento de algo.
**inspector, ra** adj. y s. Que inspecciona. || m. y f. Persona que se encarga de vigilar y controlar el cumplimiento de un trabajo o de unas normas.
**inspirar** tr. Despertar en el ánimo o en la mente ideas, sentimientos, razones, etcétera.
**instalar** tr. y prnl. Colocar a alguien en el desempeño de un cargo, situación, etcétera.
**instantáneo, a** adj. Que dura un instante, u ocurre en este intervalo.
**instante** m. Segundo. || Espacio de tiempo muy breve.
**instigar** tr. Azuzar, incitar a alguien.
**instinto** m. Conjunto de actos ordenados, no aprendidos, determinados genéticamente.
**institución** f. Establecimiento que lleva a cabo una labor social. || Cuerpo u organismo de un Estado.
**instituto** m. Organismo benéfico, científico, literario, etc. || Centro estatal donde se imparten estudios.
**instructor, ra** adj. y s. Que instruye. || Persona que ejerce la enseñanza física o deportiva.
**instruir** tr. Formar a una persona, inculcarle conocimientos. || Llevar a cabo las formalidades de un expediente o proceso.
**instrumental** m. Conjunto de instrumentos o utensilios propios de una profesión, especialidad, orquesta, etcétera.
**instrumento** m. Nombre genérico de cualquier medio o utensilio

necesario para llevar a cabo determinadas operaciones.

**insubordinar** tr. y prnl. No acatar la autoridad de alguien, indisciplinarse.

**insultar** tr. Agraviar a alguien con dichos o hechos.

**insurrección** f. Levantamiento popular contra una autoridad.

**intacto, ta** adj. No tocado o palpado.

**intachable** adj. Sin tacha, irreprochable.

**integrar** tr. Unir las partes que constituyen un todo.

**íntegro, gra** adj. Entero, cabal.

**intelecto** m. Entendimiento.

**intelectual** adj. y com. Se aplica a la persona que realiza trabajos cuya base es el intelecto.

**inteligencia** f. Capacidad general de plantear y resolver problemas, de comprensión y de actuar con una finalidad concreta.

**inteligente** adj. y com. Docto, culto.

**intempestivo, va** adj. A destiempo, no oportuno.

**intención** f. Decisión, propósito; dirección de la voluntad hacia determinado fin.

**intencional** adj. Adrede, a propósito.

**intensidad** f. Cuantía de una magnitud.

**intenso, sa** adj. Con intensidad. || Con gran vehemencia y viveza.

**intentar** tr. Pretender comenzar o realizar una cosa.

**intento** m. Lo que se intenta. || Fin, propósito.

**intercambiar** tr. Cambiar recíprocamente con alguien planes, ideas, etcétera.

**interceder** intr. Ser uno valedor de otro, mediar por él.

**interceptar** tr. Hacerse con algo o destruirlo antes de que cumpla su misión o llegue a su destino.

**interdisciplinario, ria** adj. Se dice de la tarea o investigación llevada a cabo mediante la colaboración de varias ramas del saber.

**interés** m. Beneficio, conveniencia. || Pago que se realiza por el uso de un dinero prestado.

**interesante** adj. Que interesa.

**interesar** tr. Involucrar a uno en asuntos ajenos y hacérselos tomar como propios.

**interferir** tr. y prnl. Mezclar una acción o movimiento con otra, estorbándose mutuamente.

**interfono** m. Sistema telefónico para comunicaciones interiores en un barco, avión, edificio, oficina, etcétera.

**interino, na** adj. Provisional, que sustituye durante un tiempo a algo o alguien.

**interior** adj. Que está en la parte de adentro. || Que está muy hacia dentro.

**interjección** f. Palabra o frase exclamativa que expresa por sí sola un estado de ánimo, aviso, orden, advertencia, etc.: *¡Uf!*

**interlocutor, ra** m. y f. Cada una de las personas que participan en un diálogo.

**intermediar** intr. Mediar, hacer de intermediario.

**intermedio, dia** adj. Que se encuentra entre dos puntos extremos temporales o espaciales.

**interminable** adj. Que no tiene término ni final.

**intermitente** adj. Que alternativamente cesa y continúa en una oscilación reiterada y de frecuencia.

**internacional** adj. Relativo a dos o más naciones o al conjunto de todas ellas.

**internar** tr. Enviar a uno o conducirlo tierra adentro. || Ingresar a alguien en un sanatorio, clínica, internado, etcétera.

**interno, na** adj. Interior.

**interplanetario, ria** adj. Se dice de la distancia o el espacio entre dos o más planetas.

**interpolar** tr. Disponer una cosa entre otras, interponer.

**interponer** tr. Introducir un nuevo elemento en un lugar no extremo de una serie, poner una cosa entre otras.

**interpretar** tr. Aclarar el sentido de un texto, obra artística, gesto, etc. || Llevar a cabo para el público una pieza musical, teatral, etcétera.

**interrogación** f. Pregunta. || Incógnita. || Signo ortográfico (¿?) que se pone al principio y al final de una oración interrogativa.

**interrogar** tr. Preguntar.

**interrogatorio** m. Serie de preguntas con las que se pretende esclarecer un hecho.

**interrumpir** tr. Paralizar, detener una acción.

**intervalo** m. Espacio, duración que media entre dos tiempos, hechos o lugares.

**intervención** f. Operación quirúrgica.

**intervenir** intr. Entrar en un negocio o asunto. || Hacer uso de la autoridad o influencia que se tienen para resolver un asunto.

**intestino, na** m. Parte del tubo digestivo comprendida entre los orificios pilórico y anal; se divide en delgado y grueso.

**intimidad** f. Amistad íntima.

**intimidar** tr. y prnl. Provocar miedo, asustar.

**íntimo, ma** adj. Más interior, más interno.

**intocable** adj. Que no es posible tocarlo.

**intoxicación** f. Desarreglo patológico, causado por la presencia de sustancias tóxicas en el organismo.

**intramuscular** adj. Situado dentro de un músculo.

**intranquilizar** tr. y prnl. Desasosegar.

**intrépido, da** adj. Que afronta valientemente los peligros.
**intriga** f. Maquinación para alcanzar un objetivo. || Trama, lío.
**intrincar** tr. y prnl. Embrollar algo. || Tergiversar ideas o razonamientos.
**introducción** f. Lo necesario para entrar de lleno en un asunto, los preliminares. || Prefacio de una obra o discurso.
**introducir** tr. Meter una cosa en otra.
**introvertido, da** adj. y s. Se dice de la persona que tiende a concentrarse en sí misma.
**intruso, sa** adj. Que se introduce o se entromete sin ningún derecho.
**intuición** f. Percepción inmediata.
**intuir** tr. Captar, conocer las cosas por intuición, sin que intervenga la razón.
**inundar** tr. y prnl. Anegar un terreno o un lugar habitado.
**inusitado, da** adj. Inhabitual, raro.
**inútil** adj. No útil.
**invadir** tr. Irrumpir con violencia en un lugar.
**invalidar** tr. Quitar la validez a algo, anular.
**inválido, da** adj. Carente de fuerza. || adj. y s. Persona con algún defecto físico o mental que la incapacita para desempeñar ciertas funciones.
**invencible** adj. Que no puede vencerse. || Insuperable.
**inventar** tr. Concebir o encontrar algo desconocido. || Idear, componer una obra artística.
**invernadero** m. Sitio idóneo para el invierno. || Construcción destinada al cultivo y a la conservación de las plantas fuera de su ambiente natural.
**invertebrado, da** adj. y m. Se dice de los animales que no tienen columna vertebral.
**invertir** tr. y prnl. Trastocar las cosas, poniéndolas al contrario de como estaban. || tr. Hacer una inversión de dinero.
**investigar** tr. Realizar pesquisas, preguntar, indagar. || Profundizar en el estudio de una disciplina.
**invicto, ta** adj. Que nunca ha sufrido una derrota.
**invidente** adj. y com. Ciego, sin visión.
**invierno** m. Última, y más fría, estación del año.
**inviolable** adj. Que no se puede o es ilícito violar.
**invisible** adj. Que no se puede ver.
**invitar** tr. Avisar a alguien para que asista a una fiesta, comida, acto público, etcétera.
**invocar** tr. Rogar, suplicar la protección de alguien.
**involucrar** tr. Insertar en una cuestión, texto, etcétera, cosas que no tienen que ver con ellos.

**invulnerable** adj. Que no puede ser herido.

**inyección** f. Administración de líquidos por medio de una jeringuilla. || Introducción de un combustible en un motor.

**inyectar** tr. Hacer que penetre un líquido en un cuerpo mediante presión.

**ir** intr. y prnl. Desplazarse, trasladarse de un sitio a otro.

**irascible** adj. Muy dado a encolerizarse.

**irlandés** adj. y s. De Irlanda.

**ironía** f. Manera satírica y velada de aludir a algo.

**irracional** adj. Privado de razón. || adj. y m. Se aplica a los animales para distinguirlos del hombre.

**irradiar** tr. Emanar un cuerpo radiaciones.

**irreal** adj. Se dice de lo carente de realidad.

**irrebatible** adj. Incuestionable, irrefutable.

**irreconciliable** adj. Se dice del que no se aviene a reconciliarse con otro.

**irreflexivo, va** adj. y s. Incapaz de reflexionar.

**irregular** adj. Que no sigue una regla. || Se dice del verbo que se conjuga fuera del modelo que indicaría su raíz, alterando ésta el tema o las desinencias.

**irrelevante** adj. Que no tiene importancia.

**irresistible** adj. Que no se puede resistir.

**irresponsable** adj. Que procede de un modo irreflexivo, sin cabeza.

**irrevocable** adj. Imposible de revocar, o que no se desea revocar.

**irrigación** f. Canalización normal de la sangre que llega a un órgano.

**irrigar** tr. Regar una tierra.

**irritabilidad** f. Propensión a conmoverse o enfurecerse con facilidad.

**irritar** tr. y prnl. Provocar ira o enojo. || tr. Originarse quemazón o picor en una zona del cuerpo.

**irrumpir** tr. Penetrar con fuerza en un lugar.

**isla** f. Porción de tierra situada en un océano, mar, lago o río y rodeada de agua por todas partes.

**isósceles** adj. Se dice de la figura que tiene dos lados iguales: triángulo, trapecio.

**istmo** m. Estrecha lengua de tierra que une dos áreas terrestres mayores, en otro tiempo separadas por el mar.

**itinerario, ria** m. Descripción y trazado de una ruta con paradas.

**izar** tr. Subir algo jalando de una cuerda que pasa por un punto más alto que quien lo hace.

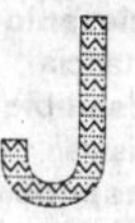

**j** f. Undécima letra del abecedario castellano (J, j). Su nombre es *jota*.

**jabalina** f. Arma arrojadiza de tamaño inferior a la lanza.

**jabón** m. Pasta para lavar.

**jactar** tr. Agitar, remover. || Ufanarse, pavonearse.

**jadear** intr. Resoplar.

**jamás** adv. Nunca.

**jamón** m. Pierna de cerdo salada y curada.

**japonés, sa** adj. y s. Relativo o perteneciente a Japón.

**jaqueca** f. Intenso dolor de cabeza.

**jardín** m. Zona privada o pública donde se cultivan y conservan flores y plantas.

**jardinería** f. Arte de crear y cultivar plantas para el adorno.

**jarra** f. Recipiente provisto de un asa, boca ancha y terminada en pico.

**jarro** m. Recipiente de boca ancha similar a la jarra.

**jaula** f. Caja hecha con listones de madera, barrotes, mimbres, etc., para transportar o guardar animales grandes o pequeños.

**jauría** f. Grupo de perros que participan juntos en una cacería.

**jefatura** f. Sede de ciertas instituciones.

**jefe, fa** m. y f. Persona que dirige o está al frente de un trabajo. || Líder, cabeza visible de algo

**jerarquía** f. Escalafón, orden por importancia de personas o cosas. || Rango.

**jerga** f. Argot. || Jerigonza.

**jeringa** f. Dispositivo adecuado para la práctica de inyecciones o para extraer líquidos orgánicos, especialmente sangre.

**jeroglífico, ca** adj. Sistema de escritura basado en la representación por signos pictóricos de una idea u objeto.

**jet** m. Motor de reacción. Avión que lleva este tipo de motor.

**jinete** m. El que cabalga con habilidad.

**jirón** m. Desgarrón de un vestido o de cualquier otra prenda.

**jornada** f. Trecho que se recorre en un día.

**jornal** m. Sueldo de un obrero por un día de trabajo.

**joroba** f. Desviación torácica, por desviación de la columna.

**jorobar** tr. fam. Molestar, incordiar.

**joven** adj. y com. Que no ha llegado a la madurez o de corta edad.

**jovial** adj. Divertido, ameno, simpático.

**joya** f. Adorno realizado con metales preciosos, gemas, etcétera.

**joyería** f. Local donde se montan y venden joyas. || Orfebrería.

**juanete** m. Pómulo abultado. || Deformidad y desviación del dedo gordo del pie.

**jubilar** tr. Retirar a un trabajador o funcionario de su empleo por incapacidad física o por haber llegado a la edad límite laborar y darle una pensión de por vida.

**judaísmo** m. Religión de los hebreos o judíos.

**judicial** adj. Relativo a un juicio, o a la justicia, o a un juez.

**judío, a** adj. y s. Hebreo.

**juego** m. Cualquier actividad, competitiva o no, que se realiza exclusivamente con fines recreativos.

**jueves** m. Quinto día de la semana.

**juez** com. Funcionario con capacidad de juzgar y sentenciar.

**jugar** intr. Hacer algo para pasar el tiempo de forma activa y divertida.

**jugarreta** f. Mala pasada, treta, ardid.

**juglar** m. Término que designaba en la edad media a los que tenían como oficio el canto, los juegos de manos, la interpretación musical o la recitación.

**jugo** m. Zumo de ciertas frutas. || fig. El meollo, lo sabroso de un asunto.

**jugoso, sa** adj. Que tiene jugo.

**juguete** m. Cosa pensada para diversión de los niños.

**juicio** m. Facultad del entendimiento que permite discernir y valorar entre conjuntos de hechos o propuestas. || Criterio, opinión. || Sensatez, cordura.

**juicioso, sa** adj. Que tiene buen juicio.

**julio** m. Séptimo mes del año; consta de 31 días.

**jungla** f. Formación vegetal que comprende principalmente árboles de hoja ancha y perenne, que se da en áreas cálidas y húmedas.

**junio** m. Sexto mes del año, de 30 días.
**junta** f. Reunión, especialmente la esporádica o de amplia periodicidad.
**juntar** tr. Unir, acoplar. Atesorar, hacer acopio de cosas. tr. y prnl. Congregar.
**junto, ta** adj. Próximo o pegado a otro.
**juramento** m. Manifestación enfática o solemne de la veracidad de lo que se afirma.
**jurar** tr. Hacer un juramento.
**jurídico, ca** adj. Relativo al derecho.
**justamente** adv. Con precisión o exactitud. Precisamente, en ese momento.
**justicia** f. Categoría social genérica que afirma el derecho de cada uno a que le sea reconocido lo suyo o las consecuencias de su comportamiento. || Derecho, razón.
**justificar** tr. Modificar algo para acomodarlo a la justicia.
**justo, ta** adj. y s. Equitativo, que actúa en justicia. Exacto, puntual.
**juvenil** adj. Relativo a la juventud.
**juventud** f. Etapa de la vida entre la niñez y la madurez.
**juzgar** tr. Decidir como juez entre razones contrapuestas. || Apreciar, creer.

**k** f. Duodécima letra del abecedario castellano (K, k) y novena de sus consonantes; su nombre es *ka*.

**karate** m. Lucha japonesa en la que el ataque y la defensa se realizan mediante golpes con manos, pies y codos.

**kilo** m. Abreviatura de *kilogramo*.

**kilogramo** m. Unidad de masa en el sistema internacional. Su símbolo es kg.

**kilómetro** m. Unidad de longitud equivalente a 1 000 metros (símbolo km).

# L l

**l** f. Decimotercera letra del abecedario castellano y décima de sus consonantes (L, l). Su nombre es *ele*. || Abreviatura de litro (l).
**la** Artículo determinado, del género femenino y número singular.
**laberinto** m. Lugar con caminos intrincados que dificultan el hallazgo de la salida.
**labial** adj. Relativo a los labios.
**labio** m. Estructura músculo-membranosa, con una parte superior y otra inferior, que delimita la abertura externa de la boca.
**labiodental** adj. y f. Se dice del sonido del lenguaje cuya articulación se produce mediante una aproximación del labio inferior a los dientes incisivos superiores.
**labor** f. Trabajo. || Cualquier faena agrícola, en especial cada operación de cava, arado, etcétera.
**laboral** adj. Relativo al trabajo.
**laboratorio** m. Local preparado convenientemente para efectuar investigaciones científicas o técnicas.
**laborioso, sa** adj. Trabajador. || Complicado, que cuesta trabajo.
**labrador, ra** adj. y s. Que se dedica a tareas agrícolas.
**labrar** tr. Cultivar la tierra, propia o ajena; arar. || Trabajar un material para darle forma, relieve, etcétera.
**laca** f. Barniz brillante o sólido de resinas vegetales.
**lacayo** m. Persona servil, aduladora.
**lacio, cia** adj. || Débil, sin fuerzas. || Se dice del cabello liso, sin rizos.
**lacónico, ca** adj. Breve, escueto.
**lacra** f. Estigma de alguna dolencia o achaque.
**lacrimal** adj. Relativo a las lágrimas.
**lacrimógeno, na** adj. Que provoca lágrimas.

**lactar** tr. Amamantar. || Alimentar con leche.
**lácteo, a** adj. Relativo a la leche o semejante a ella.
**ladear** tr., intr. y prnl. Doblar algo hacia un lado.
**ladera** f. Vertiente de una montaña.
**lado** m. Cada uno de los costados del tronco de una persona o de un animal. || Derecha o izquierda de cualquier unidad.
**ladrar** intr. Dar ladridos.
**ladrido** m. Voz propia del perro.
**ladrillo** m. Pieza de arcilla cocida, usada en albañilería, para paredes, pavimentos, etcétera
**ladrón, na** adj. y s. Que roba.
**lago** m. Masa de agua que ocupa una depresión de la superficie terrestre.
**lágrima** f. Líquido segregado por las glándulas lacrimales. Su misión es la lubricación y protección de la córnea y conjuntiva.
**lagrimal** m. Parte del ojo cercana a la nariz.
**laguna** f. Lago de reducidas dimensiones.
**laico, ca** adj. y s. Que no es eclesiástico, lego.
**lama** f. Fango oscuro en el fondo de mares, ríos o lugares largo tiempo encharcados.
**lamentar** tr., intr. y prnl. Sentir pena con llanto o cualquier otra muestra de dolor. || Quejarse.
**lamento** m. Manifestación de dolor ya sea físico o moral.
**lamer** tr. y prnl. Pasar la lengua varias veces por algún sitio.
**lámina** f. Superficie delgada y plana de cualquier material. || Estampa, grabado.
**lámpara** f. Dispositivo que produce luz artificial. || Bombilla eléctrica.
**lana** f. Pelo de la oveja y el carnero, que se hila y sirve para hacer paño y otros tejidos.
**lance** m. Apuro, situación difícil. || Acontecimiento importante.
**lanzar** tr. y prnl. Arrojar algo con fuerza, hacer que recorra una cierta distancia.
**lápida** f. Losa con alguna inscripción.
**lápiz** m. Grafito introducido como eje en un pequeño cilindro de madera, utilizado para escribir o dibujar. || Lapicero.
**lapso** m. Espacio tiempo.
**lar** m. Hogar.
**largamente** adj. Sobradamente, con extensión. Por mucho tiempo.
**largar** tr. Soltar, aflojar despacio, dejar libre.
**largo, ga** adj. Se dice de la dirección más extensa de una superficie cualquiera. || Que supera la longitud normal.
**laringe** f. Órgano del aparato respiratorio. Situado en la parte media del cuello, comunica con la faringe y la tráquea.

**larva** f. Estadio inmaduro que en los animales de desarrollo indirecto se sitúa entre la eclosión y el individuo adulto, apto ya para la reproducción.

**lascivia** f. Tendencia al disfrute de los placeres carnales.

**láser** m. Dispositivo que proporciona haces de luz coherente, de una determinada frecuencia y carente de dispersión, utilizando la energía interna de los átomos.

**lástima** f. Sentimiento compasivo frente a las desgracias de alguien.

**lastimar** tr. y prnl. Herir o herirse física o moralmente.

**lastre** m. Rasgo de carácter o circunstancia que dificulta el comportamiento.

**lata** f. Bote de hojalata, lleno o vacío. || Cosa molesta o aburrida.

**latente** adj. Oculto, que no se muestra externamente.

**lateral** adj. Relativo a lado, o que está junto a algo. || m. Calzada separada de la parte central por un seto o acera.

**látex** m. Jugo de consistencia lechosa, generalmente blanco.

**latido** m. Cada uno de los movimientos rítmicos de sístole y diástole del corazón y las arterias.

**látigo** m. Correa atada al extremo de una vara usada para azotar.

**latinoamericano, na** adj. y s. Se dice del habitante de América Latina.

**latir** intr. Dar latidos el corazón.

**latitud** f. Superficie de un territorio. || Ancho de una figura plana.

**laudable** adj. Digno de ser alabado.

**laudatorio, ria** adj. Que contiene o mueve a alabanza.

**laureado, da** adj. y s. Condecorado.

**lava** f. Conjunto de materiales fundidos o incandescentes, vertidos por los volcanes en erupción.

**lavable** adj. Que se puede lavar. || Se dice de las telas que al lavarlas no destiñen ni encogen.

**lavabo** m. Mueble compuesto por jofaina y espejo que se usaba para el aseo personal.

**lavadero** m. Recipiente o lugar donde se lava.

**lavandería** f. Establecimiento de lavado, secado y planchado de ropa.

**lavar** tr. y prnl. Limpiar con agua u otro líquido.

**laxante** adj. y m. Se dice del medicamento que facilita la evacuación intestinal.

**lazarillo** m. Muchacho que acompaña a un invidente.

**lazo** m. Nudo de adorno, con cinta o cordón, fácil de deshacer. || Cuerda con nudo corredizo al extremo para cazar o sujetar animales.

**leal** adj. y com. Se dice de la persona fiel, sin engaño ni falsedad.

**lección** f. Lectura. || Distinta comprensión de un texto, según el parecer de cada lector. || Clase.
**lectivo, va** adj. Se dice de la fecha que, en un calendario académico, está destinada a impartir clases.
**lector, ra** adj. y s. Que lee.
**lectura** f. Cada una de las posibles interpretaciones que ofrece un texto, y estudio que se hace de ellas.
**leche** f. Líquido segregado por las glándulas mamarias de las hembras vivíparas después del parto.
**lecho** m. Cama preparada para reposar o dormir. || Lugar de reposo del ganado.
**leer** tr. Reproducir mentalmente o por medio de sonidos el contenido de un escrito. || Interpretar cualquier tipo de signos, texto, composición, etcétera.
**legado** m. Manda o disposición hecha por el testador a favor de una o varias personas, naturales o jurídicas, en su testamento.
**legajo** m. Fajo de documentos, generalmente sobre una misma materia.
**legal** adj. Establecido por la ley y de acuerdo con ella.
**legalizar** tr. Dar eficacia legal a algo mediante el cumplimiento de ciertos requisitos formales.
**legendario, ria** adj. Contenido de una leyenda. || Se dice de las personas o cosas que han pasado a tener fama, muy conocidas.
**legible** adj. Que puede ser leído.
**legislación** f. Conjunto de leyes por las que se rige un Estado.
**legislar** tr. Dictar, dar o establecer leyes.
**legitimar** tr. Comprobar, verificar, por medios legales, la autenticidad o falsedad de una cosa, documento o el carácter con que actúa una persona respecto a las leyes.
**legumbre** f. Fruto seco y dehiscente, monocarpelar, con sutura ventral y tamaño variable.
**lejano, na** adj. Remoto en el timpo o espacio.
**lejos** adv. Distante en el espacio o en el tiempo.
**lelo, la** adj. y s. Embobado, atontado.
**lema** f. Frase que resume brevemente el contenido de una obra literaria.
**lencería** f. Conjunto de prendas interiores de mujer.
**lengua** f. Órgano muscular situado en la cavidad oral. || Está tapizada por una mucosa donde se hallan los receptores sensoriales del sentido del gusto.
**lenguaje** m. Capacidad humana adquirida, por la que se comunican contenidos a través de la palabra, oral o escrita. || Lengua, conjunto de sonidos.
**lengüeta** f. Epiglotis. || Tira del zapato colocada debajo de los cordones del cierre.

**lente** f. Sistema óptico transparente formado por dos superficies refringentes. || m. pl. Anteojos, gafas.

**lento, ta** adj. Calmoso en cualquier tipo de acción.

**leña** f. Trozos de madera seca para encender fuego.

**leño** m. Tronco de un árbol, una vez cortado y separado de las ramas. || Madera.

**lepra** f. Enfermedad infecciosa crónica producida por el bacilo de Hansen.

**lerdo, da** adj. y s. Lento en el andar, o torpe en comprender.

**lesbianismo** m. Homosexualidad femenina.

**lesión** f. Alteración producida por una causa patógena, un golpe o una herida.

**lesionar** tr. y prnl. Causar lesión.

**letal** adj. Mortífero.

**letargo** m. Somnolencia profunda causada por diversas enfermedades.

**letra** f. Cada uno de los signos gráficos de un alfabeto.

**letrado, da** adj. Culto, ilustrado, sabio.

**letrero** m. Cartel o rótulo de advertencia al público.

**letrina** f. Recipiente o lugar destinado para las evacuaciones intestinales.

**leucocito** m. Cada uno de los glóbulos blancos de la sangre.

**levadura** f. Masa formada por hongos, que, mezclada con una sustancia, la hace fermentar.

**levantamiento** m. Rebelión, pronunciamiento.

**levantar** tr. y prnl. Mover hacia arriba. || tr. Construir, edificar.

**leve** adj. Ligero, de poco peso.

**léxico, ca** adj. Relativo al léxico o al vocabulario.

**ley** f. Regla de carácter general que se desprende del funcionamiento de las cosas. || Precepto de carácter normativo y observancia obligatoria dictado por el poder legislativo de un Estado.

**leyenda** f. Narración fantástica de hechos mágicos o asombrosos.

**liar** tr. Asegurar con cuerdas.

**libar** tr. Sorber un jugo.

**libélula** f. Caballito del diablo.

**liberar** tr. y prnl. Poner en libertad. || Relevar de un compromiso u obligación.

**libertad** f. Facultad del ser humano de optar entre distintos comportamientos, actuaciones concretas o posibilidades de pensamiento.

**libertinaje** m. Uso desenfrenado de la libertad.

**librar** tr. y prnl. Relevar a alguien de una obligación, dolencia o circunstancia desfavorable.

**libre** adj. Que goza de libertad. || Franco, expedito.

**librería** f. Mueble con estantes donde se guardan los libros. || Establecimiento de venta de los mismos.

**libreta** f. Cuaderno para apuntes y anotaciones.

**libro** m. Conjunto de hojas impresas o manuscritas, cosidas o encuadernadas, formando una unidad de lectura.

**licencia** f. Permiso para realizar algo y documento que lo sanciona.

**licenciatura** f. Titulación otorgada por una universidad tras haber aprobado los cursos exigidos por una facultad.

**licencioso, sa** adj. Libertino, lujurioso.

**liceo** m. Nombre que reciben algunas sociedades culturales o de recreo.

**lícito, ta** adj. Legal, justo y razonable.

**licor** m. Sustancia líquida. || Bebida alcohólica que contiene algunas sustancias aromáticas.

**licuadora** f. Electrodoméstico que licúa frutas y otros comestibles.

**licuar** tr. y prnl. Convertir en líquida una sustancia sólida o gaseosa.

**líder** m. Dirigente; persona que tiene autoridad sobre un grupo.

**liderazgo** m. Actividad directiva del líder. || Dominio de una empresa o producto sobre el mercado.

**lidiar** intr. Luchar, combatir.

**liendre** f. Huevo de ciertos parásitos, como los piojos, que se hallan fijados a los pelos.

**lienzo** m. Tela de lino, algodón o cáñamo sobre la que se aplica la pintura.

**liga** f. Cinta elástica; venda o faja.

**ligadura** f. Soga o cordel que sirven para amarrar. || Hilo quirúrgico para ligar vasos y conductos.

**ligamento** m. Estructura de tejido conectivo muy resistente y de forma acintada que sirve para mantener unidos los extremos articulares de los huesos.

**ligar** tr. Atar. || Alear metales. || Liar, unir, amarrar. || Asociar ideas.

**ligero, ra** adj. Rápido, veloz. || De escaso peso.

**lija** f. Tipo de papel usado para lijar.

**lijar** tr. Suavizar o pulir con lija.

**limar** tr. Raspar o alisar con la lima, especialmente la madera o el metal. || Disminuir, reducir.

**limitar** tr. Señalar límites. || Precisar competencias.

**límite** m. Línea divisoria, real o imaginaria, de superficies diferenciales. || Término de cualquier actividad o esfuerzo.

**limo** m. Barro.

**limón** m. Fruto del limonero; esférico u oblongo, amarillo. Pulpa amarillenta y ácida.

**limonado, da** adj. De color del limón. || f. Zumo de limón con agua y azúcar.

**limosna** f. Dávida ofrecida a una persona necesitada.

**limpiar** tr. y prnl. Eliminar la suciedad. || Purificar, perfeccionar.
**limpieza** f. Honestidad, nobleza. || Pureza.
**linaje** m. Genealogía. || Raza, calidad, especie. || pl. Personas pertenecientes a la nobleza.
**linchar** Ejecutar a un presunto criminal sin previo juicio un grupo tumultuoso.
**lindar** intr. Estar contiguas superficies o territorios.
**linde** amb. Límite. || Línea de separación de dos propiedades.
**lindo, da** adj. Bonito, agradable a la vista.
**línea** f. Extensión considerada en una sola dimensión. || Recta o curva en el plano. || Trazo.
**lingüística** f. Estudio científico del lenguaje.
**linterna** f. Farol manual con una sola cara de vidrio. || Utensilio portátil, provisto de pilas eléctricas, para alumbrar.
**lío** m. Caos, embrollo, desorden. || Embuste, intriga, jaleo.
**liquidación** f. Venta de bienes a muy bajo precio.
**liquidar** tr. Malgastar un patrimonio. || tr. Ajustar cuentas. || Pagar una deuda.
**líquido, da** adj. y s. Se dice del estado particular de la materia intermedio entre el sólido y el gaseoso.
**lírico, ca** adj. Relativo a la lírica. || f. Uno de los 3 géneros literarios mayores, en el que se engloban las poesías en las que el autor expresa sus ideas o sentimientos.
**lisiado, da** adj. y s. Que sufre alguna lesión duradera o está privado de algún miembro.
**liso, sa** adj. Llano, raso, sin arrugas ni asperezas.
**lisonja** f. Halago fingido, generalmente para captar el favor de alguien.
**lisonjear** tr. Adular.
**lista** f. Relación correlativa de personas o materias.
**listo, ta** adj. Inteligente, preparado. || Astuto, sutil, agudo.
**litera** f. Cada una de las camas superpuestas a fin de ganar espacio.
**literal** adj. Según el sentido estricto del contenido de un texto.
**literato, ta** adj. y s. Se dice de la persona que se dedica a escribir o entiende de literatura.
**literatura** f. Arte que crea belleza o emociones estéticas partiendo de la palabra, ya sea oral o escrita.
**litografía** f. Arte de grabar o dibujar en piedra una imagen o escrito para reproducirlo después.
**litoral** adj. Relativo a la costa del mar. || m. Franja de terreno, que toca el mar, de cualquier país o territorio.
**litosfera** f. Capa sólida de la Tierra, formada por la corteza y parte del manto.
**litro** m. Unidad de medida de volumen. Equivale a la capacidad de 1 $dm^3$. Su símbolo es l.

**liviano, na** adj. Que pesa poco. || De poca categoría o calidad. || Infiel, inconstante. || Deshonesto, lujurioso.
**lívido, da** adj. Amoratado.
**llaga** f. Herida abierta, úlcera, estigma.
**llama** f. Masa gaseosa que se desprende de una materia en combustión, dando luz y calor.
**llamar** tr. Captar la atención de alguien con voces o gestos. || Nombrar. || Convocar a una reunión.
**llamarada** f. Llama súbita y rápidamente sofocada.
**llamativo, va** adj. Que causa impresión por salir fuera de lo normal.
**llano, na** adj. Plano, liso, sin arrugas, adornos ni protuberancias.
**llanta** f. Aro metálico que reviste las ruedas de las carretas.
**llanto** m. Derramamiento de lágrimas, entre sollozos y lamentaciones.
**llanura** f. Terreno plano y de cierta extensión.
**llave** f. Instrumento metálico para abrir y cerrar una cerradura. || Herramienta para apretar o aflojar tuercas. || Utensilio que se usa para cerrar o dar salida a un fluido.
**llegar** intr. Alcanzar el final de un recorrido. || Lograr el objetivo propuesto.
**llenar** tr. y prnl. Ocupar un espacio totalmente, o casi.
**lleno, na** adj. Espacio ocupado totalmente, o casi.
**llevar** tr. Trasladar de lugar. || Conducir, guiar.
**llorar** intr. y tr. Verter lágrimas.
**llover** intr. Desprender agua las nubes.
**llovizna** f. Lluvia serena, uniforme y poco abundante.
**lluvia** f. Fenómeno atmosférico produoido por la condensación de las nubes.
**loar** tr. Alabar.
**lóbulo** m. Parte cóncava saliente de un borde.
**local** adj. Relativo al lugar, pueblo, etcétera.
**localidad** f. Lugar, pueblo, ciudad. || Asiento en un local público.
**localizar** tr. Buscar dónde se encuentra alguien o algo.
**loco, ca** adj. y s. Que tiene las facultades mentales perturbadas.
**locomotor, ra** adj. Relativo a la locomoción. || f. Máquina que arrastra sobre rieles los vagones de un tren.
**locución** f. Proposición, frase, especialmente aquella que ha formado carácter de adagio o refrán o que figura estable en la conciencia colectiva de los hablantes.
**locura** f. Es un estado permanente de alteración de las facultades mentales, de diversa variedad y con complicaciones somáticas.
**locutor, ra** m. y f. En las empresas de radio o TV, persona que es-

tablece la continuidad entre programas, con informaciones y noticias.

**lodazal** m. Terreno lleno de barro.

**lodo** m. Mezcla de tierra y agua formada por la lluvia o como sedimento en un depósito de agua.

**lógico, ca** adj. De la lógica. || Que sigue el proceso apropiado en el desarrollo del pensamiento. || Común, natural, esperado.

**logotipo** m. Símbolo de una sociedad o empresa.

**lograr** tr. Alcanzar lo previsto o esperado.

**lomo** m. Parte de la espalda entre la cintura y el trasero. || Parte superior de los cuadrúpedos entre la cruz y las ancas.

**lona** f. Tela muy resistente, de algodón o cáñamo.

**longevidad** f. Cualidad de alcanzar una edad avanzada.

**longitud** f. La mayor de las dos dimensiones que tienen las cosas o superficies planas; la menor se llama latitud.

**losa** f. Piedra lisa y grande, de poco grosor, usada para pavimentar. || Piedra sepulcral; por extensión, sepulcro.

**lote** m. Cada una de las partidas comprendidas en una partición.

**lotería** f. Sorteo de diferentes premios.

**loza** f. Objeto de tierra cocida, con manufactura fina, generalmente vidriado.

**lozanía** f. Vigor y frondosidad, salud y fortaleza, juventud.

**lubricante** adj. y m. Sustancia que se usa para reducir el rozamiento, y por consiguiente el desgaste y el calor.

**lucero** m. Cualquier astro del firmamento; por antonomasia, el planeta Venus.

**lúcido, da** adj. Que luce. || Despierto de inteligencia, abierto, sagaz.

**lucir** intr. Irradiar, brillar.

**lucro** m. Logro, beneficio, rendimiento.

**luctuoso, sa** adj. Triste, lamentable.

**lucubración** f. Meditación, sobre todo la poco realista.

**lucha** f. Pelea, batalla.

**luchar** intr. Enfrentarse cuerpo a cuerpo. || Combatir, reñir, disputar.

**luego** adv. Inmediatamente, a continuación. || Después, sin precisar tiempo o espacio.

**lugar** m. Trozo, no limitado, de espacio que está o puede ser ocupado. || Parte determinada de una superficie.

**lujo** m. Opulencia, fastuosidad, ostentación.

**lumbre** f. Sustancia combustible encendida. || Luz. || Lo que sirve para encender algo.

**luminoso, sa** adj. Que despide luz.

**luna** f. Único satélite natural de la Tierra.
**lunar** adj. Relativo a la Luna. || m. Mancha pequeña, de color, redondeada, que aparece sobre la piel. || Deshonra. || Defecto, imperfección.
**lunch** m. Comida ligera.
**lunes** m. Día de la semana, entre el domingo y el martes.
**lupa** f. Instrumento óptico que aumenta el ángulo subtendido por el ojo.
**lustre** m. Resplandor que despide de una cosa pulida.
**lustro** m. Periodo de cinco años.
**luto** m. Estado de aflicción tras la pérdida de un ser querido.
**luz** f. Radiación electromagnética cuyas longitudes de onda pueden producir la sensación de visión.

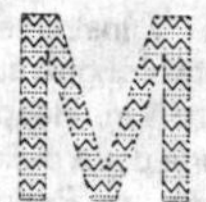
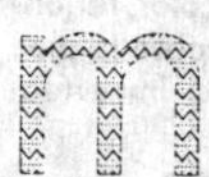

**m** f. Decimoquinta letra del abecedario castellano, y duodécima de sus consonantes (M, m); su nombre es *eme*.

**macabro, bra** adj. Horrible, espeluznante.

**macana** f. Porra grande.

**maceta** f. Tiesto para criar flores; vasija para colocar flores.

**macizo, za** adj. y m. Sólido, compacto, firme.

**mácula** f. Mancha. || Vicio, deshonor.

**machacar** tr. Golpear con fuerza para triturar, deshacer o aplastar algo.

**machete** m. Puñal largo de un solo filo.

**machismo** m. Predisposición a la consideración del hombre como ser superior a la mujer.

**macho** adj. y m. De sexo masculino.

**machucar** tr. Golpear, magullar, aplastar.

**madera** f. Conjunto de los elementos lignificados de una planta, fibrosos y duros, que se disponen debajo de la corteza, particularmente la de los árboles.

**madre** f. Mujer que ha engendrado.

**madrigal** m. Composición lírica breve de endecasílabos y heptasílabos libremente dispuestos y rimados.

**madriguera** f. Escondrijo de animales. || Refugio de maleantes.

**madrugada** f. Alba, primeras horas del día.

**madrugar** intr. Levantarse temprano por la mañana.

**madurar** tr. Hacer que un fruto consiga su grado óptimo de sabor. || Crecer en sensatez.

**madurez** f. Punto de máximo sabor de un fruto. || Sensatez, cordura.

**maestro, tra** m. y f. Persona que ha adquirido una serie de conoci-

mientos científicos o artesanales, y los enseña a otras. || Educador. || Compositor o director de música.
**mafia** f. Organización que impone su propia ley por la violencia y asegura su impunidad frente a la justicia oficial por medio de un silencio forzado.
**magazine** m. Revista con ilustraciones.
**magia** f. Práctica religiosa que pretende intervenir en la acción de las fuerzas sobrenaturales por medio de ritos que las reproduzcan.
**mágico, ca** adj. Relativo a la magia. || Sorprendente, prodigioso.
**magisterio** m. Oficio de las personas que se dedican a la enseñanza. || Título de maestro. || Agrupación de maestros.
**magistrado** m. Persona revestida de autoridad judicial. || Empleo o cargo de juez o ministro de justicia.
**magnate** com. Persona que ocupa una elevada posición social, por su poder y su influencia en el campo empresarial y financiero.
**magnético, ca** adj. Relativo al imán y a sus facultades.
**magnetófono (o magnetofón)** m. Aparato electromecánico que registra los sonidos en un medio magnético y los reproduce por un altavoz.
**magnicidio** m. Homicidio de un personaje importante.
**magnificar** tr. y prnl. Alabar, ensalzar.
**magnitud** f. Volumen de un cuerpo. || Trascendencia de un hecho.
**mago, ga** adj. y s. Que practica o ejerce la magia.
**magullar** tr. y prnl. Provocar contusiones en el cuerpo.
**majestad** f. Magnificencia, esplendor de algo o alguien grande y noble.
**mal** adj. Apócope de *malo*. m. Lo opuesto al bien y a la virtud. adv. Al revés de lo correcto o justo.
**malabarismo** m. Arte de juegos malabares, ejercicios de equilibrio y habilidad.
**malandrín, na** m. y f. Bellaco, canalla.
**malaria** f. Paludismo.
**malbaratar** tr. Vender barato. || Derrochar, desperdiciar.
**maldad** f. Calidad de malo. || Acto perverso.
**maldecir** tr. Echar maldiciones.
**maldito, ta** adj. Perverso, ruin.
**maleable** adj. Se dice de los metales que pueden batirse y extenderse en planchas o láminas.
**maleante** adj. y com. Malhechor, criminal, perseguido por la justicia.
**maleducado, da** adj. y s. Mimado. || Que carece de educación, irrespetuoso.
**maleficio** m. Mal producido por arte de brujería.

**malestar** m. Desequilibrio físico o moral.

**maleta** f. Caja grande de lona, piel, etcétera, con asas para facilitar su transporte, usada para llevar el equipaje.

**maleza** f. Sobreabundancia de hierbajos en los sembrados.

**malgastar** tr. Usar mal o con poco provecho (esfuerzo, tiempo, espacio, etc., y especialmente dinero).

**malhablado, da** adj. y s. Descarado, deslenguado, blasfemo.

**malhechor, ra** adj. y s. Delincuente, criminal.

**malicia** f. Maldad. Suspicacia, desconfianza, temor.

**maligno, na** adj. Con tendencia a obrar o pensar mal.

**malo, la** adj. Que no es bueno u obra según su esencia o función. || Nocivo para la salud. || Perverso, malvado.

**malograr** tr. Desperdiciar, echar a perder algo o desaprovechar una oportunidad.

**maltratar** tr. y prnl. Tratar mal, pegar, insultar. || tr. Estropear, deteriorar.

**malvado, da** adj. y s. Pésimo, perverso, criminal.

**malvivir** intr. Pasar la vida con apuros y estrecheces.

**malla** f. Cada uno de los cuadros o anillos que enlazados entre sí forman la red o la cota.

**mamá** f. Madre.

**mamar** tr. Succionar leche de las mamas.

**mamarracho** m. Persona pedante o extravagante. || Majadero, mequetrefe.

**mamíferos** m. pl. Clase de vertebrados caracterizada por tener el cuerpo cubierto de pelos y disponer de glándulas mamarias para la alimentación de las crías.

**mamut** m. Mamífero proboscídeo fósil.

**manada** f. Reunión de animales de una misma especie.

**manantial** m. Afloramiento espontáneo de agua; se produce cuando el manto acuífero halla un terreno impermeable.

**mancillar** tr. y prnl. Deshonrar.

**manco, ca** adj. y s. Que le ha sido amputado un brazo o una mano, o que no puede servirse de ellos.

**mancha** f. Huella de suciedad. || Zona de diferente color al del entorno. || Sombra de un dibujo. || Mala reputación, deshonor.

**manchar** tr. y prnl. Ensuciar. || Difamar, deshonrar.

**mandado, da** m. Encargo, misión, recado.

**mandar** tr. Ejercer la autoridad, ordenar, decretar. || Enviar a alguien en representación.

**mandatario** m. Gobernante.

**mandíbula** f. Cada uno de los elementos óseos o cartilaginosos, que sirven para la implantación de los dientes y que conforman la cavidad bucal de los vertebrados.

**mando** m. Autoridad, derecho del superior sobre sus súbditos.

**manecilla** f. Aguja de un reloj o brújula.

**manejar** tr. Usar de algo con las manos o transportarlo con ellas. || Conducir un automóvil o cualquier vehículo de transporte.

**manera** f. Característica especifica de un ser, o forma especial de comportamiento o de uso.

**manga** f. Parte de una prenda de vestir que rodea el brazo en su totalidad o en su parte superior.

**mango** m. Parte por donde se agarra una herramienta o utensilio cualquiera.

**manguera** f. Manga de riego || Manga de ventilación.

**manía** f. Tendencia imperiosa y obsesiva.

**manicomio** m. Casa de salud para enfermos mentales.

**manifestación** f. Marcha compacta de personas, generalmente por un recorrido urbano, para expresar una opinión o reivindicación.

**manifestar** tr. y prnl. Hablar públicamente, declarar.

**manifiesto, ta** adj. Descubierto, patente, notorio.

**manija** f. Mango de herramientas. || Manivela de instrumentos.

**maniobra** f. Operación realizada con las manos.

**manipular** tr. Trabajar con las manos. || Influir en los demás en propio provecho.

**maniquí** m. Muñeco con anatomía humana usado para probar o exhibir trajes o vestidos.

**manivela** f. Manubrio. || Cigüeñal.

**manjar** m. Alimento, víveres en general. || Comida suculenta.

**mano** f. Parte distal del miembro superior, formada por tres partes: carpo, metacarpo y dedos.

**manosear** tr. Poner constantemente las manos sobre algo.

**manotear** tr. Golpear con las manos. || intr. Mover mucho las manos al hablar.

**mansión** f. Residencia, estancia. || Vivienda. || Casa lujosa.

**manso, sa** adj. Dulce, tranquilo, reposado. || Se dice del animal domesticado.

**manteca** f. Parte grasa de las carnes de los animales, especialmente la del cerdo.

**mantener** tr. Aguantar una cosa para que no caiga, ni se tuerza, ni se extinga. || Conservarla en su esencia o condición. || tr. y prnl. Suministrar a alguien el sustento necesario.

**mantenimiento** m. Acciones efectuadas para mantener una máquina, vehículo, etc., en sus condiciones óptimas.

**mantequilla** f. Sustancia sólida de grasa de leche batida con azúcar.
**manual** adj. Que se hace con las manos. || m. Libro que compendia los temas esenciales de una asignatura o conocimiento.
**manufacturar** tr. Fabricar.
**manuscrito, ta** adj. Escrito a mano. || m. Libro o texto escrito a mano, especialmente los de la antigüedad y los medievales.
**manutención** f. Alimento necesario para sobrevivir.
**maña** f. Habilidad, maestría.
**mañana** f. Espacio de tiempo desde el amanecer al mediodía. || adv. Día siguiente al hoy.
**mapa** m. Representación gráfica plana de la superficie de la Tierra, o de una parte, según una escala y una proyección dadas.
**mapamundi** m. Mapa que representa la superficie de la Tierra dividida en dos hemisferios.
**maqueta** f. Proyecto que muestra a escala reducida los volúmenes del mismo.
**maquillar** tr. y prnl. Acicalar, embellecer la cara mediante la aplicación de cosméticos.
**máquina** f. Artilugio con piezas de movimientos coordinados a fin de aprovechar una energía para convertirla en herramienta de trabajo o para obtener un efecto determinado. || Locomotora.
**maquinar** tr. Conspirar secreta y arteramente.
**mar** amb. Masa de agua salada que cubre una gran parte de la superficie de la Tierra (361 128 000 $km^2$, el 71% del total).
**maraña** f. Maleza. || Matorral. || Lío de hilos; embrollo de cabellos. || Ardid, enredo, patraña.
**maravilla** f. Cosa prodigiosa; acontecimiento extraordinario.
**maravillar** tr. Ser causa de admiración. || tr. y prnl. Asombrar, desconcertar.
**marca** f. Región o territorio o fronterizo. || Cualquier tipo de signo externo colocado a una persona, animal u objeto, a fin de diferenciarlo.
**marcar** tr. Señalar con una marca. || Herir, golpear dejando señal. || Poner las iniciales para determinar la pertenencia. || Anotar los párrafos más destacados de un escrito.
**marcial** adj. Relativo a la guerra o al ejército.
**marciano, na** adj. Relativo al planeta Marte.
**marco** m. Recuadro que rodea el contorno de un objeto.
**marchar** intr. y prnl. Caminar, andar de un lugar a otro.
**marchitar** tr. y prnl. Ajar, agostar, secar.
**marea** f. Variación regular y cíclica del nivel de la superficie del mar por consecuencia del efecto combi-

nado de las fuerzas de atracción ejercidas por la Luna y el Sol.

**mareo** m. Sensación de náusea que se presenta al someter al cuerpo a movimientos irregulares o por otras causas.

**margen** amb. Borde de una cosa. Espacio en blanco a los extremos de un papel escrito. || Anotación marginal.

**marido** m. Hombre desposado, en relación con su esposa.

**marina** f. Costa del mar. || Conjunto de buques de una nación.

**marioneta** f. Muñeco u objeto al que se mueve mediante hilos casi imperceptibles.

**marisco** m. Cualquier invertebrado marino, generalmente crustáceos y moluscos comestibles.

**marrano, na** m. y f. Cerdo. || Puerco, sucio, cochino.

**martes** m. Tercer día de la semana, entre lunes y miércoles.

**martillar (o martillear)** tr. Golpear con el martillo.

**martillo** m. Herramienta que comprende una cabeza metálica y un mango de madera. || Huesecillo de la caja del tímpano, articulado con el yunque.

**martirio** m. Muerte o torturas padecidas en defensa de un credo o ideal. || Cualquier penalidad intensa y duradera.

**marzo** m. Tercer mes del año solar. Consta de treinta y un días.

**mas** conj. Pero.

**más** adv. Indica mayor cantidad o intensidad.

**masa** f. Pasta conseguida al ablandar una materia sólida por medio de un líquido, o volumen obtenido al mezclar un líquido con una materia triturada. || Conjunto, reunión, conglomerado, agrupación. || Muchedumbre.

**masacre** f. Matanza.

**máscara** f. Trozo de cartón, tela, etc., con el que alguien se cubre la cara. || Apariencia, pretexto.

**mascota** f. Persona, animal u objeto al que se le atribuye algún poder benefactor.

**masculino, na** adj. Se dice de las personas, animales o plantas que ejercen el papel fecundante en la reproducción, y de todo lo relativo a ellos. || adj. y m. Uno de los dos géneros gramaticales de la lengua española.

**mascullar** tr. Masticar. || Murmurar.

**masivo** adj. Se dice de la dosis máxima de tolerancia de un producto medicinal. || Se dice de lo que se hace o se emplea en grandes proporciones.

**máster** m. Registro considerado como patrón u original del cual posteriormente se efectuarán copias.

**masticar** tr. Triturar los alimentos con los dientes.

**mástil** m. Palo mayor de una embarcación.

**masturbación** f. Provocación del orgasmo mediante manipulación de los órganos genitales.
**matanza** f. Asesinato colectivo en un combate o atraco. || Mortandad de cualquier tipo, sea de personas o de animales.
**matar** tr. y prnl. Privar de la vida. tr. Apagar , extinguir, destruir.
**matemático, ca** adj. Relativo a las matemáticas. || f. Ciencia que estudia, mediante el uso de números y símbolos, las cantidades y formas, sus propiedades y relaciones.
**materia** f. Sustancia primaria de que se componen los cuerpos simples, sujeta a la ley de gravitación universal. || Tema de estudio, objeto de trabajo, argumento de escritura.
**maternidad** f. Estado o calidad de madre. || Clínica para dar a luz y atender a los recién nacidos.
**materno, na** adj. Relativo a la madre.
**matinal** adj. Matutino.
**matiz** m. Variedad de tono que puede percibirse en un mismo color.
**matriarcado** m. Organización social en la que las mujeres tienen el poder político y económico.
**matrícula** f. Relación de nombres de personas o de objetos que se registran para una actividad o finalidad determinada. || Placa con el número de registro de un vehículo.
**matrimonio** m. Contrato bilateral por el cual se unen un hombre y una mujer con el fin de constituir una familia.
**matriz** f. Útero.
**matutino, na** adj. Relativo a las primeras horas del día. || Que acontece por la mañana.
**maullido (o maúllo)** m. Voz del gato.
**maxilar** adj. y m. Relativo a la mandíbula. || Se dice de los huesos de la cara situados en la mandíbula.
**máximo, ma** adjetivo superlativo de *grande*. El mayor valor que toma una función matemática.
**maya** adj. y com. Se dice del pueblo indoamericano que habita en la península de Yucatán, Belice, Guatemala y Honduras.
**mayo** m. Quinto mes del año (31 días).
**mayor** adjetivo comparativo de *grande*. De más altura, volumen, edad o calidad. || *mayor que* (>).
**mayoría** f. Calidad de mayor. Mayor cantidad.
**mayúsculo, la** adj. Extraordinario, colosal, fantástico. || adj. y f. Se dice de la letra de mayor tamaño y distinta grafía, con uso específico dentro de la escritura.
**mazmorra** f. Calabozo subterráneo.
**mazo** m. Martillo grande de madera.
**mazorca** f. Husada. || Panoja. || Tipo de inflorescencia en espiga,

de elementos muy densos y próximos.

**mecánico, ca** adj. Relativo a la máquina o a la mecánica. || Realizado por una máquina. || Inconsciente, hecho sin reflexión.

**mecanismo** m. Conjunto de piezas o elementos, engarzados de tal forma entre sí, que generan algún tipo de actividad.

**mecanizar** tr. y prnl. Sustituir el esfuerzo humano por el de las máquinas. || Hacer de la persona humana un autómata.

**mecanografía** f. Escritura a máquina.

**mecer** tr. y prnl. Mover algo hacia adelante y hacia atrás.

**mecha** f. Trencilla de hilos, generalmente de algodón, colocada en medio de sustancias combustibles (aceite, cera, alcohol, petróleo, etc.), que sirve de soporte a la llama.

**mechero** m. Instrumento para dar lumbre, que contiene una mecha y piedra de pedernal.

**medalla** f. Pieza circular grabada, de carácter conmemorativo o simbólico.

**mediano, na** adj. De calidad o tamaño intermedio.

**mediante** adj. Que media. || prep. Por medio de.

**mediar** intr. Llegar a la mitad de algo, sea o no material. || Interceder, abogar.

**medicamento** m. Sustancia dotada de propiedades terapéuticas y que es usada a tal fin.

**medicina** f. Ciencia que estudia la constitución fisiológica del hombre a fin de prever, diagnosticar y curar sus enfermedades. || Medicamento.

**medicinal** adj. Relativo a la medicina. || Se dice de las sustancias, aguas o clima dotados de propiedades curativas.

**medida** f. Cada una de las unidades usadas para medir longitud, superficie, volumen, etc. || Equivalencia, proporción.

**medieval** adj. Relativo a la edad media.

**medievo** m. Edad media.

**medio, dia** adj. Se dice de la mitad de algo. || Se dice de lo que está en el centro o entre dos extremos.

**mediodía** f. Hora en que el Sol está más alto sobre el horizonte.

**medir** tr. Evaluar las veces que un todo está contenido dentro de una unidad previamente establecida.

**meditabundo, da** adj. Reflexivo, que cavila interiormente.

**meditar** tr. Aplicar con intensidad la mente en el análisis de una cuestión. || Pensar sobre algo.

**mediterráneo, a** adj. Relativo al mar Mediterráneo y los países costeros al mismo.

**medroso, sa** adj. y s. Miedoso, pusilánime.

**médula (o medula)** f. Sustancia blanca que llena las cavidades de los huesos largos y los espacios entre las trabéculas del tejido óseo esponjoso.
**megalito** m. Monumento conmemorativo o funerario compuesto por enormes bloques de piedra.
**mejilla** f. Parte lateral blanda que forma la pared de la cavidad bucal.
**mejor** Adjetivo comparativo de *bueno*. Que le supera en calidad o virtud.
**mejorar** tr. Hacer avanzar algo hacia el bien ideal, físico o espiritual. || Sanar.
**melancolía** f. Tristeza, abatimiento.
**melodía** f. Delicadeza en la modulación de voz y suavidad en el uso del instrumento musical.
**melodrama** m. Obra teatral o cinematográfica basada en emociones dramáticas y fatalistas que son desencadenantes de la acción.
**mellizo, za** adj. y s. Gemelo.
**membrana** f. Tejido animal o vegetal, dispuesto en forma de estrato, capa o lámina y generalmente dotado de elasticidad, que envuelve ciertos órganos o separa ciertas cavidades.
**memorable** adj. Digno de ser recordado.
**memorándum (o memorando)** m. Resumen escrito, en el que se exponen brevemente cuestiones que deben tenerse en cuenta para la resolución de un asunto. || Agenda.
**memoria** f. Facultad de recordar sucesos pasados y sensaciones.
**mención** f. Cita, referencia, evocación.
**mendigar** tr. Solicitar limosna.
**mendigo, ga** m. y f. Persona que vive de limosna.
**mendrugo** m. Cacho de pan duro.
**menear** tr. y prnl. Remover algo. || Moverse.
**menguar** intr. Decrecer físicamente o debilitarse moralmente.
**menisco** m. Lente que es cóncava por un lado y convexa por otro. || Cartílago semilunar que existe en algunas articulaciones.
**menor** adj. Inferior en cantidad o volumen. || *menor que* Símbolo matemático (<).
**menos** adv. Expresa disminución en la acción, la cualidad o la cosa representada por el verbo. || m. Símbolo de la resta (–). || adv. A excepción de.
**menoscabar** tr. Destrozar, causar detrimento físico o moral.
**mensaje** m. Notificación oral o escrita enviada a alguien.
**mensajero, ra** adj. y s. Se dice de la persona, animal o cosa que sirve para comunicar mensajes o efectuar encargos.
**menstruación** f. Pérdida hemorrágica genital de carácter fisiológico que sufre la mujer aproximada-

mente cada mes y que suele durar de tres a siete días.

**mensual** adj. Que ocurre cada mes.

**mensurable** adj. Que puede ser medido.

**mentalidad** f. Ejercicio o poder de la mente. || Modo de enjuiciar los hechos según la cultura adquirida.

**mentar** tr. Citar, recordar.

**mente** f. Conjunto de las facultades intelectivas de alguien.

**mentir** intr. Decir mentiras.

**mentira** f. Manifestación contraria a la verdad real o imaginada.

**menú** m. Minuta de una comida. || En informática, índice de las posibilidades de trabajo que ofrece un programa.

**menudencia** f. Cosa menuda.

**meñique** adj. y m. Se dice del dedo pequeño de la mano.

**meollo** m. Médula. || Parte esencial de cualquier cosa.

**mequetrefe** com. Persona poco sensata e informal. || Individuo sin respetabilidad, despreciable.

**mercado** m. Conjunto de operaciones de compraventa, realizadas públicamente en lugar y días establecidos. || Local o recinto, estable o circunstancial, destinado a ellas.

**mercancía** f. Cualquier cosa objeto de comercio.

**mercenario, ria** adj. y s. Se dice de quien combate por dinero.

**mercería** f. Venta de cosas pequeñas y de escaso valor (cintas, botones, alfileres, etcétera).

**merecer** tr. Ser digno de alabanza o reprimenda.

**merendar** intr. Tomar la merienda.

**meridiano, na** adj. Relativo al mediodía. || m. Cualquiera de los círculos máximo de la Tierra que pasan por los polos.

**merienda** f. Bocado que se toma a media tarde, entre el almuerzo y la cena.

**mérito** m. Acción de la persona que la hace digna de elogio o de censura.

**merma** f. Parte que se elimina, se gasta o se hurta de algo.

**mermar** intr. y prnl. Rebajar, reducir o consumirse el grosor o capacidad de algo.

**merodear** intr. Dar rodeos en torno a un lugar para espiar, sisar, curiosear o buscar algo.

**mes** m. Espacio de tiempo que hay entre dos lunas nuevas. || Cada una de las doce divisiones del año solar.

**mesa** f. Mueble consistente en una pieza horizontal, asentada sobre uno o varios soportes verticales, generalmente cuatro.

**meseta** f. Elevación del terreno con una superficie más o menos plana, a veces limitada por uno o más escarpes y surcada por valles encajados y profundos.

**mesozoico, ca** adj. y m. Se dice de la segunda gran era geológica, comprendida entre el Paleozoico y el Cenozoico.

**mestizo, za** adj. y s. Nacido de padres de diferente raza, especialmente indio y blanco.

**mesura** f. Discreción. || Moderación en el lenguaje, gestos, etcétera.

**meta** f. Final de carrera. || Finalidad de un trabajo o aspiración.

**metabolismo** m. Conjunto de los procesos fisicoquímicos que tienen lugar en los seres vivos.

**metáfora** f. Figura estilística consistente en la sustitución del sentido propio de las palabras por otro figurado, basado en una comparación.

**metal** m. Cada uno de los elementos químicos pertenecientes a un amplio grupo de cristales con átomos de capa electrónica externa débil, que forman cationes en disolución.

**metalurgia** f. Ciencia que estudia los minerales metálicos y la preparación de los metales para su utilización.

**metamorfosis** (o **metamórfosis**) f. Modificación de una cosa en otra. || Conjunto de transformaciones experimentadas por un organismo a lo largo de su desarrollo.

**meteoro** (o **metéoro**) m. Cualquier fenómeno atmosférico como el viento, la lluvia, el rayo, el arco iris, la aurora boreal, etc. || Por antonomasia, estrellas fugaces.

**meteorología** f. Ciencia que estudia los fenómenos atmosféricos, sus causas y sus mecanismos.

**meter** tr. y prnl. Colocar, introducir o encerrar a alguien o algo en un sitio cualquiera.

**metódico, ca** adj. Ordenado.

**método** m. Sistema de realizar las cosas ordenadamente.

**metonimia** f. Figura retórica que consiste en denominar una palabra con otra con la cual mantiene una relación, que puede ser de diversos tipos: la causa por el efecto, la parte por el todo, el continente por el contenido (*he bebido un vaso*), etcétera.

**metralleta** f. Arma de fuego automática y de repetición.

**métrico, ca** adj. Relativo al metro o a la medida. || f. Arte poético que trata de la medida y forma de los versos.

**metro** m. Medida de un verso. || (m) Unidad de medida de longitud.

**metrópoli** (o **metrópolis**) f. Capital de provincia o estado.

**mexica** adj. y com. Azteca.

**mezclar** tr. y prnl. Incorporar o diluir una sustancia dentro de otra. || Juntar o reunir varios elementos.

**mezcolanza** f. Mezcla rara y confusa de elementos dispares.

**mezquino, na** adj. Roñoso, agarrado, avaro.

**mezquita** f. Edificio de culto islámico.

**micción** f. Acto fisiológico de emisión de orina.

**mico, ca** m. y f. Mono de larga cola.

**microbio** m. Microorganismo.

**microbús** m. Autobús para un reducido número de pasajeros.

**micrófono** m. Transductor electroacústico que transforma las ondas acústicas en ondas eléctricas, y a la inversa.

**microorganismo** m. Organismo de tamaño inferior al poder de discriminación del ojo y cuya observación requiere el uso de técnicas microscópicas.

**microscopio** m. Instrumento óptico que permite observar de cerca objetos no visibles a simple vista.

**miedo** m. Emoción desagradable, de intensidad diversa, debida a un peligro (físico o psicológico) actual o futuro.

**miel** f. Sustancia amarillenta, densa y dulce elaborada por diversos insectos (en especial abejas) a partir de la transformación del néctar de las flores.

**miembro** m. Cada una de las extremidades dispuestas simétricamente a cada lado del tronco y con el que están articuladas. || Integrante de una sociedad o corporación.

**mientras** adv. Entre tanto.

**miércoles** m. Día de la semana, entre martes y jueves.

**mies** f. Planta madura de trigo destinada a la fabricación del pan.

**migaja** f. Trocito muy pequeño de algo.

**migración** f. Desplazamiento de grupos humanos a un nuevo hábitat. Causada generalmente por problemas demográficos y de recursos productivos.

**migraña** f. Jaqueca.

**mil** adj. Diez veces cien unidades. || Signo gráfico (1 000) de dicho número. || Millar.

**milagro** m. Hecho que excede las fuerzas naturales, realizado por intervención sobrenatural, de origen divino. || Fenómeno portentoso o extraordinario.

**milenio** m. Espacio de tiempo de 1 000 años.

**milésimo, ma** adj. y s. Se dice de cada uno de los 1 000 fragmentos en que se ha dividido una unidad.

**milicia** f. Práctica o profesión cuyo objeto es la actividad militar.

**militar** adj. Relativo a la milicia o a la guerra.

**milla** f. Medida terrestre vigente en Gran Bretaña y países de la Commonwealth (1 609.3426 m), y EUA (1 609.3472 m).

**millar** m. Reunión de 1 000 unidades.

**millonario, ria** adj. y s. Ricacho, potentado.
**mimar** tr. Hacer mimos, acariciar. || Tratar con afabilidad.
**mimeógrafo** m. Aparato rotativo para obtener copias.
**mímico, ca** adj. Relativo al mimo o a la mímica. || f. Conjunto de modificaciones fisonómicas, de gestos y de actitudes corporales con que se manifiestan los estados de ánimo y se acompaña el lenguaje hablado.
**mimo** m. Espectáculo sin palabras (pantomima). || Actor especializado en la imitación por gestos.
**mina** f. Yacimiento de minerales o rocas útiles.
**minar** tr. Excavar túneles bajo tierra. || Debilitar, consumir física o moralmente.
**mineral** adj. Relativo a las sustancias inorgánicas. || m. Cada una de las sustancias naturales sólidas, que forman una parte importante de la Tierra.
**minería** f. Industria de la prospección, extracción y beneficio de los minerales.
**miniatura** f. Cosa muy pequeña.
**minimizar** tr. Rebajar el tamaño. || Restar importancia o desvalorizar algo.
**mínimo, ma** Adjetivo superlativo de *pequeño*. || Lo más inferior.
**ministro, tra** m. y f. Persona responsable de cada uno de los departamentos de la gobernación del Estado.
**minoico, ca** adj. Perteneciente o relativo a Minos o a Creta clásica.
**minoría** f. Parte más reducida en la división desigual de una colectividad.
**minucia** f. Cosa pequeña o sin importancia.
**minucioso, sa** adj. Que cuida los detalles, esmerado, meticuloso.
**minuendo** m. Cantidad de la que ha de restarse otra.
**minúsculo, la** adj. De muy pequeño tamaño o de muy poca entidad. || adj. y f. Se dice de las letras que se distinguen de las mayúsculas por su figura y menor tamaño.
**minusválido, da** adj. y s. Se dice de la persona que tiene limitada su capacidad física o psíquica.
**minuta** f. Nota recordatoria.
**minuto** m. Unidad de tiempo, correspondiente a la sexagésima parte de una hora.
**miopía** f. Defecto de refracción ocular causado por presentar el ojo una mayor longitud de su eje anteroposterior respecto al ojo normal.
**mirador, ra** m. Sitio elevado en un edificio, o lugar natural privilegiado, desde el que se puede contemplar una vista exterior o paisaje.
**mirar** tr. y prnl. Dirigir atentamente la vista hacia alguien o algo. || tr. Observar, ojear.

**mirón, na** adj. y s. Que mira mucho, curioso.
**misántropo, pa** m. y f. Persona que aborrece relacionarse con los demás.
**miserable** adj. Mísero, desgraciado, abatido.
**miseria** f. Carencia de lo imprescindible, escasez extrema. || Desdicha, desventura.
**misericordia** f. Virtud que mueve a compadecerse de las penas del prójimo, a perdonarlo y ayudarlo. || Compasión, piedad.
**misil** m. Proyectil formado por una cabeza explosiva y un sistema de guía que lo orienta hacia el objetivo.
**misión** f. Atribución que se da a alguien para ejercer un cargo o acción. || Acción encomendada.
**misivo, va** adj. Se dice de cualquier escrito remitido a alguien. || f. Carta.
**mismo, ma** Adj. Idéntico, semejante.
**misógino, na** adj. y s. Que siente animadversión hacia las mujeres.
**misterio** m. Cosa inexplicable. || Trama oculta.
**mitad** f. Cada una de las dos secciones de una unidad partida por el justo medio.
**mitigar** tr. y prnl. Suavizar, calmar, temperar un dolor físico o moral.
**mitin** m. Asamblea donde se hacen discursos o arengas de carácter político o social.
**mito** m. Relato fabulado que contiene información sobre algún aspecto trascendental de una comunidad. || Fábula.
**mitología** f. Conjunto de mitos propios de un pueblo o cultura determinados.
**mixto, ta** adj. Mezclado, unido a algo.
**mobiliario, ria** adj. Mueble. || m. Conjunto de muebles de una vivienda.
**moco** m. Líquido viscoso que segregan las glándulas mucosas.
**mochila** f. Especie de bolsa o saco pequeño, con tirantes para ir colgada de los hombros.
**moda** f. Fenómeno social moderno consistente en la renovación permanente y arbitraria de signos distintivos, simultáneamente en los planos social y temporal.
**modalidad** f. Característica específica de algo.
**modelar** tr. Realizar una figura con material dúctil.
**modelo** m. Lo que se toma como punto de referencia para imitar o reproducir.
**moderación** f. Mesura, sobriedad, sensatez.
**moderar** tr. y prnl. Equilibrar, apaciguar, atemperar.
**modernizar** tr. y prnl. Poner al día, dar aspecto más actual.
**moderno, na** adj. Nuevo, actual, reciente.

**modestia** f. Virtud que hace que las personas tengan un juicio sereno y equilibrado sobre sus auténticos valores y capacidades.
**modesto, ta** adj. Simple, ordinario, común.
**módico, ca** adj. Escaso, reducido, temperado.
**modificar** tr. y prnl. Alterar de algún modo las características secundarias de alguien o algo.
**modismo** m. Locución característica de una lengua.
**modisto, ta** m. y f. Persona que hace prendas de vestir de mujer. || Creador y diseñador de modas.
**modo** m. Forma especial de realizar algo.
**modular** intr. Cambiar de tono de voz en el habla o en el canto.
**mofa** f. Befa, menosprecio.
**moho** m. Nombre genérico a un conjunto de hongos. Crecen sobre sustancias orgánicas, en manchas algodonosas o fieltrosas.
**mojar** tr. y prnl. Humedecer, empapar, sumergir en un líquido.
**molar** adj. Relativo a la muela. adj. y m. Se dice de los dientes situados al final de la arcada dental.
**molde** m. Pieza de la que ha sido vaciado el volumen de una figura que se pretende reproducir mediante la solidificación del material derretido que se vertirá en ella.
**moldear** tr. Vaciar una masa para obtener un molde. || Verter material derretido en un molde para lograr la figura en él contenida.
**moler** tr. Triturar hasta convertir en polvo.
**molestar** tr. y prnl. Ocasionar molestia.
**molestia** f. Cualquier circunstancia o acción que perturbe el estado físico o anímico. || Desagrado, enojo.
**molinero, ra** adj. Relativo al molino o a su industria. || m. y f. Persona que regenta o trabaja en un molino.
**molino** m. Máquina para moler, quebrantar, laminar o estrujar.
**mollera** f. Parte más elevada del cráneo. Parte blanda del cráneo todavía sin osificar.
**momentáneo, a** adj. Que dura un momento. || Provisional, no duradero.
**momento** m. Instante en el tiempo. || Espacio muy corto de tiempo. Periodo o situación concreta.
**momia** f. Cadáver disecado tras los oportunos preparativos para evitar la putrefacción.
**monarquía** f. Régimen político en el que la jefatura del Estado es ejercida por una sola persona, a título hereditario o por elección.
**monasterio** m. Lugar de residencia de una comunidad monástica.
**moneda** f. Pieza metálica, de distintos tamaños y formas, según su

valor intrínseco, o el que se le asigne, acuñada por el que tiene la prerrogativa de fabricarla.

**monetario, ria** adj. Relativo a la moneda y, por extensión, al dinero. || m. Colección de monedas o medallas.

**mongolismo** m. Anomalía congénita causada por la existencia de un cromosoma de más en el núm. 21. Se caracteriza por una deficiencia en el desarrollo intelectual ligada a multitud de alteraciones somáticas.

**monitor** m. y f. Instructor en ciertas actividades formativas, deportivas o recreativas. || m. Equipo de amplificación destinado a verificar el proceso de grabación. || Pequeña pantalla que sirve para comprobar la grabacion o emisión de imágenes.

**monje, ja** m. y f. Individuo de una orden religiosa que vive en un monasterio.

**monografía** f. Estudio o ensayo particular que versa sobre un determinado tema.

**monolito** m. Monumento compuesto por un bloque de piedra.

**monólogo** m. Soliloquio. || Obra dramática, o parte de ella, en las que la acción y la expresión se basan en un personaje.

**monopolio** m. Estructura de mercado en la que un solo vendedor, empresa, etc., controla la oferta de un producto sin sustitutos próximos.

**monosílabo, ba** adj. y s. Se dice de la palabra formada por una sola sílaba.

**monotonía** f. Carencia de altibajos en la tonalidad de la voz o en los sonidos musicales. || Rutina, falta de novedad o variedad.

**monstruo** m. Viviente anormal en su especie. || Personaje imaginario de fábulas y leyendas.

**monstruosidad** f. Desorden o deformidad grave en el orden natural de las cosas.

**montaje** m. Técnica cinematográfica que consiste en la selección de las distintas secuencias obtenidas en el rodaje, para posteriormente empalmarlas con la intención de dar al filme ritmo y coherencia narrativa.

**montaña** f. Elevación natural del terreno. Las m. se forman principalmente por efectos orogénicos y tectónicos, plegamientos, fallas y vulcanismos.

**montar** intr. y prnl. Subir encima de algo. || Cabalgar, ir sobre un vehículo. || tr. Armar las piezas de una maquinaria.

**monte** m. Montaña. || Campo sin cultivar, poblado de arbustos y matorrales.

**monto** m. Monta, suma o total.

**montón** m. Apelotonamiento de cosas sin orden ni concierto. || Abundancia de cosas.

**monumental** adj. Grandioso, excelente en su género.
**monumento** m. Obra arquitectónica o escultura de carácter conmemorativo. || Cualquier tipo de construcción de valor histórico, artístico o arqueológico. || Obra de gran valor literario o científico. || Documento histórico.
**morada** f. Casa, vivienda. || Lugar de residencia.
**morado, da** adj. y m. De color violeta.
**moral** adj. De las costumbres o formas de comportamiento.
**moraleja** f. Sentencia didáctica que se extrae del contenido de un cuento, narración o fábula.
**morar** intr. Habitar permanentemente en un lugar.
**moratoria** f. Tiempo de prórroga del plazo ya vencido de una deuda, para que sea saldada.
**mórbido, da** adj. Que padece enfermedad o la ocasiona.
**morbo** m. Proceso patológico, enfermedad.
**mordaz** adj. Que zahiere con acritud. || Que critica maliciosamente.
**mordaza** f. Instrumento que sella los labios e impide el hablar.
**morder** tr. y prnl. Asir con firmeza con los dientes. || tr. Mordiscar.
**mordisco** m. Mordedura leve.
**moreno, na** adj. De color más bien oscuro.
**moretón** m. Equimosis.
**morfema** m. Unidad base de la morfología. || Mínima unidad fónica con significado.
**morfología** f. Disciplina de la biología que estudia la estructura externa y describe los órganos de plantas y animales.
**moribundo, da** adj. y s. Que está a punto de morir.
**morir** intr. y prnl. Llegar la vida a su fin. || Apagar, consumir, extinguir.
**morosidad** f. Lentitud, pereza, gandulería. || Demora, tardanza en el pago.
**moroso, sa** adj. Que actúa con morosidad. || m. y f. Persona retrasada en el pago de deudas o impuestos.
**morrocotudo, da** adj. Extraordinario, magnífico, excelente.
**mortaja** f. Lienzo con que se envuelve un cadáver.
**mortal** adj. y com. Que no puede librarse de la muerte. adj. Que produce o puede provocar la muerte.
**mortalidad** f. Porcentaje de defunciones en un lugar y tiempo determinados.
**mortandad** f. Abundancia de muertes causadas por guerra, epidemias o cualquier otro cataclismo.
**mortífero, ra** adj. Letal, que puede provocar la muerte.
**mortificar** tr. Molestar, atormentar, vejar.
**mortuorio, ria** adj. Relativo al muerto o a las honras fúnebres.

**mosaico, ca** adj. y m. Se dice de la decoración consistente en incrustar sobre muros o pavimentos pequeñas piezas, llamadas teselas, formando motivos figurativos o geométricos.
**mostrador, ra** m. Aparador para exponer los géneros que se van a vender o a consumir.
**mostrar** tr. Presentar a la vista. || Explicar el manejo de algo. || Enseñar, hacer patente.
**mote** Frase o sentencia que contiene un sentido oculto. || m. Sobrenombre, especialmente cuando es irónico o mordaz.
**motín** m. Levantamiento tumultuario de carácter popular, muy localizado temporal y espacialmente.
**motivar** tr. Dar motivo u ocasión para algo.
**motivo, va** m. Causa, razón, fundamento, finalidad. || Argumento de una charla o escrito. || Adorno que se repite en una decoración.
**motocicleta** f. Bicicleta automóvil.
**motor, ra** adj. y s. Que genera movimiento. || m. Máquina en la cual se emplea energía para realizar un trabajo por la conversión de varias formas de energía en fuerza y movimiento.
**motriz** adj. y f. Que mueve o genera movimiento.
**mover** tr. y prnl. Trasladar de un lugar a otro. || tr. Menear, remover, agitar.
**móvil** adj. Movible. || Que no ofrece estabilidad. || m. Causa, fundamento o motivo de una acción.
**mucosidad** f. Moco. || Sustancia pegajosa semejante al moco.
**muchacho, cha** m. y f. Niño o niña antes de alcanzar la pubertad.
**muchedumbre** f. Gran cantidad de personas o cosas.
**mucho, cha** adj. Abundante, numeroso, que supera lo normal o necesario. || adv. En gran cantidad, peso o medida.
**mudanza** f. Traslado de mobiliario de una vivienda o habitación a otra.
**mudar** tr. Transformar la naturaleza, estado o apariencia de una persona o cosa. || Dejar una cosa por otra. || Trasladar de lugar.
**mudo, da** adj. y s. Carente de la facultad del habla.
**mueble** m. Cada uno de los elementos del mobiliario de una vivienda.
**mueca** f. Contracción de los labios, generalmente en tono burlesco.
**muela** f. Diente molar.
**muelle** m. Construcción junto al mar, río o lago para refugio y amarre de las embarcaciones.
**muerte** f. Fin de la vida.
**muestra** f. Pequeña cantidad de un producto o mercancía para dar a conocer sus propiedades o su calidad. Modelo para copiar o imitar. || Señal, prueba, demostración.

**muestreo** m. Selección de muestras representativas para examinar las características o propiedades de un conjunto.

**mugre** f. Suciedad grasa, roña superficial.

**mujer** f. Persona de sexo femenino. || La que ha alcanzado la pubertad. || Esposa.

**mulato, ta** adj. y s. Mestizo de las razas blanca y negra. || adj. De color oscuro.

**muleta** f. Aparato ortopédico compuesto por un palo cuyo extremo se apoya en el codo o en el sobaco, usado por quienes tienen deficiencias importantes en el andar.

**mulo, la** m. y f. Animal resultante del cruzamiento entre caballo y asno. || Persona torpe y testaruda.

**multa** f. Pena de contenido pecuniario.

**multar** tr. Imponer a alguien una multa, sancionar pecuniariamente.

**multiforme** adj. De muchas formas o matices.

**múltiple** adj. Que no es simple; vario, diverso.

**multiplicación** f. Operación por la cual se suma reiteradamente un número, llamado *multiplicando*, tantas veces como lo indica otro, llamado *multiplicador*. Los dos términos de la m. se denominan factores y el resultado, *producto* (símbolo, x).

**múltiplo, pla** adj. Se dice de un número que contiene a otro un número exacto de veces.

**multitud** f. Cifra muy elevada, cantidad muy grande. || Gentío, vulgo, chusma.

**mullir** tr. Hacer que algo sea esponjoso, ablandar.

**mundial** adj. Relativo a todo el mundo.

**mundo** m. Universo. || La Tierra, y la esfera que la representa.

**munición** f. Carga de las armas de fuego.

**muñeca** f. Región comprendida entre el antebrazo y la mano. || Juguete en forma de figura de mujer, con que suelen divertirse los niños.

**muñeco** m. Juguete en forma de figura de hombre.

**mural** adj. Relativo al muro. || Pintura aplicada o fijada a un muro.

**muralla** f. Construcción para amparo y defensa que rodea un fuerte, ciudad o territorio.

**murmullo** m. Sonido apenas perceptible de una o varias personas. || Susurro. || Voz tenue del agua que corre o del viento que sopla.

**murmurar** intr. Hacer murmullo el agua o el viento. || Criticar la conducta de alguien que está ausente.

**muro** m. Elemento arquitectónico compacto y vertical que cierra espacios y sostiene otra estructura. || Muralla.

**musa** f. Inspiración poética, o talento peculiar de cada poeta.

**músculo** m. Cada órgano contráctil formado por haces de fibras musculares, que se inserta en el esqueleto por medio de tendones y que, por contraoción o extensión, realiza esfuerzos de movimiento.

**museo** m. Lugar destinado a la conservación y exposición de objetos artísticos, técnicos o científicos.

**musgo, ga** adj. De color marrón oscuro.

**músico, ca** adj. Relativo a la música. || com. Persona que compone, toca o entiende de música. || f. Arte de combinar los sonidos musicales. || Obra musical.

**musitar** intr. Hablar quedo, susurrar.

**muslo** m. Segmento de la extremidad inferior comprendido entre la cadera y la rodilla.

**mutismo** m. Mudez. || Silencio deliberado o exigido.

**mutuo, tua** adj. y s. Se dice de la relación recíproca entre dos o más seres.

**muy** adv. Se antepone a adjetivo y adverbio para conseguir el superlativo. Es apócope de *mucho*.

**n** f. Decimosexta letra del abecedario castellano (N, n); su nombre es *ene*. || Abreviatura de norte (N).

**nacer** intr. Venir al mundo. || Salir del seno materno, o de un huevo fecundado.

**nacimiento** m. Principio de algo, o periodo en que se inicia.

**nación** f. Comunidad histórica, formada por quienes tienen una cultura y un territorio comunes. || Estado, organización política.

**nacionalidad** f. Estatuto jurídico de quien forma parte de un Estado, y tiene los derechos y obligaciones que corresponden al mismo.

**nada** f. No ser absoluto, vacío. || adv. indef. En modo alguno.

**nadar** intr. Avanzar o mantenerse sobre o en el seno de una masa de agua por medio de movimientos rítmicos del cuerpo.

**naipe** m. Cada una de las cartulinas que forman la baraja.

**naranja** f. Fruto del naranjo. || adj. y m. Del color de esta fruta.

**naranjada** f. Zumo de naranja con agua y azúcar.

**narcisismo** m. Fascinación por la belleza o cualidades de uno mismo.

**nariz** f. Parte prominente de la cara, entre las órbitas y la boca. Forma la parte inicial de las vías respiratorias y es el órgano sensorial del olfato.

**narrar** tr. Relatar, describir, reseñar.

**narrativo, va** adj. Relativo a la narración. || f. Género literario en prosa (novela y cuento).

**nasal** adj. Relativo a la nariz. || Se dice del sonido cuya emisión de aire sale total o parcialmente por la nariz al espirar.

**nata** f. Grasa concentrada en la superficie de la leche en reposo.

**natación** f. Acción y efecto de nadar. || Deporte que se practica nadando, generalmente en carreras de velocidad.

**natal** adj. Relativo al nacimiento de uno, o al país de origen.

**natalidad** f. Parámetro estadístico que establece el número de nacimientos de una población en un intervalo de tiempo.

**nativo, va** adj. Se dice del país de origen y de todo lo relacionado con él. || adj. y s. Natural, nacido.

**natural** adj. Relativo a la naturaleza o de acuerdo con sus propiedades. || Llano, sencillo.

**naturaleza** f. Esencia íntima de un ser. || Carácter, temperamento.

**naturalmente** adv. Por naturaleza. Ciertamente, consecuentemente.

**naufragio** m. Gran pérdida, desastre.

**náusea** f. Sensación desagradable. Acompañada de sudor frío, salivación, etc., suele preceder al vómito.

**nauseabundo, da** adj. Que provoca náuseas.

**náutico, ca** adj. Relativo a la navegación. || f. Arte de la navegación.

**navaja** f. Cuchillo de bolsillo, cuya hoja se guarda entre las cachas del mango.

**naval** adj. Relativo a las naves o al arte de navegar.

**nave** f. Barco, buque. || Vehículo que surca el espacio.

**navegación** f. Proceso de conducir una nave desde su punto de partida hasta su destino, guiándose por marcas o lugares visibles.

**neblina** f. Niebla densa y baja. || Atmósfera cargada por la acumulación de humos o gases.

**necesitar** tr. e intr. Precisar la colaboración de alguien o algo.

**necio, cia** adj. y s. Ignorante.

**néctar** m. Jugo con elevado contenido en azúcar.

**nefasto, ta** adj. Desgraciado, funesto, aciago.

**negación** f. Acción y efecto de negar. || Carencia absoluta de algo. || Voz o frase con la que se niega.

**negar** tr. Declarar no verídico o inexacto lo que se afirma o comenta.

**negligente** adj. y s. Descuidado. || Desaplicado.

**negociar** intr. Comprar y vender, hacer transacciones comerciales.

**negro, gra** adj. y s. Se dice de la persona de raza melánida o negroide. || adj. De tez oscura, o bronceada.

**negruzco** adj. Moreno, tirando a negro.

**nene, na** m. y f. Niño pequeño, bebé.

**neófito, ta** m. y f. Persona recién afiliada a un partido, asociación o culto religioso.

**neolítico, ca** adj. y m. Se dice del periodo de la prehistoria entre el IX y el III milenio a. C.

**nervio** m. Conjunto de fibras nerviosas reunidas en uno o varios fascículos que, a modo de cordones, relacionan los centros nerviosos con los órganos periféricos.

**neto, ta** adj. Aseado, limpio. || Preciso, claro.

**neurona** f. Célula que produce y transmite el impulso nervioso.

**neutral** adj. y com. Que no se decanta hacia ningún partido o bando.

**neutralizar** tr. y prnl. Volver neutral, o neutro. || Anular o contrarrestar la acción o influencia de una cosa por la oposición de otra.

**nevado, da** adj. Con nieve. || fig. Del color de la nieve, blanco.

**nevar** impers. intr. Caer nieve.

**nexo** m. Enlace, unión.

**ni** Conjunción copulativa que une palabras o frases y que, al repetirse o ponerla en relación con una negación, toma valor negativo.

**nicho** m. En los cementerios, concavidad donde se depositan los ataúdes o las cenizas de un difunto.

**nidada** f. Conjunto de los huevos depositados en el nido.

**nido** m. Abrigo en el que los animales depositan sus huevos (si son ovíparos) y en el que cuidan de las crías.

**niebla** f. Nube estratificada que se encuentra en contacto con la superficie terrestre. Es de color blanquecino o gris, según la cantidad de partículas que contenga.

**nieto, ta** m. y f. Con respecto a una persona, hijo o hija de su hijo o de su hija.

**nieve** f. Precipitación atmosférica sólida en pequeños cristales de hielo de forma hexagonal o estrellada, que se reúne en grupos formando copos.

**ningún** adj. Apócope de *ninguno* que se antepone a masculino.

**ningunear** intr. Menospreciar a una persona.

**ninguno, na** adj. Ni siquiera uno. || Nadie.

**niña** f. Pupila del ojo.

**niñez** f. Etapa de la vida entre la infancia y la pubertad.

**niño, ña** adj. y s. Que está en la niñez.

**nítido, da** adj. Límpido, transparente. || Claro.

**nivel** m. Instrumento para determinar la horizontalidad de una superficie, o su diferencia de altura con respecto a otras. || Piso o planta de una construcción. || Categoría social o cultural.

**no** Adverbio de negación.

**noble** adj. y com. Relativo o perteneciente a la nobleza. || adj. Extraordinario, sobresaliente. || Famoso, ilustre.

**nobleza** f. Grupo social jurídicamente superior al resto de súbditos o ciudadanos.

**noción** f. Idea abstracta de algo.
**nocivo, va** adj. Perjudicial, dañino.
**nocturno, na** adj. Relativo a la noche o que sucede en ella.
**noche** f. Tiempo comprendido entre la puesta y la salida del Sol.
**nodriza** f. Mujer que amamanta y cuida a un niño que no es suyo.
**nomadismo** m. Forma de subsistencia de grupos humanos basado en el desplazamiento territorial o de hábitat.
**nombrar** tr. Expresar el nombre de algo o alguien. || Destacar, hacer sobresalir.
**nombre** m. Palabra con la que se designa a un ser animado o inanimado o a un conjunto de los mismos.
**nomenclatura** f. Relación de voces técnicas de una especialidad.
**nórdico, ca** adj. y s. De los países del norte de Europa.
**noreste** m. Punto del horizonte situado entre el N y el E. || Viento procedente de tal parte.
**norma** f. Pauta, regla que determina cómo debe hacerse una cosa, qué características debe tener y qué conducta debe seguir.
**normal** adj. Habitual. || Corriente. || Que marca la pauta o la norma.
**noroeste** m. Punto del horizonte equidistante del N y el O. || adj. y m. Se dice del viento procedente de tal parte.
**norte** m. Uno de los puntos cardinales, situado enfrente de un observador que tenga a su derecha la salida del sol. || Polo Norte, Ártico.
**norteño, ña** adj. y s. Del Norte.
**noruego, ga** adj. y s. De Noruega.
**nos** Pronombre personal dativo y acusativo de primera persona, masculino y femenino, número plural.
**nosotros, tras** Pronombre de primera persona del plural.
**nostalgia** f. Pesar que produce el alejamiento de los lugares o seres queridos.
**nota** f. Indicación, señal que se hace en algo. || Llamada, advertencia de un escrito o impreso remite a un espacio al margen o a un apéndice.
**notable** adj. Digno de atención, sobresaliente.
**noticia** f. Idea elemental, conocimiento que se tiene de algo. || Suceso, hecho reciente que se divulga.
**noticiario** m. Programa de radio o televisión que transmite noticias.
**notificar** tr. Dar una notificación judicial o legislativa. || Por extensión, transmitir una noticia.
**notorio, ria** adj. Sobradamente conocido, sabido de todos.
**novedad** f. Calidad de nuevo. || Suceso o cosa muy recientes.
**novela** f. Obra de ficción en prosa en la que se narra una acción y aparecen unos personajes.
**noveno** adj. Ordinal y partitivo de nueve.

**noviazgo** m. Estado de novio o novia. || Tiempo que dura tal estado.

**noviembre** m. Undécimo mes del año (30 días).

**novillo, lla** m. y f. Res vacuna entre dos y tres años.

**novio, via** m. y f. Persona recién casada. || Persona comprometida para casarse o próxima a hacerlo.

**nube** f. Agregado de pequeñas partículas de hielo o de gotas de agua suspendidas en el aire. Se forman por condensación del exceso de vapor de agua en torno a los núcleos de condensación.

**nuca** f. Región anatómica que comprende las partes blandas situadas debajo de la porción cervical de la columna vertebral.

**núcleo** m. Elemento fundamental, parte central de una cosa.

**nudillo** m. Cada una de las articulaciones interfalángicas de los dedos de la mano.

**nudismo** m. Práctica de la desnudez al aire libre.

**nudo** m. Fuerte traba o unión que se hace en una cuerda o similar o entre dos de ellas. || Punto situado en el tallo de las plantas del que emergen las hojas, ramificaciones y demás órganos.

**nuestro, tra, tros, tras** Pronombre posesivo de primera persona en género masculino y femenino y número singular y plural.

**nuevamente** adv. De nuevo.

**nuevo, va** adj. Reciente, acabado de hacer, fabricar, etc. || Inédito, que aún no se había visto ni oído.

**nulidad** f. Falta de capacidad o de competencia. || Abolición, cancelación.

**nulo, la** adj. Sin validez. || Inepto, torpe, ineficaz.

**numerador, ra** m. Término de la fracción, situado sobre la línea divisoria, que indica un número determinado de partes del total en que se ha dividido la unidad.

**numeral** adj. y com. Relativo al número. || Se dice de la categoría lingüística que indica cantidad numérica. Puede ser cardinal, colectivo, ordinal, partitivo, etcétera.

**número** m. Expresión de la relación que se establece entre una cantidad y una unidad determinadas.

**nunca** adv. Jamás, ninguna vez, en ningún tiempo.

**nupcias** f. pl. Boda, casamiento.

**nutrición** f. Conjunto de procesos fisiológicos que aseguran el aporte a todas las células del organismo de los materiales indispensables para llevar a cabo sus funciones vitales.

**nutrir** tr. y prnl. Buscar un organismo vivo aquello que le es necesario para alimentarse, crecer o subsistir.

**nylon** m. Fibra sintética obtenida por polimerización de amidas de cadena larga. Caracterizada por su resistencia y elasticidad.

**ñ** f. Decimoséptima letra del abecedario castellano (Ñ, ñ); su nombre es *eñe*.

**ñoño, ña** adj. y s. Corto, blandengue. || Cosa insulsa, sin gracia, boba.

**o** f. Decimoctava letra del abecedario castellano (O, o) y cuarta de sus vocales.

**oasis** m. Lugar del desierto con agua y vegetación.

**obcecar** tr. No ver claro, empecinarse en algo.

**obedecer** tr. Acatar las decisiones de un superior, o las normas y leyes de una sociedad.

**obediencia** f. Actitud o cualidad de obediente.

**obelisco** m. Monumento conmemorativo.

**obeso, sa** adj. Muy grueso, excesivamente gordo.

**objeción** f. Motivo razonable por el que uno se opone a algo. || Impedimento, reparo.

**objetar** tr. Poner objeciones.

**objetividad** f. Imparcialidad.

**objetivo, va** adj. Se dice de lo que existe fuera del sujeto. || m. Meta, fin que se desea alcanzar.

**objeto** m. Cualquier cosa que centra la atención y que existe al margen de la conciencia.

**oblicuo, cua** adj. Inclinado.

**obligación** Necesidad de obrar en una dirección determinada, sea por imperativo moral, por compulsión física o por exigencias pragmáticas.

**obligar** tr. Forzar a alguien a actuar de determinada forma una autoridad, deber moral, etcétera.

**obra** f. Todo aquello creado por alguien, individual o genéricamente. || Cualquier manifestación artística como un libro, cuadro, partitura musical, película, etcétera.

**obrar** tr. Llevar a cabo algo, una acción. || Edificar, construir.

**obrero, ra** adj. y s. Que trabaja. || m. y f. Trabajador manual que actúa por cuenta y a beneficio de otro.

**obsceno, na** adj. Sexualmente grosero, torpe, indecente.

**obsequiar** tr. Atender a uno ofreciéndole servicios, cumplimientos o regalos.
**obsequio** m. Dádiva, regalo con que se intenta alegrar a uno.
**observar** tr. Seguir con atención un proceso, o examinar cuidadosamente algo, analizar.
**observatorio** m. Lugar destinado a hacer observaciones, especialmente científicas.
**obsesión** f. Idea fija.
**obsoleto, ta** adj. Caduco, anticuado, desusado.
**obstaculizar** tr. Intentar impedir algo, poner obstáculos.
**obstáculo** m. Estorbo, oposición, dificultad.
**obstinado, da** adj. Terco, empeinado
**obstinarse** prnl. Aferrarse a una idea, actitud, etcétera.
**obstruir** tr. Interceptar un paso, cerrar un conducto o camino. || Evitar la realización de algo, impedirlo.
**obtener** tr. Conseguir algo que se desea.
**obtuso, sa** adj. Romo, que carece de punta. || Lento de ideas.
**obvio, via** adj. Que puede verse, tangible. || Patente, evidente.
**ocasional** adj. Que da ocasión o lugar a realizar algo. || Casual, eventual.
**ocasionar** tr. Ser origen o causa de algo, producirlo o provocarlo.
**ocaso** m. Puesta del sol o de otro astro. || Occidente.
**occidente** m. Punto cardinal del horizonte, por donde se pone el sol. || Lugar por donde se pone sol.
**occipucio** m. Parte posterior del cráneo.
**occiso, sa** adj. y s. Que ha sido muerto de forma violenta.
**océano** m. Cada una de las cinco grandes masas de agua de las que emergen los continentes.
**ocio** m. Inacción, ausencia de trabajo.
**ociosidad** f. Inactividad viciosa, pereza, gandulería.
**ocre** m. Mezcla de arcilla con limonita terrosa. Se usa como pigmento. || Color amarillento.
**octubre** m. Décimo mes del año; tiene 31 dias
**ocular** adj. Relativo o perteneciente a los ojos. || m. Lente o sistema de lentes de un instrumento óptico, cuya finalidad es aumentar y facilitar la visión de la imagen producida por el objetivo.
**oculista** com. Médico especializado en el tratamiento de las enfermedades de los ojos.
**ocultar** tr. y prnl. Solapar, encubrir, disimular. || No dar a conocer lo que debería ser de dominio público, tergiversar o disfrazar la verdad.
**ocupación** f. Quehacer. || Cargo, oficio, profesión.

**ocupar** tr. Tomar para sí, apoderarse de algo. || Dar trabajo. || Ejercer un cargo, oficio, etc. || Llenar un espacio o un tiempo, habitarlo.
**ocurrir** intr. Suceder, acontecer algo.
**odiar** tr. Tener odio, aborrecer en grado sumo.
**odio** m. Sentimiento de aversión, extrema y destructiva, hacia alguien o algo.
**odisea** f. Esfuerzos y penalidades por los que uno pasa, especialmente en un viaje o excursión.
**oeste** m. Uno de los cuatro puntos cardinales, corresponde al punto del horizonte en el que el Sol se pone en los días de los equinoccios.
**ofender** tr. Insultar, dañar la propia estima de uno.
**ofensa** f. Insulto, agravio.
**oferta** f. Ofrecimiento que se hace de algo o alguien. || Producto que se vende a precio inferior al normal.
**oficial** adj. Que procede del poder constituido. || Válido, refrendado por la autoridad competente.
**oficina** f. Lugar de trabajo o de elaboración de algo. || Despacho, secretaría.
**oficio** m. Trabajo u ocupación habituales, de cuya remuneración se vive. || Empleo, cargo.
**ofrecer** tr. Donar, regalar. || Dedicar un homenaje, dar una fiesta en honor de alguien.
**ofrenda** f. Lo que se ofrece o dedica a Dios o a sus santos.
**ofuscar** tr. y prnl. Confundir, oscurecer la razón de uno.
**oído** m. Sentido por el que se oye. || Órgano por el que se percibe el sonido y también regula el equilibrio corporal.
**oír** tr. Recibir, advertir sonidos por medio del oído.
**ojal** m. Abertura reforzada por la que se pasa un botón y que lo traba.
**¡ojalá!** Interjección que expresa el deseo de que suceda lo que se dice.
**ojera** f. Coloración más oscura alrededor de los ojos, especialmente en los párpados inferiores.
**ojo** m. Cada uno de los dos globos que constituyen los órganos periféricos del sentido de la vista.
**ola** f. Ondulación que produce el viento en la superficie de una masa de agua.
**oleoducto** m. Tubería para la conducción del petróleo a grandes distancias.
**oler** tr. Advertir, notar los olores gracias al olfato.
**olfatear** tr. Oler repetida e insistentemente algo.
**olfato** m. Sentido que permite percibir los olores.
**olimpíada (u olimpiada)** f. Juegos olímpicos.
**olímpico, ca** adj. Relativo al Olimpo, a Olimpia o la olimpiada.
**olor** m. Aquello que es o puede ser percibido por el olfato.

**olvidar** tr. y prnl. Dejar de conservar en la memoria algo.
**olvido** m. Ausencia de capacidad retentiva o pérdida de algo que hasta hace poco se recordaba.
**ombligo** m. Cicatriz circular formada en el centro del abdomen después de la caída del cordón umbilical.
**omitir** tr. No hacer algo.
**omnisciente** adj. Que todo lo sabe.
**omnívoro, ra** adj. Se dice del animal que se alimenta indistintamente de vegetales y animales.
**onda** f. Ondulación.
**ondulación** f. Forma curvada que se hace o produce en algunas superficies.
**ondular** tr. Hacer ondas en el pelo. || intr. Moverse adoptando formas redondeadas, similares a olas sucesivas.
**oneroso, sa** adj. Pesado, fastidioso, caro.
**onomatopeya** f. Imitación, mediante el lenguaje, de sonidos de la vida real.
**opaco, ca** adj. Se dice del cuerpo o materia que no permite que la luz la atraviese.
**opción** f. Libre albedrío, facultad de elegir.
**operación** f. Acción y efecto de operar. || Realización de algo.
**operar** tr. Llevar a cabo una intervención quirúrgica.
**opinar** intr. Tener opinión o formarla.
**opinión** f. Juicio, idea o concepto que se tienen o forman sobre una persona o cosa.
**oponer** tr. y prnl. Colocar una cosa frente a otra para impedir o limitar su acción. || Manifestar un criterio contrario al expuesto por otro.
**oportunidad** f. Circunstancia favorable, acción propicia.
**oportuno, na** adj. Conveniente, favorable.
**oposición** f. Desacuerdo, resistencia, enfrentamiento.
**opositor, ra** m. y f. Que se opone o enfrenta.
**opresión** f. Angustia, ahogo.
**oprimir** tr. Apretar, estrujar, constreñir. || Ejercer un dominio tiránico, esclavizar.
**optar** tr. e intr. Elegir entre varias oportunidades.
**optativo, va** adj. Que admite opción o puede ser deseado. || Se dice del conjunto de formas verbales que expresan deseo.
**óptico, ca** adj. Relativo a la visión o a la óptica. || f. Rama de la física que trata de los fenómenos de la luz y la visión.
**optimismo** m. Inclinación a un juicio positivo acerca de todo.
**opuesto, ta** adj. Enfrentado, adversario, contrario.
**opulencia** f. Riqueza, sobreabundancia.

**oración** f. Alocución, perorata, discurso. || Plegaria o súplica a Dios o a los santos.
**oráculo** m. Respuesta de los dioses, en la antigüedad, por medio de sacerdotes o pitonistas.
**orador, ra** m. y f. Persona que habla en público. || Predicador.
**oral** adj. De palabra, verbalmente.
**orate** com. Persona que ha perdido la razón.
**oratorio, ria** adj. Relativo a la oratoria. || f. Arte de hablar en público, de modo que, por la palabra, la voz y el gesto, se pueda persuadir o emocionar al auditorio.
**órbita** f. Trayectoria descrita por un cuerpo con masa como consecuencia de las interacciones gravitatorias con otros cuerpos.
**orden** m. Distribución armónica y simétrica de un conjunto de personas u objetos. || Estamento. || f. Mandato que hay que acatar.
**ordenar** tr. Distribuir los elementos según criterios armónicos. || Mandar la realización de algo. || Disponer las cosas convenientemente para la consecución de una finalidad.
**ordeñar** tr. Extraer la leche de las hembras mediante la acción manual de exprimir las mamas o con aparatos mecánicos de succión y presión.
**ordinal** adj. Relativo al orden. || adj. y m. Se dice del número que señala un orden o relaciona una serie sucesiva.
**ordinario, ria** adj. Común, usual. Vulgar, sin calidad ni estilo.
**oreja** f. Parte más externa del oído, constituida por el pabellón auricular.
**orfandad** f. Situación de la persona huérfana. || Falta de protección.
**orfebrería** f. Conjunto de técnicas del trabajo sobre metales preciosos.
**orgánico, ca** adj. Relativo a los órganos o al organismo. || Se dice de los seres vivientes.
**organismo** m. Ser vivo, unicelular o pluricelular, formado por una serie de partes organizadas y coordinadas para la realización de las actividades propias del metabolismo.
**organizar** tr. y prnl. Preparar adecuadamente los elementos necesarios para llevar a término un cometido. || Poner fin al desorden.
**órgano** m. Parte constitutiva de un organismo vivo que tiene unas funciones específicas.
**orgullo** m. Excesivo aprecio o consideración de uno mismo. || Presunción, vanidad.
**oriental** adj. y com. Del Oriente.
**orientar** tr. Situar en relación con los puntos cardinales. || Disponer algo en determinada dirección. || Dar instrucciones a uno sobre un

asunto o negocio para que sepa desenvolverse en él.

**oriente** m. Punto del horizonte por donde aparece el Sol en los equinoccios.

**orificio** m. Oquedad, agujero.

**origen** m. Inicio, causa o nacimiento de algo.

**originalidad** f. Ideas o actitudes originales, carácter fuera de lo común.

**originar** tr. Ser causa u origen de algo.

**originario, ria** adj. Que da origen, que es causa. || Oriundo, que procede de un lugar determinado.

**orilla** f. Término, línea exterior última de una superficie.

**orillar** intr. Dejar remate en una tela. || Aproximarse a una orilla.

**orina** f. Líquido excretado por el riñón procedente de la depuración de la sangre.

**orinar** intr. Vaciar la vejiga urinaria en el acto de la micción.

**orquesta** f. Conjunto de instrumentistas que interpretan concertadamente una obra musical.

**ortografía** f. Parte de la gramática normativa dedicada a regular la forma correcta de escribir.

**ortopedia** f. Rama de la medicina que se ocupa de prevenir y corregir las anomalías anatómicas mediante la colocación de prótesis, generalmente del aparato locomotor.

**osadía** f. Arrojo, temeridad, audacia.

**oscilar** intr. Moverse un cuerpo alternativamente de un grado de inclinación a otro.

**oscurecer** tr. Hacer disminuir la luz o privar de ella.

**oscuro, ra** adj. Que no posee la luz suficiente. || Entre una misma clase de colores, se aplica al que se aproxima más al negro.

**óseo, a** adj. Relativo al hueso.

**ostentar** tr. Poner de manifiesto, hacer patente algo. || Alardear, hacer gala de gran lujo y pompa.

**ostra** f. Concha de la madreperla.

**otoño** m. Una de las cuatro estaciones del año, comprendida entre el verano y el invierno; comprende los meses de septiembre, octubre y noviembre.

**otorgar** tr. Acceder a un ruego o demanda, consentir en ello.

**otro, tra** adj. y s. Se dice de la persona o cosa diferente de la que se está hablando.

**ovación** f. Aplauso.

**oval (u ovalado, da)** adj. De forma de huevo. || De figura de óvalo.

**óvalo** m. curva cerrada convexa y simétrica respecto de uno o de dos ejes.

**ovino, na** Se dice del ganado formado por ovejas.

**ovíparo, ra** adj. Se dice de los animales en los que el embrión completa su desarrollo en el interior de huevos puestos por las hembras.

**oxigenar** tr. Combinar el oxígeno con un cuerpo. || prnl. Respirar el aire libre, ventilarse.

**oxígeno** m. Gas inodoro, incolorc e insípido. Se encuentra en abundancia en la corteza terrestre, en la atmósfera y los océanos.

**oxítono, na** adj. Se dice de las palabras cuya sílaba tónica es la última (aguda).

**oyente** adj. y com. Que oye. || com. Alumno que asiste a clase sin estar matriculado.

**p** Decimonona letra del abecedario castellano y decimoquinta de sus consonantes (P, p).
**pabilo (o pábilo)** m. Mecha de una vela.
**pacer** intr. y tr. Pastar. || tr. Apacentar.
**paciencia** f. Resistencia moral ante los sufrimientos o adversidades. || Temple.
**pacificar** tr. Imponer la paz en una zona en guerra.
**pactar** tr. Llegar a un acuerdo, convenir en algo.
**pacto** m. Concierto, convenio entre dos o más partes, obligándose mutuamente a cumplir lo estipulado.
**padecer** tr. Sufrir un dolor o daño.
**padrastro** m. Respecto a los hijos anteriores, el actual marido de la madre.
**padre** m. Respecto de sus crías, animal macho que las ha engendrado. || Cabeza de familia, o principal de una tribu, pueblo, etcétera.
**pagar** tr. Dar a alguien lo que se le debe o le pertenece. || Hacerse cargo de los gastos que comporta algo.
**página** f. Cada una de las partes, anverso y reverso, de cada hoja de un libro o cuaderno.
**país** m. Territorio en cuanto unidad geográfica o cultural (como asiento de una nación).
**paisaje** m. Espacio o territorio sobre el que se relacionan diferentes elementos geográficos (físicos, biológicos y humanos), formando un conjunto diferenciado.
**paisano, na** adj. y s. Se dice de la persona que es del mismo origen que otra.
**paja** f. Tallo de las gramíneas, seco y sin grano. || Lo superfluo e innecesario, especialmente en una conversación, escrito, relato, etcétera.

**pájaro** m. Nombre genérico que se da a la mayoría de las aves de pequeño tamaño.

**palabra** f. Cada una de las unidades aislables de la cadena escrita, que se escriben separadas unas de otras. Promesa.

**palacio** m. Edificio de grandes dimensiones y generalmente suntuoso, con función residencial, pública o administrativa.

**paladar** m. Parte superior de la cavidad bucal.

**paladear** tr. y prnl. Saborear despacio.

**palafito** m. Cabaña primitiva asentada sobre estacas en un lugar cubierto de agua.

**palanca** f. Máquina simple que consiste en una barra y un punto de apoyo, y sirve para transmitir la fuerza.

**palco** m. Compartimento de un teatro para varias personas, con apertura hacia el escenario a modo de balcón.

**paleolítico, ca** adj. y m. Se dice del periodo evolutivo en que el hombre empleaba útiles de piedra sin pulimentar.

**paleontología** f. Ciencia que estudia a los organismos de épocas pasadas o las muestras de su actividad localizadas, como fósiles, a fin de reconstruir sus formas de vida.

**paleozoico, ca** adj. y m. Se dice de la primera era geológica, que duró unos 400 millones de años.

**palidecer** inter. Volverse pálido.

**pálido, da** adj. Que ha perdido su color natural. || Apagado, falto de vigor y energía.

**paliza** f. Tunda de palos, azotes o golpes.

**palma** f. Palmera. || Parte interna de la mano.

**palmada** f. Golpe con la mano abierta. || Ruido producido al batir ambas manos, aplauso.

**palo** m. Trozo alargado de madera de forma cilíndrica y manejable.

**palomita** f. Grano de maíz que, al tostarlo, se abre en forma de flor.

**palpable** adj. Que puede ser tocado con las manos, tangible.

**palpar** tr. Tentar con las manos una superficie para reconocerla.

**palpitación** f. Percepción subjetiva y molesta del latido cardiaco debida generalmente a un trastorno del ritmo.

**palpitar** intr. Contraerse y dilatarse rítmicamente el corazón.

**paludismo** m. Enfermedad parasitaria, causada por la picadura de la hembra del mosquito anófeles.

**pampa** f. Llanura desarbolada de gran extensión.

**panal** m. Conjunto de celdillas hexagonales contenidas en la colmena y fabricadas por las abejas obreras.

**pancarta** f. Cartel, en el que se pintan frases, consignas, etc., y que se usa en manifestaciones, huelgas, protestas, etcétera.
**páncreas** m. Glándula anexa del aparato digestivo, situada en la cavidad abdominal.
**pandear** intr. y prnl. Debilitarse una pared, viga, estante, etc., al combarse su parte central.
**pandilla** f. Unión, agrupación. Grupo habitual de amigos.
**pánico, ca** adj. y m. Se dice del terror.
**panificadora** f. Fábrica de elaboración del pan.
**panorama** m. Apariencia global de un tema, cuestión, situación, etcétera.
**panorámico, ca** adj. Relativo al panorama. || Realizado a distancia para captar mejor todo el entorno.
**pantalla** f. Mampara para orientar o dirigir rayos luminosos, radiaciones u ondas.
**pantano** m. Terreno con agua estancada, de poca profundidad, y fondo cenagoso.
**panteón** m. Monumento funerario para la inhumación de varias personas. || Cementerio.
**pantógrafo** m. Instrumento que sirve para copiar, ampliar o reducir un plano o dibujo.
**pantomima** f. Espectáculo teatral mudo, muy relacionado con el mimo y la farsa, basado exclusivamente en el gesto y la expresividad corporal. || Farsa.
**pantorrilla** f. Parte posterior de la pierna formada por la masa muscular del tríceps.
**pañuelo** m. Trozo de tela cuadrangular.
**papa** f. Patata.
**papá** m. fam. Padre.
**papada** f. Carnosidad por debajo de la barbilla.
**papel** m. Hoja delgada hecha con pasta de trapos molidos, blanqueados y desleídos en agua, secada y endurecida después por procedimientos especiales.
**papeleo** m. Abundancia excesiva de documentos que se presentan para la tramitación de un asunto.
**papelería** f. Tienda de cuadernos y demás utensilios para escribir o dibujar.
**papera** f. Bocio.
**papilla** f. Comida triturada para bebés y personas enfermas, a base de cereales o féculas hervidos en agua o leche.
**papiro** m. Planta herbácea, hojas lanceoladas y cartilaginosas, flores muy pequeñas reunidas en umbela. Se utilizó como soporte de la escritura.
**paquete** m. Objeto u objetos debidamente ordenados, envueltos generalmente en papel, cartón o tela, y atados convenientemente para facilitar su transporte.

**paquetería** f. Clase de objetos pequeños que se guardan o venden en paquetes.
**par** adj. Igual, equivalente. || Pareja.
**para** prep. Denota, en esencia, idea de finalidad, aunque puede expresar multitud de relaciones.
**parábola** f. Narración alegórica que encierra una enseñanza moral. || Curva abierta.
**parabrisas** f. Cristal y armazón metálico que, situados encima del tablero de un automóvil, resguardan del aire a los viajeros.
**paracaídas** m. Instrumento que se usa para moderar la caída de algo o alguien desde una altura considerable.
**paradero** m. Sitio donde se para o se va a parar. || Meta, fin o término de algo.
**paradigma** m. Modelo, canon de una norma.
**parado, da** adj. Que está inmóvil.
**paradoja** f. Idea u opinión distinta de la común que se tiene por verdadera.
**paraestatal** adj. Se aplica al organismo, institución, etc., que colabora con el Estado o ejerce labores propias del mismo sin formar parte de la administración pública.
**parafina** f. Mezcla de hidrocarburos para fabricar velas.
**paráfrasis** f. Explicación de un texto siguiéndolo paso a paso en su desarrollo lógico, amplificación, glosa.
**paraguas** m. Bastón que en su extremo posee un varillaje que sostiene una tela impermeable para protegerse de la lluvia.
**paraje** m. Zona, lugar alejado.
**paralelo, la** adj. y s. Se dice de la recta o plano que corta a otra recta o plano con el mismo ángulo.
**paralelogramo** m. Cuadrilátero cuyos lados opuestos son paralelos entre sí. Se clasifican en romboide, rectángulo, rombo y cuadrado.
**parálisis** f. Inhibición de la actividad motora de un músculo o grupo muscular.
**paralizar** tr. y prnl. Provocar parálisis de una parte del cuerpo. || fig. Detener una actividad, impedir una acción.
**parámetro** m. Conjunto de datos que permanecen fijos en el planteamiento de cualquier cuestión y que la caracterizan.
**parangón** m. Comparación o semejanza.
**parapsicología** f. Estudio de fenómenos que la psicología científica no considera o explica: la percepción extrasensorial.
**parar** intr. y prnl. Dejar de producirse un movimiento o actividad.
**pararrayos** m. Dispositivo de protección contra descargas eléctricas atmosféricas.

**parásito, ta** adj. y m. Se aplica a los organismos que practican el parasitismo.

**parcela** f. Porción de terreno.

**parcial** adj. Que pertenece a un todo. Aún no acabado, incompleto.

**parcialmente** adv. En parte.

**parco, ca** adj. Mesurado, templado, moderado.

**parche** m. Trozo de tela, goma, papel, etc., que se adhiere a un cuerpo para diversos usos.

**parecer** m. Juicio, opinión. || intr. Dar lugar a pensar, o creer determinada cosa.

**pared** f. Obra de fábrica que separa las distintas piezas de un edificio y sostiene la techumbre.

**pareja** f. Conjunto de dos seres animados o inanimados que guardan alguna relación o semejanza.

**parentela** f. Familia, en sentido amplio; todos los parientes próximos o lejanos.

**parentesco** m. Relación entre dos o más personas que poseen determinados vínculos, especialmente los de consanguinidad.

**paréntesis** m. Inciso que se produce dentro de una oración. || Signo ortográfico ( ), que es el que recibe propiamente el nombre de paréntesis. || Pausa, periodo de tregua o de ausencia de una actividad previa.

**paria** adj. Persona de inferior condición, discriminada.

**paridad** f. Paralelismo, confrontación, comparación. || Gran semejanza o igualdad de las cosas entre sí.

**parir** intr. y tr. Expulsar una hembra al feto que ya ha cumplido un tiempo suficiente de concepción como para poder subsistir fuera de su madre.

**parlamentar** intr. Dialogar, hablar unos con otros. || Entrar en negociaciones diplomáticas.

**parlanchín, na** adj. y s. Muy hablador.

**parlar** intr. y tr. Hablar con facilidad.

**paro** m. Cesación, o término, de la jornada laboral.

**parónimo, ma** adj. Se dice de cada uno de dos o más vocablos que guardan similitud gráfica o fonológica entre sí.

**paroxítono, na** adj. Se dice de la palabra grave o llana.

**parpadear** intr. Abrir y cerrar repetidamente los párpados.

**párpado** m. Repliegue cutáneo que en número de dos, superior e inferior, están dispuestos a modo de velo móvil sobre el globo ocular.

**parque** m. Zona cercada con árboles, plantas, etc., ajardinada o bien con caminos practicables, y que se usa para diversos fines recreativos.

**parquedad** f. Circunspección, parsimonia.

**párrafo** m. Cada una de las partes de un escrito que terminan en punto y aparte.

**parrilla** f. Útil de cocina en forma de reja con mango y pies para asar directamente sobre el fuego.

**parsimonia** f. Prudencia, moderación. || Lentitud.

**parte** f. Fragmento de algo. || Bando, facción.

**partero, ra** m. y f. Médico comadrona o cualquier otra persona que ayuda a dar a luz.

**participar** intr. Tomar parte en algo. || tr. Notificar, dar aviso.

**partícipe** adj. y com. Que participa.

**participio** m. Forma no personal del verbo, que puede presentar carácter verbal o adjetival, según su función dentro de la frase.

**partícula** f. Parte muy diminuta. || Elemento gramatical que carece de flexión y es generalmente un elemento de relación o modificación invariable.

**particular** adj. Que le pertenece en exclusiva. || Individual, personal, singular.

**particularidad** f. Faceta singular que hace que alguien o algo se distinga del resto. || Idiosincrasia, originalidad, personalidad.

**partidario, ria** adj. y s. Simpatizante o afiliado a un partido o agrupación.

**partido, da** adj. Dividido, fraccionado. || m. Agrupación de personas movidas por un mismo ideario sociopolítico. || Competición deportiva.

**partir** tr. Hacer partes de un todo. || Romper, quebrantar.

**partitura** f. Transcripción en notación musical de una composición.

**parto** m. Proceso fisiológico de salida al exterior del feto y sus anejos al cumplirse el tiempo de la gestación.

**pasa** f. Uva desecada natural o artificialmente.

**pasado, da** adj. Anterior al momento presente. || Putrefacto. || adj. y m. Pretérito.

**pasaje** m. Lugar por donde se pasa. || Billete de avión o barco. || Párrafo de un texto literario o fragmento musical.

**pasajero, ra** adj. Momentáneo, temporal, perecedero. || adj. y s. Se dice del que viaja en un vehículo sin ser su conductor o propietario.

**pasaporte** m. Documento de identificación, que da licencia de paso entre fronteras. || Salvoconducto.

**pasar** intr. Cambiar de lugar o situación. || Ocurrir, suceder.

**pasatiempo** m. Entretenimiento para el tiempo libre.

**pascua** f. Fiesta que conmemora la resurrección de Jesucristo.

**pase** m. Autorización o documento con el que se adquieren ciertos privilegios de libre circulación, acceso o comercio.

**pasear** intr., tr. y prnl. Andar sin ninguna obligación, por salud o entretenimiento. || tr. Dar a alguien un paseo.

**pasillo** m. En una vivienda o edificio, pieza sólo de paso, generalmente larga y estrecha.

**pasión** f. Estado paciente de un sujeto o cosa respecto a la acción que se realiza. || Exaltación de un sentimiento o ánimo. Afición, inclinación intensa hacia algo o alguien.

**pasivo, va** adj. Se dice del sujeto que recibe el efecto de una acción que él no ha realizado.

**pasmar** tr. y prnl. Dejar helado a uno de frío.

**paso** m. Cada uno de los movimientos que se realizan con los pies al andar.

**pasta** f. Masa obtenida con la mezcla de una sustancia y un líquido, o cualquier materia que reúna estas características.

**pastel** m. Masa que se rellena de crema o confitura, y también de carne, pescado, etc., y se cuece al horno.

**pastelería** f. Lugar o establecimiento donde se hacen o venden pasteles, dulces, golosinas, etcétera.

**pastilla** f. Pedazo de pasta de diversas materias (jabón, chocolate, etc.). || Sustancia medicamentosa o aromática.

**pastizal** m. Lugar rico en pastos.

**pasto** m. Hierba que come el ganado en los campos donde pace.

**pastor, ra** m. y f. Persona que cuida el ganado.

**pastorela** f. Pieza literaria, generalmente en verso, en la que se narra el encuentro casual de un caballero y una pastora y la consiguiente declaración amorosa del caballero.

**pastura** f. Pasto, hierba.

**pata** f. Pie y pierna de los animales. || Cada uno de los pies de un útil o mueble.

**patalear** intr. Dar patadas rápidas en el suelo por rabia o enfado.

**patán** adj. y m. fam. Burdo, tosco, rústico.

**patear** tr. Golpear repetidamente con los pies

**paternal** adj. Propio de un padre o de su cariño para con los hijos.

**patético, ca** adj. Que puede impresionar el ánimo, conmover, especialmente por su grandeza en la tragedia.

**patíbulo** m. Armazón elevado o lugar en el que se ejecuta a un condenado. || Horca.

**patín** m. Calzado o aparato adaptable al mismo, que en su parte inferior posee una cuchilla, si es para deslizarse sobre el hielo, o cuatro pequeñas ruedas, si es para hacerlo por una superficie dura y llana.

**patio** m. Espacio despejado en el interior de la casa.
**patógeno, na** adj. Capaz de producir enfermedad, se dice especialmente de las bacterias o virus.
**patraña** f. Cuento, mentira que intenta pasarse por verdad.
**patria** f. Estado o nación.
**patrimonio** m. Conjunto de bienes, derechos y obligaciones que posee una persona o entidad.
**patriotismo** m. Amor a la patria.
**patrocinar** tr. Sufragar una persona o entidad un programa o espectáculo.
**patrón, na** m. y f. Modelo, pauta por la que se hace algo. || Patrono, dueño de un negocio que ha contratado obreros.
**patronímico, ca** adj. Nombre de persona que, con un sufijo, decía de quién era hijo cada cual. Tal sistema dio origen a los apellidos españoles (*Fernández*, hijo de *Fernando*).
**patrulla** f. Grupo reducido de soldados, policías, buques o aviones de guerra, que desempeña generalmente funciones de vigilancia o reconocimiento.
**paulatino, na** adj. Que actúa poco a poco, con lentitud.
**paupérrimo, ma** adj. Muy pobre.
**pausa** f. Alto, parada momentánea de una actividad.
**pauta** f. Instrumento con el que se raya el papel que luego utilizan los escolares. || Modelo, norma que se sigue para realizar algo.
**pavimento** m. Suelo, piso artificial.
**pavor** m. Gran miedo, sobresalto.
**payaso** m. Cómico que para hacer reír recurre a acrobacias o caídas espectaculares y se acompaña generalmente de un instrumento musical.
**payo, ya** adj. y s. Rústico, tosco.
**paz** f. Calma, sosiego, virtud que apaga las pasiones del ánimo.
**pazguato, ta** adj. y s. Papanatas.
**pe** f. Nombre de la letra *p*.
**peatón, na** m. y f. Quien se desplaza a pie.
**peca** f. Lunar.
**pecado** m. Transgresión de la ley divina. || Acción injusta, contraria a la moral.
**pecar** intr. Faltar a la ley divina. || Dejar de cumplir una obligación. || Errar.
**pecera** f. Recipiente de cristal, lleno de agua, donde viven los peces en cautividad.
**pecoso, sa** adj. Abundante en pecas.
**pectoral** adj. Relativo al pecho.
**peculiar** adj. Exclusivo de uno, característico.
**pecuniariamente** adv. En metálico, en dinero efectivo.
**pecuniario, ria** adj. Monetario.
**pecho** m. Cada una de las dos mamas de la mujer, o las dos conjuntamente. || Tórax.

**pedagogo, ga** m. y f. Persona dedicada a la enseñanza y educación de los jóvenes. || Maestro, tutor.

**pedal** m. Palanca de un mecanismo, que se oprime con el pie.

**pedante** adj. y com. Se dice de quien hace alarde de su inteligencia, y de las actitudes que adopta.

**pedazo** m. Trozo de una unidad.

**pedestal** m. Cuerpo que sirve de basamento a una columna, estatua u otro elemento arquitectónico.

**pedestre** adj. De a pie. || Llano, ordinario, vulgar.

**pediatría** f. Rama de la medicina dedicada al estudio del crecimiento del niño y de sus enfermedades.

**pedicuro** m. Persona especializada en cuidado y tratamiento de las afecciones cutáneas de los pies.

**pedir** tr. Decir a alguien que dé algo a uno mismo, le facilite una información o le conceda un favor. || Reclamar sus derechos. || Exigir.

**pedo** m. Ventosidad intestinal expulsada por el ano.

**pedregal** m. Terreno lleno de piedras.

**pedrería** f. Conjunto de piedras preciosas.

**pegamento** m. Sustancia adherente.

**pegar** tr. y prnl. Aglutinar, adherir una cosa a otra. || tr. Unir una cosa con otra por el medio que sea. || Adosar dos cosas, dejar el menor espacio posible entre ellas. || Golpear, castigar con golpes.

**pegote** m. Cataplasma de alguna sustancia pegajosa. || Parche, chapuza.

**peinar** tr. y prnl. Alisar, desenredar y ordenar el cabello en determinada forma.

**pelafustán, na** m. y f. fam. Persona holgazana e insignificante.

**pelaje** m. Calidad o características propias del pelo de un animal.

**pelar** tr. y prnl. Rapar, arrancar, cortar el pelo. || tr. Desplumar un ave, arrancar la piel a un animal o quitar la corteza, vaina, etcétera, a una fruta o vegetal.

**peldaño** m. En un tramo de escalera, cada uno de los lugares situados a distinta altura en los que se va apoyando el pie al dar el paso.

**pelear** intr. y prnl. Luchar, contender. || Discutir, disputar.

**pelele** m. Muñeco de paja o trapos en forma de hombre. || Persona simple, que la llevan por donde quieren.

**peletería** f. Comercio de pieles finas y conjunto de ellas.

**peliagudo, da** adj. Se aplica al asunto o materia difíciles de resolver, comprender, etcétera.

**peligrar** intr. Correr algún riesgo, estar en peligro.

**peligro** m. Probabilidad inminente de que se sufra algo malo.

**pelirrojo, ja** adj. Que tiene el pelo rojizo o de color como el de la zanahoria.

**pelo** m. Producción epidérmica característica de los Mamíferos, filiforme, con una parte denominada raíz, implantada en la piel y con varios órganos anejos. || Cabello.

**pelón, na** adj. y s. Sin pelo o con escasa cantidad.

**pelota** f. Útil que se usa para practicar diversos deportes. || Bola.

**peluca** f. Cabellera postiza.

**peluquero, ra** m. y f. Persona cuyo oficio es peinar, cortar el cabello o bien hacer o vender pelucas y postizos.

**pelusa** f. Vello menudo que aparece en la cara o es característico de ciertas frutas o telas.

**pellejo** m. Piel, especialmente la ya arrancada de un animal. || Odre. || Piel de algunas frutas.

**pellizcar** tr. y prnl. Coger entre el pulgar y otro dedo una pequeña porción de carne y apretar para causar dolor.

**pena** f. Castigo o sanción. || Angustia o dolor interiores, morales. || Tristeza.

**penacho** m. Grupo de plumas dispuesto en la cabeza de algunas aves.

**penalidad** f. Pesar, esfuerzo, trabajo molesto.

**penalizar** tr. Sancionar, castigar.

**penar** tr. Condenar a uno a determinada pena. || Establecer la ley el castigo para determinado acto delictivo. || intr. Sufrir, soportar una pena o aflicción.

**pender** intr. Estar una cosa en suspenso, inclinada o colgante.

**pendiente** adj. Que está por concluir o resolverse. || Que pende.

**péndulo** m. Cuerpo rígido montado en un eje horizontal fijo, alrededor del cual puede girar libremente bajo la influencia de la gravedad.

**pene** m. Órgano sexual del varón, que posibilita las funciones urinarias y de copulación.

**penetrar** tr. Entrar una materia en otra por sus huecos o poros. ||Entrar profundamente, o hacerlo en un lugar de difícil acceso.

**península** f. Territorio rodeado de agua y unido al continente por una sola parte, llamada *istmo*.

**pensamiento** m. Facultad de pensar, intelecto. Ideología de uno o dominante en una sociedad.

**pensar** tr. Crear conceptos, formar ideas o relacionarlas. || Deliberar, cavilar sobre una cosa o asunto.

**pensativo, va** adj. Que está ensimismado y ausente en sus reflexiones.

**pensión** f. Renta temporal o perpetua, que percibe una persona por parte del Estado o un particular. Puede ser: alimenticia, censal, remuneratoria, laboral o militar. || Casa particular donde se reciben huéspedes.

**pentagrama** m. Pauta musical constituida por cinco líneas paralelas horizontales, donde se escriben las notas musicales.

**penúltimo, ma** adj. y s. Que ocupa el lugar inmediatamente anterior al último de una serie.

**penumbra** f. Oscuridad, ausencia de una luz clara y evidente.

**penuria** f. Carencia, escasez, necesidad.

**peña** f. Roca desprendida o aislada de otras. || Monte o elevación en el que abundan tales rocas.

**peor** adj. Que es más malo que aquello con lo que se le compara.

**pequeño, ña** adj. De poca altura, tamaño, extensión o edad.

**percance** m. Contrariedad, revés, avería.

**percatar** intr. y prnl. Observar, advertir.

**percepción** f. Representación mental de lo captado por los sentidos. || Idea, conocimiento, sensación interna.

**percibir** tr. Captar, recibir, cobrar. || Captar con los sentidos los estímulos externos.

**percudir** tr. Ensuciar mucho, deslustrar.

**percusión** f. Grupo de instrumentos en que el sonido se produce golpeando con baquetas, mazas, manos, etc., o mediante el choque de partes duras entre sí.

**perder** tr. Dejar de poseer algo propio, sea un bien material o inmaterial. || Sufrir la separación de un ser querido, por la muerte de éste. || Ser vencido.

**pérdida** f. Privación de lo propio. || Merma de un bien físico o moral.

**perdido, da** adj. Extraviado, sin rumbo ni destino.

**perdón** m. Indulgencia, remisión de los pecados.

**perdonar** tr. Suspender la aplicación de un castigo; dejar de exigir una deuda; olvidar una ofensa.

**perdurar** intr. Durar mucho, continuar, seguir.

**perecedero, ra** adj. Que ha de perecer, que tiene fin. || De poca duración.

**perecer** intr. Dejar de existir, finalizar, morir. || Desaparecer.

**peregrinar** intr. Recorrer andando un país desconocido. || Ir de romería.

**perenne** (o **perennal**) adj. Continuo, inacabable.

**pereza** f. Carencia de vigor para actuar.

**perezoso, sa** adj y s. Dominado por la pereza. || Tardo, vago, holgazán.

**perfeccionar** tr. y prnl. Hacer que algo se parezca al máximo a su ideal. || Mejorar en calidad.

**perfecto, ta** adj. Que se parece al máximo a su prototipo. || Óptimo, excelente. || adj. y m. Se dice de los tiempos verbales que indican un estado resultante de una acción ya acabada.
**pérfido, da** adj. y s. Carente de fidelidad, desleal, traidor.
**perfil** m. Contorno que señala el límite de las personas o cosas.
**perfilar** tr. Precisar los perfiles de algo. || Pulir los últimos detalles de una obra.
**perforación** f. Agujero producido en una operación de taladrado.
**perforar** tr. Agujerear.
**perfumar** tr. y prnl. Quemar sustancias aromáticas para crear un ambiente agradable. || intr. Desprender olor.
**perfume** m. Sustancia volátil que desprende olor agradable. Se compone principalmente de esencias aromáticas y alcohol etílico. || Sustancia aromática.
**pergamino** m. Piel de res convenientemente tratada para poder escribir en ella.
**perigeo** m. Punto en que la Luna, o un satélite artificial de la Tierra, está más cerca de ésta.
**perihelio** m. Punto de la órbita de un planeta o cometa, en que éste se encuentra más cerca del Sol.
**perímetro** m. Longitud del entorno de una figura geométrica cerrada plana.
**periódico, ca** adj. Que ocurre con determinada frecuencia. || adj. y m. Se aplica a la publicación que aparece regularmente de acuerdo con unas fechas, especialmente la que es de noticias o información.
**periodo** (o **período**) m. Tiempo completo en que se desarrolla un fenómeno, suceso, etc. || Cada una de las divisiones de una era geológica.
**perjudicar** tr. y prnl. Dañar a una persona o cosa. || tr. Desfavorecer.
**perjuicio** m. Daño físico, económico o moral producido por acción u omisión culposa de otro.
**perjurar** intr. y prnl. Jurar en falso. || Dar falso testimonio o faltar a un juramento.
**perla** f. Concreción calcárea, generalmente esférica y clara, producida por la secreción de determinados moluscos.
**permanecer** intr. Quedarse en la misma situación, estado, etc., sin experimentar cambios.
**permisivo, va** adj. Que permite o autoriza. || fig. Tolerante, abierto.
**permiso** m. Autorización dada a uno para hacer o decir algo.
**permitir** tr. y prnl. Acceder, consentir en que alguien haga o deje de hacer una cosa. || Tolerar, aceptar algo que podía prohibirse.
**permutar** tr. Canjear, cambiar una cosa por otra.

**pernicioso, sa** adj. Dañino, nocivo.
**pero** conj. Situada al inicio de un enunciado, expresa la oposición o contradicción de éste a otro enunciado previo.
**perorar** intr. Hablar en público. || Hablar uno siempre con la solemnidad y ademanes de un discurso.
**perorata** f. Discurso excesivo, inoportuno o molesto.
**perpendicular** adj. Se dice de las rectas o planos ortogonales.
**perpetrar** tr. Llevar a cabo un delito o una acción deshonesta grave.
**perpetuar** tr. y prnl. Inmortalizar algo, hacerlo perdurable.
**perplejo, ja** adj. Indeciso, confuso.
**perro** m. Mamífero carnívoro, con olfato y oído muy desarrollados, de alimentación omnívora.
**perseguir** tr. Ir tras el que huye con intención de alcanzarlo. || Pretender algo de forma insistente o molesta.
**perseverancia** f. Firmeza, tesón, constancia. || Persistencia, perdurabilidad.
**persiana** f. Protección contra la luz del sol que se coloca en una ventana.
**persistir** intr. Perseverar, insistir. || Perdurar, permanecer.
**persona** f. Cada uno de los miembros de la especie humana.
**personaje** m. Persona afamada o destacada, importante.
**personal** adj. Relativo a la persona o particular o exclusivo de ella.
**personalidad** f. Persona sobresaliente en determinado círculo o en la sociedad.
**personificación** f. Prosopopeya.
**personificar** tr. Fingir vida o cualidades propias de personas en los animales o cosas que no las poseen. || Encarnar una persona una cualidad, suceso, época, etcétera.
**perspicaz** adj. Se dice de la mente aguda y despierta o de quien la tiene.
**persuadir** tr. y prnl. Vencer la voluntad de uno con argumentos y razones.
**pertenecer** intr. Ser algo propiedad de uno.
**pertenencia** f. Cosa que se posee, especialmente los efectos personales de uno.
**perturbado, da** adj. y s. Persona que tiene alteradas sus facultades mentales, que está fuera de sí.
**perturbar** tr. y prnl. Alterar, trastocar el orden de las cosas. || Turbar, subvertir la paz o el juicio de las personas.
**perversidad** f. Maldad suma.
**pervertir** tr. y prnl. Perturbar los hábitos, aficiones, etc., con malas doctrinas o ejemplos; viciar, depravar.
**pesadilla** f. Dificultad respiratoria u opresión que se padece durante

el sueño. || Mal sueño, visión angustiosa y persistente.

**pesado, da** adj. Que tiene mucho peso. || Latoso, enojoso, impertinente.

**pesadumbre** f. Daño, desazón física o moral.

**pésame** m. Expresión de condolencia que se ofrece a uno, especialmente con motivo del fallecimiento de algún allegado.

**pesar** m. Disgusto o tristeza que afligen a uno. || intr. Tener peso, tenerlo en determinada medida o tenerlo en gran cantidad, mucho.

**pescado** m. Pez comestible capturado y fuera del agua.

**pescar** tr. Capturar y extraer del agua peces.

**pescuezo** m. En un animal, parte que va de la nuca hasta el tronco.

**pesimismo** m. Propensión a juzgar las cosas de un modo poco favorable.

**pésimo, ma** adj. Muy malo, de lo peor.

**peso** m. Valor de la gravedad para un cuerpo determinado.

**pesquisa** f. Investigación de tipo policial que se hace para averiguar algo.

**pestaña** f. Pelo implantado en el borde libre del párpado.

**pestañear** intr. Parpadear.

**peste** f. Enfermedad infecciosa causada por el bacilo pestoso. || Cualquier otra epidemia o mal que causa numerosas muertes.

**pestilencia** f. Peste (olor).

**petición** f. Rogatorio, suplicatorio.

**petitorio, ria** m. Petición o súplica pertinaz.

**pétreo, a** adj. De piedra.

**petróleo** m. Mezcla natural de distintos hidrocarburos sólidos, líquidos y gaseosos.

**petulancia** f. Actitud engreída, fatua e insolente.

**peyorativo, va** adj. Se dice especialmente de la opinión negativa que merece la conducta de alguien.

**pezuña** f. Uña de los Ungulados, formada por una placa córnea dura que cubre la última falange de los dedos.

**piadoso, sa** adj. Bondadoso, caritativo. || Pío, devoto.

**pianista** com. Ejecutante de piano.

**piano** m. Instrumento de teclado, de cuerdas golpeadas por martillos, y capaz de matización dinámica.

**picadura** f. Sensación dolorosa y pinchazo que provocan un aguijón, aguja, parásito, etc., y señal que deja en la piel. || Principio de caries.

**picaflor** m. Colobrí.

**picante** adj. Que pica. || Se dice de lo que es mordaz o licencioso, pero que no deja de tener su gracia.

**picaporte** m. Pieza que ayuda a cerrar de golpe una puerta o ventana. || En una puerta, la aldaba.

**picar** tr. e intr. Herir ligeramente con algo punzante. || Morder o perforar la piel ciertas aves, insectos o reptiles. || Estimular el gusto ciertas cosas de sabor fuerte o acerbo.

**picardía** f. Astucia, malicia

**pícaro, ra** adj. y s. Bribón, astuto y aprovechado.

**picazón** m. Desazón que causa un picor en alguna parte del cuerpo.

**picnic** m. Merienda campestre.

**pico** m. Apéndice bucal de las aves.

**picotear** tr. Herir o golpear las aves con el pico. || Comer a base de ir picando.

**pictórico, ca** adj. Relativo a la pintura.

**pie** m. Parte distal del miembro inferior que sustenta al cuerpo y posibilita andar.

**piedad** f. Compasión, sentimiento que inspira el sufrimiento ajeno.

**piedra** f. Fragmento de roca. || Pedrisco, granizo.

**piel** f. Tegumento externo del organismo que lo aísla del medio ambiente y que a nivel de los orificios naturales se continúa con las mucosas. || Pellejo, cubierta exterior de ciertas frutas.

**pierna** f. Parte del miembro inferior comprendida entre las articulaciones de la rodilla y del tobillo. Su esqueleto lo forman la tibia y el peroné.

**pieza** f. Cada elemento o parte de un conjunto, considerado por separado.

**pigmentación** f. Coloración característica de los organismos vivos.

**pigmeo, a** adj. y s. Individuo muy pequeño.

**pila** f. Montón de cosas superpuestas. || Gran cantidad de cosas. f. Recipiente o cuenco grande; generalmente de piedra o material semejante, para contener o verter agua. || Batería.

**píldora** f. Forma de presentación farmacéutica destinada al uso oral en que las sustancias medicamentosas, gracias a un excipiente adecuado, forman una masa esférica.

**piloto** com. Conductor de automóviles de carreras o persona que dirige un avión, etc. || Pequeño indicador luminoso que señala la puesta en marcha de algún aparato.

**piltrafa** f. Persona que es una ruina física o moral.

**pillaje** m. Rapiña, robo.

**pillo, lla** adj. y s. Pícaro, travieso o gamberro.

**pincel** m. Útil formado por un mango largo y delgado con pelos fijos en el extremo y que se usa para pintar.

**pinchar** tr. y prnl. Punzar, herir con un objeto agudo.

**pintar** tr. Cubrir algo con una capa de pintura.
**pintarrajar** (o **pintarrajear**) tr. y prnl. Pintar sin arte o de mala manera. || Hacer garabatos.
**pintor, ra** m. y f. Persona cuyo oficio es pintar paredes, puertas, etc. || Persona que pinta cuadros, frescos, etcétera.
**pintoresco, ca** adj. Se dice del lenguaje, hábito, etc., interesante o curioso, por no ser habitual.
**pintura** f. Arte y técnica de representación sobre una superficie plana, fundamentalmente mediante líneas y colores.
**pinza** f. Utensilio formado por dos apéndices que pueden abrirse o cerrarse para agarrar algo mediante la presión de los dedos.
**piñata** f. Recipiente, generalmente lleno de dulces, que se cuelga en alto y se intenta romper con la ayuda de un palo y los ojos tapados.
**piojoso, sa** adj. y s. Con piojos. || Harapiento, mísero.
**pionero, ra** m. y f. Persona que da los primeros pasos en una tierra o estudios desconocidos, y prepara el camino a los demás.
**pipí** m. Eufemismo, especialmente infantil, por orina.
**pira** f. Hoguera.
**piramidal** adj. con figura de pirámide. || Colosal, estupendo.
**pirámide** f. Poliedro que tiene por base un polígono y por caras laterales triángulos que se juntan en un punto llamado vértice y forman un ángulo poliedro.
**pirata** com. Corsario o persona que vive del saqueo.
**pirograbado** m. Grabado sobre madera con un metal incandescente.
**piromanía** f. Impulso psicopatológico a provocar incendios.
**piropo** m. Lisonja, sea o no galante, dirigida especialmente a las mujeres.
**pirotecnia** f. Arte que trata de los artificios de fuego, a base de pólvora.
**pirueta** f. Brinco, salto o voltereta.
**pisar** tr. Poner el pie sobre algo. || Aplastar, apretar algo con los pies, el pisón o la maza.
**piscicultura** f. Conjunto de técnicas para lograr la producción de especies comerciales de peces en condiciones controladas.
**piscina** f. Especie de balsa de dimensiones variables en la que pueden nadar o bañarse varias personas.
**piso** m. Suelo, especialmente el pavimento. Cada una de las plantas o niveles de un edificio.
**pisotear** tr. Pisar algo varias veces y con saña. || Maltratar, hacer de menos.
**pista** f. Conjunto de señales que deja a su paso por un lugar una persona o un animal, huellas. || Circuito automovilístico o lugar en que se prueban vehículos.

**pistola** f. Arma corta de fuego, que se amartilla y dispara con una sola mano. || Aparato con el que se pinta o barniza expulsando el líquido pulverizado y con gran fuerza.

**pitar** intr. Hacer sonar un pito o silbato. tr. Desaprobar algo mediante silbidos.

**pitorrearse** prnl. fam. Tomar el pelo a alguien.

**pizarrón** m. Encerado, pizarra escolar adosada al muro.

**placa** f. Cualquier porción delgada y plana, de material duro. || Insignia de policía que acredita a su portador como tal. || Chapa metálica con el número de matrícula de un vehículo.

**placenta** f. Órgano de conexión entre el feto y la madre.

**placentero, ra** adj Ameno, agradable.

**placer** m. Satisfacción, goce que se alcanza con la posesión o contemplación de algo. || tr. Complacer, agradar.

**plácido, da** adj. Calmo, tranquilo.

**plaga** f. Desastre que aflige a alguien o a una comunidad. || Nombre genérico que se da a las enfermedades producidas en las plantas por agentes víricos, bacterianos o fúngicos. || Destrozo masivo causado por animales en plantas.

**plagiar** tr. Servirse de la sustancia o ideas de la obra de otro para crear una que se pretende propia.

**plan** m. Altura o nivel. || Intención y proyecto que se tiene de realizar algo.

**planchar** tr. Usar la plancha caliente para alisar la ropa y desarrugarla.

**planear** tr. Forjar un plan o proyecto para la consecución o realización de algo.

**planeta** m. Cuerpo sólido celeste que gira alrededor de una estrella, describiendo una órbita elíptica y que se hace visible por la luz que refleja; en particular, los que giran alrededor del Sol.

**planicie** f. Llanura, especialmente la extensa.

**planificación** f. Elaboración de un plan económico, general o sectorial y cumplimiento del mismo.

**planificar** tr. Someter a un estudio científico y detallado de desarrollo la ejecución de un plan o acción.

**planisferio** m. Mapa en el que se representa la esfera terrestre o celeste.

**plano, na** adj. Liso, llano.

**planta** f. Parte del pie con la que se pisa. || Plantío, terreno. || Cada uno de los niveles o pisos de un edificio. || Central productora de energía, o complejo industrial.

**plantar** tr. Introducir en tierra una semilla, esqueje, planta, etc., para que arraigue.

**plantear** tr. Estudiar y planear la realización de algo. || Exponer un tema, problema, etcétera.

**plantel** m. Lugar en el que se forman especialistas de alguna rama del saber o de la técnica.

**plantígrado, da** adj. Se dice de los animales que apoyan, al andar, la totalidad de la planta de los pies.

**plasma** m. Parte líquida de la sangre.

**plasmar** tr. Concretar materialmente una idea, ilusión, etcétera.

**plástico, ca** adj. Que se puede moldear, dúctil. || adj. y m. Se dice de la sustancia orgánica macromolecular de origen natural o sintético.

**plataforma** f. Cualquier construcción artificial, generalmente eventual, que está descubierta y elevada sobre el suelo.

**plateado, da** adj. Bañado en plata.

**plática** f. Diálogo entre varios.

**platicar** tr. e intr. Charlar, dialogar.

**platillo** m. Guiso con carne y verduras picadas. || Comida extraordinaria en ciertas comunidades religiosas. || pl. Instrumento de percusión formado por dos discos metálicos que se golpean uno con otro, o mediante baquetas.

**playa** f. Extensión de arena, grava o guijarros, situada en la orilla de un mar, lago o río y de superficie casi plana.

**plaza** f. Espacio amplio sin edificar, ajardinado o con un monumento, en el que se encuentran varias calles de una ciudad.

**plazo** m. Tiempo en que debe hacerse algo. || Cada una de las cuotas, de vencimiento periódico, en que se divide una cantidad que debe pagarse.

**plebe** f. Grupo social que carece de posesiones económicas o culturales. || Vulgo, populacho.

**plegar** tr. y prnl. Practicar pliegues en una cosa. || tr. Doblar los pliegos del libro que va a ser encuadernado.

**plegaria** f. Oración o súplica humilde y fervorosa en la que se pide algo.

**pleitesía** f. Cortesía, respeto u homenaje que se rinde a alguien.

**pleito** m. Disputa, litigio, querella.

**plenario, ria** adj. Completo, absoluto.

**plenitud** f. Apogeo, punto culminante de un proceso.

**pleno, na** adj. Completo, entero, lleno.

**pleonasmo** m. Figura que consiste en el uso de palabras o expresiones innecesarias para la comprensión de la frase.

**pliego** m. Hoja de papel que se imprime sin ser doblada.

**pliegue** m. Arruga o doblez. || Deformación de estratos de rocas sedimentarias de la corteza terrestre.

**plisar** tr. Por adorno, hacer pliegues en una ropa.

**plomero, ra** m. y f. Persona que fabrica o trabaja piezas de plomo. || Fontanero.
**pluma** f. Formación epidérmica característica de las aves y que recubre su cuerpo. || Cualquier útil de escritura con forma de pluma.
**plumífero, ra** adj. Con plumas.
**plural** adj. y m. Se dice del número gramatical que expresa una cantidad cualquiera superior a la unidad, aunque en algunos sistemas lingüísticos expresa unidades superiores a dos.
**pluralidad** f. Multitud o gran número de algunas cosas.
**pluvial** adj. Relativo a la lluvia.
**p. m.** Abreviatura del latín: *post meridiem*, 'tras el mediodía'.
**población** f. Conjunto de los habitantes del mundo o cualquier área geográfica.
**poblado** m. Población, lugar habitado.
**pobre** adj y s. Que está falto de lo imprescindible para vivir. || De poco valor, humilde.
**pobreza** f. Miseria y atraso generalizado en una nación, comarca, etcétera.
**pocilga** f. Lugar inmundo, sucio.
**pócima** f. Bebedizo que se hace con diversas materias, especialmente vegetales.
**poco, ca** adj. Pobre, escaso en cantidad o calidad.
**podar** tr. Eliminar ramas de un árbol, para que den más fruto o crezcan más fuertes.
**poder** m. Facultad, capacidad que se tiene para realizar o mandar realizar algo. || Fuerza. || Facultad que tiene el Estado de imponer su autoridad mediante la coerción. || tr. Tener la facultad, experiencia, medios, etc., para hacer algo.
**poderío** m. Vigor, gran fuerza. || Riqueza, conjunto de bienes. || Imperio o dominio que se tiene sobre algo o alguien.
**podredumbre** f. Estado de putrefacción de algo.
**poema** m. Texto compuesto en verso.
**poesía** f. En sentido extenso, cualquier expresión artística oral o escrita que se someta a las reglas del verso.
**poetisa** f. Mujer que es poeta.
**polar** adj. Relativo a los polos.
**polea** f. Rueda que gira sobre un eje y que tiene una correa para transmitir movimiento.
**polémica** f. Controversia pública. || Discusión, pelea.
**polemizar** intr. Entablar una controversia, discutir.
**polen** m. Polvillo contenido en las anteras de los estambres, formado por granos de tamaño variable y forma redondeada.
**policromo, ma (o polícromo, ma)** adj. De varios colores.

**poliedro** m. Cuerpo geométrico limitado por polígonos planos llamados caras.
**polifacético, ca** adj. Que presenta varias facetas o que desarrolla distintas habilidades.
**polígloto, ta (o poligloto, ta)** adj. Escrito en varias lenguas. || adj. y s. Que domina varias lenguas.
**polígono, na** m. Figura geométrica plana limitada por una línea poligonal cerrada que no se corta a sí misma.
**politécnico, ca** adj. y m. Centro educativo que se ocupa de materias de industria, ciencia o arte.
**politeísmo** m. Concepción religiosa que admite la existencia de diversos dioses.
**político, ca** f. Ciencia que trata del fundamento y desarrollo de la organización y conducción de sociedades humanas, particularmente del Estado o instancias superiores a éste.
**póliza** f. Sello de la administración estatal que acredita el pago impositivo correspondiente a ciertos documentos.
**polizón** m. Persona que se embarca oculta y clandestinamente.
**polo** m. Cada uno de los dos extremos del eje de rotación de una esfera o cuerpo similar. || Los extremos N y S del globo terrestre. || Extremidad de un círculo.
**polvareda** f. Nube de polvo que se levanta de la tierra.
**polvo** m. Conjunto de partículas de tierra muy fragmentada que el aire transporta con facilidad. || Cualquier sustancia sólida reducida a partículas muy menudas.
**pólvora** f. Mezcla de salitre, azufre y carbón, que se inflama fácilmente, desprendiendo con rapidez gran cantidad de gases, y en recipientes cerrados es explosiva.
**pomada** f. Forma de presentación farmacéutica de uso tópico, en la que los principios activos se incorporan a un excipiente graso.
**pompa** f. Ostentación, vanidad, grandeza.
**pómulo** m. Hueso par de la cara que contribuye a formar la parte inferior y externa de la órbita.
**ponderable** adj. Que se puede pesar. || Digno de ser tenido en cuenta.
**ponderar** tr. Pesar. || Alabar, ensalzar.
**poner** tr. y prnl. Colocar en determinado lugar a una persona o cosa. || tr. Expulsar el huevo ya formado las aves.
**poniente** m. Occidente, punto cardinal. || Viento que de allí sopla.
**ponzoña** f. Poción venenosa o dañina.
**popa** f. Parte trasera de una embarcación.

**populacho** m. Despectivo de pueblo, vulgo.
**popular** adj. Relativo al pueblo. || Se dice de todo aquello que tiene gran predicamento entre la gente. || Persona que tiene muchos simpatizantes, admiradores, etcétera.
**popularizar** tr. y prnl. Hacer llegar al gran público el conocimiento de alguien o de algo.
**popurrí** m. Composición formada por una serie de fragmentos de diferentes obras unidas mediante unos compases de enlace.
**por** prep. Indica muy diversas relaciones.
**porcelana** f. Cerámica fina.
**porcentaje** m. Tanto por ciento, medida de comparación de una cantidad respecto a otra.
**porción** f. Parte de un todo
**pordiosero, ra** adj. y s. Mendigo, limosnero.
**pormenor** m. Aspecto parcial, detalle o circunstancia peculiar de una cuestión o suceso; se usa especialmente en plural.
**poro** m. Orificio muy pequeño situado en la superficie del cuerpo de animales y plantas.
**porque** conj. Explica la causa o motivo de algo. || También la finalidad (para que).
**porqué** m. Razón o causa de algo.
**porquería** f. Basura, suciedad. || Cosa inmunda o acción indecente.
**porra** f. Cachiporra.
**portada** f. Fachada de un edificio. || Página de una obra impresa donde consta el autor, título y casa editora.
**portador, ra** adj. y s. Que lleva o traslada algo. || m y f. Tenedor de efectos y valores no nominativos, pagaderos mediante su simple presentación. || Persona o animal que tras padecer una infección, o incluso sin haberla padecido, alberga el germen patógeno responsable y lo difunde.
**portafolios** m. Carpeta o cartera para llevar o guardar documentos.
**portal** m. Atrio o vestíbulo de un edificio.
**portarretrato** m. Cuadro donde se enmarca una fotografía.
**portátil** adj. Movible; de fácil manejo.
**portavoz** m. Bocina, a modo de altavoz, para dar órdenes desde lejos. || Persona que habla en nombre de un grupo.
**portazo** m. Golpe duro al cerrar una puerta.
**porte** m. Aspecto o apariencia externa que muestra una persona.
**portería** f. Recinto a él reservado en el vestíbulo de un inmueble.
**portezuela** f. Puerta de un vehículo.
**portuario, ria** adj. Relativo al puerto, de mar o de río.
**portugués, sa** adj. y s. De Portugal.
**porvenir** m. Futuro, tiempo que ha de venir.

**posar** tr. Hacer de modelo para un artista (pintor, escultor, fotógrafo).
**posdata** f. Añadido en una carta, una vez firmada.
**poseer** tr. Tener en propiedad. || Conocer en profundidad.
**posesionar** tr. Dar posesión de algo. || prnl. Apoderarse de algo.
**posesivo, va** adj. Que indica o muestra posesión. || adj. y m. Se dice de la partícula lingüística (pronombre o adjetivo) que indica posesión o pertenencia.
**posguerra** f. Periodo que sigue a un conflicto bélico.
**posibilitar** tr. Hacer fácil y posible algo.
**posible** adj. Que puede ser o acontecer. || Realizable.
**posición** f. Colocación, emplazamiento. || Postura frente a algo.
**positivo, va** adj. Cierto, real, evidente.
**posmeridiano, na** adj. Superado el mediodía.
**posponer** tr. Poner detrás. || Retrasar. || Dejar para más adelante un asunto cualquiera.
**postal** adj. Relativo a correos. || adj. y f. Se dice de la tarjeta postal.
**póster** m. Cartel, lámina decorativa.
**postergar** tr. Dejar para luego un trabajo o un asunto.
**posteridad** f. Generación venidera de la que se está hablando.
**posterior** adj. Que viene después en el tiempo o en el espacio.
**postín** m. Jactancia, pisto, presunción.
**postración** f. Estado de gran abatimiento o agotamiento de un enfermo.
**postrar** tr. y prnl. Desanimar, desalentar. || Debilitar, abatir.
**postre** m. Apéndice de una comida (fruta, queso, pastel, etcétera).
**postular** tr. Pedir, en especial limosna para fines benéficos. || Solicitar formalmente una medida de interés común.
**póstumo, ma** adj. Nacido tras la muerte del progenitor. || Aparecido tras la muerte del autor. || Se dice del homenaje ofrecido a alguien ya muerto.
**postura** f. Modo de estar colocado. || Actitud adoptada frente a una situación, problema o pensamiento.
**potable** adj. Se dice del agua que puede ser tomada sin peligro.
**potencia** f. Poder para realizar algo. || Capacidad de ser o hacer.
**potentado, da** m. y f. Persona que posee riquezas o poder abundantes.
**potente** adj. Que tiene el poder, que puede obrar determinada cosa.
**potestad** f. Autoridad, dominio, jurisdicción.
**potrero, ra** m. Sitio destinado para el pasto del ganado caballar.

**pozo** m. Excavación vertical del terreno, generalmente de sección circular, para hacer aflorar aguas subterráneas.
**práctica** f. Realización física que puede conseguirse previo conocimiento de una teoría. || Conjunto de pruebas o examen en los que se valoran los conocimientos teóricos y su aplicación real.
**practicar** tr. Poner en marcha, realizar o concretar una teoría.
**pradera** f. Terreno amplio y llano formado por prados.
**preámbulo** m. Prefacio, discurso que antecede al principal.
**precario, ria** adj. Inestable, poco duradero.
**precaución** f. Prudencia, cautela con la que se pretende evitar algún mal.
**precaver** tr. y prnl. Obrar en previsión de un posible peligro o daño con ánimo de evitarlo.
**preceder** tr. e intr. Anteceder en orden, tiempo o lugar.
**precepto** m. Orden o regla que procede de una autoridad superior. || Ley o norma que rige determinado ejercicio.
**preciarse** prnl. Presumir.
**precio** m. Expresión de valor de una mercancía en unidad monetaria. || Valor o mérito de una persona.
**precipicio** m. Derrumbadero, caída abrupta de un terreno.
**precipitación** f. Prisa irreflexiva. || Lluvia o nevada, y cantidad de agua o nieve caídas.
**precipitar** tr. Acelerar el desarrollo o realización de algo.
**precisamente** adv. De modo preciso. || Justamente, cabalmente.
**precisar** tr. Determinar de forma precisa.
**precisión** f. Concisión, exactitud, justeza.
**preciso, sa** adj. Exacto, puntual. Conciso.
**precolombino, na** adj. Se aplica a la América anterior al descubrimiento de Cristóbal Colón y a todo lo relacionado con ella.
**precoz** adj. Que se produce o desarrolla anticipadamente.
**precursor, ra** adj. y s. Que preconiza o promueve un acontecimiento futuro, especialmente en el campo ideológico o científico.
**predecir** tr. Adivinar el futuro.
**predestinado, da** adj. Que irrevocablemente acontece.
**predicado** m. Lo que se afirma o se niega del sujeto en una proposición.
**predicador, ra** adj. y s. Que predica. || m. Orador sagrado.
**predicar** tr. Anunciar, publicar con claridad una cosa. || Hacer un sermón.
**predilección** f. Favoritismo que uno siente hacia alguien o algo.

**predisponer** tr. y prnl. Preparar con antelación,

**predisposición** f. Actitud favorable y positiva para el desempeño de una tarea.

**preescolar** adj. y m. Se dice de lo relacionado con la educación del niño que aún no ha comenzado la enseñanza obligatoria.

**prefacio (o prefación)** m. Introducción, prólogo.

**preferencia** f. Primacía o ventaja que uno tiene sobre otros. || Predilección.

**preferir** tr. y prnl. Mostrar preferencia, gustar más. || Anteponer.

**pregonar** tr. Anunciar públicamente.

**pregunta** f. Interrogación en busca de una respuesta.

**preguntar** tr. y prnl. Hacer preguntas. || Examinar.

**prehispánico, ca** adj. De América antes de la colonización hispana y de todo lo relativo a ella.

**prehistoria** f. Periodo de la historia que abarca desde los orígenes del hombre hasta la aparición de los primeros documentos escritos.

**prejuicio** m. Juicio prematuro sin conocer suficientemente los hechos.

**preliminar** adj. y s. Que antecede o introduce una materia cualquiera. || Que sirve de preámbulo o proemio a una acción.

**prematuro, ra** adj. No maduro todavía. || Realizado antes de tiempo.

**premeditar** tr. Tomar disposiciones previas a la ejecución de un delito. || Reflexionar antes de emprender algo.

**premio** m. Distinción por méritos obtenidos, especialmente en el campo cultural o deportivo, o gratificación por servicios prestados, y persona que la obtiene.

**premura** f. Agobio, apuro. || Prisa, urgencia.

**prenatal** adj. Antes del nacimiento.

**prenda** f. Bien mueble que se ofrece como fianza de un compromiso contraído.

**prendar** tr. y prnl. Enamorar, seducir.

**prender** tr. Sujetar, asir. || tr. e intr. Encender, iluminar.

**preñar** tr. Fecundar a una hembra.

**preñez** f. Gestación.

**preocupación** f. Acción y efecto de preocupar o preocuparse. || Prevención de ánimo. || Desasosiego, inquietud, desvelo.

**preocupar** tr. y prnl. Prevenir a alguien de modo que frene su decisión. || Tener en la mente algo que llena de temor o ansiedad.

**preparar** tr. Ordenar o disponer algo con alguna finalidad.

**preposición** f. Clase de palabras que relacionan un elemento sintáctico con su complemento dentro de una oración.

**prerrogativa** f. Privilegio o exención por motivos de edad, categoría social o gracia.

**presa** f. Captura de caza o pesca; botín de guerra.

**presagiar** tr. Pronosticar el futuro mediante presagios.

**prescindir** intr. Omitir, dejar de utilizar.

**prescribir** tr. Disponer, fijar, ordenar.

**prescripción** f. Receta médica.

**presencia** f. Circunstancia de estar presente en el lugar de los hechos. || Porte, apariencia externa.

**presenciar** tr. Asistir, ver un acontecimiento, actuación, etcétera.

**presentar** tr. y prnl. Hacer presente, mostrar, manifestar.

**presente** adj. Que está al lado de uno, o en el lugar de los hechos relatados. || adj. y m. Se dice del tiempo verbal que indica que la acción expresada por el verbo se realiza actualmente, con simultaneidad al acto del habla. || m. Don, regalo.

**presentimiento** m. Sospecha difusa de lo que va a suceder.

**preservar** tr. y prnl. Apartar a alguien o algo de un mal o deterioro posible.

**presidente, ta** m. y f. Persona que preside. || En los regímenes republicanos, jefe del Estado.

**presidiario, ria** m. y f. Recluso, persona condenada a pena de prisión.

**presión** f. Fuerza que se ejerce perpendicularmente sobre una superficie, por la unidad de área de la misma. || Coacción.

**presionar** tr. Oprimir, aplastar. || Coaccionar.

**prestamista** com. Persona que ofrece dinero a interés.

**prestar** tr. Dejar algo, especialmente dinero, a alguien, con obligación por parte de éste de devolverlo.

**prestidigitación** m. Ilusionismo.

**prestigio** m. Crédito, estimación, buena fama, autoridad moral.

**presto, ta** adj. Rápido, ágil, raudo. || adv. Al momento, ahora mismo.

**presumir** tr. Tener suficientes motivos para suponer algo. || intr. Tenerse en gran concepto, alardear.

**presuntuoso, sa** adj. y s. Vanidoso, engreído.

**presupuesto, ta** adj. Supuesto con anterioridad. || m. Causa, razón, fundamento por el que se hace algo. || Previsión de gastos e ingresos para un periodo determinado.

**pretender** tr. Desear la obtención de algo. || Esforzarse por conseguirlo.

**pretensión** f. Empeño, aspiración.

**pretérito, ta** adj. Se dice del tiempo pasado, y de lo acontecido en él. || adj. y m. Se dice de las formas verbales que presentan la acción o cualidad expresada por el verbo como realizada en el pasado.

**pretexto** m. Causa o circunstancia, más ficticia que real, aducida para obrar o dejar de hacerlo.
**prevención** f. Conjunto de precauciones y medidas tomadas para evitar un riesgo.
**prevenir** tr. Disponer de antemano lo necesario para un determinado fin. || Advertir, avisar, especialmente de un mal o peligro.
**prever** tr. Pronosticar, especialmente cuando no se tiene intención de influir sobre los acontecimientos.
**previsión** f. Cálculo anticipado, pronóstico.
**primario, ria** adj. El primero de una serie o el más importante.
**primavera** f. Estación del año que, en el hemisferio boreal, comprende del equinoccio de p. (21 de marzo) al solsticio de verano (21 de junio).
**primero, ra** adj. y s. Que antecede al resto de los componentes de una serie.
**primitivo, va** adj. Se dice del pueblo cuya cultura es poco desarrollada o neolítica, y de los individuos que la componen. || Rústico, rudimentario, primario.
**primogénito, ta** adj. y s. Se dice del primer hijo.
**primordial** adj. Esencial, fundamental o primero.
**principal** adj. Que tiene más importancia o se prefiere a cualquier cosa o persona. || Básico, primero, esencial.
**príncipe** adj. Primer hijo varón de un rey, heredero de la corona. || Soberano de algunos Estados.
**principiar** tr. y prnl. Comenzar algo.
**principio** m. Momento primero en el existir de algo. || Base, fundamento o causa.
**prioridad** f. Precedencia en el tiempo o en el orden de un cosa sobre otra. || Primacía, preeminencia.
**prisión** f. Pena de privación de libertad, superior a la de un arresto e inferior a la de reclusión. Cárcel o edificio en los que se encierra a los presos.
**prisionero, ra** m. y f. Persona que en tiempo de guerra es capturada y retenida por una tropa.
**prisma** m. Poliedro formado por dos polígonos iguales y paralelos, y por tantos paralelogramos como lados tienen las bases.
**privación** f. Carencia de algo.
**privar** tr. Arrebatar a uno algo que poseía o gozaba. || Prohibir, vedar.
**privilegio** m. Trato de favor o ventaja que se concede a una persona o comunidad.
**proa** f. Parte delantera del casco de la nave.
**probabilidad** f. Verosimilitud. || Relación del número de veces que

ocurre un suceso con el número de pruebas en las que puede aparecer.

**probable** adj. Creíble, que presenta visos de verdad. || Viable, que puede suceder con facilidad.

**probar** tr. Investigar y experimentar las cualidades de personas o cosas. || Demostrar la verdad o certeza de algo.

**problema** m. Controversia o duda que se intenta resolver.

**procaz** adj. Insolente, deslenguado.

**procedencia** f. Nacimiento, origen, punto de partida de una persona o cosa.

**proceder** m. Conducta, maneras que uno sigue al obrar.

**procesar** tr. Encausar, enjuiciar. || Generar un proceso de tratamiento de una información, del que se obtienen unos resultados.

**proceso** m. Sucesión de las distintas etapas de un fenómeno o acontecimiento. || Método o forma de obrar que debe seguirse. || Curso de los acontecimientos.

**proclamar** tr. Notificar públicamente algo, en especial con cierta solemnidad.

**procrear** tr. Generar, especialmente perpetuar la especie.

**procurar** tr. Poner el interés y los medios necesarios para conseguir algo.

**prodigar** tr. Malgastar, desperdiciar.

**prodigio** m. Fenómeno sobrenatural. || Milagro. || Maravilla, rareza, primor.

**producción** f. Forma en que se produce algo. || Volumen total del bien producido.

**producir** tr. Procrear, engendrar. || Elaborar obras de creación. || Rendir fruto algo. || Fabricar.

**producto** m. Cosa producida. Beneficio que se obtiene de algo, ganancia. || Resultado de la multiplicación.

**proeza** f. Heroicidad, acción arriesgada.

**proferir** tr. Decir palabras, especialmente de disgusto o enojo.

**profesión** f. Tarea, cargo u oficio que uno ejerce.

**profesor, ra** m y f. Persona que enseña determinada ciencia, arte u oficio.

**profeta** m. Persona que anuncia el futuro, por inspiración divina. || Adivino.

**profetizar** tr. Hablar sobre lo venidero por inspiración divina. || Pronosticar lo que sucederá.

**profilaxis** f. Conjunto de medidas de carácter higiénico que se adoptan para prevenir una enfermedad.

**profundizar** tr. Hacer más profundo. || Alcanzar el interior, la entraña o el meollo de algo. || tr. e intr.

Analizar o examinar detenidamente una cuestión.

**progenitor, ra** m. y f. Ascendiente en línea directa. || m. pl. Padre y madre.

**programa** m. Plan y orden de actuación. || Lista del contenido de materias didácticas. || Relación de actos de una fiesta o espectáculo. || Espacio de radio o TV.

**programación** f. Conjunto de los espacios de radio y TV que se emiten o está previsto emitir.

**progreso** m. Prosperidad, perfeccionamiento.

**prohibir** tr. Negar el uso o impedir la realización de algo.

**prójimo** m. Cualquier persona, como miembro de la comunidad humana, en relación con otra.

**prole** f. Descendencia, sucesión.

**proletariado** m. Clase social formada por aquellos que, no disponen de medios propios de prod., deben vender su fuerza de trabajo en el mercado.

**prolífico, ca (o prolífero, ra)** adj. Que tiene capacidad de engendrar, multiplicarse o producir.

**prólogo** m. Texto, generalmente en prosa, que precede al cuerpo de una obra. Puede ser o no del mismo autor. || Introducción, preámbulo.

**prolongar** tr. y prnl. Ampliar la longitud o duración de algo.

**promediar** tr. Partir por la mitad. || Buscar el promedio.

**prometer** tr. Obligarse al cumplimiento de algo.

**prominencia** f. Elevación. || Protuberancia.

**promocionar** tr. Dar a conocer la eficacia de un producto para su mayor venta o impulsar la marcha de un negocio.

**promover** tr. Gestionar un asunto. || Dar nuevo empuje a algo que se había estancado.

**promulgar** tr. Anunciar de modo público y solemne. || Difundir, propagar, publicar una ley o disposición con el fin de que sea cumplida y se haga cumplir.

**pronombre** m. Clase de palabras de carácter deíctico, con capacidad para funcionar como sustantivo, adjetivo o adverbio.

**pronóstico** m. Predicción de acontecimientos futuros a partir de ciertas señales o indicios.

**prontitud** f. Rapidez o diligencia en la realización de algo.

**pronto, ta** adj. Presto, rápido. Preparado, dispuesto.

**pronunciación** f. Forma de pronunciar. || Articulación de un fonema, palabra, frase, etcétera.

**pronunciar** tr. Emitir con la boca sonidos articulados para dar a conocer el contenido de la mente. || Dar el veredicto de una sentencia.

**propaganda** f. Conjunto de actuaciones que pretenden conseguir el conocimiento de un producto en el mercado. || Publicidad.

**propasar** tr. y prnl. Ir más lejos de lo programado. || Extralimitarse.

**propenso, sa** adj. Inclinado, expuesto, con tendencia hacia algo o alguien.

**propicio, cia** adj. Propenso a ayudar o favorecer. || Bueno, benévolo, especialmente referido al tiempo.

**propiedad** f. Dominio, potestad o derecho que se tiene sobre un bien, para disponer de él libremente y reclamarlo en el caso de que se encuentre en posesión de otros.

**propietario, ria** adj. y s. Que es dueño de algo, especialmente bienes inmuebles.

**propina** f. Gratificación monetaria por un servicio prestado.

**propio, pia** adj. Que pertenece en exclusiva. || Característico, peculiar.

**proponer** tr. Manifestar a otro un plan o proyecto a fin de conseguir su adhesión.

**proporcionar** tr. y prnl. Facilitar a alguien lo necesario para determinado fin.

**propósito** m. Deseo, aspiración de realizar algo.

**propuesta** f. Proposición. || Plan a realizar.

**prórroga** f. Aplazamiento, prosecución de algo durante un tiempo determinado.

**prosa** f. Forma estructural propia de la lengua escrita "natural", es decir, no sujeta a medidas rítmicas estrictas como las del verso.

**proseguir** tr. e intr. Continuar con lo que se tiene entre manos.

**prosodia** f. Parte de la lingüística que se ocupa de la recta pronunciación y acentuación de las palabras.

**prosopografía** f. Descripción literaria del exterior de un personaje o animal.

**prosopopeya** f. Figura retórica que consiste en atribuir cualidades humanas, sentimientos, etc. a los animales.

**prosperar** tr. Ofrecer a uno ocasión de mejorar económicamente.

**protagonista** com. Personaje o personajes más importantes de una película, novela, obra dramática, etcétera.

**protección** f. Auxilio, amparo que se presta a alguien.

**proteger** tr. y prnl. Resguardar, amparar y respaldar una persona, teoría, etc. || tr. Cubrir una cosa, intentando evitar un posible daño.

**proteína** f. Compuesto polimérico de elevado peso molecular.

**protesta** f. Manifestación, documento, etc., en el que se muestra disconformidad con algo.

**protoplasma** f. Conjunto de materia que forma la célula, integrado por el núcleo y el citoplasma.

**prototipo** m. Primer ejemplar de algo.
**protuberancia** f. Abultamiento, por lo general de forma redondeada.
**provecho** m. Beneficio o utilidad de algo. || Ventaja o utilidad que se proporciona.
**proveer** tr. y prnl. Prevenir y disponer lo necesario para algo. || Suministrar lo necesario para un fin.
**provenir** intr. Dimanar, proceder una cosa de otra.
**proverbio** m. Refrán, dicho o sentencia popular.
**providencia** f. Precaución o disposición anticipada con la que se pretende lograr determinado fin.
**provinciano, na** adj. Se dice del habitante de la provincia por oposición al de la capital.
**provisional** adj. Que no es permanente ni definitivo.
**provocación** f. Desafío.
**provocar** tr. Exasperar, irritar a uno.
**próximamente** adv. Con proximidad. || Pronto.
**próximo, ma** adj. Cercano en el espacio o en el tiempo.
**proyectar** tr. Reflejar con la ayuda de un rayo de luz, y generalmente sobre una pantalla, una imagen fotográfica, película, etcétera.
**proyectil** m. Objeto que es lanzado, propulsado, o proyectado a través del aire o del agua hacia el objetivo.
**proyecto, ta** adj. Representado en perspectiva. || m. Propósito de realizar algo y plan que se ha trazado para ello.
**proyector, ra** m. Máquina que proyecta las imágenes de una película sobre una pantalla.
**prudencia** f. Sensatez, buen juicio. || Cautela, prevención. || Moderación, templanza.
**prueba** f. Demostración, hecho patente que acredita la verdad o falsedad de algo. || Experiencia, ensayo que se hace de algo. || Cata.
**psicología** f. Ciencia que estudia el comportamiento del hombre (la motivación, el pensamiento, la personalidad, el aprendizaje, etcétera).
**púa** f. Objeto puntiagudo muy plano y rígido. || Cada uno de los dientes de un peine.
**pubertad** f. Fase del desarrollo en la que un conjunto de cambios endocrinos conducen a la madurez sexual. Suele iniciarse a los 12-13 años.
**pubis** m. Hueso par y simétrico, que en el adulto forma parte del coxal o hueso iliaco.
**publicar** tr. Manifestar al público cierta noticia, asunto, etc. || Imprimir y sacar a los puestos de venta un diario, libro, etcétera.
**publicidad** f. Forma de comunicación social que, por medios muy

diversos, intenta convencer al público de la bondad de un producto, habitualmente de consumo, con el fin de promover su conocimiento e incitar a su adquisición.
**público, ca** adj. Conocido por todos o que resulta notorio, evidente. || m. Conjunto de espectadores de una sala, estadio, etc., o bien la afición a algo en general.
**pudor** m. Recato, vergüenza.
**pudrir** tr. y prnl. Corromper o dañar una materia orgánica, convertida en podredumbre.
**pueblo** m. Conjunto de habitantes de una población, comarca, país, etcétera.
**puente** m. Estructura horizontal que permite salvar una depresión del terreno o, por elevación, un obstáculo.
**puericultura** f. Conjunto de cuidados que se han de tener en los primeros años del desarrollo de un niño y estudio que se ocupa de ello.
**puerto** m. Lugar de la costa o la ribera.
**pues** conj. Su primer valor es el de causal o consecutiva, aunque adquiere también matiz condicional, unitivo, etc., según los casos.
**pugna** f. Disputa, lucha.
**pugnar** intr. Reñir, luchar.
**pujar** tr. Hacer fuerza, empeñarse en conseguir algo.
**pulcro, cra** adj. Limpio, aseado.
**pulgar** adj. y m. Se dice del dedo de la mano más corto y grueso.
**pulgoso, sa** adj. y s. Lleno de pulgas.
**pulir** tr. Dar lustre, alisar la superficie de algo.
**pulmón** m. Órgano par del aparato respiratorio en el que tiene lugar la oxigenación de la sangre.
**pulsar** tr. Medir el pulso de un enfermo.
**pulso** m. Latido rítmico producido por la contracción del corazón que se propaga a lo largo del árbol arterial.
**pulverizar** tr. y prnl. Convertir en polvo algo sólido.
**pulla** f. Dicho grosero, que se utiliza para maltratar verbalmente a alguien. || Dicho agudo e ingenioso.
**punta** f. Extremo aguzado de un objeto. || Púa, clavo pequeño. || Parte extrema de una cosa.
**puntapié** m. Patada que se propina con la punta del pie.
**puntería** f. Acción de apuntar con un arma de fuego o una arrojadiza. || Tino, habilidad de un tirador para hacer blanco.
**puntiagudo, da** adj. De punta aguda o afilada.
**punto** m. Cualquier señal de forma más o menos redondeada y escasas dimensiones que se hace en una superficie. || Señal ortográfica que se pone sobre la *i* y *la j*. ||

Signo de puntuación (.). || Cada uno de los distintos asuntos o cuestiones de los que trata un discurso o texto.

**puntual** adj. Diligente, pronto en hacer las cosas. || Se dice de lo que se cumple o llega a la hora o plazo convenidos.

**punzada** f. Dolor muy agudo y repentino, localizado y que suele repetirse de tiempo en tiempo.

**punzar** intr. Reproducirse un dolor, avivarse.

**puñal** m. Arma corta y ofensiva, de acero, que sólo hiere de punta.

**puñetazo** m. Golpe que se propina con el puño, generalmente con los nudillos.

**puño** m. Mano cerrada. || Mango de ciertas armas blancas.

**pupila** f. Orificio central del iris, cuyo diámetro es variable en función de la intensidad de la luz.

**purgante** adj. y m. Se dice del medicamento que favorece la evacuación intestinal.

**purgar** tr. Limpiar o purificar algo extrayendo o desechando todo aquello que no le resulte benéfico. || Satisfacer con una pena el delito cometido. || Evacuar el vientre.

**purificar** tr. y prnl. Quitar de una cosa aquello que le es extraño o que evita su perfección.

**puro, ra** adj. Exento de cualquier mezcla.

**púrpura** f. Color rojo subido, que tiende ya a violado.

**pusilánime** adj. y com. Medroso, cobarde, carente de ánimo o espíritu.

**putrefacción** f. Descomposición de sustancias orgánicas o de los propios organismos una vez muertos.

**q** f. Vigésima letra del abecedario y decimosexta de las consonantes, llamada *cu*.

**que** Partícula lingüística que, en general, funciona como elemento de relación, pero que tiene múltiples funciones.

**quebrada** f. Paso o abertura estrecha y abrupta entre montañas.

**quebrado, da** adj. Debilitado, de salud quebrantada. || adj. y m. En matemáticas, fracción.

**quebrantar** tr. Separar con violencia las partes de un todo, romper. || Violar una ley, palabra, etc.; transgredir.

**quebrar** tr. Quebrantar, romper o violar.

**quedar** intr. y prnl. Detenerse, permanecer o estar en determinado lugar, condición o estado.

**quedo, da** adj. Quieto, calmo. || adv. En susurros, con voz apenas audible.

**quehacer** m. Trabajo, faena, ocupación.

**queja** f. Expresión de dolor, pena, disgusto o desazón. || Resentimiento. || Querella.

**quejarse** prnl. Expresar mediante voces o gritos el dolor, pena, etcétera.

**quejido** m. Voz o exclamación lastimosa que motiva un dolor o aflicción.

**quemadura** f. Lesión que se produce en los tejidos.

**quemar** tr. Consumir mediante el fuego. || Causar algo una sensación ardiente y dolorosa por ser corrosiva, urticante, o estar muy caliente.

**querella** f. Queja. || Disputa, pelea, riña.

**querer** m. Amor, afecto, cariño. || tr. Poner la voluntad en la obtención de algo, desear, codiciar para uno. || Amar.

**queso** m. Producto alimenticio que se obtiene de la leche cuajada.
**quiebra** f. Rotura que sufre una cosa. ||Pérdida o menoscabo.
**quietud** f. Falta de movimiento. || Calma, sosiego, reposo.
**quijada** f. Cada una de las dos mandíbulas de un vertebrado en las que se encajan los dientes y muelas.
**quimera** f. Aquello que se presenta ante la imaginación como real y posible, no siendo más que una ilusión vana.
**quincena** f. Espacio de quince días.
**quincenal** adj. Que se repite cada quince días.
**quinqué** m. Lámpara, que consta de depósito, mecha, tubo de cristal.
**quinquenio** m. Periodo de tiempo de cinco años.
**quíntuplo, pla** adj. y s. Que contiene un número exactamente cinco veces.
**quirófano** m. Local dotado de las condiciones y el instrumental necesarios para poder realizar intervenciones quirúrgicas.
**quiste** m. Tumoración formada por un saco cerrado provisto de membrana que puede desarrollarse en distintas regiones del cuerpo.
**quitamanchas** m. Producto que limpia las manchas de la ropa sin necesidad de lavado.
**quitar** tr. Apartar una cosa del sitio en que se hallaba, separar. || Despojar o dejar sin determinada cosa o circunstancia.
**quizá** (o **quizás**) adv. Denota duda o la posibilidad de realización de aquello a lo que se refiera.

**r** Vigésima primera letra del alfabeto castellano, y decimoséptima de sus consonantes (r, R); su nombre es *erre*.

**rabia** f. Enfermedad infecciosa propia de ciertos animales (perro, lobo, gato, etc.) transmitida al hombre.

**rabiar** intr. Estar aquejado de rabia. || Encolerizarse, enfadarse.

**rabo** m. Extremidad posterior de los cuadrúpedos.

**racial** adj. Relativo a la raza.

**racimo** m. Grupo de granos de uva unidos al sarmiento por un mismo tallo.

**ración** f. Cantidad de alimento suministrada en cada comida.

**racional** adj. Relativo a la razón.

**racionar** tr. y prnl. Distribuir en raciones.

**radar** m. Aparato que usa microondas u ondas radioeléctricas de alta frecuencia para localizar e identificar un objeto no visible.

**radiación** f. Propagación de la energía en el espacio a partir de un centro de emisión.

**radiador** m. Aparato de calefacción compuesto de una serie de tubos, a través de los cuales pasa una corriente de agua o vapor a elevada temperatura.

**radiante** adj. Resplandeciente, brillante, luminoso.

**radical** adj. De la raíz. || Parte que queda de una palabra variable si se le suprimen las desinencias.

**radio** m. En la circunferencia, segmento que une cualquiera de sus puntos con el centro. || m. Aparato receptor de radiodifusión.

**radiodifusión** f. Conjunto de técnicas e instituciones dedicadas a transmitir música, mensajes y programas por medio de ondas radiofónicas.

**radiografía** f. Método utilizado para obtener imágenes del interior de un cuerpo aprovechando la diferencia de densidades que ofrecen los tejidos al paso de los rayos X.

**radiotransmisor** m. Aparato destinado a emitir ondas que transportan sonidos o imágenes.

**raer** tr. Raspar una superficie con un instrumento adecuado hasta quitar todo lo que sobresale de ella.

**ráfaga** f. Golpe de viento. || Haz de luz que aparece y desaparece súbitamente.

**raído, da** adj. Muy gastado.

**raíz** f. Órgano de fijación de las plantas superiores y que sirve para absorber del sustrato los elementos necesarios para el desarrollo del individuo. || Origen, causa de una cosa. || En lingüística, radical de una palabra.

**rallador** m. Utensilio de cocina formado por una lámina de metal con agujeros que poseen un borde saliente para desmenuzar pan, queso, etcétera.

**ramal** m. Cada uno de los cabos que forman una cuerda, soga, trenza, etcétera.

**ramificación** f. Consecuencia necesaria de algún hecho. || Derivación, subdivisión.

**ramificarse** prnl. Extenderse o dividirse en ramas una cosa.

**ramillete** m. Ramo pequeño de flores.

**ramo** m. Rama de segundo orden, que nace de la principal. || Conjunto natural o artificial de varias flores, ramas o hierbas.

**rampa** f. Superficie inclinada que facilita la subida o bajada a un lugar.

**rancio, cia** adj. Se dice del vino y de algunos alimentos que con el paso del tiempo adquieren un peculiar sabor o se estropean.

**rango** m. Clase, índole. || Abolengo, categoría social.

**ranura** f. Hendidura estrecha y de longitud variable que se hace en algunos objetos.

**rapar** tr. Cortar el pelo a ras.

**rapidez** f. Ligereza, velocidad.

**rápido, da** adj. Que emplea poco tiempo en desplazarse de un sitio a otro. || De escasa duración.

**rapiña** f. Apropiamiento o robo que se hace con astucia, aprovechándose de la debilidad o descuido de otra persona.

**rapto** m. Delito que consiste en arrebatar a una persona de su domicilio, por violencia o engaño.

**raquítico, ca** adj. Poco desarrollado en su crecimiento.

**rareza** f. Objeto poco común. || Manía peculiar de alguien.

**rarificar** intr. Enrarecer.

**raro, ra** adj. Poco frecuente. || Que no responde a lo normal en su género.

**ras** m. Nivel uniforme de las cosas.

**rascar** tr. y prnl. Pasar con fuerza y repetidamente un objeto o las

uñas por una zona de la piel, especialmente para aliviar la comezón.
**rasgar** tr. y prnl. Desgarrar materiales poco consistentes.
**rasgo** m. Trazo en el escrito o dibujo, especialmente si es ornamental. || Peculiaridad de algo o alguien. || pl. Conjunto de las líneas generales que definen las facciones de una persona.
**raso, sa** adj. Llano. || Sin grado o jerarquía. || Que pasa o se mueve a poca altura del suelo.
**rasposo, sa** adj. Que raspa.
**rastrear** tr. Buscar algo o a alguien por el rastro que deja.
**rastrero, ra** adj. Que repta o es arrastrado. || Seguir una pista, investigar.
**rastro** m. Instrumento compuesto por un mango y un travesaño con púas, perpendicular a éste. || Huella o señal que manifiesta la presencia anterior de algo o alguien.
**rata** f. Nombre común a varias especies de mamíferos roedores.
**ratero, ra** adj. y s. Se dice del ladrón de poca monta, que actúa habilidosamente.
**raticida** adj. y m. Se dice del veneno usado contra los ratones.
**ratificación** f. Nueva afirmación de algo.
**rato** m. Lapso indeterminado pero corto.
**raudal** m. Parte del curso de un río donde las aguas son más turbulentas. || Avalancha repentina de algo.
**raudo, da** adj. Rápido.
**raya** f. Línea que se dibuja o marca sobre la superficie de algo.
**rayar** tr. Hacer rayas. || Subrayar.
**rayo** m. Descarga eléctrica muy intensa que se produce desde una nube a la tierra.
**raza** f. Grupo humano definido por caracteres físicos hereditarios.
**razón** f. Facultad de pensar o de discurrir. || Causa, motivo.
**razonar** tr. Explicar. || intr. Argumentar.
**reacción** f. Comportamiento más o menos complejo (reflejos, actos voluntarios, etc.) ante un estímulo. || Acción mutua entre dos o más sustancias en la que se obtienen productos diferentes.
**reaccionar** intr. Responder a un estímulo.
**reacio, cia** adj. Desobediente, remolón.
**reactivar** tr. Dar nueva actividad a algo.
**readaptar** tr. y prnl. Volver a adaptar o a adaptarse a una nueva vida, un nuevo trabajo, etcétera.
**reajustar** tr. Ajustar de nuevo. || Acomodar una magnitud económica como salarios, precios, etcétera.
**real** adj. Que existe, auténtico. || Relativo al rey o a la realeza.
**realeza** f. Dignidad o poder propios del monarca. || Aristocracia.

**realidad** f. Calidad de lo que tiene una existencia real, es decir, física o mesurable. || Cosa real.

**realizar** tr. y prnl. Dar consistencia física a algo, hacerlo efectivo. || Llevar a cabo una acción.

**realzar** tr. y prnl. Elevar la altura de una cosa, levantarla.

**reanimar** tr. y prnl. Devolver el vigor, confortar.

**reanudar** tr. y prnl. Reemprender algo tras una interrupción.

**reaparecer** intr. Volver a aparecer algo que había desaparecido, se había retirado o hacía tiempo que no había sido visto.

**reapertura** f. Acción de abrir de nuevo un comercio, teatro, colegio, etc., que había permanecido cerrado.

**reata** f. Cuerda, correa, faja, etc., que sirve para sujetar algunas cosas.

**rebaja** f. Disminución que sufre algo, especialmente un precio.

**rebajar** tr. Disminuir la altura o nivel de una cosa. || Reducir el precio de determinada cosa.

**rebanar** tr. Cortar algo en rebanadas.

**rebaño** m. Grupo de ganado doméstico, especialmente lanar.

**rebasar** tr. Exceder de cierta señal o límite.

**rebatir** tr. Desbaratar los argumentos de un contrario.

**rebelarse** prnl. Alzarse contra una autoridad o superior. || Resistirse, oponerse a algo.

**rebelde** adj. y com. Que se rebela o alza en contra de algo.

**rebuscado, da** adj. Tan complicado que pierde efectividad.

**rebuzno** m. Voz del asno.

**recado** m. Mensaje de palabras que se da o se envía a otro.

**recaer** intr. Volver a caer. || Agravarse o reproducirse la dolencia de un enfermo.

**recalcar** tr. Decir algo con exagerada seriedad o con gran lentitud, para ser más explícito o para dejar bien claro lo que se pretende.

**recalentar** tr. Calentar de nuevo o hacerlo en exceso.

**recámara** f. Alcoba, dormitorio.

**recapacitar** tr. e intr. Repasar de memoria los diversos aspectos de un asunto, reflexionar sobre ellos.

**recatado, da** adj. Prudente, reservado.

**recaudar** tr. Cobrar, especialmente cantidades o título de cuota o participación. || Lograr determinada cifra de ventas.

**recelar** tr. y prnl. Sospechar, desconfiar.

**recepción** f. Admisión en un empleo, cargo, asociación, etc. || Fiesta de bienvenida o de cumplido que se da a alguien.

**recepcionista** com. Persona que recibe a los huéspedes en un hotel, convención, etcétera.

**receptor, ra** m. y f. Persona o cosa cuya función es recibir algo o que la recibe.
**receso** m. Descanso momentáneo que uno se toma.
**receta** f. Nota escrita por un médico en la que se prescribe un fármaco o grupo de fármacos y su forma de administración. || Nota en la que se indica la composición y forma de realización de algún plato de cocina.
**recibidor, ra** m. Vestíbulo de entrada de una vivienda, antesala.
**recibir** tr. Aceptar uno lo que le dan o le envían. || Percibir una cantidad.
**recibo** m. Resguardo o documento por el que una persona certifica haber recibido cierta cantidad de dinero u otra cosa que se exprese.
**reciclaje** m. Proceso de reutilización de materiales desechados, dentro del ciclo productivo o después de su consumo.
**reciclar** tr. y prnl. Repetir el tratamiento de un material para incrementar los resultados. || Dar nueva utilidad a algo.
**reciente** adj. Recién hecho, novedoso o fresco. || Que acaba de acontecer.
**recientemente** adv. Hace poco tiempo.
**recio, cia** adj. Vigoroso, fuerte.
**recipiente** m. Cavidad o vaso en que puede contenerse alguna cosa.
**recíproco, ca** adj. Que se corresponde exactamente entre una cosa y otra. || Igual o semejante.
**recitar** tr. Decir en voz alta un fragmento literario, especialmente en verso.
**reclamar** intr. Quejarse de algo, oponerse a ello de palabra o por escrito.
**reclinar** tr. y prnl. Inclinar el cuerpo o parte de él, apoyándose en alguna cosa.
**recluir** tr. y prnl. Poner en reclusión, encerrar.
**recluso, sa** adj. y s. Preso.
**recobrar** tr. Volver a tener, o tomar lo que antes se poseía o tenía. || Volver en sí tras un desmayo, un ataque de locura o una enfermedad larga.
**recogedor, ra** adj. Que recoge algo.
**recoger** tr. Volver a coger. || Alzar del suelo algo que se ha caído.
**recolector, ra** m. y f. Persona que recauda impuestos o tributos.
**recomendación** f. Encargo que se le hace a otro o favor que se le solicita. || Consejo. || Carta de presentación que se libra a uno.
**recomendar** tr. Aconsejar a uno, indicarle algo por su bien. || Elogiar a uno a un tercero, o encargarle que se ocupe de él, lo atienda, etcétera.
**recomenzar** tr. Volver a comenzar algo.
**recompensa** f. Premio, gratificación.

**recompensar** tr. Compensar. || Premiar, gratificar.
**reconciliar** tr. y prnl. Renovar la amistad y el afecto entre los que estaban desunidos.
**reconocer** tr. Identificar, caer en la cuenta de que una persona, cosa o lugar eran ya conocidos.
**reconsiderar** tr. Volver a considerar.
**reconstituir** tr. y prnl. Constituir de nuevo, rehacer una cosa.
**reconstruir** tr. Recrear en la memoria todas las circunstancias de un hecho para su mejor comprensión.
**recopilación** f. Resumen, compendio breve de una obra, discurso, etc. || Antología de varios géneros o colección de escritos diversos.
**recopilar** tr. Reunir en un compendio o en una selección, especialmente si se trata de realizar una antología.
**recordar** tr. Traer algo a la memoria.
**recordatorio** m. Advertencia, aviso o señal que sirve para recordar o hacer recordar alguna cosa.
**recorrer** tr. Atravesar un lugar por completo, de parte a parte.
**recortar** tr. Cortar lo que sobra de una cosa o excede las medidas que se pretendían. || Cortar papel u otra cosa formando figuras diversas.
**recrear** tr. Generar o producir de nuevo alguna cosa. || Divertir, deleitar, distraer.
**recreo** m. Diversión, esparcimiento.
**recriminar** tr. Echar en cara, reprender.
**recta** f. Conjunto de puntos, en la misma dirección, que divide al plano en dos semiplanos.
**rectángulo, la** m. Paralelogramo que tiene los cuatro ángulos rectos.
**rectificar** tr. Explicar uno públicamente el significado de hechos o dichos que se le atribuyen. || Corregir un hecho o dicho anterior, subsanar un error.
**rectitud** f. Razón moral o de justicia, o conocimiento de causa, con el que uno obra.
**recto, ta** adj. Que no se desvía ni inclina, sin curvas ni ángulos.
**recubrir** tr. Volver a cubrir.
**recuerdo** m. Reconstrucción del pasado en la conciencia que vive en el presente.
**recuperar** tr. y prnl. Volver a adquirir, recobrar. || prnl. Rehacerse tras un desvanecimiento, pérdida del juicio, enfermedad, la serenidad, etcétera.
**recurrir** intr. Acudir a un juez o autoridad con determinada pretensión o ruego. || Buscar el amparo o favor de alguien o algo.
**recurso** m. Medio, institución o persona con los que se puede contar en caso de apuro.
**rechazar** tr. No aceptar la propuesta de uno o contradecirlo en su

opinión. || Denegar una solicitud, súplica o instancia.

**rechinar** intr. Provocar una cosa un ruido molesto y agudo al rozar con otra.

**red** f. Aparejo formado por una trama de hilos, cuerdas o alambres dispuestos a modo de malla y que se usa para pescar, cazar, cercar, etcétera.

**redacción** f. Cuerpo de redactores de una revista, periódico, casa editorial, etcétera. || Escrito o ejercicio redactado.

**redactar** tr. Poner por escrito una idea; exponer ordenadamente y por escrito unos hechos o una cosa pensada o acordada anteriormente.

**rédito** m. Renta, utilidad o beneficio que rinde algún capital inmovilizado.

**redituar** tr. Rendir o producir una cosa un beneficio periódico o constante.

**redoblar** tr. y prnl. Hacer doble algo. || Intensificar el esfuerzo o el interés.

**redondo, da** adj. De forma circular o esférica.

**reducir** tr. Menguar, hacer más pequeño. || Limitar. || Sintetizar, simplificar.

**reduplicar** tr. Doblar. || Intensificar, insistir.

**reembolso** m. Devolución de capital o bienes.

**reemplazar** tr. Poner algo en lugar de otra cosa.

**referencia** f. Acción de referirse o aludir a algo. || Conjunto de antecedentes que se poseen de algo o alguien. || Información indirecta que se tiene de algo o alguien.

**referir** tr. Explicar un suceso. || Remitir.

**refinado, da** adj. Delicado, selecto, de buen gusto.

**refinar** tr. Purificar. || prnl. Eliminar la rudeza y vulgaridad en los modales.

**refinería** f. Complejo petroquímico donde se obtienen derivados del petróleo.

**reflejar** intr. y prnl. Variar la dirección de algo, especialmente una corriente de energía, mediante su proyección sobre la superficie.

**reflejo, ja** m. Rayo de luz reflejada. || Respuesta motriz o glandular, involuntaria, inmediata y necesaria, provocada por un estímulo.

**reflexionar** int. y prnl. Meditar atentamente algo.

**reforestar** tr. Replantar una zona boscosa que había sido destruida.

**reformar** tr. Dar nueva forma, rehacer.

**reforzar** tr. Añadir un refuerzo a una cosa o hacerla más fuerte o sólida.

**refrán** m. Dicho o sentencia de uso común cuya autoría se desconoce o se ignora.

**refrendar** tr. Dar validez a un acta, despacho, etc., mediante la firma de quien tiene autoridad para ello.

**refrescar** tr. y prnl. Rebajar o disminuir el calor de algo o alguien.
**refrigerador, ra** adj. y s. Se dice de los aparatos o instalaciones que se usan para refrigerar. || m. y f. Frigorífico, nevera.
**refrigerar** tr. Enfriar la temperatura.
**refugiar** tr. y prnl. Cobijar o amparar a uno, servirle de guarda y protección.
**refugio** m. Asilo, amparo.
**refutar** tr. Rechazar o contradecir con argumentos o razones lo que otros afirman o dicen.
**regalar** tr. Dar algo a uno por propia voluntad y como muestra de estima, consideración o afecto.
**regalo** m. Cosa que se ofrece a alguien por propia voluntad y como muestra de afecto o estima.
**regaño** m. Expresión de la cara y gestos, generalmente acompañados de palabras, con los que se muestra enfado. || Reprimenda, regañina.
**regar** tr. Proporcionar agua suficiente a una planta para que crezca, o a un terreno para que sea fértil.
**regazo** m. Persona, lugar o cosa que sirve de refugio, amparo, consuelo, etcétera.
**regeneración** f. Restauración por parte de un organismo de los tejidos u órganos destruidos de modo natural o accidental.
**regente** adj. Que rige o gobierna. || m. Magistrado que presidía una audiencia territorial.
**régimen** m. Conjunto de normas e instituciones que definen el gobierno y organización de algo. || Modo habitual de ocurrir o producirse algo.
**región** f. Extensión de territorio definida por características comunes (físicas, climáticas, étnicas, históricas, etcétera).
**regionalismo** m. Tendencia a valorar altamente lo específico de la propia región. || Palabra o expresión propias de una región.
**regir** tr. y prnl. Gobernar, administrar. || Dirigir, conducir. || tr. Requerir un verbo de régimen una preposición determinada ante su complemento.
**registrado, da** adj. Se dice de la marca o producto inscrito públicamente como propiedad del autor.
**registrar** tr. Inspeccionar cuidadosamente algo. || Transcribir en los libros de un registro público las resoluciones de la autoridad o los actos jurídicos de los particulares.
**regla** f. Instrumento de forma rectangular (frecuentemente con subdivisiones métricas), que sirve principalmente para trazar líneas rectas. || Conjunto de leyes básicas y universales de una ciencia o arte.
**reglamento** m. Norma jurídica que desarrolla el contenido de otra

norma jurídica de rango superior. || Conjunto estructurado de normas y reglas que regulan las actividades profesionales, deportivas, etcétera.

**regocijar** tr. Causar alegría o regocijo. || Deleitarse en algo.

**regocijo** m. Alborozo. || Acto en que se muestra esta alegría.

**regresar** intr. Volver al punto de partida.

**regularmente** adv. De forma constante o regular.

**rehabilitación** f. Conjunto de técnicas fisioterapéuticas y quirúrgicas por las que se devuelve el normal funcionamiento corporal, perdido por lesión o enfermedad.

**rehabilitar** tr. y prnl. Devolver a alguien a su situación anterior. || Reivindicar.

**rehacer** tr. Hacer de nuevo. || Reelaborar, reformar.

**rehén** com. Persona retenida por alguien para forzar el cumplimiento de determinadas exigencias.

**rehuir** tr., intr. y prnl. Esquivar o retraerse ante determinada situación conflictiva o peligrosa.

**reinado** m. Periodo que dura el gobierno de un rey o reina.

**reincidencia** f. Reiteración de un error, culpa o delito.

**reincorporar** tr. y prnl. Reestablecer o incorporar de nuevo una parte de algo que se había quitado anteriormente.

**reintegrar** tr. Devolver totalmente algo.

**reír** intr. y prnl. Exteriorizar felicidad, alegría, etc., mediante la expresión del rostro y emisión de sonidos.

**reiterar** tr. y prnl. Repetir, insistir en hacer o decir una cosa.

**relación** f. Acción y efecto de referir, relatar un hecho, o de referirse, dirigirse a determinado fin. || Lista de personas o de cosas. || Conexión, implicación o correspondencia de una cosa con otra.

**relacionar** tr. Poner en relación, conectar, varias personas, cosas o acciones.

**relajar** tr. y prnl. Aflojar, ablandar, debilitar. || Entretener la mente, distraer las preocupaciones, especialmente con algún descanso.

**relámpago** m. Resplandor vivísimo y fugaz que se produce entre dos nubes o entre una nube y el suelo por una descarga eléctrica de gran intensidad.

**relatar** tr. Referir, narrar un hecho o serie de hechos. || Hacer relación de un proceso o pleito.

**relativo, va** adj. Que hace relación a alguien o algo. || adj. y s. Se dice del elemento lingüístico que no posee autonomía fonética, capacidad de significado, etcétera, por sí mismo.

**relato** m. Cuento, narración breve.

**relegar** tr. Dejar de lado, hacer de menos, marginar.
**relevante** adj. Excelente, destacado. || Significativo, de importancia.
**relieve** m. Figura, volumen o labor que resalta sobre el plano. || Configuración de formas complejas de la superficie terrestre.
**religión** f. Conjunto de creencias, íntimas o sociales, de contenido espiritual, que se expresan mediante el culto a una o varias divinidades.
**relinchar** intr. Emitir su voz el caballo.
**reliquia** f. Conjunto de organismos, población residual de otros numéricamente más importantes que existieron en el pasado.
**reloj** m. Aparato para medir el tiempo o dividir el día en horas, minutos y segundos.
**relucir** intr. Resplandecer, desprender luz una cosa.
**relumbrar** intr. Dar luz, resplandecer en exceso.
**rellenar** tr. y prnl. Llenar de nuevo algo que se había quedado vacío. || tr. Embutir, especialmente en alimentación.
**remachar** tr. Insistir sobre un clavo ya clavado para afianzarlo.
**remanso** m. Lugar en que, por accidentes naturales, parece detenerse un curso de agua. || Paraje que inspira quietud.
**remar** intr. Hacer avanzar una embarcación moviendo los remos.
**remarcar** tr. Marcar de nuevo. || Insistir, señalar.
**rematar** tr. Terminar algo por completo. || Ejecutar judicialmente los bienes objeto de demanda. || Liquidar a bajo precio el resto de las existencias.
**remedar** tr. Imitar algo o a alguien.
**remediar** tr. Corregir un desaguisado.
**remedo** m. Imitación caricaturesca o falta de calidad de algo.
**remembranza** f. Memoria de algo pasado.
**remendar** tr. Coser remiendos sobre los rotos de un vestido.
**remesa** f. Género que se envía, y el mismo envío.
**reminiscencia** f. Recuerdo difuso.
**remitente** adj. y com. Que remite. || Que envía una carta, paquete o documento de crédito.
**remitir** tr. Enviar algo a persona y lugar concretos.
**remo** m. Útil formado por un mango largo y una superficie plana en uno de sus extremos que, sujeto a la borda de una embarcación, sirve para impulsarla.
**remodelar** tr. Modificar la estructura de una obra arquitectónica o urbanística.
**remolcar** tr. Trasladar un objeto, sin medios propios de propulsión, tirando de él.

**remolino** m. Movimiento giratorio de los fluidos.
**remontar** tr. Ascender por una pendiente. || Avanzar hacia los orígenes de algo. || tr. y prnl. Llegar retrospectivamente a la época que se expresa.
**remordimiento** m. Pesar que queda tras haber cometido algo que se cree reprobable.
**remover** tr. y prnl. Trasladar una cosa, cambiarla de sitio o lugar. || Revolver o enturbiar alguna cosa o asunto.
**remunerar** tr. Pagar de alguna forma un servicio, favor, etcétera, especialmente con dinero.
**renacuajo** m. Estado larvario de los anfibios.
**renal** adj. Relativo al riñón o los riñones.
**rencor** m. Encono que se guarda a uno. || Resentimiento.
**rendir** tr. Someter, vencer y derrotar a una tropa, plaza, etc., enemiga.
**renegar** tr. Negar con insistencia algo. || Rechazar abruptamente.
**renglón** m. Cada una de las líneas formadas por grupos de palabras que se siguen unas a otras en forma paralela, en un impreso o escrito.
**renombre** m. Sobrenombre que se da a alguien por la grandeza de sus actos. || Notoriedad, fama.
**renovar** tr. y prnl. Remozar, hacer que una cosa parezca nueva.
**renta** f. Cantidad fija que paga un arrendatario al propietario de la tierra u otro bien.
**rentar** tr. Dar beneficio, producir renta algo.
**renunciar** tr. Ceder voluntariamente algo que es propio o a lo que se tiene derecho. || Abandonar un proyecto por voluntad o fuerza mayor.
**reñir** intr. Contender, pelear.
**reo, a** m. y f. Acusado o demandado en un juicio. || adj. Acusado o convicto en sentencia.
**reorganizar** tr. y prnl. Volver a organizar o cambiar la organización de una cosa.
**reparar** tr. Componer, arreglar lo averiado.
**repartir** tr. Hacer partes de una cosa para distribuirla entre varias personas o lugares.
**repasar** tr. e intr. Comprobar desde el principio la correcta realización de un proceso ya acabado.
**repelente** adj. Que repele.
**repeler** tr. Rechazar o echar de sí con fuerza una cosa.
**repentino, na** adj. No previsto ni pensado, súbito.
**repercutir** intr. Salir despedido o cambiar su trayectoria un cuerpo al chocar con otro. || Reflejarse, rebotar el sonido.
**repetir** tr. y prnl. Volver a hacer o decir algo que ya se había hecho o dicho. || Ocurrir una misma cosa diversas veces.

**repicar** tr. e intr. Sonar acompasada y repetidamente las campanas.
**replantear** tr. y prnl. Plantear algo de nuevo, matizar la opinión sobre algo.
**replicar** intr. Elevar a instancia o argüir contra la respuesta o argumento.
**reponer** tr. Volver a poner a una persona o cosa en el cargo, lugar o estado que antes tenía. || Por extensión, completar lo que falta o lo que se había sacado de alguna parte, o reemplazarlo.
**reportaje** m. Labor periodística de carácter informativo, que supone un trabajo previo de investigación y que generalmente hace referencia a un personaje, suceso o estado de un país.
**reportar** tr. Lograr, obtener algún beneficio. || Traer como consecuencia. || Informar, notificar.
**reportero, ra** adj. y s. Se dice del periodista que se dedica a los reportes o noticias.
**reposar** intr. y prnl. Descansar, hacer una pausa en alguna actividad. || Echar la siesta.
**reprender** tr. Amonestar, regañar a uno por lo que ha hecho o dicho.
**represalia** f. Derecho que se toma cada contendiente para responder con un daño igual o mayor a los actos hostiles o violentos que contra él ejecuta su contrario.
**representación** f. Figura, imagen o idea que sustituye a la realidad.
**representar** tr. y prnl. Hacer presente a una persona o cosa en la imaginación, mediante palabras o figuras que la evoquen o signifiquen. || tr. Realizar en público, ejecutar, una pieza escénica u obra dramática.
**reprimir** tr. y prnl. Contener un deseo, impulso, pasión, etc. || Ejercer una represión.
**reprobar** tr. No aprobar a una persona o cosa, darla por mala, ineficaz, suspensa, etcétera.
**reprochar** tr. y prnl. Echar en cara, desaprobar.
**reproducción** f. Proceso propio de los seres vivos según el cual, una vez alcanzada la madurez, se logra la persistencia de la especie a través de la producción de individuos de características semejantes.
**república** f. Forma de gobierno en la que la jefatura del Estado es ocupada por alguien elegido directa o indirectamente por el cuerpo electoral.
**repudiar** tr. Rechazar la vigencia o valor de algo.
**repugnancia** f. Asco, sensación física.
**repulsión** f. Rechazo por incompatibilidad o repugnancia.
**reputación** f. Opinión pública sobre algo o alguien, especialmente sobre sus virtudes o defectos.

**requerir** tr. Exigir o intimar a algo con documento público. || Necesitar algo unas condiciones determinadas.

**requisito** m. Cualquier cosa necesaria para otra.

**resaltar** intr. Destacar algo en un conjunto.

**resbalar** intr. y prnl. Deslizarse los pies sobre una superficie al no poder afirmarlos a causa del escaso frotamiento de ésta.

**rescatar** tr. Recuperar algo.

**rescate** m. Dinero o precio que se paga por ello.

**rescindir** tr. Anular la validez de un contrato u obligación antes de su total cumplimiento.

**resentimiento** m. Sensación de rechazo hacia algo o alguien por sentirse perjudicado.

**reseña** f. Comentario breve sobre una noticia en un medio periodístico. || Artículo de crítica literaria, artística o científica, en la prensa.

**reserva** f. No consumo de una cosa, que se guarda para cuando sea necesario.

**reservar** tr. Guardar una cosa para cuando pueda necesitarse. || Destinar una cosa o lugar a determinada persona, en exclusividad o para cierto uso.

**resfriado** m. Enfermedad viral, favorecida por la exposición al frío o a la humedad, que provoca una inflamación de las mucosas de las vías aéreas superiores.

**resguardar** tr. Proteger o defender algo.

**residencia** f. Lugar en el que se reside. Casa en la que se vive.

**residir** intr. Vivir habitualmente en determinado lugar.

**residuo** m. Parte o porción que queda de un todo.

**resignación** f. Paciencia, conformidad ante las adversidades.

**resignar** tr. Renunciar a un cargo o prebenda. || Someterse, conformarse.

**resistir** intr. y prnl. Oponerse un cuerpo o una fuerza a la acción de otra.

**resolver** tr. Tomar una determinación, adoptar una resolución. || Encontrar la solución de un problema.

**resonancia** f. Sonido prolongado que disminuye gradualmente. || Repercusión que adquiere un suceso o persona.

**resoplido (o resoplo)** m. Resuello fuerte.

**resorte** m. Fuerza elástica de una cosa.

**respaldar** tr. Reforzar, dar apoyo.

**respectivamente** adv. En relación, proporción o consideración con alguna cosa.

**respecto** m. Proporción o relación que existe entre dos cosas.

**respetar** tr. Tener respeto.
**respeto** m. Consideración que se guarda a alguien o a algo. Deferencia y atención que se tienen en el trato.
**respirar** intr. Absorber y expeler el aire un ser vivo para mantener sus funciones vitales. || Tomar aliento, exhalar.
**resplandecer** intr. Lucir o despedir rayos de luz una cosa. || fig. Destacar, sobresalir. || Manifestar alegría o satisfacción el rostro de alguien.
**resplandor** m. Luz que despide un cuerpo luminoso. || Brillo que poseen algunas cosas. || fig. Lustre, esplendor.
**responder** tr. Dar contestación. || Atender a la llamada. || Contestar una carta o misiva. || Tener la obligación de reparar las consecuencias de un acto, y cumplirlo.
**responsabilidad** f. Obligación de responder de los actos propios o de otro.
**respuesta** f. Contestación que se da a lo que se solicita. || Argumentación con la que se matiza o refuta una anterior. || Alteración producida en un organismo como consecuencia de un estímulo.
**resquebrajadura (o resquebradura)** f. Fisura o brecha.
**resquebrajar** tr. y prnl. Agrietar, hacer fisuras en un material duro. || prnl. fig. Deteriorarse la moral o la firmeza.
**resta** f. Suma de una cantidad con el negativo de otra.
**restablecer** tr. Volver a establecer o devolver el estado anterior a algo o alguien.
**restar** tr. Extraer una parte de un todo. || Empequeñecer, debilitar.
**restaurante** m. Local en que se sirven comidas, con servicio de camareros en las mesas.
**restaurar** tr. Restablecer, devolver a algo su situación anterior. || Reparar lo roto o dañado, especialmente una obra de arte.
**restituir** tr. Devolver. || Reponer una cosa en su estado anterior.
**resto** m. Sobrante de algo.
**restricción** f. Reducción limitativa en el uso o ejercicio de algo.
**resultado** m. Lo que acaece a causa de algo. || Elemento obtenido al efectuar una operación matemática.
**resultar** intr. Venir a ser como consecuencia de algo. || Verificar o manifestarse la naturaleza de algo. || Devenir. || Tener efecto benéfico o perjudicial para algún fin.
**resumen** m. Síntesis de un tema o asunto.
**resumir** tr. y prnl. Reducir a lo esencial o fundamental algo.
**resurgir** intr. Volver a surgir, recobrar la pasada grandeza y esplendor. || Volver a la vida.
**retar** tr. Incitar a uno a tomar parte en un combate, competición, duelo, etcétera; desafiar.

**retardar** tr. y prnl. Estorbar, dilatar, retrasar.
**retardo** m. Retraso, demora.
**retener** tr. Guardar para sí, conservar. || Mantener algo en la memoria.
**retirar** tr. y prnl. Quitar o apartar a una persona o cosa de determinado lugar.
**reto** m. Amenaza, bravata o desafío.
**retoño** m. Vástago secundario que crece en la base de numerosas especies arbóreas.
**retoque** m. Última mano que se le da a algo, o acción que se realiza, para mejorarlo o perfeccionarlo.
**retorcer** tr. y prnl. Torcer mucho una cosa, hacer girar sus extremos en sentido contrario o uno de ellos mientras se sujeta el otro.
**retórico, ca** adj. Se dice de las palabras o escritos excesivamente floridos y que suenan a artificiales.
**retornar** tr. Devolver, restituir.
**retozar** intr. Trotar, dar pequeños saltos o brincos, generalmente como expresión de alegría.
**retractar** tr. y prnl. Rechazar explícitamente una opinión que se había dado.
**retraído, da** adj. y s. Solitario, que no gusta de la compañía de los demás. || Apocado, introvertido.
**retransmitir** tr. Volver a transmitir. || Transmitir desde una emisora de radiodifusión lo que ésta ha recibido en una transmisión anterior.
**retrasar** tr. y prnl. Demorar, diferir la realización de una cosa.
**retratar** tr. y prnl. Hacer el retrato de algo o alguien. || Describir física o moralmente a alguien.
**retrato** m. Representación plástica de la efigie de una persona. || Fotografía que se hace de alguien, especialmente la que se toma en un estudio.
**retribuir** tr. Pagar o recompensar algo.
**retroactivo, va** adj. Que actúa u opera sobre un tiempo ya pasado.
**retroceder** intr. Volver hacia atrás. || Desistir.
**retrógrado, da** adj. Que añora el pasado. || adj. y s. Reaccionario, de ideología muy conservadora.
**retrospección** f. Mirada o examen retrospectivo.
**retumbar** intr. Sonar algo con estrépito o resonar mucho.
**reunión** f. Grupo de personas que están reunidas.
**reunir** tr. y prnl. Volver a unir. || Agrupar, juntar, apiñar.
**revalidar** tr. Renovar la confianza, valor o firmeza que se tiene o se da a algo o a alguien.
**revelación** f. Aparición ante el conocimiento público de algo secreto o escondido.
**revelar** tr. y prnl. Manifestar lo oculto, secreto o ignoto. || Hacer

visible, mediante determinados tratamientos (químicos, generalmente), la imagen latente impresa en una emulsión sensible: placa, película, etcétera.

**reventar** tr., intr. y prnl. Abrirse una cosa por una fuerza o impulso interior.

**reverdecer** intr. y tr. Cobrar nuevo verdor y rigor las plantas, campos, etcétera.

**reverenciar** tr. Mostrar veneración por alguna divinidad o cosa sagrada, o por algo o alguien al que se respeta sobremanera.

**reversible** adj. Que puede recuperar su anterior estado o condición. || Se dice del proceso que al sufrir un cambio en las condiciones en que se produce invierte su sentido.

**reverso** m. Dorso, revés.

**revés** m. Dorso, espalda de una cosa.

**revisar** tr. Hacer un segundo examen de una cosa, generalmente para corregirla. || Ver algo con detenimiento y cuidado.

**revista** f. Publicación periódica en forma de cuaderno que presenta diversos artículos sobre una o varias materias que se acompañan de ilustraciones.

**revolcar** tr. Derribar a uno por el suelo haciéndole dar vueltas.

**revoltijo** m. Conjunto desordenado de cosas diversas.

**revoltoso, sa** adj. y s. Turbulento, alborotador.

**revolución** f. Proceso histórico por el que una clase o grupo social desplaza a otros del poder político y realiza un proyecto socioeconómico que afirme, tanto la reproducción de dicho proyecto como la hegemonía de clase necesaria para imponerlo. || Bullicio, caos.

**revolucionar** tr. Agitar, mover a la rebelión contra un gobierno, institución, etc. || Modificar profundamente, cambiar modos de pensar o hacer.

**revolver** tr. Agitar una cosa, darle vueltas o moverla de un lado a otro. || Buscar algo de forma apresurada y violenta. || Enturbiarse el líquido por haber sido movido.

**revólver** m. Pistola.

**rezagar** tr. y prnl. Dejar o quedarse atrás. || tr. Suspender o aplazar un proyecto.

**rezongar (o rezonglar)** intr. Renegar de algo en voz baja, refunfuñar.

**riachuelo** m. Río pequeño, poco caudaloso.

**ribera** f. Orilla del mar o río y tierra adyacente.

**rico, ca** adj. y s. Que posee riqueza. || adj. Próspero, abundante. || Sabroso al paladar.

**ridiculizar** tr. y prnl. Destacar el aspecto ridículo de algo o alguien, mofarse.

**riel** m. Barra pequeña de metal en bruto. || Raíl.
**riesgo** m. Posibilidad o proximidad de un peligro o contratiempo.
**rifa** f. Sorteo.
**rigidez** f. Firmeza intolerante en las ideas o actos.
**rígido, da** adj. Sin flexibilidad.
**rigor** m. Severidad extrema en el juicio. || Carácter agrio e intolerante.
**rima** f. Consonancia; entre dos versos, igualdad de la última sílaba de cada verso.
**rimar** intr. Versificar en rima.
**rimbombante** adj. Retumbante. || Grandilocuente y efectista.
**rincón** m. Interior del ángulo formado por dos superficies, especialmente dos paredes. || Sitio apartado.
**riña** f. Pelea, pendencia.
**riñón** m. Órgano par situado en el abdomen, a cada lado de la columna lumbar, detrás del peritoneo.
**río** m. Corriente superficial de agua, con caudal permanente y relativamente abundante.
**riqueza** f. Posesión de gran número de cosas o bienes, y lo poseído.
**risa** f. Expresión de alegría manifestada en una serie de espiraciones espasmódicas, en parte involuntarias, con contracciones de los músculos faciales.
**risco** m. Peña abrupta.
**risible** adj. Que puede reír. || Que mueve a la risa.
**ritmo** m. Alternancia periódica de los elementos de una composición o proceso.
**rival** com. Persona que pugna con otra para la consecución de una misma cosa.
**rizar** tr. Hacer rizos. || tr. y prnl. Hacer ondas en el pelo o el aire en el agua.
**robar** tr. Apropiarse de algo ajeno.
**robot** m. Máquina automática, que se programa para realizar determinados trabajos manuales.
**robusto, ta** adj. Recio, fuerte, vigoroso. || Que posee una constitución atlética y buena salud.
**roca** f. Material solidificado de la superficie terrestre, compuesto de uno o varios minerales y también de sustancias amorfas no cristalinas.
**roce** m. Marca que queda en alguna cosa por contacto o agresión de otra.
**rociar** unipers. Caer el rocío sobre la tierra. || tr. Repartir en pequeñas gotas un líquido sobre una superficie o cosa.
**rocío** m. Condensación acuosa cercana al suelo producida por descenso brusco de la temperatura, debido al enfriamiento de la radiación nocturna.
**rodaje** m. Conjunto de ruedas. || Acción de filmar una película cinematográfica.
**rodar** intr. Dar vueltas un cuerpo alrededor de su eje. || Desplazarse

una cosa por una superficie dando vueltas sobre sí misma. || Caer algo dando vueltas por una pendiente, declive, etcétera.

**rodear** intr. Andar alrededor. || Dar un rodeo para llegar a alguna parte.

**rodeo** m. Camino más largo que el corriente, u otro más corto, para llegar a determinado lugar.

**rodilla** f. Zona del cuerpo humano situada en la extremidad inferior y considerada principalmente como la cara anterior de la articulación del fémur con la tibia.

**rodillo** m. Cualquier pieza cilíndrica y giratoria de determinado mecanismo.

**roer** tr. Cortar y desmenuzar con los dientes una cosa dura mediante mordiscos rápidos y superficiales.

**rogar** tr. Pedir una cosa, solicitar una gracia o merced. || Suplicar algo en forma insistente.

**rojo, ja** adj. y m. Se dice del color similar al de la sangre; es color básico y el primero del espectro solar.

**rol** m. Lista o nómina. || Cometido o función que uno tiene o desempeña.

**rollo** m. Objeto plano al que se le da forma cilíndrica haciéndolo rodar o dar vueltas.

**romance** m. Aventura amorosa.

**romántico, ca** adj. y s. Persona que privilegia el valor de las ideas o sentimientos sobre las realidades.

**rombo** m. Paralelogramo de lados iguales y ángulos opuestos iguales.

**romboide** m. Paralelogramo de lados desiguales y ángulos contiguos desiguales.

**romper** tr. y prnl. Dividir por fractura algo en pedazos informes. || Quebrantar un límite o prohibición, sea material o espiritual. || Anular, desligarse de un pacto, compromiso, etcétera.

**roncar** intr. Producir la garganta sonidos broncos al respirar durante el sueño.

**roncha** f. Lesión dérmica sobreelevada, debida a picaduras de insectos o urticaria.

**rondar** intr. Recorrer una población en misión de vigilancia. || tr. Girar o revolotear en torno a algo.

**ronquido** m. Cada sonido que se produce al roncar. || Cualquier sonido bronco.

**ronronear** intr. Roncar con suavidad los gatos en signo de satisfacción.

**ropa** f. Cualquier tejido, ya cortado y confeccionado, apto para vestir o adornar. || tb. usado en plural.

**ropero, ra** m. Armario o habitación pequeña donde se guardan las ropas de una familia.

**rosa** f. Flor del rosal.

**rosáceo, a** adj. Que tiene un color que semeja al de la rosa.

**rosca** f. Instrumento de forma curva que proporciona un apoyo en una estructura; se compone de tuerca y tornillo.
**rostro** m. Cara, cabeza de una persona.
**rotación** f. Movimiento de un cuerpo en el que todos sus puntos describen circunferencias cuyos centros están en una misma línea, llamada eje de rotación.
**rotular** tr. Poner un rótulo a algo o en algún lugar.
**rótulo** m. Título o titular que encabeza un escrito o parte del mismo. || Cualquier inscripción que indique el contenido, destino o propiedad de determinada cosa. || Cartel público de carácter comercial, que señala el nombre de una tienda o su dedicación.
**rotundo, da** adj. Tajante, preciso.
**rotura** f. Resquebrajadura, grieta o quiebra de un cuerpo sólido.
**rozadura** f. Lesión superficial de la piel, con erosión o escoriación, producida por el roce.
**rozar** tr. e intr. Pasar una cosa muy próxima de otra, o tocándola con frotamiento. || prnl. Padecer una rozadura.
**rubio, a** adj. y s. De color oro o trigueño. || De color amarillento rojizo.
**rubor** m. Color rojo que aparece en el rostro por afluencia de sangre debido a un sentimiento de vergüenza.
**ruborizar** tr. Provocar rubor. || Avergonzarse.
**rúbrica** f. Rasgo distintivo que se añade al nombre en la firma.
**rudo, da** adj. Sin pulir, grosero. || De trato difícil, brusco.
**rueda** f. Pieza circular, de poco grueso respecto a su radio, que puede girar sobre un eje.
**rufián** m. Individuo que hace del engaño o la inmoralidad en los tratos su medio de vida.
**rugido** m. Sonido profundo y áspero que emiten los felinos salvajes. || Ruido potente y estruendoso.
**rugir** intr. Emitir rugidos un felino. || Sonar con fuerza algunos fenómenos naturales (mar, aire, tormentas, etcétera).
**rugosidad** f. Arruga.
**ruido** m. Sonido inarticulado y desagradable. || Alboroto, disputa, batahola.
**ruin** adj. Despreciable, vil.
**ruina** f. Bancarrota, quiebra económica, pérdida de una fortuna.
**rumbo** m. Dirección horizontal que sigue un avión o barco. || Plan o vía que uno se propone seguir para el cumplimiento de determinado propósito.
**rumor** m. Noticia no confirmada que circula de boca en boca entre el público.
**rupestre** adj. Se dice de la pintura sobre roca; propia del arte paleolítico y mesolítico.

**rural** adj. Propio del campo.
**ruso, sa** adj. y s. Natural de Rusia.
**rústico, ca** adj. Relativo al campo o propio del mismo. || Basto, tosco, sin pulir ni educar.
**ruta** f. Rumbo, dirección que sigue un viaje, destino al que se dirige. || Itinerario que se sigue en un viaje.
**rutina** f. Hábito, costumbre que se adquiere de hacer algo maquinalmente, sin pensarlo ni vivirlo como algo enriquecedor o creativo.

**s** f. Vigésima segunda letra del alfabeto castellano (S, s) y decimoctava de sus consonantes. Su nombre es *ese*.

**sábado** m. Día de la semana tras el viernes y anterior al domingo, tradicionalmente es tenido por el último día de la semana.

**sabana** f. Formación vegetal en la que dominan las plantas herbáceas, propia de zonas tropicales en cuyo clima hay una estación seca.

**sábana** adj. Se dice de un tipo de formato de periódico. || f. Cada una de las dos piezas de lienzo o tela que se usan como ropa de cama.

**saber** m. Sabiduría, cultura, erudición. || tr. Conocer una cosa. || Ser experto o entendido en alguna materia.

**sabiduría** f. Conjunto de conocimientos amplios y profundos.

**sabor** m. Sensación percibida por el órgano del gusto.

**saborear** tr. y prnl. Notar, reconocer con deleite y pausadamente el sabor de una cosa. || Disfrutar de una cosa placentera.

**sabotaje** m. Acción deliberada por la que se deteriora temporal o definitivamente alguna propiedad, instalación, máquina, etcétera.

**sabroso, sa** adj. Que resulta grato al paladar.

**sabueso, sa** adj. y s. Se dice de la variedad de perro podenco, de talle superior a la de éste y dotado de un olfato y oído muy fino.

**sacacorchos** m. Utensilio con una espiral metálica y un mango o palanca que sirve para sacar los tapones de corcho.

**sacapuntas** m. Utensilio para sacar y afilar la punta de los lápices.

**sacar** tr. Quitar una cosa del sitio que habitualmente ocupa, o extraerla del interior de otra.

**saciar** tr. y prnl. Satisfacer totalmente el hambre o la sed de alguien.

**saco** m. Especie de bolsa de forma generalmente rectangular o cilíndrica abierta por arriba.

**sacrificar** tr. Inmolar, hacer sacrificios a la divinidad. || Matar las reses para consumir la carne. || Poner a una persona o cosa en algún riesgo en beneficio de un fin que se considera superior.

**sacudir** tr. Agitar o golpear una cosa en el aire para quitarle el polvo o airearla.

**sádico, ca** adj. y s. Cruel, perverso.

**saeta** f. Flecha, arma arrojadiza que se dispara con arco.

**safari** m. Expedición de caza mayor que se realiza en algunas zonas de África. || Caravana de personas y animales que componen la expedición.

**sagaz** adj. Vivo, astuto, perspicaz.

**sagrado, da** adj. Que está dedicado a Dios y a su culto según el rito. || Digno de respeto o veneración.

**sal** f. Nombre usual del cloruro de sodio.

**sala** f. Habitación de una vivienda en la que se reciben las visitas y que generalmente suele ser la de mayor tamaño. || Mobiliario propio de estas habitaciones. || Local destinado a un espectáculo o servicio público.

**salado, da** adj. Que tiene sal.

**salar** tr. Poner en sal carnes, pescados u otros alimentos para conservarlos. || Condimentar con sal.

**salario** m. Retribución, monetaria o en especie, que recibe un trabajador de quien lo emplea, por el trabajo que realiza.

**saldar** tr. Liquidar una cuenta, pagando o cobrando la diferencia en contra o a favor.

**saldo** m. Acción y efecto de saldar, liquidar una deuda. || Diferencia que hay al cierre de una cuenta entre el debe y el haber.

**salida** f. Sitio por donde se sale. || Paseo, excursión. || Información proporcionada por una computadora a un dispositivo externo. || Ocurrencia, agudeza.

**salir** intr. y prnl. Pasar de la parte de dentro de algo a la de afuera. || intr. Marcharse de un sitio a otro. || Publicarse algo periódicamente. || Brotar, nacer.

**saliva** f. Liquido filante, claro y alcalino secretado por las glándulas salivales cuya función es humedecer la mucosa bucal y facilitar los procesos de masticación, deglución y digestión.

**salpicar** tr. e intr. Hacer saltar un líquido, barro, pintura, etc., en pequeñas gotas al golpearlo o arrojarlo. || tr. Esparcir una cosa.

**salsa** f. Sustancia más o menos fluida compuesta de varios ingredientes, que sirve para aderezar o condimentar la comida.
**saltar** intr. Elevarse del suelo con un impulso de las piernas para caer en el mismo lugar en que se estaba, o desplazarse de lugar. || Vencer un desnivel, arrojándose desde la parte superior del mismo hasta la situada debajo y cayendo de pie.
**salto** m. Lugar que sólo puede atravesarse saltando. || Paso o cambio brusco de una cosa a otra.
**salubridad** f. Sanidad, estado general de la salud pública.
**salud** f. Estado físico y psíquico del ser orgánico que no se encuentra afectado por ninguna enfermedad y puede ejercer todas sus funciones.
**saludar** tr. Dirigir a una persona, al encontrarla o despedirse de ella, palabras, gestos o fómulas habituales de cortesía, interesándose generalmente por su salud. || Mandar saludos.
**saludo** m. Palabras o gestos usados para saludar. || pl. Recuerdos.
**salvación** f. Logro de la bienaventuranza y gloria eternas.
**salvaguardia (o salvaguarda)** f. Salvoconducto, permiso para circular libremente. || Amparo, custodia, garantía.
**salvajada** f. Barbaridad, brutalidad.
**salvaje** adj. Se dice del animal indómito. || Se dice de las plantas no cultivadas. || adj. y com. Se dice de los pueblos que permanecen en estado primitivo.
**salvamento** m. Acción y efecto de salvar o salvarse, especialmente la operación organizada para rescatar a las víctimas de cualquier catástrofe.
**salvar** tr. y prnl. Poner fuera de peligro.
**salvavidas** m. Cuerpo flotante, generalmente en forma de rueda, dispuesto para el salvamento de náufragos o de personas que caen al agua sin saber nadar.
**sanar** tr. Curar, devolver a alguien la salud perdida.
**sanatorio** m. Establecimiento sanitario donde se ingresa a un determinado grupo de enfermos.
**sanción** f. Ley o estatuto. || Recargo o multa.
**sancionar** tr. Dar fuerza de ley a una disposición. || Aplicar un castigo.
**sandez** f. Tontería, necedad.
**saneamiento** m. Conjunto de técnicas, servicios, dispositivos y piezas que los componen destinados a favorecer las condiciones higiénicas en un lugar o comunidad.
**sanear** tr. Asegurar o garantizar el reparo del daño que puede sobrevenir. || Dar condiciones salu-

bres o higiénicas a una vivienda, terreno, etcétera.

**sangre** f. Sustancia viscosa roja espesa, presente en el sistema circulatorio.

**sangriento, ta** adj. Sanguinario.

**sanguíneo, a** adj. Relativo a la sangre o propio de ella.

**sano, na** adj. y s. Que tiene buena salud, que no está enfermo.

**saña** f. Insistencia cruel en el daño.

**saquear** tr. Desvalijar, robar el total o la mayor parte de algo.

**sarampión** m. Enfermedad infecciosa producida por un virus y caracterizada por la aparición de una erupción rojiza peculiar que es precedida por un cuadro catarral.

**sarcasmo** m. Ironía cáustica y cruel con la que se intenta ridiculizar u ofender a una persona o cosa determinada.

**sarcófago** m. Sepulcro.

**sarna** f. Conjunto de lesiones cutáneas caracterizada por gran prurito, y por la presencia de unos surcos de longitud variable presentes en las muñecas, axilas, zonas interdigitales, etcétera.

**sarro** m. Sedimento que se adhiere al fondo y a las paredes de un recipiente o conducto donde hay un líquido que lleva sustancias disueltas o en suspensión. || Placa calcárea y amarillenta que se deposita en los dientes.

**sastre, tra** m. y f. Persona que se dedica a confeccionar trajes a medida, especialmente de hombre.

**satélite** m. cuerpo celeste opaco que gira alrededor de algunos de los planetas del sistema solar.

**sátira** f. Composición poética en la que se ridiculiza o critica a algo o alguien.

**satírico, ca** adj. Se dice de la persona mordaz y sarcástica.

**satisfacción** f. Placer, cumplimiento del deseo o del gusto. || Reparación de un daño u ofensa.

**satisfacer** tr. Expiar la culpa o hacer algo que merezca el perdón. || Realizar las aspiraciones, deseos, etc. || Saciar un apetito o pasión.

**satisfecho, cha** adj. Contento, feliz. || Saciado, lleno, harto.

**saturar** tr. Poner el máximo posible de una cosa.

**savia** f. Líquido circulante en los tejidos conductores de las plantas.

**sazón** f. Punto en que las cosas adquieren su perfección o madurez. || Gusto y sabor que se percibe en los manjares.

**sazonar** tr. Dar sazón a un manjar, condimentarlo.

**sebo** m. Mugre, suciedad pringosa y gasienta.

**secador, ra** adj. Que seca. || m. y f. Nombre de diversos aparatos mecánicos o eléctricos destinados a secar el cabello, las manos, la ropa, etcétera.

**secar** tr. Secar la humedad de un sólido, dejarlo seco. || tr. y prnl. Limpiar o enjugar las lágrimas, la sangre, el sudor, etcétera.

**sección** f. Cada una de las porciones o partes en que se divide algo o que son apreciables en un conjunto de cosas. || Cada una de las divisiones, generalmente temáticas, que definen los apartados habituales de una publicación.

**seccionar** tr. Partir, dividir una cosa en secciones.

**seco, ca** adj. Que no está mojado ni húmedo.

**secretario, ria** m. y f. Persona que atiende la correspondencia, redacta actas y documentos de trámite, ayuda al trabajo de los ejecutivos y, en general, se encarga de las tareas administrativas de una empresa u organización.

**secreto, ta** adj. Oculto, ignorado por los demás. || Silencio o reserva sobre algo dicho en confianza.

**sector** m. Cada una de las fracciones, con características propias, en que se considera dividida una clase, agrupación o colectividad.

**secuela** f. Resultado que se deriva de un hecho.

**secuencia** f. Sucesión ordenada e ininterrumpida. || Conjunto de cosas que se suceden unas a otras y guardan relación entre sí.

**secuestrar** tr. Retener por la fuerza y contra su voluntad a una o más personas, generalmente para exigir dinero o determinadas condiciones para su rescate.

**secundar** tr. Cooperar, apoyar.

**secundario , ria** adj. Que ocupa un lugar no fundamental ni destacado.

**sed** f. Deseo y necesidad de beber.

**sede** f. Lugar donde tiene su residencia principal una entidad, organismo, sociedad, etcétera.

**sedentario, ria** adj. Se dice del trabajo, actividad, tipo de vida, etc., tranquilo y poco bullicioso o que exige poco desgaste de energía física.

**sedimentario, ria** adj. y f. Se dice de la roca originada por la consolidación de materiales procedentes de rocas preexistentes.

**sedoso, sa** adj. Semejante a la seda, especialmente en la suavidad.

**seducir** tr. Persuadir con engaños o halagos a hacer una cosa, generalmente mala.

**segar** tr. Cortar la hierba o los cereales con hoz, guadaña o máquina segadora.

**segmento** m. Cada una de las partes o divisiones que se hacen de una cosa. || Parte de una recta limitada por dos puntos (extremos) de la misma.

**segregar** tr. Apartar o separar una cosa de otra u otras; se usa especialmente refiriéndose a personas o grupos. || Desprender las glándulas de animales y plantas ciertas sustancias como sudor, saliva, etcétera.

**seguir** tr. e intr. Ir a continuación de uno, detrás suyo. || Proseguir una actuación ya iniciada, continuar la obra comenzada.

**según** prep. De confomidad o con arreglo a.

**seguramente** adv. Probablemente, quizá. || Con seguridad, indudablemente.

**seguridad** f. Garantía o conjunto de ellas que se da a alguien sobre el cumplimiento de un acuerdo. || Conjunto de fuerzas del orden público.

**seguro, ra** adj. A cubierto de cualquier peligro, riesgo o daño. || Cierto, que no admite duda.

**selección** f. Elección de las personas o cosas que se consideran mejores entre otras.

**seleccionar** tr. Escoger o elegir de un conjunto las personas o cosas que se consideran mejores para determinado fin.

**selva** f. Formación vegetal con gran densidad de vegetación arbórea, propia de climas cálidos y lluviosos.

**sellar** tr. Poner el sello en un impreso o documento.

**sello** m. Instrumento en el que se hallan grabados, en hueco o en relieve, dibujos, palabras, cifras, etcétera, que se estampan generalmente sobre papel.

**semáforo** m. Aparato eléctrico de señales luminosas para regular la circulación de automóviles.

**semana** f. Periodo de siete día.

**semanario, ria** m. Publicación que aparece semanalmente.

**semántico, ca** adj. Relativo al significado de las palabras. || f. Estudio del significado de los vocablos.

**semblante** m. Rostro humano como expresión de los distintos estados físicos o anímicos.

**semblanza** f. Apunte biográfico, retrato literario que se hace de uno.

**sembrar** tr. Arrojar o depositar las simientes en la tierra preparada para que germinen.

**semejante** adj. y com. Parecido, similar.

**semejar** intr. y prnl. Tener parecido una persona o cosa con otra.

**semen** m. Líquido seminal, esperma.

**semental** adj. y m. Se dice del animal macho que se destina a la reproducción, especialmente si es para mejorar la raza.

**semestre** m. Periodo de seis meses.

**semicírculo** m. Cada una de las dos mitades del círculo separadas por un diámetro.

**semilla** f. En las fanerógamas, órgano embrional en estado de latencia, procedente del rudimento seminal una vez fecundado el óvulo, puede estar al descubierto (Gimnospermas) o bien encerrado dentro del fruto (Angiospermas).

**seminario, ria** m. En las universidades, curso anexo a una cátedra en el que se realizan trabajos de investigación, y local donde se efectúan.

**sempiterno, na** adj. Que dura siempre.

**senado** m. Miembros elegidos por representación paritaria de base territorial y criterios mayoritarios.

**sencillo, lla** adj. Simple, no compuesto.

**senda** f. Camino más angosto que la vereda.

**senil** adj. Relativo a la vejez o a los viejos. || Caduco, decrépito, que chochea.

**seno** m. Mama de mujer.

**sensación** f. Emoción, impresión producida en el ánimo por algún acontecimiento o noticia de importancia.

**sensacional** adj. Impresionante, que produce una sensación muy fuerte. || Muy bueno o interesante.

**sensato, ta** adj. Dotado de sentido común, prudente.

**sensibilidad** f. Facultad de sentir, percibir. || Tendencia a captar los aspectos más bellos y delicados de las cosas.

**sensitivo, va** adj. De los sentidos corporales. || Capaz de tener sensibilidad.

**sensual** adj. Sensitivo, de las sensaciones.

**sentar** tr. y prnl. Apoyar las nalgas y la cara interior de los muslos sobre una superficie sólida, dejando reposar el peso del cuerpo en ellas.

**sentencia** f. Juicio, parecer razonado y estructurado que uno da sobre determinada cosa. || Frase breve que contiene un consejo o enseñanza moral, generalmente de carácter popular.

**sentenciar** tr. Pronunciar sentencia. || Condenar. || Emitir el dictamen, parecer o juicio a favor de una de las partes contendientes.

**sentido, da** m. Facultad de recibir estímulos externos (olores, calor, etc.) e internos (equilibrio, coordinación de los movimientos, etc.) mediante los aparatos receptores que transmiten dichos estímulos al sistema nevioso central. || Propósito, finalidad.

**sentimental** adj. Que expresa o produce sentimientos de compasión y ternura.

**sentimiento** m. Origen de las emociones, de carácter subjetivo y no ligado a estímulos específicos.

**seña** f. Marca, nota, detalle o señal en una cosa por la que se conoce o da a entender.

**señal** f. Marca que tiene o se pone a una cosa para darla a conocer o distinguirla de otras. || Signo, imagen o representación de una cosa. || Insignia.

**señalar** tr. Hacer marca o señal en una cosa para darla a conocer, distinguirla de otra o para recordar algo.

**señoría** f. Tratamiento de cortesía que corresponde a ciertas personas por su dignidad, en especial jueces y parlamentarios.

**señuelo** m. Ave o figura de ave usada como señuelo para cazar. || Cebo, gancho, cosa que sirve para atraer o seducir con engaño.

**separación** f. Espacio que media entre cosas que están separadas. || Interrupción de la vida conyugal por decisión de los cónyuges o por fallo judicial.

**separar** tr. y prnl. Apartar a una persona o cosa del contacto o proximidad con otra.

**sepelio** m. Entierro.

**septentrión** m. Constelación de la Osa Mayor. || Norte (punto cardinal). || Viento que sopla del norte.

**septentrional** adj. Del septentrión, del norte, o que está al norte.

**septiembre** m. Noveno mes del año, según el calendario juliano y gregoriano.

**sepulcro** m. Obra funeraria levantada sobre el suelo para dar sepultura a un cadáver. || Hueco del altar, cubierto y sellado, donde están depositadas las reliquias.

**sepultar** tr. Poner en la sepultura a un difunto; enterrarlo. || Cubrir completamente a una persona o cosa la tierra, nieve, etc., desprendida de algún lugar o los escombros.

**sequedad** f. Aspereza en el trato.

**sequía** f. Tiempo seco y sin lluvias de duración prolongada.

**séquito** m. Conjunto de gente que forma el acompañamiento de otra importante, especialmente si es un jefe de Estado, ministro, etcétera.

**ser** m. Categoría filosófica que expresa el hecho de que las cosas *sean*. || Valía, importancia, estimación. || intr. Haber, existir. || Suceder, pasar, acontecer.

**serenar** tr., intr. y prnl. Tratándose del mar, el tiempo, etcétera. || Calmar, sosegar, mejorar.

**serenata** f. Composición musical o poética destinada a ser interpretada nocturnamente y en honor de alguien.

**serenidad** f. Tranquilidad, sosiego.

**serie** f. Conjunto de cosas que guardan relación entre sí y van, están u ocurren una después de otra.

**serio, ria** adj. Se dice de la persona grave y circunspecta en sus acciones y maneras.

**serpiente** f. Cualquiera de los reptiles ofidios del orden Escamosos.
**serranía** f. Zona atravesada por sierras y montañas.
**serrucho** m. Sierra de hoja ancha, con dientes en un borde, y generalmente con un solo mango.
**servicio** m. Conjunto organizado de personas que atienden necesidades planteadas en entidades públicas o privadas, y labor que éstas realizan.
**servidumbre** f. Conjunto de criados que sirven en una casa. || Obligación ineludible de hacer una cosa.
**servil** adj. Bajo, de vil condición.
**servilleta** f. Pieza de tela o papel que usa cada comensal para limpiarse durante la comida.
**servir** intr. y tr. Estar al servicio de alguien o sometido a él. || Desempeñar un oficio o responsabilidad. || intr. Valer, ser útil o apto.
**sesear** intr. Pronunciar la *c* o *z* como *s*.
**sesgar** tr. Cortar oblicuamente. || Torcer una cosa a un lado, a cruzarla oblicuamente.
**sesión** f. Cada una de las reuniones celebradas por un consejo, asamblea, etcétera.
**seso** m. Cerebro o encéfalo.
**set** m. Cada una de las fases principales en que se divide un partido de tenis.
**seudónimo, ma** adj. Se dice del escritor o artista que firma con nombre falso, y de su obra.
**severo, ra** adj. Duro, riguroso, inexorable.
**sexenio** m. Periodo de seis años.
**sexo** m. Conjunto de caracteres genéticos, morfológicos y funcionales que distinguen a los individuos machos de las hembras en el seno de cada especie. || Aparato genital masculino y femenino.
**sexología** f. Ciencia que estudia los fenómenos de la esfera sexual, tanto desde el punto de vista biológico y fisiológico, como del psicológico y patológico.
**sexualidad** f. Conjunto de características físicas de cada sexo. || Conjunto de impulsos y comportamientos que buscan tanto la obtención de placer sexual como la satisfacción de la necesidad sexual.
**si** Conjunción con la que se introduce la condición o suposición necesaria para que se cumpla o verifique algo.
**sí** Adverbio con el que se afirma en respuesta a una pregunta.
**sida** Enfermedad detectada en 1981 y transmitida por contacto sexual (semen) o intravenoso (sangre).
**sideral** adj. De las estrellas o de los astros.
**siderurgia** f. Parte de la metalurgia dedicada a la transformación

del mineral de hierro y la obtención de productos derivados.

**siempre** adj. En todo o en cualquier tiempo. || Para toda la eternidad.

**sien** f. Zona lateral de la cabeza comprendida entre la parte superior del arco cigomático y la parte anterior de la región temporal.

**sierra** f. Herramienta consistente en una hoja delgada de acero, con una sucesión continua de dientes en el borde. || Unidad de relieve montañoso, de dimensiones inferiores a las de una cordillera, en general de forma más alargada que ancha.

**siervo, va** m. y f. Esclavo. || Persona que está totalmente sometida al arbitrio o voluntad de otra.

**siesta** f. Tiempo, tras la comida, que se destina a dormir o descansar.

**sigilo** m. Secreto o silencio que se guarda de una cosa. || Disimulo o cuidado para no ser descubierto.

**sigla** f. Letra inicial usada como abreviatura de una palabra (los nombres en plural suelen representarse por su letra inicial repetida).

**siglo** m. Lapso que dura cien años, especialmente el comprendido entre el año 1 y 100 de cada centuria.

**significar** tr. Representar un signo o símbolo un sentido determinado. || intr. Tener significación o relevancia.

**signo** m. Cualquier cosa que, con carácter convencional, represente, sugiera o signifique otra.

**siguiente** adj. Que sigue. || Posterior a algo.

**sílaba** f. Elemento mínimo de articulación, carente de significado, que constituye un núcleo fónico entre dos depresiones sucesivas de la emisión de una palabra.

**silbar** intr. Producir silbidos.

**silbido** m. Sonido agudo y sostenido producido al hacer pasar con fuerza el aire por la boca con los labios o los dedos convenientemente dispuestos. || Sonido penetrante producido por el viento al pasar por una abertura.

**silencio** m. Estado de la persona que no habla. || Falta de ruido o sonido.

**silueta** f. Perfil de una figura. || Dibujo que reproduce el contorno de una figura u objeto.

**silvestre** adj. Que vive espontáneamente en los campos, sin cultivo. || Agreste, rústico.

**silla** f. Asiento individual con respaldo, y generalmente con cuatro patas y sin brazos. || Aparejo para montar a caballo.

**sillón** m. Asiento con respaldo y brazos, cómodo, amplio.

**simbolizar** tr. Expresar una cosa por medio de un símbolo. || Servir una cosa como representación o símbolo de otra.

**símbolo** m. Señal o representación de algo, en especial si representa convencionalmente una idea, cualidad, sentimiento, partido, etc. || Abreviatura que designa a cada uno de los elementos químicos.
**simetría** f. Proporción conveniente entre las partes de un todo, entre sí y con el conjunto.
**símil** m. Comparación.
**similar** adj. Semejante, parecido o análogo.
**similitud** f. Semejanza, parecido, afinidad.
**simpatía** f. Inclinación amistosa de una persona hacia otra por coincidencia de sentimientos, aficiones, modo de pensar, etc. || Manera de ser de una persona que la hace agradable a los demás.
**simple** adj. Sin mezcla, sin composición. || Sencillo, sin duplicación.
**simplemente** adv. Sencillamente. || En forma absoluta, sin condiciones.
**simpleza** f. Calidad de simple, bobo o incauto. || Dicho o hecho propio de éste. || Insignificancia.
**simplificar** tr. Reducir la complicación o mezcla de una cosa.
**simular** tr. Fingir, aparentar, dar a entender lo que no es.
**simultáneo, a** adj. Que sucede o se realiza en el mismo tiempo que otra cosa.
**sin** Preposición que indica carencia o falta de alguna cosa.
**sincerar** tr. y prnl. Referir a alguien cuestiones personales para justificarse o aliviar su conciencia. || Hacer partícipe a otro de cosas personales y reservadas.
**sincero, ra** adj. Que dice lo que realmente piensa o siente.
**sincronizar** tr. Hacer sincrónicos dos o más fenómenos o movimientos. || Acoplar la apertura del obturador de una cámara fotográfica con el disparo del flash.
**sindicato** m. Organización estable de trabajadores para defensa de sus intereses.
**síndrome** m. Conjunto de síntomas y signos que definen un proceso patológico por presentarse generalmente asociados en el tiempo.
**sinfonía** f. Conjunto de sonidos o voces que se escuchan de forma acorde y simultánea.
**singular** adj. Solo, único. || adj. y m. Número gramatical que indica una unidad.
**siniestro, tra** adj. Infausto, funesto, aciago. || Avieso, maligno, perverso. || m. Incendio, naufragio, choque o desgracia semejante, en especial la producida por una fuerza natural.
**sino** Destino, fatalidad, especialmente el dictado por los astros o las fuerzas sobrehumanas.
**sinónimo, ma** adj. y s. Se dice de los vocablos o expresiones que

coinciden semánticamente en todo o parte de su campo (*grueso, obeso*).

**sinopsis** f. Exposición de una ciencia o materia de forma sistemática y global, por medio de esquemas o resúmenes que facilitan su comprensión a primera vista.

**sintáctico, ca** adj. Relativo a la sintaxis.

**sintaxis** f. Parte de la gramática que estudia la estructura de la oración, los elementos que la componen y su distribución en unidades.

**síntesis** f. Conjunto orgánico formado por la reunión de sus partes. Suma y compendio de algo. || Resultado obtenido de una información.

**sintético, ca** adj. Se dice de los productos manufacturados realizados por síntesis química, y que imitan a ciertas sustancias orgánicas.

**sintetizar** tr. Hacer síntesis. || Resumir.

**sinvergüenza** adj. y com. Se dice de la persona descarada y de mal proceder.

**sirena** f. En la mitología griega, ninfa de las aguas marinas con cuerpo de mujer y cola de pez. || f. Aparato que produce sonidos de gran intensidad, mediante la irrupción periódica de un chorro de aire o de vapor.

**sirviente, ta** adj. y s. Se dice de la persona que sirve a otra, especialmente como criado.

**sísmico, ca** adj. Del terremoto o de los temblores de tierra.

**sismógrafo** m. Instrumento utilizado para registrar distintos parámetros de los movimientos sísmicos.

**sistema** m. Conjunto ordenado y coherente de reglas, normas o principios de una materia.

**sistematizar** tr. Organizar en sistema. || Obrar según determinado sistema de conducta.

**sitiar** tr. Asediar, cercar una posición enemiga. || Acorralar a alguien para obligarle a rendirse o a ceder.

**sitio** m. Lugar, espacio que es o puede ser ocupado por una persona o cosa.

**situación** f. Posición. || Estado en que se halla una persona o cosa en cualquier aspecto.

**situar** tr. y prnl. Colocar a una persona o cosa en determinado sitio o situación.

**smog** m. Forma especialmente nociva de contaminación que se forma en las grandes urbes al unirse a la niebla los humos de fábricas y motores.

**soberano, na** adj. y s. Que tiene el máximo poder.

**soberbia** f. Estimación excesiva de uno mismo con menosprecio de los demás.

**sobornar** tr. Entregar dinero o hacer regalos a alguien, de forma reservada, para conseguir de él un beneficio.

**soborno** m. Dinero o regalo con que se soborna.

**sobrar** intr. Exceder de lo que se necesita. || Quedar, restar. || Estar de más o de sobra, estorbar.
**sobre** prep. Encima, en la parte superior o más alta de algo. || m. Papel doblado en determinada forma, generalmente forrado en su interior y con una parte engomada que permite cerrarlo, en el que se incluyen las cartas y documentos.
**sobrealimentar** tr. y prnl. Alimentar en exceso.
**sobrecargar** tr. Cargar demasiado.
**sobregiro** m. Título de crédito por un valor superior a los fondos disponibles.
**sobrellevar** tr. Colaborar con otro en el acarreo de algo para aliviarle de su peso.
**sobremanera** adv. Con exceso, mucho.
**sobremesa** f. Tiempo después de haber comido en el que los comensales siguen reunidos.
**sobrenombre** m. Cualquier nombre que acompaña al nombre propio o apellido de una persona, generalmente haciendo referencia a alguna cualidad, defecto o circunstancia de ella.
**sobrepeso** m. Sobrecarga o exceso de peso.
**sobreproducción** f. Exceso de producción que provoca una oferta mucho mayor que la demanda.
**sobresalir** intr. Formar un saliente, resaltar o abultar en relación con un plano. || Destacar una persona o cosa de otra en altura, tamaño, etcétera.
**sobresalto** m. Sorpresa y turbación que produce un acontecimiento imprevisto. || Susto o temor ocasionado por un suceso repentino.
**sobrevenir** intr. Suceder de improviso. || Acaecer una cosa después de otra.
**sobrevivir** intr. Prolongar uno su existencia respecto a la de otro u otros. || Salir con vida de un acontecimiento, accidente, catástrofe, etcétera.
**sobrio, bria** adj. Se dice de la persona moderada, especialmente en la comida y bebida. || Desprovisto de adornos innecesarios
**socavar** tr. Excavar alguna cosa por debajo dejándola sin apoyo. || Quebrantar la unidad o firmeza de una actitud, mentalidad, ideología, etcétera.
**sociable** adj. De natural extrovertido y franco, inclinado al trato con la gente.
**social** adj. De la sociedad humana, de las clases que la componen, y de las relaciones entre ellas.
**sociedad** f. Conjunto de seres humanos que conviven y se relacionan dentro de un mismo ámbito cultural, del grado que sea.

**socio, cia** m. y f. Persona que forma sociedad con otra u otras para algún propósito determinado.

**socorrer** tr. Auxiliar o ayudar a alguien en un peligro o necesidad apremiante.

**socorrido, da** adj. Se dice del sitio donde se halla con facilidad lo que se necesita.

**socorro** m. Provisión de víveres o munición que se hace llegar al cuerpo, plaza, etcétera, que lo precisa. || Tropa de refuerzo que acude en apoyo o auxilio de otra.

**soez** adj. Basto, indecente, grosero.

**sofisticado, da** adj. Amanerado y rebuscado en extremo. || Exquisito por su rareza o excesivo adorno.

**sofocar** tr. y prnl. Ahogar, hacer perder la respiración.

**soga** f. Cuerda gruesa de esparto trenzada o retorcida.

**sojuzgar** tr. Oprimir, avasallar, someter con violencia.

**sol** m. Estrella formada principalmente de hidrógeno, alrededor de la cual giran la Tierra y los demás planetas. Fuente de la luz, el calor y de toda la vida conocida.

**solamente** adv. Únicamente, nada más. || Expresamente.

**solar** adj. Del Sol, relativo al mismo o apropiado para su uso al sol.

**soldado** m. Militar.

**soldar** tr. y prnl. Unir entre sí partes o piezas de una cosa, generalmente por medio de un metal fundido.

**soledad** f. Falta de compañía. || Sentimiento de tristeza ante una muerte, pérdida o ausencia.

**solemne** adj. Se dice de los actos, fiestas, etcétera, celebrados con gran pompa o ceremonia. || Serio, formal.

**solicitar** tr. Pedir con cortesía algo de lo que se carece. || Pretender algo, haciendo las gestiones obligadas para su consecución. || Pedir un favor a alguien.

**solícito, ta** adj. Complaciente, dispuesto a hacer lo que se le manda o pide.

**solicitud** f. Diligencia y amabilidad con que se intenta servir a alguien. || Documento oficial con que se solicita alguna cosa.

**solidaridad** f. Manifestación emotiva de la sociabilidad, por la cual una persona se siente vinculada al resto de la humanidad.

**sólido, da** adj. Fuerte, seguro. || adj. y m. Se dice del estado de la materia que se caracteriza por tener forma y volumen determinados, una gran densidad y una elevada cohesión entre sus partículas.

**solitario, ria** adj. Desierto, no habitado ni transitado. || Sin compañía.

**solo, la** adj. Sin compañía. || Aislado. || Único, sin otro de su misma especie.

**sólo** adv. Únicamente, solamente.

**soltar** tr. y prnl. Liberar o desatar lo que estaba ceñido o atrapado. || Dejar salir lo que estaba encerrado o detenido. || Laxar.

**soltero, ra** adj. y s. Se dice de la persona que aún no ha contraído matrimonio.

**soltura** f. Desenvoltura o facilidad con que se ejecuta una cosa. || Facilidad en el hablar.

**soluble** adj. Apto para disolverse.

**solución** f. Mezcla homogénea líquida, sólida o gaseosa formada de dos o más componentes que no pueden separarse mecánicamente. || Resultado de una duda, dificultad, problema, proceso, etcétera.

**solucionar** tr. Resolver o hallar la solución a un asunto, o problema.

**solventar** tr. Dar solución a una dificultad o asunto complicado. || Liquidar, pagar una deuda o cuenta.

**sollozar** intr. Respirar entrecortada y ruidosamente en medio de un llanto convulsivo.

**sombra** f. Tinieblas, falta de claridad que dificulta distinguir las cosas. || Proyección de un cuerpo opaco en relación con los rayos de luz que sobre él inciden.

**sombrear** tr. Dar sombra a una cosa.

**sombrero** m. Prenda para cubrir la cabeza, compuesta generalmente de copa y ala.

**sombrilla** f. Utensilio en forma de paraguas para resguardarse del sol.

**sombrío, a** adj. Se dice del sitio donde casi siempre hay sombra. || Taciturno, siniestro.

**someter** tr. y prnl. Obligar una persona o comunidad a la voluntad de otra. || Imponer alguien su voluntad por las armas o por la fuerza.

**somnífero, ra** adj. y m. Se dice de la sustancia, preparado o acción que produce sueño.

**sonámbulo, la** adj. y s. Se dice de la persona que durante el sueño se levanta, anda, habla o realiza otros actos de un modo automático, sin recordarlos al despertar.

**sonar** intr. Producir sonidos. || Tener valor fonético una letra. || tr. Tocar un instrumento u otra cosa para que suene armónicamente.

**sonda** f. Tubo quirúrgico con el que se extraen líquidos o se introducen alimentos en el cuerpo.

**sondear** tr. Sondar el subsuelo o la profundidad del mar. || Realizar cautelosamente las primeras averiguaciones.

**soneto** m. Estrofa poética de 14 versos endecasílabos, en dos cuartetos y dos tercetos.

**sonido** m. Conjunto de sensaciones acústicas provocadas por vibraciones sonoras. || Significación y valor literal que tienen las palabras.

**sonorizar** tr. Aumentar la potencia sonora de un foco emisor empleando amplificadores electrónicos y altavoces. || Incorporar sonido (ruidos, diálogo, música, etcétera) a un filme, durante el rodaje o bien posteriormente.

**sonreír** tr. y prnl. Reírse levemente y sin emitir ningún sonido.

**sonrisa** f. Gesto facial, obtenido por contracción muscular, generalmente refleja, que levanta la comisura de los labios y que expresa agrado, simpatía, etcétera.

**sonrojar** tr. y prnl. Provocar vergüenza de modo que afluya la sangre al rostro.

**soñador, ra** adj. Se dice de la persona que sueña mucho. || Que fantasea mucho sin tener en cuenta la realidad.

**soñar** tr. e intr. Imaginar durante el sueño sucesos o situaciones que se perciben como reales. || Pensar o imaginar cosas fantásticas y tenerlas por reales.

**sopesar** tr. Levantar una cosa para tantear su peso o para reconocerla. || Considerar por anticipado los pros y los contras de un asunto.

**soplar** intr. y tr. Despedir con fuerza aire por la boca formando una abertura estrecha entre los labios. || Correr el viento. || tr. y prnl. Hinchar con aire, particularmente el vidrio.

**soplón, na** adj. y s. Confidente, delator.

**soportar** tr. Aguantar un peso o carga. || Resistir a una fuerza o presión. || Tolerar un dolor o padecimiento sin sucumbir a él.

**soporte** m. Sustentáculo o apoyo de algo.

**soprano** adj. y m. Se dice del registro más agudo de las voces humanas, característico de mujeres y niños.

**sorbo** m. Porción de líquido que cabe en la boca después de una sola aspiración.

**sordera** f. Disminución o pérdida del sentido del oído.

**sordomudo, da** adj. y s. Se dice de la persona sorda y muda.

**sorna** f. Ironía.

**sorprender** tr. Pillar desprevenido a alguien. || Descubrir lo que alguien mantiene oculto o disimulado. || Asombrar o admirar con alguna cosa imprevista o extraña.

**sorpresa** f. Impresión causada por una cosa inesperada o extraña, generalmente agradable.

**sortear** tr. Someter a la decisión de la suerte. || Soslayar o evitar con habilidad un obstáculo o situación comprometida.

**sorteo** m. Acción de sortear, especialmente en la lotería, o a los jóvenes para su destino en el servicio militar.

**sortija** f. Anillo.

**sosegar** tr. y prnl. Apaciguar, tranquilizar.
**sosiego** m. Estado o sensación de quietud y apacibilidad.
**soslayar** tr. Superar una dificultad sin enfrentarse directamente a ella.
**soso, sa** adj. Falto o escaso de sal. || Monótono.
**sospechar** tr. Tener motivos para suponer alguna cosa o que alguien ha hecho algo, generalmente delictivo. || intr. Desconfiar, maliciar.
**sostener** tr. y prnl. Sujetar o sustentar una cosa evitando que se caiga o mueva. || tr. Mantener o defender una idea, opinión, parecer, etc. || Costear los gastos de manutención de una persona.
**sótano** m. Parte edificada de una casa situada entre los cimientos o por debajo del nivel de la calle.
**suave** adj. Liso, sin asperezas. || Agradable a los sentidos.
**suavizar** tr. y prnl. Quitar la aspereza, hacer suave. || Mitigar la brusquedad del trato.
**subalterno, na** adj. Subordinado o dependiente de alguien o de algo.
**subasta** f. Procedimiento de venta que consiste en adjudicar algo al mejor postor.
**subastar** tr. Vender una cosa o contratar arriendos, servicios, etc., al mejor postor, en pública subasta.
**subconsciente** adj. Inconsciente.
**subdirector, ra** m. y f. Persona que sustituye al director en sus funciones, o que trabaja bajo sus órdenes inmediatas.
**súbdito, ta** adj. y s. Se dice de la persona sometida a un superior, especialmente si dicha sumisión es absoluta.
**subestimar** tr. y prnl. Dar a una persona o cosa menos valor del que realmente tiene.
**subgénero** m. Categoría taxonómica intermedia entre el género y la especie. || Género artístico considerado de inferior empeño o calidad.
**subida** f. Pendiente considerada en la dirección ascendente.
**subir** intr. Ir de un sitio a otro más alto. || Mejorar la categoría, empleo o posición económica. || intr. y tr. Elevar la afinación de una voz o instrumento. || Incrementar el precio o valor de algo. || tr. Ascender, remontar, ir hacia arriba. || Aumentar una cosa hacia arriba.
**súbito, ta** adj. Repentino, inesperado, que sucede de pronto.
**subjetivo, va** adj. Referente al sujeto o ser humano, en oposición al mundo exterior. || Se dice del modo personal de pensar o sentir.
**sublevar** tr. y prnl. Rebelarse o provocar la rebelión en forma colectiva y violenta contra la autoridad establecida o el orden público.
**sublimar** tr. y prnl. Enaltecer, ensalzar.

**sublime** adj. Excelso, eminente, de calidad extraordinaria; se dice de lo que alcanza un grado de belleza o de bondad insuperables.
**submarino, na** adj. Que está o sucede bajo la superficie marina.
**subordinar** tr. y prnl. Someter a una persona o cosa a la dependencia de otra. || Considerar algunas cosas como accesorias o inferiores respecto a otras. || Supeditar unos elementos gramaticales a otros de categoría diferente.
**subrayar** tr. Trazar una raya horizontal por debajo de una palabra o frase. || Hacer notar o resaltar algo.
**subsecuente** adj. Posterior.
**subsidio** m. Apoyo, ayuda, aporte de socorro. || Ayuda económica que se entrega generalmente por parte de organismos oficiales, para subvenir alguna necesidad.
**subsistencia** f. Conjunto de medios necesarios para la vida humana. || Supervivencia.
**subsistir** intr. Perdurar una cosa. || Seguir viviendo, poner los medios necesarios para ello.
**subsuelo** m. Conjunto de capas profundas del terreno.
**subterráneo, a** adj. Que está o circula bajo tierra. || m. Cualquier lugar o conducto bajo tierra.
**subtítulo** m. Título complementario que a veces se añade al pincipal.
**suburbio** m. Barrio a las afueras de una gran ciudad, donde reside la población con un nivel de vida más bajo.
**subversivo, va** adj. Que perturba o atenta contra el orden social establecido.
**subyugar** tr. y prnl. Oprimir, someter, sojuzgar.
**suceder** intr. Reemplazar, pasar una persona o cosa a sustituir a otra. || Acaecer, ocurrir.
**suceso** m. Acontecimiento, hecho importante que sucede. || Paso del tiempo.
**suciedad** f. Porquería, inmundicia.
**sucio, cia** adj. Manchado, mugriento, con polvo o impurezas.
**suculento, ta** adj. Sabroso y nutritivo.
**sucumbir** intr. Caer, rendirse.
**sucursal** adj. y f. Se dice del establecimiento comercial, industrial o bancario que depende y sirve de ampliación a otro más importante llamado central.
**sudor** m. Líquido incoloro producido por la secreción de las glándulas sudoríparas. Su función es regular la temperatura del cuerpo.
**suegro, gra** m. y f. Con respecto a una persona, padre o madre del cónyuge.
**suela** f. Parte del calzado debajo del pie y en contacto con el suelo.
**sueldo** m. Paga o remuneración que se percibe regularmente por un trabajo.

**suelo** m. Estructura sólida y porosa, de composición heterogénea, que ocupa la parte más superficial de la litosfera.

**sueño** m. Estado fisiológico propio del hombre y de los animales superiores, de presentación periódica, en el cual se suspenden los procesos integrativos que tienen lugar al nivel de la corteza cerebral entre las vías nerviosas aferentes y las vías eferentes o motrices. || Ilusión, deseo, fantasía.

**suerte** f. Combinación de circunstancias que no se pueden prever ni evitar. || Hecho casual de ser favorable o adverso lo que sucede. || Fortuna favorable.

**suficiente** adj. Que tiene la cantidad necesaria. || Adecuado.

**sufijo, ja** adj. y m. Se dice del morfema derivativo que se pospone al radical de una palabra.

**sufrimiento** m. Dolencia física o moral. || Conformidad con que se sufre una cosa.

**sufrir** tr. Experimentar un dolor, cambio, etc. || Sobrellevar un dolor físico o moral con fortaleza o resignación.

**sugerir** tr. Insinuar o inspirar en alguien una idea o iniciativa.

**suizo, za** adj. y s. De Suiza.

**sujetar** tr. y prnl. Dominar a alguien. || Agarrar. || Fijar, afirmar, unir.

**sujeto, ta** m. Una de las dos partes o términos fundamentales de la oración (la otra es el predicado). Es aquel de quien se dice o enuncia algo, o bien el agente de la acción expresada.

**suma** f. Conjunto de ciertas cosas, y especialmente de dinero. || Operación que tiene por objeto reunir varias cantidades homogéneas en una sola, que se llama suma o *adición*.

**sumando** m. Cada término de una suma.

**sumar** tr. Compendiar, resumir o reunir los saberes que atañen a una ciencia o materia. || Formar con varias cantidades homogéneas una cantidad total que las reúna.

**sumario, ria** adj. Sucinto, conciso, compendiado. || m. Síntesis, recopilación, resumen.

**sumergir** tr. y prnl. Introducir una cosa en determinado líquido hasta que resulte totalmente cubierto por éste. || Sumir, abismar.

**suministrar** tr. Abastecer, proveer, proporcionar lo necesario.

**sumir** tr. y prnl. Sumergir o meter bajo tierra o agua. || Hundir en un determinado estado, abatir.

**sumisión** f. Subordinación y obediencia que unas personas tienen respecto a otras. || Acatamiento y respeto que se tiene al juicio de otro.

**suntuoso, sa** adj. Lujoso, fastuoso.

**supeditar** tr. Condicionar o poner en relación cierta cosa con el resultado o cumplimiento de otra.

**superar** tr. Aventajar, sobrepasar. || Pasar con éxito una prueba, dificultad, situación difícil, etcétera.

**superávit** m. Saldo a favor de los elementos que se consideran como ingresos, frente a los gastos.

**superficial** adj. Poco profundo o situado en la superficie. || Trivial, frívolo.

**superficie** f. Parte exterior de un cuerpo que la separa y distingue del resto del espacio. || Porción de tierra. || Apariencia externa.

**superfluo, flua** adj. Innecesario, sobrante.

**superhombre** m. Hombre de cualidades excepcionales.

**superior** adj. Más alto que otra cosa. || Magnífico, excelente.

**superioridad** f. Preeminencia, excelencia de una persona o cosa respecto de otra.

**superlativo, va** adj. Grado de comparación que indica, a través de un adjetivo o adverbio, una cualidad, modalidad o estado en su grado máximo (*la más bella, bellísima*).

**supermercado** m. Tienda de comestibles, artículos de limpieza, etcétera, donde los compradores se suelen servir a sí mismos y pagan a la salida.

**supersónico, ca** adj. Se dice de la velocidad superior a la del sonido en el aire.

**superstición** m. Creencia errónea, generalmente de tipo religioso, contraria a la razón, nacida de la ignorancia o del miedo a cosas desconocidas o de carácter misterioso.

**supervisar** tr. Verificar lo que ya ha sido visto, reconocido o inspeccionado.

**supervivencia** f. Lo que sobrevive al paso del tiempo.

**suplantar** tr. Sustituir ilegalmente, ocupar fraudulentamente el lugar de otro.

**suplemento** m. Complemento, lo que se añade a otra cosa para perfeccionarla o completarla.

**súplica** f. Acta por la que se suplica o solicita algo.

**suplicar** tr. Rogar, implorar, pedir humildemente.

**suplicio** m. Dolor corporal muy intenso y prolongado que se infligía como castigo. || Padecimiento físico o moral prolongado e intenso.

**suplir** tr. Completar lo que falta de una cosa o remediar su carencia. || Sustituir, reemplazar.

**suponer** m. Suposición, conjetura. || tr. Considerar como cierta o existente una cosa.

**supositorio** m. Preparación farmacéutica sólida de forma cónica, con una sustancia medicamentosa incorporada a otra fusible por el calor corporal, y que al ser introducido por vía rectal o vaginal deja libre el principio activo.

**supremo, ma** adj. Sumo, del más alto grado o calidad.

**suprimir** tr. y prnl. Eliminar, abolir, anular.

**supuesto, ta** adj. Pretendido, falso, fingido.

**supurar** intr. Crear o expulsar pus.

**sur** m. Punto cardinal diametralmente opuesto al norte. Recibe también el nombre de mediodía.

**surco** m. Abertura prolongada que se hace con el arado en la tierra.

**sureste** m. Punto del horizonte situado a igual distancia entre el sur y el este.

**surgir** intr. Surtir, fluir, brotar el agua. || Salir, aparecer, presentarse de súbito.

**surtido, da** adj. Variado.

**surtir** tr. y prnl. Proveer, abastecer, aprovisionar.

**susceptible** adj. Que cambia o se impresiona con facilidad.

**suscitar** tr. Causar, promover, provocar, originar.

**suscribir** tr. Poner la firma al pie de un escrito.

**suspender** tr. Colgar, sostener en alto. || tr. y prnl. Aplazar, diferir, detener una acción por algún tiempo.

**suspicacia** f. Idea o actitud suspicaz.

**suspiro** m. Aspiración fuerte y profunda seguida de una espiración audible, que generalmente denota pena, cansancio, tristeza, alivio o deseo.

**sustancia** f. Lo más importante o fundamental de cualquier cosa. || Ser, esencia o naturaleza de las cosas. || Lo que hay de permanente en un ser, distinto de cualquier accidente.

**sustancial** adj. Esencial, fundamental.

**sustantivo, va** adj. Que existe por sí mismo y goza de independencia. || adj. y m. Se dice de la categoría gramatical que expresa sustancia. || Sinónimo de nombre y opuesto a los accidentes.

**sustentar** tr. y prnl. Mantener una cosa en su estado o apariencia. || Proporcionar manutención.

**sustento** m. Alimento. || Cosa que sostiene o apoya otra.

**sustituir** tr. Reemplazar, cambiar una persona o cosa por otra, especialmente si realiza iguales funciones.

**susto** m. Sobresalto brusco y nervioso del ánimo, generalmente por miedo.

**sustracción** f. Resta.

**sustraendo** m. Cantidad que ha de sustraerse en una resta.

**t** f. Vigésima tercera letra del abecedario castellano (T, t) y decimonovena de sus consonantes. Su nombre es *te*.

**tabique** m. Pared delgada, que generalmente sirve para la división de las habitaciones de las casas.

**tabla** f. Pieza generalmente de madera, plana, larga y estrecha, de poco espesor, y de caras paralelas.

**tablero** adj. Se dice del madero que puede cortarse en tablas. || m. Plancha de madera u otro material rígido, especialmente la que se utiliza para fijar en ella cualquier cosa.

**tableta** f. Comprimido, pastilla.

**tabú** m. Término aplicado a personas o cosas con las que se prohíbe, bajo severas penas, todo tipo de contacto, por ser consideradas sagradas. || Prohibición supersticiosa o sin motivos racionales.

**tacaño, ña** adj. y s. Mezquino, avariento.

**tácito, ta** adj. Todo aquello que no se entiende, oye o percibe, sino que se supone o se deja entrever, por algunas razones expresas.

**taciturno, na** adj. Habitualmente callado o poco hablador. || Triste, melancólico o apesadumbrado.

**tacto** m. Forma de sensibilidad cutánea por la que se perciben las características físicas de los objetos con los que se entra en contacto. || Habilidad para tratar a las personas con acierto y según las circunstancias.

**tachar** tr. Atribuir alguna tacha o falta a una persona o cosa. || Ocultar con rayas parte de un escrito.

**tahúr, ra** adj. y s. Persona que juega con habilidad, y especialmente el que lo hace por dinero.

**taimado, da** adj. y s. Astuto, sagaz, ladino.

**tajada** f. Porción de algo, en especial comestible.

**tajante** adj. Que taja o corta. || fig. Terminante, contundente.

**tal** adj. Se aplica a las cosas de forma indefinida, para señalar en ellas lo que indica su correlativo. || Igual, parecido.

**tala** f. Poda de árboles.

**talar** tr. Cortar los árboles por la base.

**talento** m. Dotes intelectuales. || Capacidad o aptitud para ciertas cosas.

**talismán** m. Objeto natural o artificial al que se atribuye un poder mágico, con propiedades protectoras indeterminadas.

**talón** m. Zona posterior del pie, cuyo esqueleto lo forma el calcáneo.

**talonario** m. Conjunto de recibos, resguardos, entradas, cheques, etcétera, encuadernados, que constan de matriz y talón, separados por un trepado.

**talla** f. Estatura de una persona; por extensión, capacidad intelectual o altura moral.

**tallar** tr. Esculpir o hacer tallas. || Trabajar piedras preciosas. || Medir la estatura.

**tallo** m. Eje caulinar portador de las hojas, encargado del desarrollo del sistema de ramas laterales, del transporte de sustancias entre las hojas y las raíces.

**tambalear** intr. y prnl. Balancearse por falta de equilibrio.

**también** adv. Asimismo, igualmente, de la misma manera. || Además.

**tambor** m. Nombre genérico de los instrumentos de percusión constituidos por una membrana tensa sobre una caja de resonancia cilíndrica de metal, madera o barro cocido; se percute con baquetas o con las manos. || Tímpano del oído.

**tanda** f. Turno, alternativa.

**tangible** adj. Que puede tocarse. || Palpable, perceptible.

**tanque** m. Carro de combate. || Vehículo cisterna para transportar agua u otro líquido.

**tanto, ta** adj. Se dice de un número o cantidad indeterminada.

**tapa** f. Pieza que recubre o cierra una caja, maleta, vasija o abertura cualquiera. || Trozo de suela o goma que refuerza el tacón del calzado.

**tapar** tr. Cubrir, cerrar, ocultar. || Estar una cosa encima o delante de otra impidiendo que sea vista o que pueda alcanzarse. || Cubrir con ropa.

**tapete** m. Mantelillo para recubrir o adornar una mesa u otra superficie. || Alfombra pequeña.

**tapiz** m. Labor tejida con finos hilos de lana, seda, oro o plata, cuya trama recubre toda la urdimbre.

**tapizar** tr. Adornar con tapices. || Forrar muebles o paredes. || Cubrir pared o suelo con tela o moqueta.
**tapón** m. Pieza de corcho u otro material que se introduce en el cuello de botellas y vasijas para resguardar el contenido. || Masa de algodón o gasa que se usa para absorber secreciones o cohibir una hemorragia.
**taquicardia** f. Aumento de la frecuencia del latido cardiaco.
**taquigrafía** f. Sistema de escritura a base de ciertos signos, abreviados.
**taquilla** f. Ventanilla en donde se venden billetes de espectáculos, ferrocarril, etc. || Ventana de billetes, e importe recaudado.
**taquimecanógrafo, fa** m. y f. Persona que practica taquigrafía y mecanografía.
**tara** f. Defecto o predisposición patológica que se presenta con carácter familiar.
**tarado, da** adj. y s. Que tiene alguna tara; aplicado a personas, anormal, perturbado. || Tonto.
**tararear** tr. Canturrear una melodía en voz baja.
**tardanza** f. Dilación, retraso.
**tardar** intr. y prnl. Emplear más tiempo del ordinario en llegar a un sitio, o en hacer algo.
**tarde** f. Parte del día comprendida desde el mediodía hasta el anochecer. || adv. A hora avanzada.
**tarea** f. Labor, obra, trabajo. || Lo que hay que hacer en un tiempo determinado.
**tarifa** f. Lista o catálogo de precios, derechos o impuestos que deben satisfacerse en pago de alguna cosa o trabajo.
**tarjeta** f. Membrete de cartas, mapas o impresos. || Cartulina pequeña y rectangular con el nombre y dirección de una o más personas.
**tarso** m. Parte del esqueleto del pie comprendido entre las epífisis inferiores de la tibia y peroné.
**tartamudez** f. Trastorno del habla que afecta principalmente el ritmo de la palabra: dificultad de emisión, o interrupción al pronunciar las sílabas.
**tasa** f. Precio, importe, medida o porcentaje en que se ha tasado alguna cosa.
**tatuaje** m. Procedimiento de decoración del cuerpo humano con dibujos indelebles; consiste en la introducción de pigmentos colorantes bajo la piel, generalmente por medio de punciones, siguiendo diseños previos.
**tatuar** tr. y prnl. Hacer tatuajes.
**taxi** m. Automóvil de alquiler para el servicio público.
**taxímetro** m. Contador de algunos vehículos de alquiler que registra el importe del trayecto, según tarifa por kilómetro recorrido.

**taxonomía** f. Disciplina de la biología interesada en la clasificación de todos los seres vivos en una serie de categorías.
**te** f. Nombre de la letra *t*.
**tea** f. Astilla de madera resinosa que se utiliza para encender el fuego o alumbrar.
**teatral** adj. Relativo al teatro. || Exagerado, afectado, preparado deliberadamente para causar efecto.
**teatro** m. Construcción o lugar destinado a la representación de un espectáculo, dramático o musical. || Arte de escribir obras que por su estructura se destinan a ser representadas.
**tecla** f. Pequeña palanca de los instrumentos de teclado que, presionada por los dedos, produce el sonido deseado, o acciona el mecanismo de determinados utensilios.
**teclado** m. Conjunto ordenado de teclas de un instrumento musical o de un mecanismo. || Periférico de entrada en un ordenador o computadora, análogo al de una máquina de escribir.
**técnica** f. Conjunto de medios utilizados en una ciencia, arte o actividad.
**tecnología** f. Conocimiento del uso de herramientas, máquinas y procedimientos que permiten la transformación de la física en provecho de las necesidades humanas.
**tectónico, ca** adj. Relativo a la estructura de la corteza terrestre.
**techo** m. Superficie que cubre y cierra un edificio, o cualquiera de los aposentos que contiene.
**teja** f. Pieza de barro cocido, acanalada, con que se cubren por fuera los techos.
**tejado** m. Cubierta de tejas de un edificio.
**tejer** tr. Entrelazar los hilos de la trama con los de la urdimbre para obtener telas. || Entrelazar hilos, cordones, nudos, etc., para formar telas, trencillas, alfombras o productos semejantes. || Hacer labor de punto o ganchillo.
**tela** f. Tejido hecho con muchos hilos entrecruzados, generalmente en el telar; a veces se confecciona con un solo hilo
**telar** m. Máquina para hacer tejidos. Su trabajo consiste en entrecruzar los hilos de urdimbre y los de trama de forma adecuada.
**telaraña** f. Formación emitida por el aparato sericígeno de las arañas, usada como vehículo de transporte o para la captura de presas.
**telecomunicación** f. Transmisión a distancia de señales de comunicación en forma de signos, imágenes o sonidos mediante sistemas eléctricos o electromagnéticos, y conjunto de los medios que la posibilitan.
**telefonear** tr. Llamar por teléfono. || Comunicar una cosa por teléfono.

**teléfono** m. Aparato electromagnético para transmitir comunicación a distancia.
**telégrafo** m. Aparato electromagnético usado para transmitir y recibir mensajes a larga distancia, con un código elegido.
**telegrama** m. Comunicación que se transmite por telégrafo. || Papel con el texto de la comunicación que se entrega al destinatario.
**telele** m. fam. Desmayo, patatús.
**telescopio** m. Instrumento óptico para la observación de objetos muy alejados, usado en astronomía.
**televidente** com. Telespectador.
**televisar** tr. Emitir imágenes a través de la televisión.
**televisión** f. Sistema de transmisión a distancia de imágenes y sonidos por medio de ondas hertzianas o cable coaxial.
**telón** m. Lienzo colocado en un escenario teatral para ocultar la escena y que se levanta al iniciarse la representación.
**tema** m. Asunto del que trata una obra de arte, conversación, examen, etcétera.
**temario** m. Lista de temas, programa, cuestionario.
**temblar** intr. Tener temblores. || Oscilar o moverse una cosa de un modo semejante.
**temer** tr. Tener miedo a una persona o cosa.
**temeroso, sa** adj. Que teme un daño. || Pusilánime, cobarde.
**temor** m. Sentimiento que incita a rehusar o eludir lo que se juzga perjudicial o peligroso. || Sospecha, recelo, especialmente de que sobrevenga un daño.
**témpano** m. Timbal. || Trozo extendido y plano de una materia dura, especialmente el de hielo.
**temperamento** m. Forma de ser dominante en un individuo.
**temperatura** f. Propiedad que se iguala en dos o más cuerpos que se ponen en contacto térmico, pasando calor del más caliente al menos caliente. || Grado de calor de la atmósfera.
**tempestad** f. Tormenta. || Fuerte alteración del agua del mar, con formación de grandes olas, debida a la violencia de los vientos.
**templado, da** adj. Tibio.
**templanza** f. Cordura, sobriedad. || Temple de los metales, vidrios, etcétera.
**templar** tr. Atenuar la fuerza o violencia de una cosa. || Calentar un poco. || Dar el temple adecuado a un determinado material. || Calmar, apaciguar.
**templo** m. Edificio consagrado al culto.
**temporada** f. Espacio de tiempo indeterminado, generalmente regulado por el clima.

**temporalmente** adv. Transitoriamente, por algún tiempo.
**temprano, na** adj. Que llega, sucede, madura, etc., antes de lo normal.
**tenacidad** f. Capacidad de un material, especialmente un metal, para resistir tracciones y cargas deformándose sin llegar a quebrarse.
**tenaz** adj. Perseverante, obstinado.
**tenaza** f. Útil, generalmente de metal, formado por dos brazos cruzados, móviles alrededor de un clavillo o eje, que sirve para sujetar y transportar algunas cosas y también para cortarlas.
**tendencia** f. Inclinación o propensión hacia algo.
**tenebroso, sa** adj. Oscuro, en tinieblas. || Tétrico, sombrío. || Oculto, que inspira terror.
**tendencia** f. Posesión de una cosa. || Cargo de teniente, y despacho donde atiende.
**tener** tr. Estar en posesión, ser dueño. || Gozar, disfrutar. || Padecer, soportar. || Asir, coger, sostener. || Contener, encerrar dentro de sí.
**tensión** f. Distonía psíquica debida a un estímulo emocional, mental o físico de gran intensidad; excitación, angustia, concentración, etc., ante algo por venir o por realizar.
**tenso, sa** adj. Sometido a fuerzas opuestas. || En estado de tensión anímica.
**tentación** f. Estímulo espontáneo o provocado que induce a obrar en contra de los propios criterios morales. || Deseo intenso.
**tentativo, va** adj. Que sirve para tantear una cosa. || f. Intento, prueba, ensayo.
**tenue** adj. Delicado, suave.
**teñido** m. Operación en la que se cambia el color de algo.
**teñir** tr. y prnl. Efectuar el teñido de algo. || Manchar una cosa a otra.
**teoría** f. Conjunto de conocimientos especulativos sobre una ciencia o tema, considerados con independencia de toda aplicación práctica.
**terapéutica** f. Parte de la ciencia médica que estudia la forma idónea de tratar la enfermedad para lograr la curación o paliar sus efectos.
**tercermundista** adj. y com. Del Tercer Mundo. || fam. Que tiene las características (pobreza, falta de calidad, desorganización, etc.) que se suponen en el Tercer Mundo.
**Tercer Mundo** Conjunto de países sometidos a condiciones de subdesarrollo.
**terco, ca** adj. Tozudo, testarudo.
**tergiversar** tr. Repetir argumentos o palabras, o explicar hechos, deformándolos intencionadamente. || Desordenar, confundir.
**termal** adj. De las termas. || Se dice del agua que brota caliente del manantial.

**térmico, ca** adj. Relativo al calor o a la temperatura.

**terminación** f. Extremo; conclusión, final. || Letra o conjunto de letras finales de una palabra, generalmente un sufijo (*libr-eta*), o una desinencia que indica persona, número, etc. (*libr-os*).

**terminal** adj. Final, último. || Se dice de lo que está en el extremo de cualquier parte de una planta. || adj. y f. Estación donde finaliza el trayecto de una línea de transportes.

**terminar** tr., intr. y prnl. Acabar.

**término** m. Extremo, límite, punto final. || Fin, momento en que termina algo. || Palabra que en una oración realiza una función determinada. || Tecnicismo.

**terminología** f. Vocabulario característico o especializado de una determinada profesión, ciencia o materia.

**termómetro** m. Aparato que mide la temperatura.

**ternura** f. Actitud afectuosa.

**terquedad** f. Actitud obstinada, inflexible a la razón.

**terráqueo, a** adj. Compuesto de tierra y agua. Se dice únicamente del globo terrestre.

**terraza** f. Azotea. || Trozo de acera con mesas y sillas frente a un bar o restaurante.

**terreno, na** adj. Terrestre. || Terrenal. || m. Campo, extensión de tierra.

**terrestre** adj. Del planeta Tierra.

**terrible** adj. Horrible, espantoso.

**terrícola** adj. Se dice de los vegetales que crecen en tierra, en oposición a los que viven en el agua. || com. Habitante del planeta Tierra.

**territorio** m. Extensión de tierra perteneciente a una nación, región, provincia, etc. || Ámbito de una jurisdicción.

**terror** m. Miedo extremo, pánico.

**tertulia** f. Reunión de personas que se juntan habitualmente para conversar amigablemente o para distraerse.

**tesitura** f. Extensión o registro de una voz o instrumento, desde el sonido más grave hasta el más agudo.

**tesón** m. Empeño, constancia, perseverancia.

**tesorería** f. Administración del tesoro público.

**tesoro** m. Cantidad considerable de dinero, joyas u objetos de valor que se guardan en algún sitio. || Persona o cosa que se considera muy valiosa.

**testamento** m. Acto por el cual una persona dispone de sus propios bienes en caso de muerte. || Documento que contiene estas disposiciones.

**testarudo, da** adj. y s. Terco, tozudo, obstinado.

**testificar** tr. Actuar como testigo, en algún acto judicial, afirmando o negando un determinado hecho. || Declarar con seguridad y verdad una cosa.

**testigo** com. Persona que, designada por la ley, debe acudir a un procedimiento jurídico para aportar pruebas y dar validez al mismo. || Persona que presencia o adquiere conocimiento directo de algo.

**testimonio** m. Prueba, argumento o razonamiento que se afirma para comprobar la verdad o falsedad de un hecho. || Certificación judicial.

**teta** f. Mama. || Pezón de la mama.

**tétrico, ca** adj. Sombrío, deprimente, excesivamente serio o triste.

**textil** adj. Relativo a los tejidos, a las fibras con que se confeccionan (naturales: algodón, lana, seda, lino, cáñamo, yute, etc.; artificiales: rayón, nylon, etc.), y a los procesos previos a su elaboración.

**texto** m. Cualquier escrito y su contenido. || Cita de una obra escrita. || Contenido de un manuscrito o un libro, exceptuando portadas, índices, comentarios, notas, ilustraciones, etc. || Libro.

**textual** adj. Se dice de quien autoriza sus pensamientos y los prueba con citas literales. || Se dice de una palabra o frase, exacta, precisa; literal.

**textura** f. Disposición de los hilos de una tela.

**tez** f. Piel del rostro humano.

**tibetano, na** adj. y s. Del Tíbet.

**tibio, bia** adj. Templado. || Poco entusiasta.

**tiempo** m. Medida del periodo de existencia de los seres finitos. || Época. || Cada una de las estaciones del año. || Edad. || Momento propicio u oportuno.

**tienda** f. Establecimiento comercial.

**tierno, na** adj. Blando, fácil de doblar, cortar o deformar. || Dulce, cariñoso.

**tierra** f. Superficie sólida de este planeta, en oposición a los mares. || Materia inorgánica suelta o desmenuzable que constituye el principal componente del suelo natural. || Piso, suelo.

**tieso, sa** adj. Rígido, difícil de doblar o de torcer. || Erguido, firme.

**tijera** f. Instrumento para cortar formado por dos hojas de acero de un solo filo que giran en torno a un eje que las traba.

**tildar** tr. Colocar tilde a una letra.

**tilde** amb. Signo gráfico diacrítico (ñ), que originariamente indicaba la supresión de alguna letra.

**timar** tr. Hurtar con engaño. || Estafar o conseguir dinero con artimañas.

**timbrar** tr. Estampar o pegar un timbre, sello o membrete en una hoja, documento o artículo comercial.

**timbre** m. Cualidad del sonido que permite diferenciar dos sonidos de la misma altura e intensidad, producidos por voces o instrumentos distintos. || Sonido característico de cada voz o instrumento. || Sello estampado en seco o pegado en documentos.

**timidez** f. Tendencia a perder la seguridad en uno mismo en las relaciones interpersonales.

**tímpano** m. Tambor. || Témpano, tapa de cuba o tonel. || Oído medio, formado por una excavación del hueso temporal.

**tiniebla** f. Oscuridad, ausencia de luz.

**tino** m. Habilidad para acertar a tientas con lo que se busca. || Puntería. || Acierto, tacto o moderación para llevar un asunto.

**tinta** f. Color con que se pinta o tiñe una cosa. || Sustancia de color, líquida o pastosa, usada para escribir, dibujar o imprimir. || Tinte. || Líquido espeso y de color oscuro, secretado por los cefalópodos a través de una glándula que desemboca cerca del ano, y que usan como enmascaramiento para la huida en caso de peligro.

**tintero** m. Recipiente para la tinta de escribir. || Depósito que recibe la tinta en las máquinas de imprimir.

**típico, ca** adj. Peculiar, característico, representativo.

**tipo** m. Modelo, patrón, ejemplar característico. || Carácter de imprenta. || Figura de una persona. || Clase, calidad o condición de las cosas.

**tira** f. Trozo largo, estrecho y delgado de cualquier material.

**tiranía** f. Gobierno ejercido por un tirano. || Abuso de superioridad, poder o fuerza en el trato con la gente.

**tirar** tr. Lanzar una cosa con la mano, arrojarla en una dirección determinada. || Derribar, hacer caer. || Disparar un arma de fuego. || Desechar una cosa, arrojarla a la basura. || Malgastar, dilapidar. || Imprimir.

**tiritar** intr. Temblar de frío o fiebre.

**tiro** m. Disparo y estampido de un arma de fuego. || Trayectoria e impacto de un proyectil.

**titánico, ca** adj. Relativo a los titanes. || Enorme, gigantesco.

**títere** m. Muñeco que se mueve con cuerdas o introduciendo la mano en su interior.

**titilar** intr. Temblar muy ligeramente algún miembro del cuerpo. || Centellear, oscilar una luz.

**título** m. Enunciado de la temática de un libro, manuscrito, capítulo, impreso, etc. || Nombre de una publicación, obra literaria, teatral, cinematográfica o artística en general. || Cada división mayor de una ley, estatuto, reglamento, etc. || Dignidad nobiliaria, y persona que la ostenta. || Documento que acredita que una persona posee los conocimientos necesarios para ejercer una profesión u oficio.

**tiza** f. Arcilla blanca que en forma de barritas se usa para escribir en las pizarras.

**tiznar** tr. y prnl. Manchar de negro con tizne, hollín u otra materia semejante.

**tizne** amb. Hollín o humo de la lumbre.

**toalla** f. Lienzo, generalmente de tela de rizo, que se emplea para secarse.

**tobillera** f. Calcetín elástico abierto por el talón y los dedos, que protege o sujeta el tobillo.

**tobillo** m. Zona de unión de la pierna y el pie.

**tocar** tr. Percibir por el sentido del tacto. || Alcanzar algo con la mano o con la ayuda de un objeto, sin tomarlo. || Hacer sonar un instrumento musical || Llamar con campana, timbre u otro medio.

**todavía** adv. Expresa la duración de una acción hasta el momento actual o hasta un momento determinado.

**todo, da** adj. Entero, sin excluir ninguna de sus partes. || adv. Enteramente.

**tolerar** tr. Sufrir, aguantar. || Consentir una cosa sin permitirla expresamente.

**tolvanera** f. Remolino de polvo propio de las regiones estepáricas o desérticas.

**tomar** tr. Asir, especialmente con la mano. || Ingerir. || Adoptar, usar.

**tonalidad** f. Conjunto de sonidos que forma un sistema donde se relacionan todos los grados de la escala musical, y cuyo sonido fundamental es la tónica. || Gradación de colores en una pintura.

**tonel** m. Cuba grande para contener vino, aceite u otros liquidos.

**tonelada** f. Nombre de varias unidades de masa.

**tonificar** tr. Entonar, fortalecer, dar vigor.

**tono** m. Mayor o menor elevación del sonido. || Expresión (modo de expresarse). || Acento (entonación).

**tontería** f. Necedad. || Nadería.

**tonto, ta** adj. y s. Escaso de inteligencia. || Absurdo, falto de lógica; injustificado.

**topar** tr. Chocar. || Encontrar.

**tope** m. Pieza o parte saliente de algo que puede topar o que sirve para amortiguar un golpe, o para limitar o detener el movimiento de un mecanismo. || m. Punto máximo al que se puede llegar en una cosa.

**tópico, ca** adj. De determinado lugar. || m. Frase hecha, expresión, muy corriente o trivial. || Concepto, parecer, argumento, etc., muy conocido y usado.

**torácico, ca** adj. Relativo al tórax.
**tórax** m. Parte del tronco comprendida entre el cuello y el abdomen. Su esqueleto está formado por la zona dorsal de la columna vertebral, las costillas y el esternón.
**torcer** tr. y prnl. Dar vueltas a una cosa sobre sí misma por sus dos extremos en sentido contrario. || Doblar o curvar una cosa recta; inclinar, ladear.
**torcido, da** adj. No recto; curvado o inclinado. || Deshonesto.
**tormenta** f. Fuerte perturbación de la atmósfera, caracterizada por nubes de desarrollo vertical, violentos aguaceros o nevadas y ráfagas de viento.
**tormento** m. Padecimiento físico muy intenso. || Tortura que se causaba a los acusados para obligarlos a declarar. || Congoja, angustia o aflicción.
**tornar** tr. Devolver (restituir). || tr. y prnl. Mudar, cambiar o transformar. || intr. Regresar a un lugar.
**tornear** tr. Trabajar o dar forma a una cosa con el torno.
**torneo** m. Campeonato, competición.
**torno** m. Máquina simple.
**torpe** adj. Que se mueve con dificultad, pesado, lento. || Tardo en comprender, necio.
**torre** f. Construcción o cuerpo de un edificio, cilíndrico o prismático, más alto que ancho, exento o adosado.
**torrente** m. Curso de agua, pequeño y rápido, de régimen irregular. || Circulación de la sangre por venas y arterias. || Muchedumbre de personas que afluye de golpe a un lugar, o abundancia repentina de cosas.
**tórrido, da** adj. Ardiente, muy caluroso; se dice especialmente del clima.
**torso** m. Tronco, parte del cuerpo humano. || Escultura que carece de cabeza, brazos y piernas.
**tortura** f. Padecimiento físico o moral muy intenso y prolongado. || Método que consiste en infligir a una persona diversos tipos de castigos corporales o psíquicos, con el fin de que confiese su presunta culpabilidad.
**torvo, va** adj. Siniestro, malvado.
**tos** f. Expulsión enérgica y sonora del aire pulmonar.
**tosco, ca** adj. Grosero, basto, hecho con poca habilidad. || Que no está pulimentado. || adj y s. Rústico, patán.
**toser** intr. Tener tos.
**tostador, ra** adj. Que tuesta. || m. y f. Instrumento para tostar.
**tostar** tr. y prnl. Calentar en el tostador o directamente al fuego una cosa hasta que tome color y se deseque sin quemarse. || Calentar excesivamente. || Curtir la piel al sol o al viento.

**total** adj. Completo, que comprende todas las partes o aspectos de una cosa. || m. Resultado de una operación aritmética. || Totalidad. || adv. En conclusión, en resumen.

**totalizar** tr. Sumar, determinar el total que forman varias cantidades. || Hacer el total de algo.

**tótem** m. Ente natural (animal, planta, fenómeno) o material, mediante el cual un grupo se identifica colectivamente frente a otros.

**tóxico, ca** m. Veneno.

**toxina** f. Sustancia de origen biológico dotada de capacidad tóxica y antigénica.

**traba** f. Lo que une y sujeta dos cosas entre sí. || Lo que impide o dificulta la ejecución de una cosa.

**trabajador, ra** adj. Que trabaja. || m. y f. Obrero, asalariado.

**trabajar** intr. Desarrollar una actividad física o mental continuada para hacer o conseguir algo. || Dedicarse a una profesión o actividad retribuida. || Funcionar activamente. || Estar sometido un elemento de una estructura, la pieza de una máquina, etc., a la acción de cierto esfuerzo o carga.

**trabajo** m. Tarea o actividad (especialmente la retribuida), esfuerzo que se invierte en ella y resultado que se obtiene en aquello sobre lo que se ha operado.

**trabalenguas** m. Palabra o frase difícil de pronunciar, especialmente la que se propone como pasatiempo.

**trabar** tr. Juntar, sujetar o enlazar dos o más cosas entre sí para darles más fuerza, estabilidad o resistencia. || Tartamudear, tener dificultad en pronunciar.

**tractor, ra** m. Vehículo automóvil de gran potencia, cuyas ruedas se adhieren fuertemente al terreno.

**tradición** f. Cada uno de los valores ideológicos (especialmente culturales), transmitidos de generación en generación.

**traducir** tr. Interpretar, expresar, representar.

**traer** tr. Trasladar una cosa a donde está el que habla. || Llevar puesta o usar una prenda de vestir o un objeto de uso personal.

**traficar** intr. Comerciar, negociar, especialmente en actividades no legales.

**tráfico** m. Circulación, tránsito de personas, vehículos, mercancías, etc., y caudal del mismo en una ruta o lugar, especialmente terminal, de la misma (puerto, aeropuerto, etcétera).

**tragar** tr. Hacer que una cosa pase por la faringe desde la boca. || Engullir, comer mucho o con voracidad.

**tragedia** f. Acontecimiento o suceso trágico o desgraciado.

**trágico, ca** adj. Fatal, funesto, lastimoso.

**trago** m. Líquido que se traga de una vez. || Adversidad, desgracia, mal rato.
**traición** f. Delito que se comete al violar la fidelidad o lealtad debidas; por extensión, deslealtad, infidelidad.
**tráiler** m. Fragmento breve de un filme que se proyecta como avance y reclamo publicitario. || Remolque, especialmente el de los camiones de gran tonelaje.
**traje** m. Vestido exterior completo de una persona. || Vestido peculiar de una clase o colectividad de personas, de los naturales de un país, de una determinada época o estilo, etcétera.
**tramar** tr. Cruzar los hilos de la trama con los de la urdimbre para formar un tejido. || Preparar una intriga, engaño o traición, astuta y sigilosamente.
**tramitar** tr. y prnl. Hacer pasar un asunto o documento por los trámites necesarios para su solución.
**trámite** m. Paso, estado, diligencia que hay que recorrer para ejecutar una cosa. || Transición.
**tramo** m. Trozo de terreno delimitado, que está junto a otro.
**trampa** f. Hoyo disimulado, para cazar, del que el animal no puede salir cuando cae en él. || Acto ilícito que se cubre con apariencia de legalidad. || Treta, estratagema.
**tramposo, sa** adj. y s. Que contrae trampas o deudas que no puede o piensa pagar. || Que hace fullerías en el juego.
**trance** m. Momento crítico o decisivo en el acontecer de una persona.
**tranquilizante** adj. Que tranquiliza. || adj. y m. Se dice del fármaco dotado de acción sedante.
**tranquilizar** tr. y prnl. Calmar, sosegar, hacer desaparecer la agitación o inquietud.
**transacción** f. Contrato por el cual se pone fin a un pleito o disputa, mediante concesiones recíprocas. || Trato, convenio, negocio.
**transbordador, ra** m. Embarcación que transporta vehículos y pasajeros de una orilla a otra, o entre dos costas próximas.
**transbordar** tr. y prnl. Trasladar mercancías o pasajeros de una embarcación a otra o de un tren a otro.
**transcribir** tr. Copiar. || Pasar un texto de un sistema de caracteres a otro.
**transcurrir** intr. Correr el tiempo.
**transeúnte** adj. Temporalmente pasajero. || adj. y com. Se aplica a quien transita por un lugar.
**transferir** tr. Pasar, llevar o transportar una cosa de un lugar a otro. || Extender o trasladar el significado de una voz para que en sentido figurado designe otra cosa distinta. || Hacer una transferencia bancaria.

**transformador, ra** adj. y s. Se dice de la persona o cosa que transforma. || m. Aparato que permite modificar la tensión y la intensidad de la corriente alterna.

**transformar** tr. y prnl. Dar forma o aspecto distinto a una persona o cosa. || Mudar una cosa en otra. || Cambiar de conducta, costumbres o modo de ser a una persona.

**transición** f. Paso de un estado a otro, o de una manera de ser o de hacer a otra distinta.

**transigir** tr. e intr. Admitir una persona la opinión o los deseos de otra en contra de los suyos propios.

**transitable** adj. Se dice del lugar, especialmente camino, por donde se puede circular en determinado medio de transporte.

**transitar** intr. Circular, viajar.

**tránsito** m. Tráfico, circulación por la vía pública. || Lugar de paso.

**transitorio, ria** adj. Pasajero, temporal, interino.

**transmisión** f. Conjunto de mecanismos que trasladan la fuerza del motor a las ruedas de un vehículo. || Envío de señales de comunicación.

**transmitir** tr. y prnl. Transferir, traspasar, conducir. || Comunicar avisos, mensajes o noticias. || Contagiar una enfermedad. || Emitir por radio o televisión. || Comunicar por teléfono, telégrafo, télex, etcétera.

**transparencia** f. Propiedad de algunos cuerpos permeables al paso de la luz. || Filmina, diapositiva.

**transpiración** f. Pérdida de agua a través de la piel, especialmente por sudoración.

**transpirar** intr. y prnl. Sudar. || Exhalar las plantas vapor de agua.

**transponer** tr. y prnl. Trasladar una cosa, especialmente llevándola más allá de donde estaba. || Transplantar.

**transportar** tr. Llevar personas o cosas de un lugar a otro, especialmente en vehículo.

**transporte** m. Medio o vehículo destinado al traslado de personas o mercancías.

**transversal** adj. Que atraviesa de un lado a otro.

**trapecio** m. Cuadrilátero irregular que tiene paralelos dos lados (bases).

**trapezoide** m. Cuadrilátero irregular que no tiene lados paralelos.

**tráquea** f. Conducto impar y medio que forma parte de las vías respiratorias, entre la laringe, a la que continúa, y los bronquios.

**trascendental** adj. Que se despliega o va más allá de su propia esencia. || Que es muy importante.

**trascender** intr. Resultar o ser trascendente. || Empezar a conocerse algo que estaba oculto.

**trasero, ra** adj. Que está situado o viene detrás. || m. Parte de atrás de un animal.
**traslación** f. Se dice especialmente del movimiento de la Tierra alrededor del Sol.
**trasladar** tr. y prnl. Llevar de un lugar a otro. || Copiar o reproducir un escrito.
**traslúcido, da** adj. Se dice del cuerpo que deja pasar la luz, permitiendo ver sólo confusamente lo que hay detrás de él.
**traslucir** tr. y prnl. Deducirse o interferirse una cosa de otra a través de ciertos hechos o indicios.
**trasnochar** intr. Ir a dormir tarde. || Pasar la noche fuera de casa.
**traspapelar** tr. y prnl. Extraviar un papel por haber perdido el orden o lugar que le correspondía.
**traspasar** tr. y prnl. Atravesar de parte a parte con un arma o instrumento punzante. || Pasar de un sitio a otro. || Ceder, a cambio de una cantidad, algo que se tiene arrendado o comprado, especialmente viviendas y negocios.
**trasplantar** tr. Trasladar una planta del sitio donde está plantada a otro lugar. || Hacer un trasplante.
**trasplante** m. Sustitución quirúrgica de un órgano lesionado por otro sano.
**trasquilar** tr. y prnl. Cortar el pelo irregularmente. || tr. Esquilar.
**trastada** f. Acción injusta o malintencionada.
**trastornar** tr. Dar la vuelta a una cosa de abajo arriba o de un lado a otro. || Invertir el orden regular de una cosa. || Perturbar el orden público, causar disturbios.
**trastorno** m. Leve indisposición.
**tratado** m. Obra que versa sobre una materia determinada. || Documento escrito o discurso, en el que se expresan las razones que conciernen a una materia determinada. || Convenio, acuerdo o concordato.
**tratamiento** m. Conjunto de medidas adoptadas por el médico para la práctica terapéutica. || Aplicación de algún agente físico o químico para obtener ciertos productos, especialmente metales.
**tratar** tr. Manejar o usar una cosa según se indica. || Dirigir o gestionar algún asunto.
**trato** m. Tratamiento de cortesía.
**traumatismo** m. Lesión del organismo, externa o interna, causada por la actuación de forma rápida y violenta de diversos factores físicos.
**travesaño** m. Pieza que atraviesa de una parte a otra.
**travesura** f. Acción propia de niños para divertirse, trasgrediendo alguna norma y ocasionando algún trastorno.
**trayectoria** f. Línea que recorre un objeto, especialmente arrojadizo, en el espacio. || Curso, recorrido.

**trazar** tr. Delinear. || Diseñar el plano de una obra arquitectónica.

**trazo** m. Línea, rasgo. || Representación gráfica de un plano o proyecto.

**trecho** m. Espacio o distancia.

**tregua** f. Suspensión temporal de hostilidades entre beligerantes.

**tremendo, da** adj. Horrendo, terrible. || Enorme.

**tren** m. Conjunto formado por los vagones y la locomotora que los arrastra.

**trepar** intr. y tr. Subir a un lugar de acceso difícil ayudándose de pies y manos. || intr. Crecer sobre un soporte una planta trepadora.

**treta** f. Ardid, argucia, artimaña para conseguir algo.

**tríada** f. Conjunto de tres cosas iguales.

**triángulo** m. Polígono de tres lados.

**tribu** f. Máxima unidad social, política y económica de numerosos grupos étnicos a partir del Neolítico.

**tribulación** f. Dolor, padecimiento. || Desgracia.

**tribuna** f. Plataforma para oradores, espectadores, autoridades, etcétera.

**tribunal** m. Magistrado o magistrados que presiden un juicio, conocen sus circunstancias y aplican la sentencia.

**tributar** tr. Dar muestras de sumisión, respeto o admiración.

**tributo** m. Contribución que se satisface al Estado, a un organismo o a un señor, bien como colaboración en las cargas públicas, o como reconocimiento de sumisión.

**tricolor** adj. Que tiene tres colores.

**trifulca** f. Alboroto, escándalo, riña.

**trilogía** f. Conjunto de tres obras de un mismo autor o que constituyen una unidad temática.

**trillado, da** adj. Muy común y sabido.

**trimestre** m. Periodo de tres meses.

**trinar** intr. Hacer trinos. || Dar muestras de rabia o impaciencia.

**trinchera** f. Excavación estrecha y larga para proteger a los soldados del fuego enemigo. Puede estar reforzada con sacos de arena o con cemento armado.

**trinomio** m. Expresión algebraica que consta de tres términos.

**trío** m. Composición vocal o instrumental para tres intérpretes, y conjunto que la ejecuta. || Grupo de tres personas o cosas.

**tripa** f. Conjunto de intestinos o parte de ellos.

**tripartito, ta** adj. Dividido en tres partes, órdenes o clases.

**triple** adj. y m. Se dice del número que es exactamente tres veces mayor que otro.

**tríptico** m. Folleto propagandístico.

**tripulación** f. Personal de un barco, avión o nave espacial encargado del manejo del aparato o del servicio de los pasajeros.
**triste** adj. Afligido, que tiene pena. || Melancólico.
**triturar** tr. Reducir una cosa sólida a trozos muy pequeños. || Mascar. || Desmenuzar y rebatir una afirmación o argumento.
**triunfar** intr. Ganar, vencer. || Alcanzar con esfuerzo lo que se persigue.
**triunfo** m. Éxito, victoria
**trivial** adj. Muy corriente o conocido por todos.
**trofeo** m. Monumento, insignia o señal conmemorativa de una victoria. || Premio a los primeros clasificados en una competición. ||Triunfo alcanzado.
**troglodita** adj. y com. Hombre muy primitivo o insociable.
**trolebús** m. Autobús urbano de tracción eléctrica que capta la corriente.
**tromba** f. Fuerte remolino de agua, de desplazamiento vertical entre el mar y una nube tormentosa. || Aguacero súbito y fuerte.
**trombo** m. Masa sólida formada en la luz del sistema vascular por los productos de la coagulación sanguínea.
**trompada** f. Porrazo, golpe violento. || Golpe, puñetazo.
**tronar** impers. Producirse truenos. || Sonar con estrépito o estampido.
**tronco** m. Cuerpo sólido truncado. || Tallo típico de los árboles. || Parte del cuerpo donde se implanta la cabeza y los dos pares de extremidades.
**trono** m. Asiento ceremonial de reyes, emperadores, etcétera, con gradas y dosel.
**tropa** f. Turba, muchedumbre. || Conjunto de cuerpos que forman un ejército, guarnición, división, etcétera.
**tropel** m. Gentío que avanza con ruido y en desorden. || Precipitación, atropellamiento. || Montón de cosas en desorden.
**tropezar** intr. Chocar con los pies en un estorbo y estar en peligro de caer. || Topar con un obstáculo. || Caer en una falta o error. || Hallar dificultades en la ejecución de algo.
**tropical** adj. Relativo a los trópicos. || Se dice del clima cálido comprendido entre las zonas de clima ecuatorial y clima desértico.
**tropiezo** m. Cosa en que se tropieza. || Estorbo, impedimento. || Dificultad o contratiempo.
**troquel** m. Matriz para acuñar monedas y lingotes. || Molde para la estampación de chapas, cartones, etcétera.
**trotar** intr. Ir al trote. || Montar sobre el caballo que trota. || Andar mucho y con rapidez.

**trote** m. Modo de andar de las caballerías con paso ligero.
**trozo** m. Pedazo, parte o fragmento de una cosa.
**truco** m. Cada una de las mañas que se adquieren con la práctica de una profesión o actividad. || Apariencia hábil y engañosa; p. ej., en los juegos de prestidigitación.
**trueno** m. Fenómeno acústico que sigue a un relámpago, debido a la expansión del aire que éste provoca por brusco calentamiento. || Ruido similar, producido por cualquier otra cosa.
**trueque** m. Intercambio directo de bienes sin intervención de moneda.
**truhán, na** adj. y s. Se dice de la persona que vive engañando o estafando.
**truncar** tr. Mutilar una cosa, separar una parte de ella.
**tubería** f. Serie de tubos empalmados para la conducción de líquidos o gases. || Conjunto de tubos.
**tubo** m. Pieza cilíndrica más larga que gruesa, de diversos materiales y usos. || Órgano, estructura, etc., anatómicos que tienen tal forma.
**tuerca** f. Pieza con un agujero helicoidal que encaja con la espiral del tornillo.
**tuerto, ta** adj. y s. Se dice de la persona a quien le falta un ojo o lo tiene ciego.
**tufo** m. Vaho desagradable a causa de fermentaciones y combustiones imperfectas; por extensión, mal olor.
**tumba** f. Sepulcro para enterrar a alguien.
**tumbar** tr. Hacer caer una persona o cosa de modo que quede tendida. || Marear o privar de sentido un olor intenso, la bebida, un dolor fuerte, etc. || intr. Caerse al suelo quedándose tendido.
**tumor** m. Masa de tejido neoformado por crecimiento patológico de los tejidos.
**tumulto** m. Disturbio, alboroto de gente amotinada. || Agitación, desorden ruidoso.
**tundra** f. Paisaje y bioma de las zonas árticas, de vegetación y actividad biológica del suelo pobrísimas debido a la gelidez permanente del subsuelo.
**túnel** m. Paso subterráneo grande, abierto artificialmente, para establecer una comunicación o para conducciones.
**tupir** tr. y prnl. Juntar o espesar mucho los elementos de una cosa.
**turbación** f. Desbarajuste, caos.
**turbar** tr. y prnl. Trastornar o alterar el estado o curso natural de una cosa. || Enturbiar. || Aturdir, causar inquietud. || Perturbar el sosiego y la paz.
**turbio, bia** adj. Falto de la claridad natural por estar sucio, mez-

clado o revuelto. || Confuso, poco claro.

**turbulencia** f. Movimiento desordenado de las partículas de un fluido, que origina trayectorias y remolinos.

**turco, ca** adj. y s. Del Turquestán. || De Turquía.

**turismo** m. Práctica de viajar por recreo. || Organización dedicada a este tipo de viajes.

**turista** com. Persona que viaja por recreo, especialmente por un país extranjero.

**turno** m. Alternativa u orden sucesivo que se establece para el logro o ejecución de algo. || Momento en que siguiendo este orden le toca actuar a uno.

**tutear** tr. y prnl. Tratar de tú a alguien.

**tutela** f. Protección y representación de una persona incapaz, según la ley, de gobernarse a sí misma.

**tutor, ra** m. y f. Persona encargada de la tutela de alguien.

**u** f. Vigesimocuarta letra del abecedario castellano (U,u) y última de sus vocales. || Conjunción disyuntiva usada en lugar de *o*, ante palabras que empiezan por el mismo sonido.

**ufanarse** prnl. Jactarse, vanagloriarse.

**ufano, na** adj. Arrogante, jactancioso, engreído.

**ulcerar** tr. y prnl. Llagar.

**ulterior** adj. Más allá de un lugar o territorio.

**últimamente** adv. Por último, finalmente. || Recientemente.

**ultimar** tr. Dar fin a una cosa, acabarla, concluirla.

**último, ma** adj. Posterior a todos los demás en el espacio o en el tiempo. || Se dice de lo más lejano, retirado o escondido.

**ultrajar** tr. Afrentar, humillar u ofender.

**ultraje** m. Injuria grave. || Ofensa, desprecio de hecho de palabra u obra, contra el honor y el prestigio.

**umbilical** adj. Relativo al ombligo.

**umbral** m. Parte inferior o escalón en la puerta o entrada de una casa.

**unánime** adj. Se dice del parecer, sentimiento, deseo, opinión, etc., que es compartido por un determinado grupo de personas.

**uncir** tr. Sujetar el yugo a la yunta.

**único, ca** adj. Solo en su especie. || Singular, extraordinario.

**unidad** f. Cualidad de todo lo que deja de ser ello mismo al ser dividido. || Único en número o calidad. || El número 1.

**unificar** tr. y prnl. Hacer de muchas cosas un todo. || Aunar cosas diversas o separadas para un propósito determinado.

**uniformar** tr. y prnl. Hacer iguales o uniformes dos o más cosas.

**uniforme** adj. Que tiene la misma forma. || Invariable. || m. Vestimenta peculiar de un cuerpo, grupo, equipo, etcétera.
**unilateral** adj. Referido sólo a una parte o a un aspecto de alguna cosa.
**unión** f. Convergencia o conformidad de pensamiento, parecer, esfuerzo, etc. || Alianza, federación.
**unir** tr. Juntar dos o más cosas en una. || Mezclar, combinar o trabar varias cosas haciendo un todo homogéneo.
**unitario, ria** adj. Relativo a la unidad. || Formado por una sola unidad.
**universal** adj. Relativo al universo. || De todo el mundo, de todos los tiempos.
**universidad** f. Institución de enseñanza superior, dividida en facultades según las especialidades de estudio.
**universo, sa** adj. Universal. || Espacio que contiene la materia y la energía.
**unívoco, ca** adj. Que únicamente tiene un sentido o significado.
**untar** tr. Aplicar sobre una cosa una materia grasa.
**uña** f. Anexo cutáneo, en forma de lámina córnea, implantada en el extremo dorsal de los dedos.
**urbanidad** f. Educación, buenos modales.
**urbanización** f. Terreno acotado y dotado de infraestructura y servicios para edificar en él un conjunto residencial, y el mismo conjunto.
**urbanizar** tr. y prnl. Hacer que alguien adquiera buenos modales. || Convertir un terreno en zona edificable, dotándolo de los servicios adecuados.
**urbe** f. Ciudad, especialmente la grande y muy poblada.
**urdir** tr. Preparar los hilos en la urdidera para tejerlos en el telar. || Tramar, maquinar.
**urgir** intr. Apremiar la ejecución de algo.
**urinario, ria** adj. Relativo a la orina.
**urna** f. Recipiente, generalmente con tapa, que contiene las cenizas de los difuntos. || Caja o arquita donde se depositan los números o papeletas en sorteos o votaciones.
**usanza** f. Uso o práctica de una cosa. || Uso vigente, moda.
**usar** tr. Utilizar una cosa para algo.
**uso** m. Ejercicio o práctica de una cosa. || Manera o estilo de obrar. || Hábito, costumbre; moda.
**usual** adj. De uso corriente o habitual; general, común.
**usuario, ria** adj. y s. Que usa ordinariamente una cosa; especialmente el cliente habitual de un servicio público o semipúblico.
**usura** f. Préstamo concedido a un interés muy superior al legalmente establecido.

**usurpación** f. Delito cometido por apropiación indebida de algún bien o derecho ajeno. || Cosa usurpada.

**usurpar** tr. Cometer el delito de usurpación. || Arrogarse la dignidad, empleo u oficio de alguien.

**utensilio** m. Objeto o instrumento de uso manual y frecuente.

**útil** adj. Que resulta provechoso, conveniente o de interés.

**utilizar** tr. y prnl. Servirse o aprovecharse de algo o alguien.

**uva** f. Fruto de la vid.

# V

**v** Vigésima quinta letra del abecedario castellano (V, v); su nombre es *uve*.
**vaca** f. Hembra del toro.
**vacante** adj. y f. Se dice del cargo, empleo o dignidad que está sin cubrir.
**vaciar** tr. y prnl. Dejar vacío. || Extraer el contenido de un recipiente.
**vacilar** intr. Tambalearse, oscilar, moverse con imprecisión. || Estar indeciso, dudar, titubear.
**vacío, a** adj. Sin contenido. || m. Abismo.
**vacuna** f. Preparado a base de gérmenes atenuados mediante sucesivos cultivos en medios o tejidos adecuados de una cepa, cuya virulencia queda así disminuida.
**vacunar** tr. Inocular o administrar cualquier vacuna con fines profilácticos.
**vacuno, na** adj. Bovino.
**vacuo, cua** adj. Vacío, sin contenido.
**vagabundo, da** adj. Que va errante.
**vagancia** f. Acción de vagar o de estar ocioso.
**vagar** intr. Deambular. || Errar sin encontrar lo que se busca.
**vago, ga** adj. Errante, que anda ocioso de un lugar a otro. || Impreciso, indeterminado.
**vagón** m. Coche de los ferrocarriles para el transporte de viajeros, equipaje o mercancías.
**vaho** m. Vapor que emana de los cuerpos en determinadas condiciones.
**vaivén** m. Movimiento oscilatorio de un cuerpo.
**vale** m. Papel, nota o documento en el que consta la obligación de pagar una deuda. || Bono.
**valentía** f. Actitud para acometer resueltamente acciones muy difíci-

les o para arrostrar sin miedo los peligros.

**valer** intr. Costar, importar, tener un determinado precio. || Servir para algo.

**valía** f. Valor, mérito o cualidades de un persona o cosa. || Valimiento, favor.

**válido, da** adj. Firme, vigente con fuerza legal. || Vigoroso, esforzado.

**valiente** adj. Fuerte, corpulento. || adj. y com. Que tiene valor.

**valija** f. Maleta.

**valor** m. Cualidad de las cosas por la que éstas son deseables (bienes) o indeseables (males). || Valentía, entereza de ánimo.

**valorar** tr. Valuar, tasar. || Estimar la valía o cualidades de alguien o algo. || Valorizar, acrecentar el valor de algo.

**valorizar** tr. Estimar, evaluar. || Acrecentar el valor de algo.

**válvula** f. Dispositivo capaz de regular u obturar alternativa o permanentemente una corriente de fluido de un sistema de tuberías, de una máquina, de un motor, etcétera.

**valla** f. Cerco o estacada para defender, cerrar, proteger o señalar un lugar.

**valle** adj. y m. Se aplica a lo que tiene forma de V o de valle. || Depresión cóncava de la superficie terrestre, formada por dos pendientes opuestas que se unen en una línea.

**vanagloriarse** prnl. Jactarse.

**vanguardia** f. El o lo que va en cabeza, destacándose del resto.

**vanidad** f. Pompa; ostentación. || Jactancia, vanagloria.

**vano, na** adj. Carente de sustancia, realidad o entidad. || Vacío, hueco.

**vapor** m. Gas próximo al punto de condensación o en equilibrio con la fase sólida en proximidad de su punto de sublimación.

**vaporización** f. Paso del estado líquido al de gas por suministro o absorción de calor. || Terapia a base de baños de vapor, especialmente de aguas termales.

**vara** f. Rama larga, delgada, lisa y sin hojas. || Palo delgado y largo.

**variable** adj Que varía o puede variar. || Cambiante.

**variado, da** adj. Que posee variedad. || De colores diversos.

**variar** tr. Cambiar, volver diferente una cosa. || Dar variedad a una cosa. || intr. Cambiar, modificarse o alterarse una cosa.

**variedad** f. Diversidad, diferencia dentro de la unidad. || Mutabilidad o alteración de las cosas. || Variación, cambio.

**varilla** f. Barra delgada y larga.

**varón** m. Persona del sexo masculino.

**varonil** adj. Con las cualidades que se atribuyen al hombre.

**vasija** f. Recipiente pequeño, de materia y formas diversas, que sirve para contener líquidos y alimentos.
**vaso** m. Recipiente que se usa para beber, y líquido que puede contener. || Conducto tubular de un organismo vivo, adaptado al transporte de líquidos orgánicos.
**vástago** m. Brote o renuevo de una planta.
**vasto, ta** adj. Extenso, amplio, muy grande.
**vaticano, na** adj. Del monte Vaticano. || Del papa o de la corte pontificia.
**vaticinar** tr. Pronosticar, predecir.
**vaya** f. Burla o chasco.
**ve** f. Nombre de la letra *v*.
**vecindad** f. Conjunto de los vecinos de una misma casa, barrio o población.
**vecino, na** adj. y s. Que vive con otros en un pueblo, barrio o casa, en vivienda independiente.
**vedar** tr. Prohibir. || Impedir.
**vegetación** f. Conjunto de las plantas que ocupan un área determinada, cuya composición depende de factores tanto geográficos como ecológicos, y que además sirve para caracterizar los distintos ambientes de la Tierra.
**vegetar** intr. y prnl. Germinar, nutrirse, crecer y desarrollarse las plantas. || intr. Llevar alguien una vida meramente orgánica, similar a la de las plantas.
**vehemente** adj. Que actúa, siente o se expresa con ímpetu, fuerza o viveza.
**vehículo** m. Máquina conducida por el hombre, y que sirve como medio de transporte.
**vejar** tr. Maltratar, zaherir a uno humillándolo.
**vejez** f. Último periodo de la vida humana caracterizado por un paulatino deterioro de los órganos, sus funciones y las facultades psíquicas, que varía considerablemente de una persona a otra.
**velada** f. Concurrencia nocturna a un lugar público con motivo de alguna fiesta o espectáculo.
**velar** intr. Mantenerse sin dormir el tiempo que se destina normalmente al sueño.
**veleta** f. Pieza metálica, por lo general en forma de flecha, que se coloca en lugares elevados, y que al girar impulsada por el viento indica su dirección.
**velo** m. Tela transparente o muy fina que cubre alguna cosa.
**velocidad** f. Rapidez, prontitud, ligereza. || Magnitud que representa la variación del desplazamiento en la unidad de tiempo.
**veloz** adj. Rápido, que realiza cualquier movimiento en poco tiempo.
**vello** m. Pelo corto y suave que cubre algunas partes del cuerpo humano.

**vena** f. Vaso sanguíneo que conduce la sangre desde los capilares periféricos al corazón.

**vencer** tr. Rendir al enemigo. || Aventajar, ganar en una competición o comparación. || Dominar los obstáculos y dificultades.

**vencido, da** adj. Derrotado, abatido.

**venda** f. Tira de tela, generalmente de gasa, para proteger las heridas o sujetar una parte del cuerpo dañada o fracturada.

**vendaval** m. Viento fuerte del sur con inclinación al oeste; por extensión, cualquier viento fuerte.

**vender** tr. Cambiar una cosa por dinero. || Expender, despachar mercancías. || Obtener algún dinero o provecho por cosas con las que normalmente no se comercia.

**veneno** m. Líquido tóxico, segregado por varias especies de animales, tanto vertebrados como invertebrados, utilizado como medio de defensa o para la captura de presas.

**venenoso, sa** adj. Que contiene veneno.

**venerable** adj. Digno de ser venerado.

**venerar** tr. Dar culto de adoración a Dios, o a los santos. || Honrar.

**vengar** tr. y prnl. Causar mal a alguien como reparación de injuria, agravio o daño recibidos.

**venir** intr. Trasladarse de allá hacia acá.

**venta** f. Hecho y resultado de vender. || Conjunto de cosas vendidas.

**ventaja** f. Preeminencia de una persona o cosa sobre otra. || Situación favorable en que se halla una persona o cosa. || Utilidad, provecho.

**ventana** f. Vano efectuado en un muro, más alto que el nivel del suelo, generalmente para posibilitar la iluminación y la ventilación de un espacio interior cerrado.

**ventanilla** f. Ventana pequeña, especialmente la de automóvil, vagón de tren, etcétera. || Taquilla para comunicar con el público.

**ventarrón** m. Viento muy fuerte.

**ventilador** m. Máquina que genera movimiento de aire mediante un órgano de rotación. || Conducto de ventilación con salida al exterior de un recinto.

**ventilar** tr. y prnl. Hacer circular o penetrar aire en algún lugar. || Agitar o exponer una cosa al viento.

**ventisca** f. Tempestad de viento, o de viento y nieve. || Ventarrón.

**ventosa** f. Órgano de sujeción presente en numerosos grupos de animales.

**ventura** f. Felicidad, suerte, dicha. || Contingencia o azar.

**ver** m. Sentido de la vista. || Aspecto o apariencia de las cosas. || tr. Percibir por la vista. || Observar, examinar.

**vera** f. Borde, orilla.
**verano** m. Estación calurosa del año, comprendida entre el solsticio de verano y el equinoccio de otoño; en el hemisferio norte, del 21 de junio al 21 de septiembre, y en el sur, del 21 de diciembre al 21 de marzo.
**veraz** adj. Verdadero, sincero.
**verbal** adj. De la palabra.
**verbo** m. Palabra. || Juramento, voto, reniego. || Parte de la oración gramatical que indica la existencia del sujeto, la acción que éste realiza o el estado en que se encuentra.
**verdad** f. Proposición verdadera.
**verdadero, ra** adj. Que es verdad. || Cierto, real. || Sincero, veraz.
**verde** adj. y m. Se dice de uno de los colores del espectro solar. Se encuentra entre el amarillo y el azul.
**vereda** f. Senda muy estrecha formada por el paso de peatones y ganado.
**veredicto** m. Fallo, sentencia.
**vergel** m. Huerto o jardín con variedad de flores y árboles frutales.
**vergüenza** f. Sentimiento de pérdida de dignidad ocasionado por el miedo a la deshonra, al ridículo, por una falta cometida o por una humillación o insulto recibidos. || Timidez. || Pudor.
**verídico, ca** adj. Verdadero. || Veraz.
**verificar** tr. Demostrar que algo que ofrece dudas es verdadero. || Comprobar o examinar la verdad de algo, el resultado conseguido, la exactitud de una máquina o aparato, etcétera.
**verosímil** adj. Que parece verdadero. || Creíble por no ofrecer indicios de falsedad.
**versado, da** adj. Experimentado, entendido.
**versar** intr. Girar. || Tratar sobre determinado asunto.
**versátil** adj. Que puede volverse con facilidad. || Variable, veleidoso, tornadizo. || Susceptible de ser usado en diversas circunstancias o facetas.
**versificar** intr. Hacer versos. || tr. Pasar a verso.
**versión** f. Traducción. || Modo peculiar de relatar un hecho o acontecimiento.
**verso** m. Palabra o conjunto de ellas que mantienen una estructura rítmica o melódica que se reproduce o tiene ecos en otras agrupaciones semejantes dentro de un poema.
**vértebra** f. Cada una de las piezas óseas superpuestas y articuladas que forman la columna vertebral.
**verter** tr. y prnl. Derramar o esparcir un líquido u otras cosas como azúcar, harina, etc., fuera del recipiente que las contiene. || Inclinar o invertir un recipiente para vaciarlo.
**vertical** adj. Perpendicular respecto a la dirección o al plano horizontal.

**vértice** m. Punto en que concurren dos lados de una figura plana.
**vértigo** m. Perturbación del sentido del equilibrio, en la que parece que haya movimiento de rotación del cuerpo. Se presenta por crisis y obliga a permanecer en decúbito.
**vesícula** f. Órgano en forma de saco, lleno de aire o líquido.
**vespertino, na** adj. Relativo al atardecer.
**vestíbulo** m. Estancia, portal o patio de entrada a un edificio. || Recibidor.
**vestido** m. Ropa para cubrir o abrigar el cuerpo. || Conjunto de las principales piezas de vestir. || Prenda de vestir femenina de una sola pieza.
**vestigio** m. Pisada. || Muestra o señal de la existencia o paso de algo. || Indicio del que se infiere alguna cosa.
**vestir** tr. Cubrir el cuerpo con un vestido.
**vestuario** m. Conjunto de prendas de vestir de una persona.
**veterinario, ria** adj. Relativo a la veterinaria.
**vez** f. Cada ocasión en que sucede o se realiza algo susceptible de repetición.
**vía** f. Camino. || Ruta, itinerario.
**viable** adj. Que puede hacerse con posibilidades de éxito.
**viajar** intr. Ir de un sitio a otro con cualquier medio de transporte.
**vialidad** f. Conjunto de servicios relacionados con las vías públicas.
**vianda** f. Sustento de los racionales. || Cualquier comida que se sirve a la mesa.
**vibración** f. Sucesión de oscilaciones de pequeña amplitud y gran frecuencia.
**vibrar** tr. Producir vibraciones. || Sonar trémula la voz. || Estremecerse; sentir escalofríos.
**viceversa** adv. Recíprocamente, al revés, al contrario.
**vicio** m. Tendencia a obrar mal. || Libertinaje, licencia. || Afición desmedida a una cosa.
**vicisitud** f. Acontecimiento adverso que produce un cambio brusco en la buena marcha de algo.
**víctima** f. Persona o animal sacrificado o que está destinado al sacrificio.
**victoria** f. Acción de vencer en la guerra, o de ganar al rival en una disputa o lid.
**vida** f. Estado de actividad de los seres orgánicos que se manifiesta de modo diverso soportado por una serie de reacciones metabólicas que suministran la energía necesaria para estos procesos.
**video** m. Señal de imagen de TV. || Sistema de grabación y reproducción de imágenes por medios electrónicos.
**videocassette** f. Magnetoscopio que utiliza cintas magnéticas contenidas en estuches estándar.

**videojuego** m. Juego eléctronico visual, programable a distintos niveles de dificultad.
**vidrio** m. Sustancia amorfa que se obtiene por la fusión de distintas materias primas y que tiene la propiedad de no cristalizar durante el enfriamiento.
**viejo, ja** adj. Antiguo.
**viento** m. Movimiento horizontal de masas de aire. || Aire de la atmósfera.
**vientre** m. Abdomen. || Conjunto de vísceras que contiene esa cavidad.
**viernes** m. Sexto día de la semana.
**vigente** adj. Se dice de las leyes, disposiciones, costumbres, etc. que están en vigor.
**vigía** com. Persona que vigila, especialmente desde un lugar elevado.
**vigilar** tr. e intr. Velar cuidadosamente a una persona o cosa a fin de que no le sobrevenga ningún mal. || Atender, cuidar.
**vigilia** f. Estado del que se halla despierto o en vela. || Falta de sueño o dificultad para dormirse.
**vigor** m. Fuerza, vitalidad del cuerpo o del espíritu.
**vigorizar** tr. y prnl. Dar vigor. || Animar, alentar.
**vil** adj. Despreciable, indigno, infame.
**vileza** f. Infamia, indignidad.
**vilipendiar** tr. Tratar con vilipendio.
**vilipendio** m. Insulto, denigración, maltrato dado a persona o cosa.
**villa** f. Casa de recreo, especialmente en el campo.
**villano, na** adj. Ruin, indigno.
**vinatería** f. Comercio o tienda de vinos.
**vincular** tr. y prnl. Unir, atar, supeditar. || adj. Relativo al vínculo.
**vínculo** m. Unión, ligadura. || Nexo de unión que existe entre una cosa o persona con otra.
**vino** m. Bebida que se obtiene por fermentación de zumo de uva.
**viña** f. Viñedo.
**viñedo** m. Terreno plantado de vides.
**viñeta** f. Adorno gráfico que se coloca al comienzo o final de un libro o capítulo, como orla de una página, entre artículos de una publicación, etc. || Cada uno de los cuadros o escenas en que se divide una historieta gráfica.
**violáceo, a** adj. y s. De color de violeta.
**violar** tr. Contravenir, vulnerar, infringir una ley o disposición. || Perpetrar una violación sexual. || Profanar un templo o lugar sagrado.
**violentar** tr. Obligar, forzar o aplicar medios violentos a personas o cosas. || Tergiversar un texto o un relato.
**violín** m. Instrumento musical de cuerda frotada y arco.

**virar** tr. e intr. Cambiar de rumbo o de bordada una embarcación. || intr. Cambiar de dirección en la marcha de un automóvil.
**viril** adj. Varonil.
**virtual** adj. Que puede producir un efecto, aunque no lo produzca. || Implícito, tácito, sobreentendido. || Aparente.
**virtud** f. Fuerza, valor. || Integridad, bondad. || Disposición que incita a obrar bien.
**virulencia** f. Grado de la capacidad de un organismo para producir una enfermedad.
**virus** m. Microorganismo submicroscópico, de carácter no celular; no es retenido por los filtros bacterianos normales.
**víscera** f. Cualquier órgano situado en el interior de las grandes cavidades corporales (tórax y abdomen).
**viscoso, sa** adj. Pegajoso.
**visible** adj. Que se puede ver. || Manifiesto, evidente.
**visión** f. Capacidad de ver. || Percepción imaginaria asumida como verdadera. || Punto de vista particular.
**visitar** tr. Ir a ver a alguien a su casa por cortesía, amistad u otro motivo. || Acudir a un lugar, monumento, población, país, etc., para conocerlo.
**vislumbrar** tr. Ver un objeto con imprecisión por estar lejos o por no haber luz suficiente. || Deducir por pequeños indicios.
**visor** m. Aparato con lentes de aumento para visionar películas durante su montaje. || Dispositivo de la cámara fotográfica a través del cual se enfoca la imagen.
**vista** f. Sentido por el que se percibe la luz y las formas y colores de los objetos. El órgano sensorial es el ojo, que capta los estimulos luminosos.
**vistazo** m. Ojeada rápida y superficial.
**vistoso, sa** adj. Que capta la atención por su originalidad, pomposidad o colorido.
**visual** adj. Relativo a la vista.
**visualizar** tr. Visibilizar. || Representar gráficamente nociones abstractas. || Reconstruir mentalmente algo que no se ve.
**vitalicio, cia** adj. Que se tiene para toda la vida. || Se dice especialmente de prebendas o cargos públicos.
**vitalidad** f. Calidad de tener vida. || Energía, dinamismo.
**vitamina** f. Factor biológico no sintetizable por el organismo, por lo que es preciso se ingiera con la alimentación para impedir la presentación de las enfermedades carenciales.
**vitral** m. Vidriera de colores.
**vitrina** f. Aparador o escaparate con cristales para exponer objetos.

**vituperio** m. Insulto, oprobio.
**vivencia** f. Identificación del sujeto consciente con sus emociones y sentimientos. || Experiencia que uno integra a su personalidad. || Recuerdo.
**víveres** m. pl. Cantidad de alimentos para abastecer un grupo de personas. || Comestibles, provisiones.
**viveza** f. Agudeza intelectual. || Exaltación verbal.
**vividor, ra** adj. y s. Que sabe vivir bien, especialmente a costa ajena.
**vivienda** f. Casa, morada.
**vivir** m. Vida, existencia. || Medios de subsistencia. || intr. Estar vivo. || Habitar. || Pasar la vida.
**vocabulario** m. Caudal léxico de una lengua. || Cualquier reunión de las palabras usables en un idioma, ciencia, oficio, materia, etc. || Catálogo o lista de palabras acompañadas de una definición escueta o de su traducción a otro idioma.
**vocación** f. Inclinación a cualquier estado, profesión o carrera concreta.
**vocal** adj. Relativo a la voz. || adj. y f. Se dice de los sonidos del lenguaje que, a diferencia de las consonantes, pueden formar palabras o sílabas por sí solos.
**vocalizar** intr. Articular clara e inteligiblemente las vocales, consonantes y sílabas de las palabras.
**vocear** tr. Pregonar algo a voces. || Llamar o aclamar a voces.
**vocero** m. Portavoz.
**volar** intr. Moverse por el aire, sosteniéndose con las alas. || Desplazarse en avión, nave espacial, etcétera.
**volátil** adj. y com. Que vuela o puede volar. || adj. Se dice de las cosas que se mueven ligeramente por el aire. || Se dice de la sustancia que se evapora fácilmente.
**volcán** m. Zona de la superficie terrestre por la que se emiten materiales procedentes del interior a temperatura muy elevada.
**volcánico, ca** adj. Relativo al volcán. || Vehemente, impetuoso.
**voltear** tr. y prnl. Dar vueltas a una persona o cosa. || Poner una cosa al revés de como estaba.
**voluble** adj. Fácilmente enrollable. || De carácter inconstante o versátil.
**volumen** m. Libro; cada uno de los tomos que componen una obra escrita. || Espacio que ocupa un cuerpo tridimensional; se mide en metros cúbicos ($m^3$). || Intensidad de un sonido.
**voluminoso, sa** adj. Que ocupa mucho espacio.
**voluntad** f. Facultad que gobierna la parte consciente de la mente, y que promueve y controla las acciones de los seres humanos.

**vomitar** tr. Padecer un vómito. || Salir algo violentamente por una abertura o boca.

**voraz** adj. Que come mucho y ávidamente. || Devastador.

**votar** tr. e intr. Emitir un voto en una elección, asamblea, etcétera; por extensión, aprobar mediante votación.

**voto** m. En una asamblea o elección, parecer que emite cada uno de los componentes para designar un cargo, adoptar un acuerdo, etcétera.

**voz** f. Sonido que emite el aparato fonador humano, por vibración de las cuerdas vocales de la laringe al paso del aire. || Palabra.

**vuelo** m. Capacidad de algunos grupos animales de sustentarse y desplazarse por el aire con ayuda de órganos especializados (alas). || Distancia recorrida o tiempo empleado por una aeronave desde el despegue hasta el aterrizaje.

**vulgar** adj. Común, del vulgo. || Soez.

**vulgaridad** f. Grosería. || Trivialidad.

**vulgo** m. Gente común.

**vulnerable** adj. Susceptible de sufrir algún daño.

**vulnerar** tr. Herir, lastimar, perjudicar.

# W w

**w** f. Vigesimosexta letra del abecedario castellano (W, w); su nombre es *uve doble*.

**water** m. Váter.
**w. c.** m. Váter.

**x** f. Vigesimoséptima letra del abecedario castellano (X, x); su nombre es *equis*.

**xenofobia** f. Hostilidad u odio hacia lo extranjero.

**xerófila** adj. Planta de medio seco.

**xerografía** f. Procedimiento de impresión en seco para reproducir copias sin contacto directo con el original.

**xilografía** f. Técnica del grabado en madera.

**y** f. Vigesimoctava letra del abecedario castellano (Y, y); su nombre es *ye* o *i griega*. || Conjunción coordinada copulativa que enlaza palabras u oraciones con valor afirmativo.

**ya** adv. Antes. || Ahora. || Después, en adelante.

**yacer** intr. Estar acostado, generalmente por enfermedad. || Estar muerto.

**yacimiento** m. Depósito natural en el que se encuentran acumulados minerales o hidrocarburos en concentración. || Zona en la que se localizan fósiles o restos arqueológicos.

**yate** m. Embarcación, generalmente de líneas elegantes

**ye** f. Nombre de la letra *y*.

**yegua** f. Hembra del caballo.

**yelmo** m. Parte de la armadura, protectora de cabeza y rostro.

**yema** f. Brote en desarrollo de las plantas.

**yerno** m. Respecto a alguien, marido de su hija.

**yeso** m. Sulfato de calcio hidratado. Color claro, gris o amarillento.

**yogur** m. Leche cuajada resultante de la fermentación de la leche.

**yugo** m. Útil agrícola con el que se uncen dos bueyes, mulas, etc. || Sujeción opresiva y molesta.

**yunque** m. Prisma cuadrangular de acero, con uno o dos extremos prolongados en punta, sobre el cual se estira el metal con el martillo.

**yunta** f. Par de mulas, bueyes, etc., uncidos.

**yuxtaponer** tr. y prnl. Colocar una cosa junto a otra.

**yuxtaposición** f. Unión de dos o más frases que se delimitan, tanto por lazos semánticos difíciles de precisar, como por una pausa fónica.

**z** f. Vigesimonovena y última letra del abecedario castellano (Z, z); su nombre es *zeta*.

**zafar** tr. y prnl. Quitar de en medio. || prnl. Deshacerse de algo o de alguien que molesta.

**zafra** f. Recolección y cosecha de caña de azúcar.

**zaguán** m. Vestíbulo de una casa, que da a la calle.

**zaherir** tr. Echarle algo en cara a alguien. || Humillar o maltratar con palabras o con alguna acción.

**zalamero, ra** adj. Cariñoso en exceso.

**zambombazo** m. Explosión, estruendo.

**zambullir** tr. y prnl. Sumergir bruscamente en el agua.

**zanca** f. Pierna de las aves, desde el tarso a la articulación del muslo. || Pierna larga y delgada.

**zancadilla** f. Acción de cruzar la pierna por entre las de otro que camina, o bien pasarla por detrás y empujarle, para hacerle caer al suelo.

**zanco** m. Cada uno de los dos palos largos, provistos de estribos a media altura, sobre los que se afirman los pies, para andar con ellos.

**zángano** m. Abeja macho, que nace a partir de un huevo no fecundádo. || Persona holgazana.

**zanja** f. Excavación larga y estrecha.

**zapatería** f. Taller donde se fabrican zapatos. || Establecimiento donde se venden.

**zapatilla** f. Calzado de material cálido y flexible.

**zapato** m. Calzado.

**zarandar (o zarandear)** tr. Cribar. || Sacudir o agitar vivamente a una persona o una cosa.

**zarpa** f. Extremidad de algunos animales mamíferos, formada por los dedos y las uñas robustas y afiladas.

**zarpazo** m. Golpe de zarpa; manotazo.

**zeta** f. Nombre de la letra z.

**zigzag** m. Línea quebrada alternativamente a derecha e izquierda.

**zócalo** m. Elemento inferior de un edificio que unifica el nivel de los basamentos.

**zodiacal** adj. Relativo al zodiaco.

**Zodiaco (o Zodíaco)** m. Cinturón circular de 17° de altura que envuelve la Tierra y por cuyo centro pasa la eclíptica. Las 12 constelaciones del Zodíaco.

**zona** f. Superficie, terreno o espacio exactamente delimitados.

**zoología** f. Disciplina de la biología encaminada al estudio de los animales.

**zoológico, ca** adj. y s. Se dice de la instalación (parque) destinada al mantenimiento y exhibición al público de animales salvajes.

**zoquete** m. Persona de pocas entendederas.

**zorro** m. Macho de la zorra. || Piel de zorra, curtida. || Hombre astuto y capcioso.

**zozobra** f. Desasosiego.

**zozobrar** intr. Naufragar. || Peligrar o frustrarse un asunto. || Desasosegarse.

**zumbar** intr. Producir zumbidos. || tr. Pegar, golpear.

**zumbido** m. Sonido continuo, como el de una superficie al vibrar.

**zumo** m. Jugo vegetal.

**zurdo, da** adj. y s. Se dice del individuo que tiene preferencia a usar el lado izquierdo de su cuerpo en vez del derecho.

**zurrar** tr. Dar una paliza. || Reñir o apabullar a alguien en público.

Esta obra se termino de imprimir
en Abril de 1999, en
Grupo Grafico Editorial S.A. de C.V.
Calle "B" No 8, Parque Industrial Puebla 2000
Puebla, Pue.

La edicion consta de 10,000 ejemplares